Das Widerrufsrecht
des Verbrauchers

Europäische Hochschulschriften
Publications Universitaires Européennes
European University Studies

Reihe II
Rechtswissenschaft

Série II Series II
Droit
Law

Bd./Vol. 3179

PETER LANG
Frankfurt am Main · Berlin · Bern · Bruxelles · New York · Oxford · Wien

Janko Büßer

Das Widerrufsrecht des Verbrauchers

Das verbraucherschützende Vertragslösungsrecht im europäischen Vertragsrecht

PETER LANG
Europäischer Verlag der Wissenschaften

Die Deutsche Bibliothek - CIP-Einheitsaufnahme

Büßer, Janko:

Das Widerrufsrecht des Verbrauchers : das verbraucherschützende Vertragslösungsrecht im europäischen Vertragsrecht / Janko Büßer. - Frankfurt am Main ; Berlin ; Bern ; Bruxelles ; New York ; Oxford ; Wien : Lang, 2001
(Europäische Hochschulschriften : Reihe 2, Rechtswissenschaft ; Bd. 3179)
Zugl.: Frankfurt/Oder, U.-Viadrina, Diss., 2001
ISBN 3-631-38042-9

ISSN 0531-7312
ISBN 3-631-38042-9

www.peterlang.de

Vorwort

Die vorliegende Arbeit wurde im Wintersemester 2000/ 2001 von der Juristischen Fakultät der Europa-Universität Viadrina in Frankfurt (Oder) als Dissertation angenommen. Literatur und Rechtsprechung konnten zum Teil noch bis Februar 2001 berücksichtigt werden.
Mein Dank gilt meinem Doktorvater, Herrn Prof. Dr. Dieter Martiny, für die intensive Betreuung. Zu danken habe ich auch Herrn Prof. Dr. Sigurd Littbarski für die freundliche Übernahme des Zweitgutachtens. Der Europa-Universität Viadrina Frankfurt (Oder) danke ich für die großzügige Gewährung eines Stipendiums.
Weiterhin danke ich Anja Weber, Sören Grigutsch, Dan Benjamin und Ronny Domröse für die vielen Anregungen und Hinweise während der Entstehung der Arbeit.
Der größte Dank gilt jedoch Alexandra und meiner Familie, die mich immer bestärkt und unterstützt haben. Ihnen ist dieses Buch gewidmet.

Berlin, im März 2001 Janko Büßer

Inhaltsübersicht

Inhaltsverzeichnis

Dritter Teil Das Vertragslösungsrecht als Rechtsfigur eines einheitlichen Vertragsrechts

§ 7 Verbraucherschützende Vertragslösungsrechte

§ 9 Die dogmatische Einordnung des Vertragslösungsrechts

Abkürzungsverzeichnis

aA.	andere Ansicht
aaO.	am angegebenen Ort
ABGB	Allgemeines Bürgerliches Gesetzbuch
ABlEG	Amtsblatt der Europäischen Gemeinschaft
Abs.	Absatz
AcP	Archiv für die civilistische Praxis
aF	alte Fassung
AGB	Allgemeine Geschäftsbedingungen
AnwBl.	Anwaltsblatt
Art.	Artikel
BB	Der Betriebs-Berater
Beil.	Beilage
BGB	Bürgerliches Gesetzbuch
BGBl.	Bundesgesetzblatt
BGH	Bundesgerichtshof
BGHZ	Entscheidungen des Bundesgerichtshofs in Zivilsachen
B. O. E.	Boletín Official del Estado
bspw.	beispielsweise
Bull.	Bulletin der EG
BVerfG	Bundesverfassungsgericht
BVerfGE	Entscheidungen des Bundesverfassungsgerichts
bzw.	beziehungsweise
c.	chapter
Cass.	Cour de Cassation
CMLRev.	Common Market Law Review
DB	Der Betrieb
ders.	derselbe
DNotZ	Deutsche Notar-Zeitschrift
DÖV	Die Öffentliche Verwaltung
DRiZ	Deutsche Richterzeitung
DZWiR	Deutsche Zeitschrift für Wirtschaftsrecht
EC	European Community
ECJ	European Court of Justice

EG	Europäische Gemeinschaften
EGV	Vertrag zur Gründung der Europäischen Gemeinschaft
ERPL	European Review of Private Law
EU	Europäische Union
EuGH	Europäischer Gerichtshof
EuR	Europarecht
EuZW	Europäische Zeitschrift für Wirtschaftsrecht
EWG	Europäische Wirtschaftsgemeinschaft
EWS	Europäisches Wirtschafts- und Steuerrecht
ff.	folgende
Fn.	Fußnote
FS	Festschrift
GA	Generalanwalt
Hrsg.	Herausgeber
IPR	Internationales Privatrecht
iSv	im Sinne von
iVm	in Verbindung mit
JA	Juristische Arbeitsblätter
JAP	Juristische Ausbildung und Praxis
JbJZW	Jahrbuch Junger Zivilrechtswissenschaftler
JBl	Juristische Blätter
J. O.	Journal Officiel
Jura	Juristische Ausbildung
JuS	Juristische Schulung
JZ	Juristenzeitung
KOM	Dokumente der Kommission der Europäischen Gemeinschaften
KSchG	Konsumentenschutzgesetz
lit.	Buchstabe
MDR	Monatsschrift für Deutsches Recht
mwN	mit weiteren Nachweisen
nF	neue Fassung
NJW	Neue Juristische Wochenschrift

Nr.	Nummer
ÖJZ	Österreichische Juristenzeitung
RabelsZ	Zeitschrift für ausländisches und internationales Privatrecht, begründet von Ernst Rabel
RDM	Revista de derecho mercantil
RDP	Revista de derecho privado
Rec. Dalloz	Recueil Dalloz
RIW	Recht der Internationalen Wirtschaft
Rn.	Randnummer
Rs.	Rechtssache
RTD civ.	Revue trimestrielle de droit civil
Rz.	Randziffer
S.	Seite
s.	section
S. I.	Statutory Instrument
Slg.	Sammlung
Sp.	Spiegelstrich
Unterabs.	Unterabsatz
UWG	Gesetz gegen den unlauteren Wettbewerb
verbd.	verbundene
VersR	Versicherungsrecht
vgl.	vergleiche
VuR	Verbraucher und Recht
wbl	Wirtschaftsrechtliche Blätter
WebJCLI	Web Journal of Current Legal Issues
WM	Zeitschrift für Wirtschafts- und Bankrecht
WRP	Wettbewerb in Recht und Praxis
WSA	Wirtschafts- und Sozialausschuß
z. B.	zum Beispiel
ZEuP	Zeitschrift für Europäisches Privatrecht
ZfRV	Zeitschrift für Rechtsvergleichung
ZGR	Zeitschrift für Unternehmens- und Gesellschaftsrecht

ZHR	Zeitschrift für das gesamte Handels- und Wirtschaftsrecht
ZIP	Zeitschrift für Wirtschaftsrecht
ZRP	Zeitschrift für Rechtspolitik
ZVglRWiss	Zeitschrift für Vergleichende Rechtswissenschaft

Literaturverzeichnis

Ahlt, Michael: Europarecht, 2. Auflage, München 1996

Anweiler, Jochen: Die Auslegungsmethoden des Gerichtshofs der Europäischen Gemeinschaften, Frankfurt/Main, 1997

Artz, Markus: Hürden auf dem Weg zu einem Fernabsatzgesetz, VuR 1999, S. 393 ff.

- Wirklich kein Umsetzungsbedarf bei Art. 7 Abs. 1 der Fernabsatzrichtlinie?, VuR 1999, S. 249 f.

Baillod, Raymonde: Le droit de repentir, RTD civ. 1984, S. 227 ff.

Baldus, Christian/ Becker, Rainer: Haustürgeschäfte und richtlinienkonforme Auslegung, ZEuP 5 (1997), S. 874 ff.

Baltar, Angel: El derecho de revocación del consumidor en los contratos celebrados fuera de los establecimientos mercantiles: algunos problemas deriva-dos de la Ley 26/1991, RDM 1993, S. 589 ff.

Barnert, Thomas: Die formelle Vertragsethik des BGB im Spannungsverhältnis zum Sonderprivatrecht und zur judikativen Kompensation der Vertragsdisparität, Heidelberg 1999

Basedow, Jürgen: Europäisches Internationales Privatrecht, NJW 1999, S. 1921

- Europäisches Vertragsrecht für europäische Märkte, Bonn 1995 (zitiert: *Basedow*, Europäisches Vertragsrecht)
- Über Privatrechtsvereinheitlichung und Marktintegration, in: Festschrift für Ernst-Joachim Mestmäcker, Baden-Baden 1996, S. 347 ff.

Beatson, Jack (Hrsg.): Anson's Law of contract, 27. Auflage, Oxford 1998

Becker, Michael: Gestaltungsrecht und Gestaltungsgrund, AcP 188 (1988), S. 24

Bieberstein, Wolfgang von: Gutachten zur Reform des finanzierten Abzahlungskaufs, Köln 1978

Bihl, Luc: Le droit de la vente, Paris 1986

Blanco Ledesma, María José: Das spanische Haustürwiderrufsgesetz, RIW 1992, S. 971 ff.

Blaurock, Uwe: Europäisches Privatrecht, JZ 1994, S. 270 ff.

Bleckmann, Albert: Europarecht, 6. Auflage, Köln 1997 (zitiert: *Bleckmann*, Europarecht)

- Probleme der Auslegung europäischer Richtlinien, ZGR 1992, S. 364 ff.

- Zu den Auslegungsmethoden des Europäischen Gerichtshofs, NJW 1982, S. 1177 ff.

Boemke, Burkhard: Das Widerrufsrecht im allgemeinen Verbraucherschutzrecht und seine Ausübung in der Zwangsvollstreckung, AcP 197 (1997), S. 161

Bonell, Michael Joachim: The need and possibilities of a codified European contract law, ERPL 5 (1997), S. 505 ff.

Bourgoignie, Thierry: Le droit communautaire de la consommation: Acquis et perspectives au regard de l'Europe de 1993, in: Festschrift für Zentaro Kitagawa, Berlin 1992, S. 31 ff.

Bradgate, Robert: The EU Directive on Distance Selling, in: WebJCLI 4 (1997) http://webjcli.ncl.ac.uk/1997/issue4/bradgat4.

Brandner, Hans-Erich/ Ulmer, Peter: EG-Richtlinie über mißbräuchliche Klauseln in Verbraucherverträgen, BB 1991, S. 701 ff.

Braun, Johann: Über die Unbeliebtheit des Juristen, JuS 1996, S. 287 ff.

Brechmann, Winfried: Die richtlinienkonforme Auslegung, München 1994

Breidenbach, Stephan: Die Voraussetzungen von Informationspflichten beim Vertragsschluß, München 1989

Broggini, Gerardo: Was bedeutet heute gemeineuropäisches Vertragsrecht?, ZfRV 1997, S. 221 ff.

Bülow, Peter: Das neue Verbraucherkreditgesetz, NJW 1991, S. 129 ff.

- Fernunterrichtsvertrag und Verbraucherkreditgesetz, NJW 1993, S. 2837
- Einseitiger Verzicht des Verbrauchers auf sein Widerrufsrecht, ZIP 1998, S. 945 ff.
- Heidelberger Kommentar zum Verbraucherkreditgesetz, 3. Auflage, Heidelberg 1998
- Unsinniges im Fernabsatz, ZIP 1999, S. 1293 ff.
- Widerruf und Anwendung der Vorschriften über den Rücktritt, WM 2000, S. 2361 ff.

Bülow, Peter/ Artz, Markus: Fernabsatzverträge und Strukturen eines Verbraucherprivatrechts im BGB, NJW 2000, S. 2049 ff.

Bydlinski, Franz: Zu den dogmatischen Grundfragen des Kontrahierungszwangs, AcP 180 (1980), S. 1 ff.

- Juristische Methodenlehre und Rechtsbegriff, 2. Auflage, Wien 1991 (zitiert: *Bydlinski*, Methodenlehre)
- Das bewegliche System und die Notwendigkeit einer Makrodogmatik, JBl. 1996, S. 683 ff.
- System und Prinzipien des Privatrechts, Wien, New York 1996 (zitiert: *Bydlinski*, System und Prinzipien)

Calais-Auloy, Jean: La loi sur le démarchage à domicile et la protection des consommateurs, Recueil Dalloz 1973, chronique S. 266 ff.

- Les lois de protection du consommateur en Europe: rapprochement ou unification, in: Ramsay (Hrsg.), Consumer Law in the Global Economy, Aldershot 1997, S. 143 ff. (zitiert: *Calais-Auloy*, Protection du consommateur en Europe)

Calais-Auloy, Jean/ Steinmetz, Frank: Droit de la consommation, 5. Auflage, Paris 2000

Canaris, Claus-Wilhelm: Grundrechte und Privatrecht, AcP 184 (1984), S. 201

- Verfassungs- und europarechtliche Aspekte der Vertragsfreiheit in der Privatrechtsgesellschaft, in: Festschrift für Peter Lerche, München 1993, S. 873 ff.
- Wandlungen des Schuldvertragsrechts, AcP 200 (2000), S. 273 ff.

Carbonnier, Jean: Droit Civil, Tome 4: Les obligations, 21. Auflage, Paris 1998

Cas, Gérard/ Ferrier, Didier: Traitè de droit de la consommation, Paris 1986

Certa, Patrick: Widerruf und schwebende Unwirksamkeit nach den Verbraucherschutzgesetzen, Mannheim 2000

Chazal, Jean-Pascal: Le consommateur existe-t-il?, Recueil Dalloz 1997, chronique S. 260 ff.

Christianos, Vassili: Délai de réflexion: théorie juridique et efficacité de la protection des consommateurs, Recueil Dalloz 1993, chronique S. 28 ff.

Coester-Waltjen, Dagmar: Internationales Beweisrecht, Ebelsbach 1983

Coing, Helmut: Europäisierung der Rechtswissenschaft, NJW 1990, S. 937 ff.

Collins, Hugh: The Law of Contract, 3. Auflage, London, Edinburgh, Dublin 1997

Cooper, Richard D. B.: The Impact of Directives on the Interpretation of National Law, EuZW 1996, S. 385

Coßmann, Stephanie: Common Principles of European Private Law, ZEuP 6 (1998), S. 379 f.

Curtin, Deirde: Directives: The Effectiveness of Juridical Protection of Individual Rights, CMLRev 27 (1990), S. 709 ff.

Damm, Reinhard: Privatautonomie und Verbraucherschutz, VersR 1999, S. 129

Dänzer-Vanotti, Wolfgang: Die richtlinienkonforme Auslegung des deutschen Rechts hat keinen rechtlichen Vorrang, RIW 1991, S. 754 ff.

- Richtlinienkonforme Auslegung und Rechtsfortbildung, StVj. 1991, S. 1 ff.

Dauner-Lieb, Dagmar: Verbraucherschutz durch Ausbildung eines Sonderprivatrechts für Verbraucher, Berlin 1983

Dauses, Manfred A./ Sturm, Michael: Rechtliche Grundlagen des Verbraucherschutzes im EU-Binnenmarkt, ZfRV 1996, S. 133 ff

Dichtl, Erwin: Zur Schutzwürdigkeit des Verbrauchers, in: Dichtl/Berekoven (Hrsg.),Verbraucherschutz in der Marktwirtschaft, Berlin 1975, S. 23 ff.

Döhmel, Doris: Der Leistungsort bei Rückabwicklung von Verträgen, Berlin 1997
Dörner, Heinrich: Zur Anwendung des Fernunterrichtsschutzgesetzes, BB 1977, S. 1739 ff.
Dreher, Meinhard: Der Verbraucher - Das Phantom in den opera des europäischen und deutschen Rechts?, JZ 1997, S. 167 ff.
Drexl, Josef: Der Bürge als deutscher und europäischer Verbraucher, JZ 1998, S. 1046 ff.
- Die wirtschaftliche Selbstbestimmung des Verbrauchers, Tübingen 1998 (zitiert: *Drexl*, Wirtschaftliche Selbstbestimmung)
Drobnig, Ulrich: Ein Vertragsrecht für Europa, in: Festschrift für Ernst Steindorff, Berlin-New York 1990, S. 1141 ff.
- Private Law in the European Union, forum internationale No. 22 (1996), S. 1
- Neue rechtliche Konzepte für den europäischen Verbraucherschutz, in: Heusel (Hrsg.), Neues Europäisches Vertragsrecht und Verbraucherschutz, Köln 1999, S. 201 ff. (zitiert: *Drobnig*, Neue rechtliche Konzepte)
Ebenroth, Carsten Thomas: Visionen für das internationale Wirtschaftsrecht, RIW 1995, S. 1 ff.
Ehlermann, Claus-Dieter/ Bieber, Roland: Handbuch des Europäischen Rechts, Band 13, Art. 129a, 340. Lieferung, Stand Februar 1996, Baden-Baden
Ehricke, Ulrich: Die richtlinienkonforme und gemeinschaftsrechtskonforme Auslegung nationalen Rechts, RabelsZ 59 (1995), S. 598 ff.
- Die richtlinienkonforme Auslegung nationalen Rechts vor Ende der Umsetzungsfrist einer Richtlinie, EuZW 1999, S. 553 ff.
Eichenhofer, Eberhard: Die sozialpolitische Inpflichtnahme von Privatrecht, JuS 1996, S. 857ff.
Emmert, Frank: Horizontale Drittwirkung von Richtlinien?, EWS 1992, S. 56
Engel, Arno Johannes: Ein Europäisches Zivilgesetzbuch?, ZfRV 1999, S. 121
Erman, Walter (Hrsg.): Handkommentar zum BGB, 1. Band, 9. Auflage, Münster 1993
Erp, Sjef van: The Formation of Contracts, in: Hartkamp/Hesselink/Hondius/du Perron/Vranken (Hrsg.), Towards a European Civil Code, Nijmegen 1994, S. 117 ff.
Everling, Ulrich: Rechtsvereinheitlichung durch Richterrecht in der Europäischen Gemeinschaft, RabelsZ 50 (1986), S. 193 ff.
Faber, Klaus/ Schade, Jürgen: Fernunterrichtsschutzgesetz, München 1980
Faber, Wolfgang: Elemente verschiedener Verbraucherbegriffe, ZEuP 6 (1998), S. 854 ff.
Feil, Erich: Konsumentenschutzgesetz, 2. Auflage, Wien 1997

Ferid, Murad/ Sonnenberger, Hans-Jürgen: Französische Zivilrecht, Band 1, Allgemeine Lehren, 2. Auflage, Heidelberg 1994 (zitiert: *Ferid/Sonnenberger*, Band 1)

- Französische Zivilrecht, Band 2, Schuldrecht, 2. Auflage, Heidelberg 1986 (zitiert: *Ferid/Sonnenberger*, Band 2)

Ferrier, Didier: La protection des consommateurs, Paris 1996

- Les dispositions d'ordre public visant à préserver la réflexion des contractants, Recueil Dalloz 1980, chronique S. 177 ff.

Fikentscher, Wolfgang: Schuldrecht, 9. Auflage, Berlin, New York 1997

Fischer, Ansgar/ Machunsky, Jürgen: Haustürwiderrufsgesetz, 2. Auflage, Neuwied 1995

Flume, Werner: Allgemeiner Teil des BGB, 2. Band: Das Rechtsgeschäft, 4. Auflage, München 1994

Franzen, Martin: Auslegung und Fortbildung von privatrechtsangleichenden Richtlinien in: Weber/Steinbeck u. a. (Hrsg.) Europäisierung des Privatrechts - Zwischenbilanz und Perspektiven, Jahrbuch Junger Zivilrechtswissenschaftler 1997, S. 285 ff.

- Privatrechtsangleichung durch die Europäische Gemeinschaft, Berlin, New York 1999 (zitiert: *Franzen*, Privatrechtsangleichung)

Frings, Michael: Nochmals: Notarielle Beurkundung und Widerrufsrecht des Verbrauchers, BB 1999, S. 2366 ff.

Fuchs, Andreas: Das Fernabsatzgesetz im neuen System des Verbraucherschutzrechts, ZIP 2000, S. 1273 ff.

- Zur Disponibilität gesetzlicher Widerrufsrechte im Privatrecht, AcP 196 (1996), S. 313 ff.

Furmston, M. P.: Cheshire, Fifoot and Furmston's Law of Contract, 13. Auflage, London, Edinburgh, Dublin 1996

*Galbraith, John Kenneth:*Die moderne Industriegesellschaft, München 1968

Gamerith, Helmut: Das nationale Privatrecht in der Europäischen Union - Harmonisierung durch Schaffung von Gemeinschaftsprivatrecht, ÖJZ 1997, S. 165

Gaul, Hans Friedhelm: Die Ausübung privater Gestaltungsrechte nach rechtskräftigem Verfahrensabschluß - ein altes und beim „verbraucherschützenden“ Widerrufsrecht erneut aktuell gewordenes Thema, in: Festschrift für Brigitte Knobbe-Keuk, Köln 1997, S. 135 ff.

Gavalda, Christian: L'information et la protection des consommateurs dans le domaine de certaines opérations de crédit, Recueil Dalloz 1978, chronique S. 193 ff.

Gebauer, Martin: Grundfragen der Europäisierung des Privatrechts, Heidelberg 1996

Gernhuber, Joachim: Verbraucherschutz durch Rechte zum Widerruf von Willenserklärungen, WM 1998, S. 1797 ff.

Gerven, Walter von: The ECJ Case-law as a Means of Unification of Private Law?, in: Hartkamp/Hesselink/Hondius/ Joustra/du Perron (Hrsg.), Towards a European Civil Code, 2. Auflage, Nijmegen 1998, S. 91 ff.

Ghestin, Jacques: Traité de droit civil. Les obligations. Le contrat: Formation, 2. Auflage, Paris 1988

Gilles, Peter: Zur neueren Verbraucherschutzgesetzgebung in ihrem Verhältnis zum klassischen Privatrecht, JA 1980, S. 1 ff.

- Das Gesetz über den Widerruf von Haustürgeschäften und ähnlichen Geschäften, NJW 1986, S. 1131 ff.

Götz, Volkmar: Europäische Gesetzgebung durch Richtlinien - Zusammenwirken von Gemeinschaft und Staat, NJW 1992, S. 1849 ff.

von der Groeben, Hans: Die Politik der Europäischen Kommission auf dem Gebiet der Rechtsangleichung, NJW 1970, S. 359 ff.

Großfeld, Bernhard/ Bilda, Karen: Europäische Rechtsangleichung, ZfRV 1992, S. 421 ff.

Grundmann, Stefan: EG-Richtlinie und nationales Privatrecht, JZ 1996, S. 274 ff.

- Europäisches Schuldvertragsrecht, Berlin-New York 1999 (zitiert: *Grundmann*, Europäisches Schuldvertragsrecht)
- Privatautonomie im Binnenmarkt, JZ 2000, S. 1133 ff.

Grundmann, Stephan M.: Die Auslegung des Gemeinschaftsrechts durch den Europäischen Gerichtshof, Konstanz 1997

Grziwotz, Herbert: Form und Formeln, in: Festschrift für Helmut Schippel, München 1996, S. 9 ff.

Hadding, Walther: Welche Maßnahmen empfehlen sich zum Schutz des Verbrauchers auf dem Gebiet des Konsumentenkredits?, Gutachten zum 53. Deutschen Juristentag Berlin 1980, München 1980 (zitiert: *Hadding*, Gutachten)

- Zur Rückabwicklung nach einem verbraucherschützenden Widerruf der Vertragserklärung, in: Festschrift für Hans Erich Brandner, Köln 1996, S. 207 ff.

Hager, Johannes: Das geplante Recht des Rücktritts und des Widerrufs, in: Ernst/Zimmermann (Hrsg.), Zivilrechtswissenschaft und Schuldrechtsreform, Tübingen 2001, S. 429 ff.

Härting, Niko: Fernabsatzgesetz, Köln 2000

Hauschka, Christoph E.: Grundprobleme der Privatrechtsfortbildung durch die Europäische Wirtschaftsgemeinschaft, JZ 1990, S. 521 ff.

Hayböck, Gerwin: Timesharing: Probleme des neuen Teilzeitnutzungsrechts, wbl 1997, S. 221 ff.

Heinemann, Klaus: Auf dem Weg zur europäischen Dienstleistungshaftung, ZIP 1991, S. 1193 ff.

Heinrich, Christian: Formale Freiheit und materiale Gerechtigkeit, Tübingen 2000

Heinrichs, Helmut: Das Widerrufsrecht nach der Richtlinie 97/7/EG über den Verbraucherschutz bei Vertragsabschlüssen im Fernabsatz, in: Festschrift für Dieter Medicus, Köln, Berlin, Bonn, München 1999, S. 177 ff.

Heiss, Helmut: Europäisches Vertragsrecht: in statu nascendi?, ZfRV 1995, S. 54

- Formvorschriften als Instrument europäischen Verbraucherschutzes, in: Schnyder/Reichert-Facilides, Internationales Verbraucherschutzrecht, Tübingen 1995, S. 87 ff. (zitiert: *Heiss*, Formvorschriften)

Henniger, Michael: Die Frage der Beweislast im Rahmen des UN-Kaufrechts, München 1995

Herber, Rolf: Hat der deutsche Richter das Bilanzrichtlinien- Gesetz an den ihm zugrundeliegenden Richtlinien zu messen?, in: Festschrift für Georg Döllerer, Düsseldorf 1988, S. 225 ff.

- Keine unmittelbare Wirkung horizontaler Richtlinien, ZEuP 4 (1996), S. 117

Heß, Stefan: Die Umsetzung von EG-Richtlinien im Privatrecht, Frankfurt/Main 1999

Hildenbrand, Thomas/ Kappus, Andreas/ Mäsch, Gerald: Time-Sharing und Teilzeitwohnrechtegesetz (TzWrG), Stuttgart 1997

Hinz, Hans Werner: Das Interesse der Wirtschaft an einer Europäisierung des Privatrechts, ZEuP 2 (1994), 553 ff.

von Hippel, Eike: Verbraucherschutz, 3. Auflage, Tübingen 1986

Hirte, Heribert: Wege zu einem europäischen Zivilrecht, Stuttgart, München, Hannover, Berlin, Weimar, Dresden 1996

Hoeren, Thomas/ Oberscheidt, Jörn: Verbraucherschutz im Internet, VuR 1999, S. 371 ff.

Hoffmann,Dieter: "Gerechtigkeitsprinzipien" im europäischen Verbraucherprivatrecht, in: Liber amicorum Norbert Reich, Baden-Baden 1998, S. 291

- Analyse der europäischen Rechtsetzungstechniken im Bereich des Vertrags-rechts aus der Sicht der Europäischen Kommission, in: Heusel (Hrsg.), Neues Europäisches Vertragsrecht und Verbraucherschutz, Köln 1999, S. 39 (zitiert: *Hoffmann*, Europäische Rechtsetzungstechniken)

Holschbach, Ulrich: Rechtsfragen um das Widerrufsrecht nach § 1 b AbzG, NJW 1975, S. 1109 ff.

Hommelhoff, Peter: Zivilrecht unter dem Einfluß europäischer Rechtsangleichung, AcP 192 (1992), S. 71 ff.
- „Europarechtliche Bezüge" im Zivilrecht. Überlegungen zur Gestaltung des akademischen Unterrichts, in: Festschrift für Herbert Helmrich, München 1994, S. 329 ff.
- Verbraucherschutz im System des deutschen und europäischen Privatrechts, Heidelberg 1996 (zitiert: *Hommelhoff*, Verbraucherschutz)

Hondius, Ewoud: European Contract Law: The contribution of the Dutch, in: Weyers (Hrsg.), Europäisches Vertragsrecht, Baden-Baden 1997, S. 45 ff. (zitiert: Hondius, *European Contract Law*)
- Consumer Law and Private Law: the Case for Integration, in: Heusel (Hrsg.), Neues Europäisches Vertragsrecht und Verbraucherschutz, Köln 1999, S. 19 (zitiert: Hondius, *Consumer Law*)
- Finding the Law and Harminsation of Private Law in Europe, In: Schulte-Nölke/Schulze (Hrsg.), Europäische Rechtsangleichung und nationale Privatrechte, Baden-Baden 1999, S. 393 ff. (zitiert: Hondius, *Finding the Law*)

Hönn, Günther: Entwicklungslinien des Vertragsrechts, JuS 1990, S. 953 ff.
- Zum persönlichen Anwendungsbereich von Verbraucherschutznormen, in: Gedächtnisschrift für Dietrich Schultz, Köln, Berlin, Bonn, München 1997, S. 79 ff.

Howells, Geraint: Seeking Social Justice for Poor Consumers in Credit Markets, in: Ramsay (Hrsg.), Consumer Law in the Global Economy, Aldershot 1997, S. 257 ff.

Howells, Geraint/ Wilhelmsson, Thomas: EC Consumer Law, Aldershot 1997

Hübner, Heinz: Allgemeiner Teil des Bürgerlichen Gesetzbuches, 2. Auflage, Berlin, New York 1996 (zitiert: *Hübner*, AT)
- Rechtsgeschäftslehre und Verbraucherschutz, in: Festschrift für Bodo Börner, Köln, Berlin, Bonn, München 1992, S. 719 ff.

Hyland, Richard: The American Restatements and the Uniform Commercial Code, in: Hartkamp/Hesselink/ Hondius/Joustra/du Perron (Hrsg.), Towards a European Civil Code, 2. Auflage, Nijmegen 1998, S. 55 ff.

Ipsen, Hans-Peter: Richtlinien-Ergebnisse, in: Festschrift für Christian Friedrich Ophüls, Karlsruhe 1965, S. 67 ff.

Jamin, Christophe: Un droit européen des contrats?, in: Vareilles-Sommières (Hrsg.), Le droit privé européen, Paris 1998, S. 40 ff.

Jarass, Hans: Richtlinienkonforme bzw. EG-rechtskonforme Auslegung nationalen Rechts, EuR 1991, S. 211 ff.

Jauernig, Othmar (Hrsg.): Bürgerliches Gesetzbuch. 9. Auflage, München 1999

Jayme, Erik: Emerico Amari (1810-1870) und die Begründung der Rechtsvergleichung als Wissenschaft, in: Festschrift für Karl Firsching, München 1985, S. 142 ff.
Joerges, Christian/ Brüggemeier, Gert: Europäisierung des Vertragsrechts und Haftungsrechts, in: Müller-Graff (Hrsg.), Gemeinsames Privatrecht in der Europäischen Gemeinschaft, Baden-Baden 1993, S. 233 ff.
Joustra, Carla: Consumer Law, in: Hartkamp/Hesselink/Hondius/Joustra/du Perron (Hrsg.), Towards a European Civil Code, 2. Auflage, Nijmegen 1998, S. 133 ff.
Jung, Eberhard: Bedeutung und dogmatische Erfassung eines Widerrufsrechts bei „Haustürgeschäften", ZRP 1981, S. 137 ff.
Kalss, Susanne/ Lurger, Brigitta: Zu einer Systematik der Rücktrittsrechte insbe-sondere im Verbraucherrecht, JBl 1998, S. 89 ff; 153 ff.; 219 ff.
Kappus, Andreas: EU-Time-Sharing-Richtlinie und deutsche Umsetzungsgesetzgebung, EWS 1996, S. 273 ff.
Karollus, Martin: Grundfälle zum Verbraucherkreditgesetz, JuS 1993, S. 651 ff.; 820 ff.
Kaufhold, Sylvia: Verbraucherschutz durch europäisches Vertragsrecht - materielle und institutionelle Bezüge zur notariellen Praxis, DNotZ 1998, S. 254
Kegel, Gerhard: Verwirkung, Vertrag und Vertrauen, in: Festschrift für Klemens Pleyer, Köln, Berlin, Bonn, München 1986, S. 513 ff.
Kemper, Rainer: Verbraucherschutzinstrumente, Baden-Baden 1994
Kendall, Vivien: EC Consumer Law, London 1994
Kiefer, Thomas: Gewährleistungsrechte ohne Vertrag?, NJW 1989, S. 3120 ff.
Kieninger, Eva-Maria: Die Kontrolle von Allgemeinen Geschäftsbedingungen im kaufmännischen Verkehr, ZEuP 4 (1996), S. 468
Kieninger, Eva-Maria/ Leible, Stefan: Plädoyer für einen "Europäischen wissenschaftlichen Ausschuß für Privatrecht", EuZW 1999, S. 37
Kind, Sandra: Die Grenzen des Verbraucherschutzes durch Information - aufgezeigt am Teilzeitwohnrechtegesetz, Berlin 1998
Kirchner, Christian: Der punktuelle Ansatz als Leitprinzip gemeinschaftsrechtlicher Privatrechtsharmonisierung, in: Grundmann/Medicus/Rolland, Europäisches Kaufgewährleistungsrecht, Köln 2000, S. 95 ff. (zitiert: *Kirchner*, Punktueller Ansatz)
- Europäisches Vertragsrecht, in: Weyers (Hrsg.), Europäisches Vertragsrecht, Baden-Baden 1997, S. 103 ff. (zitiert: *Kirchner*, Europäisches Vertragsrecht)
Klauer, Irene: Die Europäisierung des Privatrechts - Der EuGH als Zivilrichter, Baden-Baden 1998

Kleindiek, Detlef: Aspekte gemeinschaftsweiter Privatrechtsangleichung: Ein Sonderprivatrecht für Verbraucher?, in: Hommelhoff/Jayme/Mangold (Hrsg.), Europäischer Binnenmarkt, IPR und Rechtsangleichung, Heidelberg 1995, S. 297 ff.

Klein, Eckart: Objektive Wirkungen von Richtlinien, in: Festschrift für Ulrich Everling, Band I, Baden-Baden 1995, S. 641 ff.

Knobel, Ulrike: Wandlungen im Verständnis der Vertragsfreiheit, Berlin 2000

Knütel, Rolf: Widerruf und Widerrufsbelehrung in § 1 b AbzG, AcP 185 (1985), S. 308 ff.

Koch, Harald: Private International Law: A "Soft" Alternative to the Harmonisation of Private Law?, EPRL 4 (1995), S. 329 ff.

Kochs, Hermann: Probleme deutscher Richter bei der Auslegung europäischen Privatrechts, in: Schulze (Hrsg.), Auslegung europäischen Privatrechts und angeglichenen Rechts, Baden-Baden 1999, S. 211 ff.

Köhler, Helmut: Die Rechte des Verbrauchers beim Teleshopping (TV-Shopping, Internet-Shopping), NJW 1998, S. 185 ff.

Kötz, Hein: Gemeineuropäisches Zivilrecht, in: Festschrift für Konrad Zweigert, Tübingen 1981, S. 481 ff.

- Rechtsvereinheitlichung - Nutzen, Kosten, Methoden, Ziele, RabelsZ 50 (1986), S.1 ff.
- Rechtsvergleichung und gemeineuropäisches Privatrecht, in: Müller-Graff (Hrsg.) Privatrecht und Europäisches Gemeinschaftsrecht - Gemeinschaftsprivatrecht, 2. Auflage, Baden-Baden 1991, S. 95 ff. (zitiert: *Kötz*, Gemeineuropäisches Privatrecht)
- Vertragliche Aufklärungspflichten, in: Festschrift für Ulrich Drobnig, Tübingen 1998, S. 563 ff.

Kötz, Hein/ Flessner, Axel: Europäisches Vertragsrecht, Band I: Abschluß, Gültigkeit und Inhalt des Vertrages; Die Beteiligung Dritter am Vertrag, Tübingen 1996

Kramer, Ernst A.: Der Pflichtgedanke bei der Vertragsschließung: Zur vernunftrechtlichen Grundlage der Vertrauensdoktrin, in: Kramer, Zur Theorie und Politik des Privat- und Wirtschaftsrechts: Beiträge aus den Jahren 1969-1996, Basel, Frankfurt/Main, München, Wien 1997, S. 61 ff. = ÖJZ 1971, S. 119 ff. (zitiert: *Kramer*, Pflichtgedanke)

- Die „Krise" des liberalen Vertragsdenkens, in: Kramer, Zur Theorie und Politik des Privat- und Wirtschaftsrechts: Beiträge aus den Jahren 1969-1996, Basel, Frankfurt/Main, München, Wien 1997, S. 69 ff. = München, Salzburg 1974 (zitiert: *Kramer*, Liberales Vertragsdenken)
- Konsumentenschutz als neue Dimension des Privat- und Wettbewerbsrechts, in: Kramer, Zur Theorie und Politik des Privat- und

Wirtschaftsrechts: Beiträge aus den Jahren 1969-1996, Basel, Frankfurt/Main, München, Wien 1997, S. 171 ff. = ZSR 98 (1979), S. 49 ff. (zitiert: *Kramer*, Konsumentenschutz)
- Europäische Privatrechtsvereinheitlichung, in: Kramer, Zur Theorie und Politik des Privat- und Wirtschaftsrechts: Beiträge aus den Jahren 1969-1996, Basel, Frankfurt/Main, München, Wien 1997, S. 349 ff. = JBl. 1988, S. 477 ff. (zitiert: *Kramer*, Privatrechtsvereinheitlichung)
- Vielfalt und Einheit der Wertungen im Europäischen Privatrecht, in: Kramer, Zur Theorie und Politik des Privat- und Wirtschaftsrechts: Beiträge aus den Jahren 1969-1996, Basel, Frankfurt/Main, München, Wien 1997, S. 377 ff. = Festschrift für Arnold Koller, Bern, Stuttgart 1993, S. 729 ff. (zitiert: *Kramer*, Vielfalt und Einheit)

Krämer, Gerd: Der Verzicht auf das verbraucherschützende Widerrufsrecht und die Rückbeziehung der vertraglichen Pflichten, ZIP 1997, S. 93 ff.

Krejci, Heinz: Zehn Jahre Konsumentenschutzgesetz, in: Festschrift für Rolf Ostheim, Wien 1990, S. 161 ff.

Legrand, Bernard: Against a European Civil Code, Modern Law Review 60 (1997), S. 44 ff.

Lando, Ole: Die Regeln des Europäischen Vertragsrechts, in: Müller-Graff (Hrsg.) Privatrecht und Europäisches Gemeinschaftsrecht - Gemeinschaftsprivatrecht, 2. Auflage Baden-Baden 1991, S. 473 ff. (zitiert: *Lando*, Europäisches Vertragsrecht)
- European Contract Law after the year 2000, CMLRev 1998, S. 821 ff.

Lando, Ole/ Beale, Hugh: Principles of European Contract Law, Dordrecht, Boston, London 1995

Landy, Laurence: Le consommateur européen, in: Osman (Hrsg.), Vers un code européen de la consommation, Brüssel 1998, S. 57 ff.

Larenz, Karl: Lehrbuch des Schuldrechts, Erster Band: Allgemeiner Teil, 14. Auflage, München 1987 (zitiert: *Larenz*, Schuldrecht)
- Methodenlehre der Rechtswissenschaft, 6. Auflage, Berlin, Heidelberg, New York 1991 (zitiert: *Larenz*, Methodenlehre)

Larenz, Karl/ Wolf, Manfred: Allgemeiner Teil des Bürgerlichen Gesetzbuchs, 8. Auflage, München 1997

Leenen, Detlef: Abschluß, Zustandekommen und Wirksamkeit des Vertrages, AcP 188 (1988), S. 381 ff.
- Die Anfechtung von Verträgen, Jura 1991, S. 393 ff.

Leible, Stefan: Abschied vom "flüchtigen Verbraucher"?, DZWir 1994, S. 177
- Die Rolle der Rechtsprechung des Europäischen Gerichtshofs bei der europäischen Privatrechtsentwicklung, in: Martiny/Witzleb (Hrsg.), Auf dem

Wege zu einem europäischen Zivilgesetzbuch, Berlin 1999, S. 53 ff. (zitiert: *Leible*, Rolle des EuGH)

Leisner, Walter: Der mündige Verbraucher in der Rechtsprechung des EuGH, EuZW 1991, S. 498 ff.

Lenz, Otto: EG-Vertrag, Köln 1994

Lieb, Manfred: Grundfragen einer Schuldrechtsreform, AcP 183 (1983), S. 327

- Sonderprivatrecht für Ungleichgewichtslagen? Überlegungen zum Anwendungsbereich der sogenannten Inhaltskontrolle privatrechtlicher Verträge, AcP 178 (1978), S. 196 ff.

Limmer, Peter: Vertragsgerechtigkeit notarieller Urkunden und europäischer Verbraucherschutz, in: Jubiläumsfestschrift des Rheinischen Notariats, Köln 1998, S. 15 ff.

Lorenz, Stephan: Schwebende Unwirksamkeit und Präklusion im Zwangsvollstreckungsrecht, NJW 1995, S. 2258 ff.

Löwe, Walter: Neuerungen im Abzahlungsrecht, NJW 1974, S. 2257 ff.

Lurger, Brigitta: Regulierung und Deregulierung im europäischen Privatrecht, Frankfurt/Main 1997 (zitiert: *Lurger*, Regulierung und Deregulierung)

- Vertragliche Solidarität, Baden-Baden 1998 (zitiert: *Lurger*, Vertragliche Solidarität)
- Die Vereinheitlichung des Vertragsrechts in der Europäischen Union, in: Martiny/Witzleb (Hrsg.), Auf dem Wege zu einem europäischen Zivilgesetzbuch, Berlin 1999, S. 141 ff. (zitiert: *Lurger*, Vereinheitlichung des Vertragsrechts)

Lutter, Marcus: Die Auslegung angeglichenen Rechts, JZ 1992, S. 593 ff.

Luttermann, Claus: Juristische Übersetzung als Rechtspolitik im Europa der Sprachen, EuZW 1998, S. 151 ff.

Lwowski,Hans-Jürgen/ Peters,Bernd/ Gössmann, Wolfgang: Verbraucherkreditgesetz, 2. Auflage, Berlin 1994

Magoulas, Georgios/ Schwartze, Andreas: Das Gesetz über den Widerruf von Haustürgeschäften und ähnlichen Geschäften: Eine rechtliche und ökonomische Analyse, JA 1986, S. 225 ff.

Malinveaud, Philippe: Droit de repentir et théorie générale des obligations, in: Scritti in onore di Rodolfo Sacco, Mailand 1994, S. 744 ff.

- La protection des consommateurs, Recueil Dalloz 1981, chronique S. 49 ff.

Mansel, Heinz-Peter: Rechtsvergleichung und europäische Rechtseinheit, JZ 1991, S. 529 ff.

Martin, Didier: La défense du consommateur à crédit, RTD com. 1977, S. 23 ff.

Martinek. Michael: Das neue Teilzeit-Wohnrechtegesetz - mißratener Verbraucherschutz bei Time-Sharing-Verträgen, NJW 1997, S. 1393 ff.

Martiny, Dieter: Babylon in Brüssel?, ZEuP 6 (1998), S. 227 ff.

- Europäisches Privatrecht - unerreichbar oder greifbar?, in: Martiny/Witzleb (Hrsg.), Auf dem Wege zu einem europäischen Zivilgesetzbuch, Berlin 1999, S. 1 ff. (zitiert: *Martiny*, Europäisches Privatrecht)

Mäsch, Gerald: Die Time-Sharing-Richtlinie, EuZW 1995, S. 8 ff.

- Das deutsche Time-Sharing-Recht nach dem neuen Teilzeit-Wohnrechte-Gesetz, DNotZ 1997, S. 180 ff.

Medicus, Dieter: Verschulden bei Vertragsverhandlungen, in: BMJ (Hrsg.), Gutachten und Vorschläge zur Überarbeitung des Schuldrechts, Band I, Köln 1981, S. 459 ff. (zitiert: *Medicus*, Verschulden bei Vertragsverhandlungen)

- Wer ist ein Verbraucher?, in: Festschrift für Zentaro Kitagawa, Berlin 1992, S. 477 ff.
- Abschied von der Privatautonomie im Schuldrecht?, Köln 1994 (zitiert: *Medicus*, Privatautonomie)

Meents, Jan Geert: Verbraucherschutz bei Rechtsgeschäften im Internet, Köln 1998 (zitiert: *Meents*, Verbraucherschutz)

- Verbraucherschutz bei Haustürgeschäften im Internet, K&R 1999, S. 53 ff.

Meyer, Alfred Hagen: Das Verbraucherleitbild des Europäischen Gerichtshofs - Abkehr vom "flüchtigen Verbraucher", WRP 1993, 215 ff.

Micklitz, Hans W.: Divergente Ausgangsbedingungen des Verbraucherrechts in West und Ost, in: Micklitz (Hrsg.), Rechtseinheit oder Rechtsvielfalt in Europa?, Baden-Baden 1996, S. 3 ff. (zitiert: *Micklitz*, Divergente Ausgangsbedingungen)

- Perspektiven eines Europäischen Privatrechts, ZEuP 6 (1998), S. 253 ff.
- Die Fernabsatzrichtlinie 97/7/EG, ZEuP 7 (1999), S. 875 ff.

Micklitz, Hans W./ Reich, Norbert: Verbraucherschutz im Vertrag über die Europäische Union, EuZW 1992, S. 594 ff.

- Die Fernabsatzrichtlinie im deutschen Recht, Baden-Baden 1998 (zitiert: *Micklitz/Reich*, Fernabsatzrichtlinie)

Müller-Graff, Peter-Christian: Common Private Law in the European Community, in: de Witte/Forder (Hrsg.), The common law of Europe and the future of legal education, Deventer 1992, S. 239 ff. (zitiert: *Müller-Graff*, Common Private Law)

- Gemeinsames Privatrecht in der Europäischen Gemeinschaft: Ebenen und Gemeinschaftsprivatrechtliche Grundfragen, in: Festschrift für Bodo Börner, Köln, Berlin, Bonn, München 1992, S. 303 ff.
- Europäisches Gemeinschaftsrecht und Privatrecht, NJW 1993, S. 13 ff.
- Gemeinsames Privatrecht in der Europäischen Gemeinschaft, Baden-Baden 1993 (zitiert: *Müller-Graff*, Gemeinsames Privatrecht)

- Europäische Normgebung und ihre judikative Umsetzung in das nationale Recht, DRiZ 1996, S. 259 ff.
- EC Directives as a Means of Unification of Private Law?, in: Hartkamp/ Hesselink/Hondius/Joustra/du Perron (Hrsg.), Towards a European Civil Code, 2. Auflage, Nijmegen 1998, S. 71 (zitiert: *Müller-Graff*, EC Directives)
- Privatrechtsangleichung durch EG-Recht, in: Horn/Baur/Stern (Hrsg.), 40 Jahre Römische Verträge - Von der Europäischen Wirtschaftsgemeinschaft zur Europäischen Union, Berlin/New York 1998, S. 107 ff. (zitiert: *Müller-Graff*, Privatrechtsangleichung)

Nassall, Wendt: Die Anwendung der EU-Richtlinie über mißbräuchliche Klauseln in Verbraucherverträgen, JZ 1995, S. 689 ff.

Neuhaus, Paul Heinrich/ Kropholler, Jan: Rechtsvereinheitlichung-Rechtsverbesserung?, RabelsZ 45 (81), S. 73 ff.

Odersky, Walter: Rechtsfragen zur Anwendung von Recht der Europäischen Union im Mitgliedstaat, ZEuP 6 (1998), S. 485 ff.

Ollmann, Horst: Die schwebende Unwirksamkeit des Verbraucherkreditvertrages, WM 1992, S. 2005 ff.

Oppermann, Thomas: Europarecht, München 1991

Oughton, David/ Lowry, John: Textbook on Consumer Law, London 1997

Palandt, Otto (Hrsg.): Bürgerliches Gesetzbuch, 60. Auflage, München 2001

Pawlowski, Hans-Martin: Wie kommt es zum Vertrag?, in: Festschrift für Bernhard Großfeld, Heidelberg 1999, S. 829 ff.

Pechstein, Matthias: Die Bedeutung von Protokollerklärungen zu Rechtsakten der EG, EuR 1990, S. 249 ff.
- Europäisches Zivilgesetzbuch und Rechtssetzungsbefugnisse der EG, in: Martiny/Witzleb (Hrsg.), Auf dem Wege zu einem europäischen Zivilgesetzbuch, Berlin 1999, S. 19 ff. (zitiert: *Pechstein*, Europäisches Zivilgesetzbuch)

Pescatore, Pierre: Recht in einem mehrsprachigen Raum, ZEuP 6 (1998), S. 1

Peters, Frank/ Zimmermann Reinhard: Verjährungsfristen, in: BMJ (Hrsg.), Gutachten und Vorschläge zur Überarbeitung des Schuldrechts, Band I, Köln 1981, S. 77 ff.

Pfeiffer, Thomas: Der Verbraucherbegriff als zentrales Merkmal im europäischen Privatrecht, in: Schulte-Nölke/Schulze (Hrsg), Europäische Rechtsangleichung und nationale Privatrechte, Baden-Baden 1999, S. 11 ff. (zitiert: *Pfeiffer*, Verbraucherbegriff)
- Die Bürgschaft unter dem Einfluß des deutschen und europäischen Verbraucherrechts, ZIP 1998, S. 1129 ff.

- Die Integration von „Nebengesetzen“ in das BGB, in: Ernst/Zimmermann (Hrsg.), Zivilrechtswissenschaft und Schuldrechtsreform, Tübingen 2001, S. 481ff. (zitiert: *Pfeiffer*, Integration)
- Ein zweiter Anlauf des deutschen Bürgschaftsrechts zum EuGH, NJW 1996, S. 3297 ff.

Pfeiffer, Thomas/ Dauck, Andreas: BGH-Rechtsprechung aktuell: Verbraucherkreditgesetz, NJW 1997, S. 30 ff.

Pickert, Stefan: Das Widerrufsrecht nach dem Verbraucherkreditgesetz, Regensburg 1995

Pizzio, Jean-Pierre: Code de la consommation, 2. Auflage, Paris 1996
- La protection des consommateurs par le droit commun des obligations, RTD com 1998, S. 53 ff.

Prime, Terence: Re-Shaping the English Law of Contract, in: Festschrift für Bernhard Großfeld, Heidelberg 1999, S. 889 ff.

Pudor, Kerstin: Die Wirkungsweise verbraucherschützender Widerrufsrechte, Frankfurt/Main 2000

Raiser, Ludwig: Vertragsfreiheit heute, JZ 1958, S. 1 ff.

Ramsay, Iain/ Williams, Toni: Inequality, Market Discrimination and Credit Markets, in: Ramsay (Hrsg.), Consumer Law in the Global Economy, Aldershot 1997, S. 233 ff.

Ranieri, Filippo: Europäisches Obligationenrecht, Wien, New York 1999

Rebmann, Kurt/ Säcker, Franz-Jürgen: Münchener Kommentar zum BGB,
Band 1: Allgemeiner Teil, 3. Auflage, München 1993
Band 3: Schuldrecht - Besonderer Teil, 3. Auflage, München 1995

Rehbinder, Manfred: Wen schützt das Konsumentenrecht?, in: Festschrift für Anton Heini, Zürich 1995, S. 305 ff.

Reich, Norbert: Zivilrechtstheorie, Sozialwissenschaften und Verbraucherschutz, ZRP 1974, 187 ff.
- Binnenmarkt als Rechtsbegriff, EuZW 1991, S. 203 ff.
- Zur Theorie eines Europäischen Verbraucherrechts, ZEuP 2 (1994), S. 381
- Europäisches Verbraucherrecht, 3. Auflage, Baden-Baden 1996 (zitiert: *Reich*, Europäisches Verbraucherrecht)
- Die neue Richtlinie 97/7/EG über den Verbraucherschutz bei Vertragsabschlüssen im Fernabsatz, EuZW 1997, S. 581 ff.
- Verbraucherpolitik und Verbraucherschutz im Vertrag von Amsterdam, VuR 1999, S. 3 ff.

Reifner, Udo: Alternatives Wirtschaftsrecht am Beispiel der Verbraucherverschuldung, Neuwied, Darmstadt 1979

Reinicke, Dietrich/ Tiedtke, Klaus: Schutz des Bürgen durch das Haustürwiderrufsgesetz, ZIP 1998, S. 893 ff.

Remien, Oliver: Illusion und Realität eines europäischen Privatrechts, JZ 1992, S. 277 ff.
- AGB-Gesetz und Richtlinie über mißbräuchliche Verbrauchervertragsklauseln in ihrem europäischen Umfeld, ZEuP 2 (1994), S. 34 ff.
- Einheit, Mehrstufigkeit und Flexibilität im europäischen Privat- und Wirtschaftsrecht, RabelsZ 62 (1998), S. 627 ff.
- Europäisches Zivilgesetzbuch - Einheitsrecht mit nationaler Abänderungsbefugnis, in: Martiny/Witzleb (Hrsg.), Auf dem Wege zu einem europäischen Zivilgesetzbuch, Berlin 1999, S. 125 ff. (zitiert: *Remien*, Europäisches Zivilgesetzbuch)
- Verbraucherrecht oder allgemeines Privatrecht für die Europäische Union?, in: Schulte-Nölke/Schulze (Hrsg), Europäische Rechtsangleichung und nationale Privatrechte, Baden-Baden 1999, S. 107 ff. (zitiert: *Remien*, Verbraucherrecht)

Renner, Oliver: Die Verwirkung des Widerrufsrechts nach dem Haustürwiderrufsgesetz, VuR 2000, S. 119 ff.

Ress, Georg: Die richtlinienkonforme "Interpretation" innerstaatlichen Rechts, DÖV 1994, S. 489 ff.

Riesenfeld, Stefan: Einführungsvortrag zum Generalthema „Privatautonomie und Ungleichgewichtslagen", in: Armbrüster/Franzen u. a. (Hrsg.) Privatautonomie und Ungleichgewichtslagen, Jahrbuch Junger Zivilrechtswissenschaftler 1995, S. 9 ff.

Riesenhuber, Karl: Fernabsatz von Finanzdienstleistungen im europäischen Schuldvertragsrecht, WM 1999, S. 1441 ff.

Ring, Gerhard: Fernabsatzgesetz, Bonn 2000

Rittner, Fritz: Über das Verhältnis von Vertrag und Wettbewerb, AcP 188 (1988), S. 101 ff.
- Die wirtschaftsrechtliche Ordnung der EG und das Privatrecht, JZ 1990, S. 838 ff.
- Das Projekt eines Europäischen Privatrechtsgesetzbuches und die wirtschaftliche Praxis, DB 1996, S. 25 ff.

Roth, Herbert: EG-Richtlinien und Bürgerliches Recht, JZ 1999, S. 529 ff.

Rott, Peter: Die Umsetzung der Haustürwiderrufsrichtlinie in den Mitgliedstaaten, Baden-Baden 2000
- Informationspflichten in Fernabsatzverträgen als Paradigma für die Sprachenproblematik im Vertragsrecht, ZfRV 1999, S. 382 ff.

Rüffler, Friedrich: Richtlinienkonforme Auslegung nationalen Rechts, ÖJZ 1997, S. 121 ff.

Rummel, Peter: Kommentar zum ABGB, 2. Band, 2. Auflage, Wien 1992

Saint-Alary, Roger: La jouissance de biens immobiliers à temps partiel et la loi n° 98 - 566 du 8 juillet 1998, Recueil Dalloz 1999, chronique S. 147 ff.

Sandrock, Otto: Die Europäischen Gemeinschaften und die Privatrechte ihrer Mitgliedstaaten: Einheit oder Vielfalt?, EWS 1994, S. 1 ff.

Santos Briz, Jaime: La fuerza vinculante del contrato. Especial consideracion en los contratos facticos. Derecho espanol y de la comunidad europea, RDP 1993, S. 651 ff.

Schindler, Thomas: Die Restatements und ihre Bedeutung für das amerikanische Privatrecht, ZEuP 6 (1998), S. 277 ff.

Schlechtriem, Peter: Schuldrecht, Allgemeiner Teil, 3. Auflage, Tübingen 1997 (zitiert: *Schlechtriem*, Schuldrecht)

- Verbraucherkaufverträge - ein neuer Richtlinienentwurf, JZ 1997, S. 441 ff.

Schlenker, Susanne: Haustürgeschäfte in Spanien, ZEuP 6 (1997), S. 1108 ff.

Schmidt, Eike: Von der Privat- zur Sozialautonomie, JZ 1980, S. 153 ff.

Schmidt-Räntsch, Jürgen: Zum Gesetz über Fernabsatzverträge und andere Fragen des Verbraucherrechts sowie zur Umstellung von Vorschriften auf Euro, VuR 2000, S. 427 ff.

Schmidt-Rimpler, Walter: Grundlagen einer Erneuerung des Vertragsrechts, AcP 147 (1941), S. 130 ff.

- Zum Vertragsproblem, in: Festschrift für Ludwig Raiser, Tübingen 1974, S. 3 ff.

Schünemann, Wolfgang B.: Mündigkeit versus Schutzbedürftigkeit, in: Festschrift für Hans Erich Brandner, Köln 1996, S. 279 ff.

Schulte-Nölke, Hans: Elf Amtssprachen, ein Recht? Folgen der Mehrsprachigkeit für die Auslegung von Verbraucherschutzrichtlinien, in: Schulze (Hrsg.), Auslegung europäischen Privatrechts und angeglichenen Rechts, Baden-Baden 1999, S. 143 ff.

Schulte-Nölke, Hans/ Schulze, Rainer: Europäische Rechtsangleichung und nationale Privatrechte, in: Schulte-Nölke/Schulze (Hrsg), Europäische Rechtsangleichung und nationale Privatrechte, Baden-Baden 1999, S. 11 ff.

Schultz, Dietrich: Die ausgeführte Richtlinie im nationalen Recht - offene Fragen aus der Perspektive des deutschen Gesellschaftsrecht, in: Gedächtnisschrift für Leontin-Jean Constantinesco, Köln, Berlin, Bonn, München 1983, S. 677

Schulze, Reiner: Allgemeine Rechtsgrundsätze und Europäisches Privatrecht, ZEuP 1 (1993), S. 442 ff.

- Ein Jahrhundert BGB - deutsche Rechtseinheit und europäisches Privatrecht, DRiZ 1997, S. 369 ff.

- Vergleichende Gesetzesauslegung und Rechtsangleichung, ZfRV 1997, S. 183 ff.

- Auslegung europäischen Privatrechts und angeglichenen Rechts, in: Schulze (Hrsg.), Auslegung europäischen Privatrechts und angeglichenen Rechts, Baden-Baden 1999, S. 1 ff. (zitiert: *Schulze*, Auslegung)

Schwartz, Ivo: Wege zur EG-Rechtsvereinheitlichung: Verordnungen der Europäischen Gemeinschaft oder Übereinkommen unter den Mitgliedstaaten?, in: Festschrift für Ernst von Caemmer, Tübingen 1978, S. 1067 ff.

- Perspektiven der Angleichung des Privatrechts in der Europäischen Gemein-schaft, ZEuP 2 (1994), S. 559 ff.

Schwarzenegger, Peter: Der aktuelle Ministerialentwurf zur Novellierung des KSchG, JAP 1996/97, S. 51 ff.

Schwenzer, Dagmar: Neue Formen der Abstandnahme vom Vertrag, JA 1989, S. 473 ff, 505 ff.

Seckel, Emil: Die Gestaltungsrechte des Bürgerlichen Rechts, in: Festschrift für Richard Koch, Berlin 1903, S. 205 ff.

Singer, Reinhard: Vertragsfreiheit, Grundrechte und der Schutz des Menschen vor sich selbst, JZ 1995, S. 1133 ff.

Soergel, Hans-Theodeor (Hrsg.): Bürgerliches Gesetzbuch,
Band 1: Allgemeiner Teil, 12. Auflage, Stuttgart 1987
Band 4: Schuldrecht, 12. Auflage, Stuttgart 1998
Band 4/1 Schuldrecht III/1, 12. Auflage, Stuttgart, Stand Frühjahr 1997

de Sousa, Maria Constanca: Das Timesharing an Ferienimmobilien in der EU, Baden-Baden 1998

Spetzler, Eugen: Die richtlinienkonforme Auslegung als vorrangige Methode steuerjuristischer Hermeneutik, RIW 1991, S. 579 ff.

Stabentheiner, Johannes: Probleme bei der Umsetzung zivilrechtlicher EU-Richtlinien am Beispiel der Time-Sharing-Richtlinie, JBl 1997, S. 65 ff.

Staudenmayer, Dirk: Die Richtlinien des Verbraucherprivatrechts - Bausteine für ein europäisches Privatrecht?, in: Schulte-Nölke/Schulze (Hrsg), Europäische Rechtsangleichung und nationale Privatrechte, Baden-Baden 1999, S. 63 ff.

von Staudinger, Julius (Hrsg.): Kommentar zum Bürgerlichen Gesetzbuch,
Erstes Buch, Allgemeiner Teil, §§ 164-240, 13. Bearbeitung, Berlin 1995
Zweites Buch, Recht der Schuldverhältnisse, Einleitung zu §§ 241 ff; §§ 241-243, 13. Bearbeitung, Berlin 1995
Verbraucherkreditgesetz, Haustürwiderrufsgesetz, § 13a UWG, 13. Bearbeitung, Berlin 1998

Steindorff, Ernst: EG-Vertrag und Privatrecht, Baden-Baden 1996

Storme, Michael E.: The Binding Character of Contracts, in: Hartkamp/ Hesselink/Hondius/Joustra/du Perron (Hrsg.), Towards a European Civil Code, 2. Auflage, Nijmegen 1998, S. 239 ff.

Streinz, Rudolf: Europarecht, 3. Auflage, Heidelberg 1996 (zitiert: *Streinz*, Europarecht)
- Mindestharmonisierung im Binnenmarkt, Bonn 1996 (zitiert: *Streinz*, Mindestharmonisierung)

Streinz, Rudolf/ Leible, Stefan: 10% mehr Eiskrem für alle!, ZIP 1995, S. 1236

Stürner, Rolf/ Bruns, Alexander: Die Umsetzung der Verbraucherschutzrichtlinien und ihre Auswirkungen im nationalen Recht, in: Heusel (Hrsg.), Neues Europäisches Vertragsrecht und Verbraucherschutz, Köln 1999, S. 81 ff.

Tangl, Astrid: Die Rückabwicklung nichtiger (Haustür-) Geschäfte in Frankreich - ein Rechtsvergleich mit § 4 KSchG, ZfRV 1998, S. 62 ff.

Taschner, Claudius: Mindestharmonisierung im Verbraucherschutzrecht, Bonn 1996

Taupitz, Jochen: Europäische Privatrechtsvereinheitlichung heute und morgen, Tübingen 1993 (zitiert: *Taupitz*, Privatrechtsvereinheitlichung)
- Privatrechtsvereinheitlichung durch die EG: Sachrechts - oder Kollisionsrechtsvereinheitlichung?, JZ 1993, S. 533 ff.
- Privatrechts- oder Kollisionsrechtsvereinheitlichung in Europa?, Bonn 1995 (zitiert: *Taupitz*, Kollisionsrechtsvereinheitlichung)

Teske, Wolfgang: Der Begriff des "Verbrauchers" - Resümee und Annäherung, in: Magoulas/Simon (Hrsg.), Recht und Ökonomie beim Konsumentenschutz und Konsumentenkredit, Baden-Baden 1985, S. 15 ff. (zitiert: *Teske*, Begriff des „Verbrauchers")
- Das neue Gesetz über den Widerruf von Haustürgeschäften und ähnlichen Geschäften, ZIP 1986, S. 624 ff.
- Neue Widerrufsrechte beim Abschluß von Versicherungs- und Verbraucher-kreditverträgen, NJW 1991, S. 2793 ff.

Tilmann, Winfried: Eine Privatrechtskodifikation für die Europäische Gemeinschaft?, in: Müller-Graff (Hrsg.), Privatrecht und Europäisches Gemeinschaftsrecht - Gemeinschaftsprivatrecht, 2. Auflage Baden-Baden 1991, S. 485 ff. (zitiert: *Tilmann*, Privatrechtskodifikation)
- Kodifikation des Privatrechts in der Gemeinschaft, in: Festschrift für Herbert Helmrich, München 1994, S. 437 ff.
- Der "verständige Verbraucher", in: Festschrift für Henning Piper, München 1996, S. 481 ff.

Timmermans, Christiaan W. A.: Zur Entwicklung des europäischen Zivilrechts, ZEuP 7 (1999), S. 1 ff.

Tonner, Klaus: Die EG-Richtlinie über Pauschalreisen, EuZW 1990, S. 409 ff.
- Die Rolle des Verbraucherrechts bei der Entwicklung eines europäischen Zivilrechts, JZ 1996, S. 533 ff.

- Das Recht des Time-sharing an Ferienimmobilien, München 1997 (zitiert: *Tonner*, Time-sharing)

Trochu, Michel: Protection des consommateurs en matière de contrats à distance: directive n° 97-7 CE du 20 mai 1997, Recueil Dalloz 1999, chronique S. 179 ff.

Ulmer, Peter: Vom deutschen zum europäischen Privatrecht?, JZ 1992, S. 1 ff.

Vogenauer, Stefan: Richtlinienkonforme Auslegung nationalen Rechts, ZEuP 5 (1997), S. 159 ff.

Waldenberger, Arthur: „Alles schwebend unwirksam" - Distanzgeschäfte nach dem Referentenentwurf eines Fernabsatzgesetzes, K&R 1999, S. 345 ff.

Weatherill, Stephen: The Evolution of European Consumer Law and Policy: From Well Informed Consumer to Confident Consumer, in: Micklitz (Hrsg.), Rechtseinheit oder Rechtsvielfalt in Europa?, Baden-Baden 1996, S. 423 ff.

Weir, Tony: Die Sprachen des europäischen Rechts, ZEuP 3 (1995), S. 368 ff.

Westermann, Harm-Peter: Verbraucherschutz, in: BMJ (Hrsg.), Gutachten und Vorschläge zur Überarbeitung des Schuldrechts, Band III, Köln 1983, S. 1

Westphalen, Friedrich Graf von: Verbraucherkreditgesetz, Köln 1991

Wichard, Johannes Christian: Verbraucherschützende Widerrufsrechte und Vollstreckungsgegenklage, JuS 1998, S. 112 ff.

Wichtermann, Jürgen: Privatautonomie und Verbraucherschutz: Das Konsumentenkreditrecht als Versuch zur Überwindung eines (scheinbaren?) Widerspruchs, in: Armbrüster/Franzen u. a. (Hrsg.), Privatautonomie und Ungleichgewichtslagen, Jahrbuch Junger Zivilrechtswissenschaftler 1995, S. 215 ff.

Wieacker, Franz: Das Sozialmodell der klassischen Privatrechtsgesetzbücher und die Entwicklung der modernen Gesellschaft, Karlsruhe 1953

Witz, Claude: Plaidoyer pour un code européen des obligations, Le Dalloz 2000, S. 79 ff.

Wolf, Manfred: Willensmängel und sonstige Beeinträchtigungen der Entscheidungsfreiheit in einem europäischen Vertragsrecht, in: Basedow (Hrsg.), Europäische Vertragsrechtsvereinheitlichung und deutsches Recht, Tübingen 2000, S. 85 ff.

Zimmermann, Reinhard: Das römisch-kanonische ius commune als Grundlage europäischer Rechtseinheit, JZ 1992, S. 8 ff.

Zöckler, Markus C.: Probleme der richtlinienkonformen Auslegung des nationalen Zivilrechts, in: Breidenbach/Grundmann u.a. (Hrsg.), Rechtsfortbildung jenseits klassischer Methodik - Privatautonomie zwischen Status und Kontrakt- Privatrecht und Europa 1992, Jahrbuch Junger Zivilrechtswissenschaftler 1992, S. 141 ff.

Zöllner, Wolfgang: Die politische Rolle des Privatrechts, JuS 1988, S. 329 ff.
- Zivilrechtswissenschaft und Zivilrecht im ausgehenden 20. Jahrhundert, AcP 188 (1988), S. 85 ff.
- Regelungsspielräume im Schuldvertragsrecht, AcP 196 (1996), S. 1 ff.

Zuleeg, Manfed: Die Rechtswirkungen europäischer Richtlinien, ZGR 1980, S. 466 ff.
- Die gemeinschaftsrechtskonforme Auslegung und Fortbildung mitgliedstaatlichen Rechts, in: Schulze (Hrsg.), Auslegung europäischen Privatrechts und angeglichenen Rechts, Baden-Baden 1999, S. 163 ff. (zitiert: *Zuleeg*, Gemeinschaftsrechtskonforme Auslegung)

Zweigert, Konrad/ Kötz, Hein: Einführung in die Rechtsvergleichung auf dem Gebiete des Privatrechts,
2. Auflage, Tübingen 1992 (zitiert: *Zweigert/Kötz*, 2. Auflage)
3. Auflage, Tübingen 1996 (zitiert: Zweigert/Kötz, 3. Auflage)

Einleitung

A. Überblick

Die Europäisierung des Rechts der Mitgliedstaaten der Europäischen Union ist eine der bedeutendsten Rechtsentwicklungen unserer Zeit. Der Prozess der europäischen Integration hat, ausgehend vom Gründungsvertrag von Rom vom 25. März 1957, bis zum heutigen Tag fast keinen Bereich der nationalen Rechtsordnungen der Mitgliedstaaten unberührt gelassen. Hat sich die europäische Entwicklung dabei zunächst im öffentlich-rechtlichen Sektor bewegt, erfasst sie nun mehr und mehr Bereiche, die dem Privatrecht zuzurechnen sind. Es wird vermutet, dass heute fast 80 % aller neueren Gesetzgebungsakte auf dem Gebiet des wirtschaftsnahen Privatrechts der Mitgliedstaaten in irgendeiner Weise durch die EU initiiert oder doch beeinflusst sind[1].

Als Ausgangspunkt dieser „Europäisierung" des Privatrechts der Mitgliedstaaten durch die Europäische Union kann die Publizitätsrichtlinie aus dem Jahre 1969 bezeichnet werden[2]. Mit ihr wurde ein Prozess in Gang gesetzt, der seitdem unaufhaltsam die nationalen Privatrechte zum Teil gravierenden Änderungen unterwirft.

Dabei bildet das Privatrecht auf unionsrechtlicher Ebene noch kein geschlossenes Rechtsgebiet, das allein zur umfassenden Regelung der rechtlichen Beziehungen von Privatpersonen genügt. Es existieren jedoch eine Reihe spezieller Privatrechtsregelungen[3]. Deshalb wird heute trotzdem bereits von einem „Europäischen Privatrecht" gesprochen, das in Anschluss an *Müller-Graff* als die Gesamtheit der kraft Gemeinschaftsrechts in allen oder für alle Mitgliedstaaten verbindlichen Privatrechtsregeln bezeichnet werden kann[4].

---

1 *Jacques Delors*, Rede im Europäischen Parlament am 4. Juli 1988, Bulletin der EG 1988, S. 7, 124; vgl. auch *Odersky*, ZEuP 6 (1998), S. 485; *Blaurock*, JZ 1994, S. 270.

2 Richtlinie 68/151/EWG vom 9. März 1968 zur Koordinierung der Schutzbestimmungen, die in den Mitgliedstaaten den Gesellschaften im Sinne des Artikels 58 Absatz 2 des Vertrages im Interesse der Gesellschafter sowie Dritter vorgeschrieben sind, um diese Bestimmungen gleichwertig zu gestalten, ABlEG Nr. L 65 vom 14. 3. 1968, S. 8.

3 Einen Überblick über bestehendes Europäisches Privatrecht geben *Drobnig*, forum internationale No. 22, 1996, S. 3 ff.; *Schwartz*, ZEuP 2 (1994), S. 561 ff.; *Götz*, NJW 1992, S. 1850 ff.

4 *Müller-Graff*, NJW 1993, S. 13; ders., FS Börner, S. 309; ders., Gemeinsames Privatrecht, S. 14; *Schulze*, ZEuP 1 (1993), S. 444.

B. Ziel der Arbeit

Im Mittelpunkt der privatrechtlichen Gemeinschaftsmaßnahmen[5] steht insbesondere das Verbrauchervertragsrecht. Der Vertrag ist das wohl wichtigste privatrechtliche Institut der Marktwirtschaft, der nach Art. 4 Abs. 1 EGV auch die Gemeinschaft verhaftet ist[6]. Der Verbraucher als Nachfrager der Angebote des Binnenmarktes soll in die Lage versetzt werden, grenzüberschreitend aktiv zu werden. Dazu müssen sein Vertrauen in den Binnenmarkt gestärkt und seine Wirtschaftsinteressen geschützt werden[7]. Aus diesem Grund ist in den letzten Jahren eine Vielzahl von Regelungen geschaffen worden, die im Wege der Rechtsangleichung mitgliedstaatliche Vorschriften harmonisiert und einen Mindestschutzstandard eingeführt haben[8]. Hierunter fallen die Richtlinien über Haustürgeschäfte[9], Verbraucherkredite[10], Pauschalreisen[11], missbräuchliche Klauseln in Verbraucherverträgen[12], Timesharing[13], Vertragsabschlüsse im

5 Die Europäische Gemeinschaft (Art. 1 EGV) bildet eine der Grundlagen der Europäischen Union (Art. 1 Abs. 3 EUV). Die Rechtsangleichungsmaßnahmen werden dabei auf die Vorschriften des EG-Vertrages gestützt. Aus diesem Grund wird im Folgenden überwiegend von der „Gemeinschaft" die Rede sein und weniger von der „Union".

6 Vgl. Art. 4 Abs. 1 EGV: „Die Tätigkeit der Mitgliedstaaten und der Gemeinschaft... umfaßt...die Einführung einer Wirtschaftspolitik, die...dem Grundsatz einer offenen Marktwirtschaft mit freiem Wettbewerb verhaftet ist."

7 Hierzu ausführlich § 1 II 2 b) bb).

8 Ausgangspunkt des gemeinschaftsrechtlichen Verbraucherschutzes war die Richtlinie 85/374/EWG des Rates zur Angleichung der Rechts- und Verwaltungsvorschriften der Mitgliedstaaten über die Haftung für fehlerhafte Produkte vom 25. Juli 1985, ABlEG Nr. L 210 vom 7. 8. 1985, S. 29.

9 Richtlinie 85/577/EWG des Rates vom 20. Dezember 1985 betreffend den Verbraucherschutz im Falle von außerhalb von Geschäftsräumen geschlossenen Verträgen (Haustürrichtlinie), ABlEG Nr. L 372 vom 31. 12. 1985, S. 31. Hierzu ausführlich unten § 4 A.

10 Richtlinie 87/102/EWG des Rates vom 22. Dezember 1986 mit Änderungsrichtlinien 90/88/EWG vom 22. Februar 1990 und 98/7/EG vom 16. Februar 1998 zur Angleichung der Rechts- und Verwaltungsvorschriften der Mitgliedstaaten über den Verbraucherkredit (Verbraucherkreditrichtlinie), ABlEG Nr. L 42 vom 12. 2. 1987, S. 48; ABlEG Nr. L 61 vom 10. 3. 1990, S. 14 und ABlEG Nr. L 101 vom 1. 4. 1998, S. 17. Hierzu ausführlich unten § 4 B.

11 Richtlinie 90/314/EWG des Rates vom 19. Juni 1990 über Pauschalreisen, ABlEG Nr. L 158 vom 23. 6. 1990, S. 59. Hierzu ausführlich unten § 4 C.

12 Richtlinie 93/13/EWG des Rates vom 5. April 1993 über mißbräuchliche Klauseln in Verbraucherverträgen (Klauselrichtlinie), ABlEG Nr. L 95 vom 21. 4. 1993, S. 29. Hierzu ausführlich unten § 4 D.

13 Richtlinie 94/47/EG des Europäischen Parlaments und des Rates vom 26. Oktober 1994 zum Schutz der Erwerber im Hinblick auf bestimmte Aspekte von Verträgen über den Erwerb von Teilzeitnutzungsrechten an Immobilien (Timesharingrichtlinie), ABlEG Nr.

Fernabsatz[14] und Verbrauchsgüterkauf und Verbrauchsgütergarantien[15] sowie der Richtlinienvorschlag über Finanzdienstleistungen im Fernabsatz[16].

Dabei bedient sich der Gemeinschaftsgesetzgeber verschiedener Instrumente zum Schutz des Verbrauchers. Hierzu gehört als „Kernstück"[17] diverser Verbrauchervertragsrichtlinien die Möglichkeit, sich innerhalb einer bestimmten Frist von einer eingegangenen Verpflichtung ohne Angabe von Gründen zu lösen (Vertragslösungsrecht)[18]. Dabei divergieren die inhaltlichen Ausgestaltungen dieses Rechts zum Teil in erheblichem Maße[19].

Ziel der Arbeit ist es, diese verschiedenen Konstruktionen zu untersuchen und aus ihnen ein einheitliches verbraucherschützendes Vertragslösungsrecht zu entwickeln.

C. Vorgehensweise

Die Untersuchung des verbraucherschützenden Vertragslösungsrechts verlangt zunächst die Darstellung seines Umfeldes. Der erste Teil der Arbeit soll deshalb einen Überblick über die Entwicklung des Europäischen Privatrechts im Allgemeinen (§ 1) und des Verbrauchervertragsrechts im Besonderen (§§ 3, 4) verschaffen. Besonderes Augenmerk ist dabei auf die Richtlinie als (bisheriges) Hauptinstrument der Rechtsangleichung und ihre Auswirkungen auf das mitgliedstaatliche Privatrecht zu richten (§ 2).

Im zweiten Teil der Arbeit wird gezeigt, dass der bisher beschrittene Weg der Rechtsangleichung im Bereich des Vertragsrechts nicht zu dem

---

L 280 vom 29. 10. 1994, S. 83. Hierzu ausführlich unten § 4 E.

14 Richtlinie 97/7/EG des Europäischen Parlaments und des Rates vom 20. Mai 1997 über den Verbraucherschutz bei Vertragsabschlüssen im Fernabsatz (Fernabsatzrichtlinie), ABlEG Nr. L 144 vom 4. 6. 1997, S. 19. Hierzu ausführlich unten § 4 F.

15 Richtlinie 1999/44/EG des Europäischen Parlaments und des Rates vom 25. Mai 1999 zu bestimmten Aspekten des Verbrauchsgüterkaufs und der Garantien für Verbrauchsgüter, ABlEG Nr. L 171 vom 7. 7. 1999, S. 12. Hierzu ausführlich unten § 4 H.

16 Vorschlag 98/C 385/10 der Kommission vom 19. November 1998 und geänderter Vorschlag der Kommission vom 23. Juli 1999 für eine Richtlinie des Europäischen Parlaments und des Rates über den Fernabsatz von Finanzdienstleistungen an Verbraucher und zur Änderung der Richtlinie 90/619/EWG des Rates und den Richtlinien 97/7/EG und 98/27/EG (Finanzrichtlinie), KOM (1998) 245 endg. = ABlEG Nr. C 385 vom 11. 12. 1998, S. 10; KOM (1999) 385 endg.. Hierzu ausführlich unten § 4 G.

17 *Reich*, EuZW 1997, S. 584; *Mäsch*, EuZW 1995, S. 12 („Herzstück").

18 Vgl. Art. 5 Haustürrichtlinie, Art. 5 Timesharingrichtlinie, Art. 6 Fernabsatzrichtlinie und Art. 4 Finanzrichtlinie.

19 Vgl. *Wolf*, S. 121.

erwünschten Ziel der Erleichterung des Binnenmarktzugangs für den Verbraucher geführt hat. Deshalb bedarf es einer Neuorientierung und der Untersuchung neuer Wege und Mittel der Einflussnahme des Gemeinschaftsrechts auf das mitgliedstaatliche Vertragsrecht. Dabei wird die These vertreten, dass nur über die Vereinheitlichung des Vertragsrechts das ordnungsgemäße Funktionieren des Binnenmarktes gewährleistet werden kann (§ 5). Hierzu bedarf es aber umfangreicher Vorarbeiten, da nur über die Entwicklung eines einheitlichen Vertragsrechtssystems die Schaffung eines funktionsfähigen Vertragsrechts möglich ist, das auch in den Mitgliedstaaten anerkannt wird. Ausgangspunkt der Vereinheitlichung ist dabei neben den Vertragsrechtsordnungen der Mitgliedstaaten vor allem das bislang auf diesem Gebiet erlassene Gemeinschaftsvertragsrecht. Von daher sollen die entsprechenden Maßnahmen darauf untersucht werden, ob ihnen Gemeinsamkeiten entnommen werden können, die einer Verallgemeinerung zugänglich sind und somit als Grundlage der Vereinheitlichung des Vertragsrechts dienen (§ 6).

Im dritten Teil soll das Vertragslösungsrecht des Verbrauchers als einheitliches Instrument eines europäischen Vertragsrechts entwickelt werden. Es wird untersucht, ob die bislang normierten Vertragslösungsrechte der Richtlinien einer solchen Vereinheitlichung zugänglich und auch mit den mitgliedstaatlichen Vertragsrechten vereinbar sind (§ 7). Inhaltlich bedarf es der Auseinandersetzung mit den Tatbestandsvoraussetzungen (§ 8), der dogmatischen Einordnung (§ 9) und den sich ergebenden Rechtsfolgen (§ 10). Die so entwickelten Merkmale sollen abschließend als Vorschlag einer Gemeinschaftsverordnung über das verbraucherschützende Vertragslösungsrecht zusammengefasst werden (§ 11).

Erster Teil: Die Entwicklung eines Verbrauchervertragsrechts in der Europäischen Union

§ 1 Grundlagen der europäischen Vertragsrechtsentwicklung

A. Grundzüge der Rechtsangleichung und -vereinheitlichung im Privatrecht

Die Ausbildung eines Verbrauchervertragsrechts in der Europäischen Union ist wesentlicher Bestandteil der Europäisierung der Privatrechtsordnungen der Mitgliedstaaten[1]. Dieser Prozess vollzieht sich durch die Angleichung und Vereinheitlichung der mitgliedstaatlichen Regelungen auf dem Privatrechtssektor. Aus diesem Grund sollen vorab die Grundlagen der Entwicklung des Europäischen Privatrechts betrachtet werden.

I. Rechtsangleichung und -vereinheitlichung

Die Gemeinschaft wirkt sowohl durch Maßnahmen zur Vereinheitlichung als auch zur Angleichung der Privatrechte ihrer Mitgliedstaaten auf die nationalen Privatrechtsordnungen ein.

Im Wege der Rechtsangleichung sollen in erster Linie Gegensätze und Differenzen in speziellen Rechtsgebieten der nationalen Rechtsordnungen der Mitgliedstaaten beseitigt werden, die sich negativ auf das ordnungsgemäße Funktionieren des Gemeinsamen Marktes auswirken[2]. Unter Rechtsangleichung im hier verwendeten Sinn sind deshalb alle Maßnahmen zu verstehen, durch die einzelstaatliche Regelungen aufeinander abgestimmt und an gemeinschaftsrechtlichen Vorgaben ausgerichtet werden (sog. Harmonisierung)[3]. Hierbei beschränkt sich die Gemeinschaft lediglich auf die Koordinierung der Maßnahmen und gibt einen Rahmen vor, während die nationale Umsetzung den Mitgliedstaaten überlassen bleibt[4]. Im Ergebnis entsteht nationales Privatrecht

---

1 *Joustra*, S. 139: „Consumer law is now one of the most important examples of the European Union's influence on private law."; *Micklitz*, ZEuP 6 (1998), S. 254: „Das Einfallstor für die Vergemeinschaftung ist das mit spezifischen Schutzanliegen verknüpfte Privatrecht."

2 *Oppermann*, Rn. 1063.

3 *Sandrock*, EWS 1994, S. 3.

4 *Taupitz*, Privatrechtsvereinheitlichung, S. 19.

europäischer Prägung (Europäisiertes Privatrecht). Hauptinstrument der Harmonisierung ist die Richtlinie nach Art. 249 Unterabs. 3 EGV[5].

Neben der Angleichung der mitgliedstaatlichen Privatrechte ist auch deren Vereinheitlichung denkbar. Unter Rechtsvereinheitlichung sind alle Maßnahmen zu verstehen, bei denen in den Mitgliedstaaten ein einheitlicher Rechtstext eingeführt wird[6]. Dies geschieht durch Rechtsnormen der EG, die in allen Mitgliedstaaten unmittelbar gelten, in erster Linie also durch die Grundfreiheiten[7] und durch Verordnungen iSv Art. 249 Unterabs. 2 EGV. Dadurch entstehen einheitliche europäische Privatrechtsnormen.

Sowohl für Rechtsangleichung als auch -vereinheitlichung sollen im Folgenden die Voraussetzungen, Grenzen und Instrumente dargestellt werden.

II. Gemeinschaftskompetenz

1. Grundsätze

Die EG besitzt keine generelle Ermächtigung zum Erlass von Rechtshandlungen, sondern ist in ihrer Rechtsetzungsbefugnis an die Vorgaben des EG-Vertrages gebunden. Sie darf folglich nur dort rechtsetzend tätig werden, wo dies der Vertrag ausdrücklich vorsieht (sog. Prinzip der begrenzten Einzelermächtigung, Art. 5 Unterabs. 1 EGV, Art. 5 EUV)[8]. Dieses Prinzip wird über die sog. implied-powers-Lehre ergänzt, die besagt, dass der EG über die geschriebenen Kompetenzen hinaus auch die Kompetenzen zustehen, die sie zur Erfüllung der ihnen gestellten Aufgaben benötigt[9].

Diese Befugnisse lassen sich allgemein in ausschließliche, konkurrierende und parallele Zuständigkeiten unterteilen. Kommt der Gemeinschaft die ausschließliche Regelungskompetenz zu, so ist sie allein zuständig. Im Rahmen der konkurrierenden Kompetenz bleiben die Mitgliedstaaten zuständig, solange und soweit die Gemeinschaft von ihrer Rechtsetzungskompetenz keinen Gebrauch macht. Bei der parallelen Zuständigkeit haben sowohl die EG als auch die Mitgliedstaaten eine Rechtsetzungs-

---

5 Siehe B II 2 und § 2.

6 *Sandrock*, EWS 1994, S. 3.

7 EuGH vom 15. 7. 1964, Rs. 6/64, Slg. 1964, S. 1251, Nr. 9 ff. *Costa/ENEL*; EuGH vom 17. 12. 1970, Rs. 11/70, Slg. 1970, S. 1125 Nr. 3 *Internationale Handelsgesellschaft*; EuGH vom 9. 3. 1978, Rs. 106/77, Slg. 1978, S. 629, Nr. 14 ff. *Simmenthal II*; st. Rspr.

8 Schlussantrag des *GA Lagrange*, EuGH vom 12. 7. 1957, verbd. Rs. 7/56 u. 3-7/57, Slg. 1957, S. 83, 167 *Algera*; *Pechstein*, Europäisches Zivilgesetzbuch, S. 21 f.; *Oppermann*, Rn. 432; *Streinz*, Europarecht, Rn. 346; *Franzen*, Privatrechtsangleichung, S. 32 ff.

9 EuGH vom 29. 11. 1956, Rs. 8/55, Slg. 1956, S. 295, 311 *FÉDÉCHAR*.

befugnis, wobei bei sich widersprechenden Regelungen das höherrangige EG-Recht vorgeht.

Aus all dem folgt, dass die Gemeinschaft keine allgemeine Rechtsetzungsbefugnis im Bereich des Privatrechts hat. Das heißt aber zugleich, dass ihre Privatrechtsetzungskompetenz auch nicht generell ausgeschlossen sein kann[10]. Dies wäre zum einen schon deshalb nicht möglich, weil die Grenzen zwischen öffentlichem Recht und Privatrecht in den einzelnen Rechtsordnungen unterschiedlich verlaufen[11]. Zum anderen erfasst der EG-Vertrag die Zuständigkeit der Gemeinschaft nicht in einem nach Sachgebieten gegliederten Katalog, sondern legt ihren Kompetenzen funktionale Kriterien zugrunde[12]. Diese sind das Funktionieren des Gemeinsamen Marktes (Art. 94 EGV) und des Binnenmarktes (Art. 95 Abs. 1 EGV), die Effektuierung der Grundfreiheiten (Artt. 40, 44 Abs. 2 EGV), die Errichtung eines Schutzsystems gegen Wettbewerbsverfälschungen (Art. 83 EGV) und die Verwirklichung der Ziele der Gemeinschaft im Rahmen des Gemeinsamen Marktes (Art. 308 EGV). Die Gemeinschaftskompetenz zur Privatrechtsangleichung ist folglich konkret an diesen funktionalen Kriterien zu überprüfen.

2. Kompetenzgrenzen

Allerdings darf die Gemeinschaft auch im Rahmen ihrer Kompetenzen nicht nach freiem Ermessen Recht vereinheitlichen oder angleichen. Grenzen werden ihr insbesondere durch das Subsidiaritätsprinzip (Art. 5 Unterabs. 3 EGV) und den Verhältnismäßigkeitsgrundsatz (Art. 5 Unterabs. 2 EGV) gesetzt[13].

a) Das Subsidiaritätsprinzip

Das Subsidiaritätsprinzip als „Kompetenzausübungsschranke“ bestimmt, dass die Gemeinschaft in den Bereichen, die nicht in ihre ausschließliche Zuständigkeit fallen, nur tätig werden darf, sofern und soweit die Ziele der in Betracht gezogenen Maßnahmen auf der mitgliedstaatlichen Ebene nicht ausreichend verfolgt werden können und daher wegen ihres Umfangs und ihrer Wirkungen besser auf der Gemeinschaftsebene zu erreichen sind[14]. Für jede

---

10 *Gamerith*, ÖJZ 1997, S. 169; *Müller-Graff*, NJW 1993, S. 16; aA *Rittner*, JZ 1990, S. 842.

11 *Müller-Graff*, Gemeinsames Privatrecht, S. 32.

12 *Müller-Graff*, NJW 1993, S. 17.

13 Vgl. hierzu *Pechstein*, Europäisches Zivilgesetzbuch, S. 22 ff.

14 *Streinz*, Europarecht, Rn. 145 a.

gemeinschaftliche Tätigkeit muss der Nachweis erbracht werden, dass sie in der Lage ist, nachzuweisende Probleme des grenzüberschreitenden Verkehrs durch die Unterschiedlichkeit der nationalen Rechtsordnungen besser zu überwinden, als dies durch nationale Maßnahmen möglich ist[15]. Im Bereich der Angleichung bzw. Vereinheitlichung der Privatrechte geht es jedoch gerade um die Beseitigung von Binnenmarktbehinderungen durch mitgliedstaatliche Vorschriften. Das Aufzeigen solcher Behinderungen und entsprechende Reaktionen sind auf der singulären mitgliedstaatlichen Ebene allein nicht möglich. Ein Tätigwerden der Gemeinschaft ist folglich in der Regel geboten[16]. Die Bedeutung des Subsidiaritätsprinzips beschränkt sich deshalb auf den Nachweis einer Binnenmarktstörung und ist ansonsten eher gering[17].

b) Der Verhältnismäßigkeitsgrundsatz

Kann eine Störung des Binnenmarktes nachgewiesen werden, ist die Angleichung der mitgliedstaatlichen Rechtsvorschriften dann zulässig, wenn sie für das Funktionieren des Gemeinsamen Marktes erforderlich ist (Art. 5 Unterabs. 3, 3 Abs. 1 lit. h EGV).

aa) Behinderung des Binnenmarktes

Der Gemeinsame Markt umfasst Marktfreiheit, Marktgleichheit und Wettbewerbsfreiheit[18]. Teil des Gemeinsamen Marktes ist dabei der Binnenmarkt[19]. Er beschreibt einen Raum ohne Binnengrenzen, in dem der freie Verkehr von Waren, Personen, Dienstleistungen und Kapital gemäß den Bestimmungen des EG-Vertrages gewährleistet ist (Art. 14 Abs. 2 EGV). Hierzu müssen die Hindernisse für den freien Waren-, Personen,- Dienstleistungs- und Kapitalverkehr zwischen den Mitgliedstaaten beseitigt werden (Art. 3 Abs. 1 lit. c EGV).

Die Beeinträchtigung des Binnenmarktes legt folglich sowohl Aufgabe als auch Grenzen der europäischen Privatrechtsmaßnahmen fest. Sie dürfen nur insoweit erfolgen, wie sie der Beseitigung von Marktbehinderungen dienen. Nur wenn sich die Existenz verschiedener nationaler Regelungen negativ auf

---

15 *Pechstein*, Europäisches Zivilgesetzbuch, S. 24.

16 Vgl. *Basedow*, Europäisches Vertragsrecht, S. 27.

17 *Müller-Graff*, NJW 1993, S. 17; ders., Privatrechtsangleichung, S. 115; *Gebauer*, S. 98; *Franzen*, Privatrechtsangleichung, S. 62.

18 *Ahlt*, S. 129.

19 *Pechstein*, Europäisches Zivilgesetzbuch, S. 28; missverständlich insoweit EuGH vom 5. 2. 1982, Rs. 15/81, Slg. 1982, S. 1409, Nr. 33 *Schul*.

das Funktionieren des Binnenmarktes auswirkt, darf die Gemeinschaft im Wege ihrer Angleichung bzw. Vereinheitlichung Abhilfe schaffen. Rechtsangleichung bzw. -vereinheitlichung wird also immer nur dann notwendig, wenn die unmittelbare Anwendung der Grundfreiheiten lediglich eingeschränkt oder gar nicht möglich ist[20].

Dies hat für die Vorhaben der Gemeinschaft auf dem Privatrechtssektor die Konsequenz, dass zunächst das Spannungsverhältnis zwischen Binnenmarkt und nationalen Regelungen genau bezeichnet werden muss und danach der Nachweis der Erforderlichkeit angleichender Maßnahmen zu führen ist[21].

bb) Binnenmarktrelevanz des Vertragsrechts

Das Vertragsrecht regelt die Beziehungen zwischen Privatpersonen, wenn diese zu wirtschaftlichen Zwecken im weitesten Sinne miteinander kontrahieren. Die Ausgestaltung solcher Verträge entscheidet in erheblichem Maße mit darüber, inwieweit eine Partei auf einem Markt in Erscheinung treten und wie sie dessen Vorteile nutzen kann[22].

Sobald das Vertragsrecht die gesetzlichen Regelungen zur Disposition der Parteien stellt, ist eine Behinderung ausgeschlossen[23]. Normiert es jedoch zwingendes Recht, wird die Funktionsfähigkeit des Binnenmarktes behindert, wenn dessen inhaltliche Ausgestaltung in den einzelnen Mitgliedstaaten unterschiedliche Schranken für den Zugang zum Markt errichtet[24].

In Bezug auf die Anbieter von Produkten und Dienstleistungen bedeutet die Existenz verschiedener Vorschriften für Verträge dabei erhöhten zeitlichen und finanziellen Aufwand, der zum einen für die Kenntniserlangung der jeweils einschlägigen Regelungen und zum anderen für die Ausübung der vertraglichen Rechte notwendig ist[25]. Schon hierdurch kann es zu Wettbewerbsverzerrungen

---

20 *Steindorff*, S. 391.

21 *Müller-Graff*, FS Börner, S. 328 ff. Die Angleichungsrichtlinien im Bereich des Verbrauchervertragsrechts beschränken sich jedoch in der Regel auf die Behauptung von Binnenmarktrelevanz und Angleichungsbedürfnis, vgl. im Einzelnen die Erwägungsgründe der Richtlinien und die Darstellung in § 4.

22 *Basedow*, Europäisches Vertragsrecht, S. 22.

23 *Kirchner*, Europäisches Vertragsrecht, S. 117; *Grundmann*, Europäisches Schuldvertragsrecht, S. 20 f.

24 *Kirchner*, aaO, S. 117.

25 *Drobnig*, FS Steindorff, S. 1142; *Witz*, Le Dalloz 2000, S. 81; vgl. *Basedow*, FS Mestmäcker, S. 356: „Wer sich auf diesen Weg (lukrativer Geschäfte mit ausländischen Geschäftspartnern) begibt, muß freilich feststellen, daß er den Dschungel des Internationalen Privatrechts, fremder Sprachen, unvertrauter Handelsgebräuche und oft

zwischen „großen“, sprich finanzstärkeren, und „kleinen“, finanzschwachen Unternehmen sowie zwischen Unternehmen mit unterschiedlichen regionalen Marktschwerpunkten kommen[26].

Dass eine solche Behinderung auch aus den divergierenden Vorschriften des „Kernprivatrechts“ resultieren kann, zeigt die Richtlinie zur Bekämpfung von Zahlungsverzug im Handelsverkehr[27]. Mit ihm nimmt sich die Gemeinschaft jetzt des Problems der in den Mitgliedstaaten verschiedenen Regelungen über den Zahlungsverzug als Element des Leistungsstörungsrechts an. Zahlungsverzug belastet insbesondere kleine und mittlere Unternehmen und kann gegebenenfalls zum Konkurs eines Unternehmens führen[28]. Die verschiedenen mitgliedstaatlichen Vorschriften über den Zahlungsverzug machen „die Eintreibung von Schulden zu einem schwierigen, zeitaufwendigen und kostspieligen Verfahren“, wodurch der Handelsverkehr zwischen den Mitgliedstaaten nicht unerheblich eingeschränkt wird[29]. Um diese Beeinträchtigung zu beseitigen, sollen die mitgliedstaatlichen Vorschriften im Hinblick auf die Verzugsfolgen (Art. 3), den Eigentumsvorbehalt (Art. 4) und die Durchsetzung entsprechender Ansprüche (Art. 5 ff.) harmonisiert werden.

Aber auch die potentiellen Kunden der Unternehmen, auf die in der Mehrzahl der Fälle auch diese erhöhten Transaktionskosten umgelegt werden, werden wegen der Verschiedenartigkeit der Regelungssysteme komplizierte Vertragsschlüsse in den anderen Mitgliedstaaten weitgehend scheuen. Mangelnde Rechtskenntnisse stellen einen Risikofaktor sowohl im Hinblick auf die Anforderungen an einen wirksamen Vertragsschluss als auch und vor allem bezüglich der hieraus resultierenden Rechte und Pflichten dar. Hinzu kommen mangelnde Sprachkenntnisse und der Umstand, dass die ausländischen Anbieter wenig bekannt sind. Grenzüberschreitende Transaktionen von Unionsbürgern werden sich deshalb häufig auf Tagestouren in die grenznahen Einkaufszentren der Nachbarländer beschränken. Die freie Entwicklung des Binnenmarktes wird dadurch insbesondere im Hinblick auf moderne Vertriebsmethoden behindert[30].

---

genug auch noch einer ausländischen Rechtsordnung durchqueren muß, ehe er das Eldorado gewinnträchtiger Transaktionen erreicht.“

26 Vgl. *Müller-Graff*, Privatrechtsangleichung, S. 113.

27 Richtlinie 2000/35/EG des Europäischen Parlaments und des Rates vom 29. 6. 2000 zur Bekämpfung von Zahlungsverzug im Geschäftsverkehr, ABlEG Nr. L 200 vom 8. 8. 2000, S. 35.

28 Erwägungsgrund 7.

29 Erwägungsgründe 8, 9.

30 *Müller-Graff*, Privatrechtsangleichung, S. 113; vgl. zu den modernen Vertriebsmethoden *Köhler*, NJW 1998, S. 185 ff.; siehe auch die Darstellung der Fernabsatzrichtlinien unten § 4 F, G.

Im Ergebnis ist also festzustellen, dass die Regelungsunterschiede der mitgliedstaatlichen Vertragsrechte sowohl zu Beeinträchtigungen des freien Wettbewerbs als auch zu einem unterschiedlichen Schutzniveau für die potentiellen Kunden europäischer Unternehmen führen. Die generelle Binnenmarktrelevanz des Vertragsrechts kann deshalb nicht mehr bezweifelt werden[31].

cc) Konsequenzen für die Angleichung des Vertragsrechts

Der Abbau der Hemmnisse, die aus der Verschiedenartigkeit der Rechtsvorschriften resultieren, muss das Ziel der vertragsrechtsrelevanten Maßnahmen der Gemeinschaft sein. Trotzdem darf sie aus den dargestellten Problemen kein generelles Einwirkungsbedürfnis mit einer hieraus resultierenden „Generalkompetenz“ ableiten[32]. Vielmehr muss für jede einzelne vertragliche Regelung aufgezeigt werden, inwieweit sie konkret geeignet ist, das ordnungsgemäße Funktionieren des Binnenmarktes durch die Manifestierung von Schutzgefällen für die Bürger oder Wettbewerbsverzerrungen zwischen den europäischen Unternehmen zu behindern. Gelingt dieser Nachweis, bedarf es zudem der Rechtfertigung angleichender oder vereinheitlichender Maßnahmen durch die Gemeinschaft.

3. Spezielle Kompetenznormen

Der EG-Vertrag unterscheidet zwischen speziellen und allgemeinen Kompetenzregeln. Im Bereich des Privatrechts hält der EG-Vertrag nur wenige spezielle Ermächtigungsnormen bereit[33]. Im Einzelnen sind dies[34]: Art. 44 Abs. 2 lit. g EGV (Koordinierung gesellschaftsrechtlicher Schutzbestimmungen), Art. 141 Abs. 3 EGV (Gleichstellung im Arbeitsrecht) und Art. 83 EGV (Wettbewerbsrecht).

4. Allgemeine Kompetenzen

Mangels umfassender spezieller Kompetenzen zur Privatrechtsangleichung sind in der Regel die allgemeinen Kompetenznormen der Artt. 94 bis 97 EGV als

---

31 *Timmermans*, ZEuP 7 (1999), S. 4.

32 A. A. *Tilmann*, Privatrechtskodifikation, S. 489; *Ebenroth*, RIW 1995, S. 6.

33 Vgl. *Schwartz*, ZEuP 2 (1994), S. 570.

34 Zum Charakter von Art. 153 EGV (Verbraucherschutz) siehe unten § 3 B II.

„leges generales" für die Angleichung bzw. Vereinheitlichung der mitgliedstaatlichen Privatrechtsregeln heranzuziehen[35].

a) Errichtung und Funktionieren des Gemeinsamen Marktes, Art. 94 EGV

Art. 94 EGV gibt der Gemeinschaft die Kompetenz zur Angleichung der mitgliedstaatlichen Vorschriften, die sich unmittelbar auf das Errichten oder Funktionieren des Gemeinsamen Marktes auswirken. Zur Errichtung des Gemeinsamen Marktes kann die Gemeinschaft alle Politiken des EG-Vertrages verfolgen. Daher fallen unter Art. 94 EGV sämtliche Vorschriften des Wirtschaftsrechts im weitesten Sinne, also auch privatrechtliche Normen. Diese müssen sich unmittelbar auf die Funktionsfähigkeit des Marktes auswirken. Dieses Kriterium ist dann erfüllt, wenn mitgliedstaatliche Vorschriften durch ihre Existenz, ihr Fehlen oder ihre Beschaffenheit geeignet sind, ökonomisch begründete Entscheidungen oder Tatbestände im Rahmen der vom EG-Vertrag umfassten Wirtschaftstätigkeit nicht unerheblich zu beeinflussen[36]. In der Regel wird dabei die Entscheidung, ob eine Norm geeignet ist, den Gemeinsamen Markt spürbar zu beeinträchtigen, von der Einschätzung der zuständigen Organe abhängen[37]. Zulässige Maßnahme im Rahmen von Art. 94 EGV ist nur die Richtlinie nach Art. 249 Unterabs. 3 EGV. Art. 94 EGV dient folglich allein der Rechtsangleichung. Zuständig ist hierbei der Rat, der auf Vorschlag der Kommission und nach Anhörung des Parlaments und des Wirtschafts- und Sozialausschusses einstimmig entscheiden muss.

b) Errichtung und Funktionieren des Binnenmarktes, Art. 95 EGV

Art. 95 EGV ermöglicht Gemeinschaftsmaßnahmen bezüglich solcher mitgliedstaatlicher Vorschriften, die Errichtung und Funktionieren des Binnenmarktes zum Gegenstand haben. Wie gezeigt[38], ist der Begriff des Binnenmarktes enger als der des Gemeinsamen Marktes und wird folglich von diesem erfasst. Von daher ist Art. 95 EGV spezieller als Art. 94 EGV, andererseits aber subsidiär gegenüber den Vorschriften, die spezielle Probleme des Binnenmarktes regeln (vgl. Abs. 1: „etwas anderes bestimmt"). Dies sind insbesondere Art. 37 EGV (Landwirtschaft), Artt. 46 Abs. 2, 47 Abs. 2 EGV (Niederlassung) und Art. 55 iVm Artt. 46 Abs. 2, 47 Abs. 2 EGV

35 *Oppermann*, Rn. 1070.
36 *Pechstein*, Europäisches Zivilgesetzbuch, S. 28.
37 *Gamerith*, ÖJZ 1997, S. 169.
38 A II 2 b) aa).

(Kapitalverkehr). Darüber hinaus nimmt Art. 95 Abs. 2 EGV Steuern, Freizügigkeit und Arbeitnehmer vom Anwendungsbereich aus.

Wie oben gezeigt[39], bestehen für die Angleichung des Vertragsrechts keine speziellen Vorschriften. Ergeben sich aus der Unterschiedlichkeit der Vertragsrechte Behinderungen für den Binnenmarkt, ist der Anwendungsbereich des Art. 95 EGV eröffnet. Gemäß Art. 95 Abs. 3 EGV geht die Kommission bei ihren Vorschlägen von einem hohen Schutzniveau unter anderem im Bereich des Verbraucherschutzes aus. Die Mitgliedstaaten können deshalb unter bestimmten Voraussetzungen ihre nationalen Regelungen beibehalten (Art. 95 Abs. 4 EGV) bzw. in den Bereichen Umwelt und Arbeitsumwelt sogar neue erlassen (Art. 95 Abs. 5 EGV). Im Gegensatz zu Art. 94 EGV ist Art. 95 EGV nicht auf den Erlass von Richtlinien beschränkt, sondern erlaubt alle Maßnahmen nach Art. 249 EGV, also auch Verordnungen. Neben der Angleichung der mitgliedstaatlichen Vorschriften ist in diesem Rahmen also auch ihre Vereinheitlichung zulässig. Die entsprechenden Maßnahmen werden im Rat im Mitentscheidungsverfahren nach Art. 251 EGV und nach Anhörung des Wirtschafts- und Sozialausschusses mit einfacher Mehrheit erlassen.

c) Vertragsergänzungsklausel, Art. 308 EGV

Als Ausnahme zum Prinzip der begrenzten Einzelermächtigung gibt die Vertragsergänzungsklausel des Art. 308 EGV der Gemeinschaft eine Generalermächtigung für den Fall, dass ein Ziel im Rahmen des Gemeinsamen Marktes (Artt. 2, 3 EGV) verwirklicht werden soll, die hierzu erforderliche Kompetenz im EG-Vertrag jedoch fehlt. Unter diesen Voraussetzungen kann der Rat einstimmig auf Vorschlag der Kommission und nach Anhörung des Parlaments die geeigneten Vorschriften erlassen.

Wie eben gezeigt, fallen Binnenmarktbeeinträchtigungen durch nationale Privatrechte jedoch in den Anwendungsbereich des Art. 95 EGV. Ist eine solche Kompetenznorm begründet, bleibt für einen Rückgriff auf Art. 308 EGV kein Raum[40].

B. Legislatorische Rechtsangleichung bzw. -vereinheitlichung

Unter legislatorischer Rechtsangleichung bzw. -vereinheitlichung sind die Harmonisierung der mitgliedstaatlichen Rechtsvorschriften bzw. die Einführung

---

39 A II 1.

40 Vgl. EuGH vom 26. 3. 1987, Rs. 45/86, Slg. 1987, S. 1493, Rn. 13, 21 *APS*.

gemeinschaftsweit geltender Regelungen durch Rechtsnormen der Gemeinschaft zu verstehen. Diese Normen können zum einen im Primärrecht selbst, zum anderen im hierauf gestützten Sekundärrecht enthalten sein.

I. Primärrecht

Neben den direkt privatrechtlichen Vorschriften der Artt. 81 Abs. 2, 82 EGV kommt im Bereich des Primärrechts den sog. Grundfreiheiten[41] die größte Bedeutung zu. Diese verbieten grundsätzlich jegliche Beschränkung[42] und erfassen folglich auch privatrechtliche Vorschriften[43]. Aufgrund der unmittelbaren Wirkung der Grundfreiheiten in den Mitgliedstaaten[44] verdrängen sie folglich auch Normen des Privatrechts, wenn sich diese behindernd auswirken[45]. Insoweit kommt es zu einer Angleichung hinsichtlich der nationalen Vorschriften, die auf Binnenmarktsachverhalte nicht mehr angewendet werden dürfen (sog. negative Harmonisierung)[46], wobei der EuGH bislang inhaltliche Auseinandersetzungen mit privatrechtlichen Normen der Mitgliedstaaten vermeidet[47].

Diese negative Rechtsangleichung führt jedoch nicht zu einem Europäischen Privatrecht im hier verstandenen Sinn. Unter Gemeinschaftsprivatrecht sind die kraft Gemeinschaftsrechts in allen oder für alle Mit-

---

41 Warenverkehrsfreiheit (Artt. 23 ff., 28 ff. EGV), Personenverkehrsfreiheit (Artt. 39 ff., 43 ff. EGV), Dienstleistungsfreiheit (Art. 49 ff. EGV), Kapitalverkehrsfreiheit (Artt. 56 ff. EGV).

42 Zur Warenverkehrsfreiheit grundsätzlich EuGH vom 11. 7. 1974, Rs. 8/74 Slg. 1974, S. 837 ff. *Dassonville.* Beachte jedoch die Begrenzung auf produktbezogene Vorschriften durch EuGH vom 24. 11. 1993, verbd. Rs. C-267/91 u. C 268/91, Slg. 1993, S. I-6097, Nr. 16 f. *Keck/Mithouard.* Zur Arbeitnehmerfreizügigkeit: EuGH vom 15. 12. 1995, Rs. C-415/93, Slg. 1991, S. I-4837, Nr. 96 *Bosman.* Zur Niederlassungs- und Dienstleistungsfreiheit: EuGH vom 30. 11. 1995, Rs. C-55/94, Slg. 1995, S. I-4165, Nr. 37 *Gebhardt*; EuGH vom 10. 5. 1995, Rs. C-384/93, Slg. 1995, S. I-1141, Nr. 26 ff. *Alpine Investments.* Vgl. zu den aktuellen Problemen *Lurger*, Regulierung und Deregulierung, S. 31 ff. mwN.

43 *Micklitz*, ZEuP 6 (1998), S. 253; *Leible*, Rolle des EuGH, S. 69 Fn. 82.

44 Siehe oben § 1 A I.

45 EuGH vom 11. 7. 1974, Rs. 8/74, Slg. 1974, S. 837, Nr. 5 *Dassonville.*

46 *Howells/Wilhelmsson*, S. 2.

47 Vgl. zum Pfändungsprivileg des Fiskus an schuldnerfremden Sachen, die im Eigentum ausländischer Lieferanten stehen EuGH vom 7. 3. 1990, Rs. C-69/88, Slg. 1990, S. I-583, Nr. 11 *Krantz*; zur französischen Gewährleistungshaftung EuGH vom 24. 1. 1991, Rs. 339/89, Slg. 1991, S. I-107, Nr. 15 *Alsthom Atlantique*; zur deutschen vorvertraglichen Aufklärungspflicht nach c.i.c. EuGH vom 13. 10. 1993, Rs. C 93/92, Slg. 1993, S. I-5009, Nr. 12 *CMC Motorradcenter.*

gliedstaaten verbindlichen Privatrechtsregeln zu verstehen[48]. Es geht also um die Schaffung neuer, gemeinschaftsweit geltender Normen, über die eine Rechtsangleichung herbeigeführt wird (sog. positive Harmonisierung)[49]. Die negative Harmonisierung fällt folglich nicht in den hier darzustellenden Rahmen der Schaffung eines europäischen Privatrechts.

II. Sekundärrecht

Die europäische Privatrechtsentwicklung vollzieht sich über sekundärrechtliche Maßnahmen. Als solche kommen in erster Linie Verordnungen und Richtlinien in Betracht.

1. Die Verordnung

Die Verordnung nach Art. 249 Abs. 2 EGV ist in all ihren Teilen verbindlich und gilt in den Mitgliedstaaten unmittelbar, nicht nur für den Staat selbst, sondern auch für seine Bürger, wobei es keiner Umsetzungsmaßnahmen bedarf[50]. Nationales Recht, das einer Verordnung entgegensteht, ist aufgrund des Anwendungsvorrangs des Gemeinschaftsrechts dann nicht anwendbar[51]. Aus diesem Charakter der Verordnung folgt, dass sie inhaltlich so ausgestaltet sein muss, dass sich aus ihr unmittelbar Rechte und Pflichten ableiten lassen (self-executing)[52]. Die Verordnung ist also ein Instrument der Privatrechts*vereinheitlichung*. Wegen der vollständigen Verdrängung nationaler Normen durch eine Verordnung muss im Hinblick auf den dargestellten Verhältnismäßigkeitsgrundsatz der Nachweis erbracht werden, dass die angestrebten Ziele der Gemeinschaft auf dem Gebiet des Vertragsrechts nur durch eine Rechtsvereinheitlichung zu erreichen wären. Dieser Nachweis wurde von gemeinschaftlicher Seite bislang noch nicht erbracht. Vielmehr existiert im Bereich des „Kernprivatrechts" nur eine Verordnung[53]. Darüber hinaus beschränken sich privatrechtliche Gemeinschaftsverordnungen auf Gebiete des Rechts, die fast ausschließlich grenzüberschreitenden Charakter haben und deshalb zum einen einheitlicher Regelungen bedürfen, zum anderen aber die

48 Siehe Punkt A der Einleitung.

49 *Howells/Wilhelmsson*, S. 2.

50 EuGH vom 10. 10. 1973, Rs. 34/73, Slg. 1973, S. 981, Rn. 10 *Variola*.

51 Siehe oben A I.

52 EuGH vom 14. 12. 1971, Rs. 43/71, Slg. 1971, S. 1039, Rn. 9 *Politi*; EuGH vom 24. 10. 1973, Rs. 9/73, Slg. 1973, 1135, Rn. 32 *Schlüter*.

53 VO Nr. 295/91, ABlEG Nr. L 36 vom 8. 2. 1991, S. 5 über pauschalierten Schadensersatz für die Überbuchung von Passagierflugzeugen.

mitgliedstaatlichen Privatrechtsordnungen in ihren Grundzügen unberührt lassen[54]. Hauptanwendungsgebiet ist dabei das supranationale Gesellschaftsrecht mit den Verordnungen (bzw. entsprechenden Vorschlägen) über die Europäische wirtschaftliche Interessenvereinigung (EWIV)[55], die Europäische Aktiengesellschaft[56], die Europäische Gegenseitigkeitsgesellschaft[57], den Europäischen Verein[58], das Markenrecht[59] und Insolvenzverfahren[60].

Daneben ist der Gemeinschaft über Art. 65 EGV nun auch für den Bereich des Internationalen Privat- und Privatverfahrensrechts der Maßnahmenkatalog des Art. 249 EGV eröffnet. Dabei liegt mit der „Verordnung (EG) Nr. 1347/2000 des Rates über die Zuständigkeit und die Anerkennung und Vollstreckung von Entscheidungen in Ehesachen und in Verfahren betreffend die elterliche Verantwortung für die gemeinsamen Kinder der Ehegatten“[61] bereits eine erste Vereinheitlichungsmaßnahme vor.

2. Die Richtlinie

Die Richtlinie nach Art. 249 Abs. 3 EGV ist das „Arbeitspferd“ der Rechts*angleichung* auf dem Gebiet des Privatrechts[62]. Sie ist nur hinsichtlich ihres Ziels verbindlich und überlässt ansonsten den Mitgliedstaaten die Wahl der Form und des Mittels ihrer Umsetzung. Daher ist sie das mildere Mittel im Sinne des Verhältnismäßigkeitsgrundsatzes. Im Zuge der sog. „Neuen Strategie“ der Kommission beschränken sich die Harmonisierungsmaßnahmen der Gemeinschaft auf die Schaffung von allgemeingültigen Mindeststandards, während im Übrigen die Mitgliedstaaten ihre verschiedenen Regelungen

---

54 *Von der Groeben*, NJW 1970, S. 363.

55 Verordnung (EWG) Nr. 2137/85 des Rates vom 25. 7. 1985 über die Schaffung einer Europäischen wirtschaftlichen Interessenvereinigung (EWIV), ABlEG Nr. L 199 vom 31. 7. 1985, S. 1.

56 Vorschlag einer Verordnung des Rates über das Statut für Europäische Aktiengesellschaften
vom 16. 5. 1991, ABlEG Nr. C 176 vom 8. 7. 1991, S. 1.

57 KOM (91), 273 endg.

58 KOM (91), 273 endg.

59 Verordnung 40/94/EG über die Gemeinschaftsmarke vom 20. 12. 1993, ABlEG Nr. L 11 vom 14. 1. 1994, S.1.

60 Verordnung (EG) Nr. 1346/2000 des Rates über Insolvenzverfahren vom 29. 5. 2000, ABlEG Nr. L 160 vom 30. 6. 2000, S. 1 ff.

61 ABlEG Nr. L 160 vom 30. 6. 2000, S. 19 ff.

62 *Großfeld/Bilda*, ZfRV 1992, S. 422.

gegenseitig anerkennen (sog. Mindestharmonisierung)[63]. Dadurch läßt die Richtlinie den Mitgliedstaaten einen Spielraum zur Durchsetzung eigener berechtigter Interessen.

63 Vollendung des Binnenmarktes: Weißbuch der Kommission an den Europäischen Rat, KOM (85) 310 endg.; vgl. auch die Erklärung zu Art. 100a des EWG-Vertrages in der Schlussakte zur Einheitlichen Europäischen Akte: Bull. EG Beil. 2/86, S. 24.

§ 2 Die Richtlinie als Hauptinstrument der Rechtsangleichung

A. Anforderungen an die korrekte Umsetzung von Richtlinien

Die Richtlinie ist nach dem bisher Gesagten das Hauptinstrument der Europäisierung des Privatrechts. Dabei trifft die Mitgliedstaaten aus Art. 249 Unterabs. 3 EGV und der entsprechenden Richtlinie selbst die Pflicht, alle zur Erreichung des durch diese Richtlinie vorgegebenen Ziels erforderlichen Maßnahmen zu treffen[1].

I. Formelle Anforderungen

Die Mitgliedstaaten sind zur fristgerechten Umsetzung der Richtlinie verpflichtet. Sie müssen innerhalb des von der Richtlinie vorgegebenen Zeitraums die Anforderungen der Richtlinie in ihr nationales Recht transformiert haben[2]. Hinsichtlich der Form der Umsetzung sind die Mitgliedstaaten weitgehend frei. Ihnen ist es selbst überlassen, auf welchem Wege sie das Ziel der Richtlinie erreichen wollen. Von daher ist es nicht notwendig, eine besondere Gesetzesvorschrift zu schaffen[3].

II. Materielle Anforderungen

Auch hinsichtlich des Mittels der Umsetzung sind die Mitgliedstaaten grund-

---

1 EuGH vom 1. 2. 1977, Rs. 51/76, Slg. 1977, S. 113, Rn. 20 *Verbond van Nederlandse Ondernehmingen*; EuGH vom 26. 2. 1986, Rs. 152/84, Slg. 1986, S. 723, Nr. 53 *Marshall*; EuGH vom 24. 10. 1996, Rs. C 72/95, Slg. 1996, S. I-5403, Nr. 55 *Kraaijeveld*; EuGH vom 18. 12. 1997, Rs. C 129/96, Slg. 1997, S. I-7411, Nr. 40 *Inter-Environnement Wallonie ASBL / Région Wallonne*; EuGH vom 17. 9. 1997, Rs. C-54/96 Slg. 1997, S. I-4961, Nr. 43 *Dorsch Consult Ingenieurgesellschaft mbH/ Bundesbaugesellschaft Berlin mbH*. Zurückgehend auf *Ipsen*, FS Ophüls, S. 67 ff., wird der Begriff des Richtlinienziels heute überwiegend als „Ergebnis" verstanden, vgl. *Bach*, JZ 1990, S. 1109 mwN.

2 EuGH vom 26. 2. 1976, Rs. 52/75, Slg. 1976, S. 277, Rn. 10 *Kommission/Italien*; zu den Konsequenzen einer verspäteten Umsetzung siehe im Anschluss unter § 3 B.

3 EuGH vom 30. 5. 1991, Rs. C-361/88, Slg. 1991, S. I-2567, Rn. 15 *Kommission/ Bundesrepublik (TA-Luft)*: „... je nach dem Inhalt der Richtlinie kann ein allgemeiner rechtlicher Rahmen genügen, wenn er tatsächlich die vollständige Anwendung der Richtlinie in so klarer und bestimmter Weise gewährleistet, daß - soweit die Richtlinie Ansprüche des Einzelnen begründen soll - die Begünstigten in der Lage sind, von allen ihren Rechten Kenntnis zu erlangen und diese gegebenenfalls vor den nationalen Gerichten geltend zu machen."

sätzlich frei. Es ist jedoch zu beobachten, dass die Richtlinienregelungen immer detaillierter werden[4], so dass der Entscheidungsspielraum für den nationalen Gesetzgeber mehr und mehr eingeengt wird. Dies verstößt allerdings nicht gegen die Vorgaben des Art. 249 Unterabs. 3 EGV. Vielmehr ist anerkannt, dass die Richtlinie in ihrer materiellen Regelungsintensität frei ist[5]. Für die Mitgliedstaaten bedeutet dies, dass in solchen Fällen letztlich der Wortlaut der Richtlinie übernommen werden kann[6].

Trotzdem kann es aber auch hinsichtlich des Wortlauts oder der Systematik einer Richtlinie zu Integrationsproblemen kommen. Grundsätzlich müssen die Mitgliedstaaten den Anforderungen der Richtlinie Rechnung tragen. Werden durch den Transformationsakt nicht alle substantiellen Zweifel ausgeräumt, ist die Umsetzung fehlerhaft[7]. Nur wenn sich eine Richtlinienregel nicht in das nationale Rechtssystem einfügen lässt, ist die nächstbeste noch zu verwirklichende Lösung zu wählen[8]. Regelt eine Richtlinie ein bestimmtes Rechtsinstitut nur partiell, muss die Umsetzung in das nationale Recht Brüche und Widersprüche innerhalb des nationalen Systems vermeiden[9].

Auch eine Veränderung des Wortlauts der Richtlinie ist somit grundsätzlich möglich. Der Gesetzgeber muss auf seine nationale Rechtsterminologie zurückgreifen dürfen, wenn die Richtlinie unbekannte Begriffe enthält oder die nationalen Begriffe denen der Richtlinie nicht entsprechen[10].

Nach *Grundmann* darf er dabei jedoch weder eine bereits feststehende Meinung zu einem Tatbestandsmerkmal der Richtlinie ausschließen noch eine solche Diskussion, die in der

---

4 Hierzu genügt ein Blick auf die Informationsgebote der Verbraucherkredit- oder Timesharingrichtlinie, unten § 4 B, D.

5 *Brechmann*, S. 11 mwN; *Bleckmann*, Europarecht, Rn. 150; *Hommelhoff*, AcP 192 (1992), S. 74; *Zöckler*, JbJZw 1992, S. 145. *Gebauer*, S. 94, sieht hingegen nur noch theoretische Freiräume für die Mitgliedstaaten. Hiergegen spricht jedoch schon der oben dargestellte Minimalcharakter der meisten zivilrechtlichen Richtlinien, der den Mitgliedstaaten den Erlass weitergehender Schutzvorschriften erlaubt. Zur Verdeutlichung genügt der Überblick über die mitgliedstaatlichen Widerrufsrechte für Verbraucherkredite als weitergehende Schutzvorschrift iSv Art. 15 der Verbraucherkreditrichtlinie, die ein solches Recht gerade nicht vorsah, KOM (95), 117 endg., S. 74 ff.

6 Vgl. *Zöckler*, JbJZW 1992, S. 145: „inhaltsgleiche Kopie".

7 EuGH vom 4. 4. 1974, Rs. 167/73, Slg. 1974, S. 359, Nr. 42 *Kommission/Frankreich*; EuGH vom 7. 2. 1985, Rs. 173/83, Slg. 1985, S. 491, Nr. 7 *Kommission/Frankreich*; EuGH vom 28. 2. 1991, Rs. C 131/88, Slg. 1991, S. I-825, Nr. 61 *Kommission/ Bundesrepublik*.

8 EuGH vom 2. 2. 1989, Rs. 94/87, Slg. 1989, S. 175, Nr. 12 *Kommission/ Bundesrepublik*.

9 *Bleckmann*, ZGR 1992, S. 370.

10 AaO., S. 372.

Richtlinie angelegt ist, abschneiden[11]. Allerdings stellt sich hierbei die Frage, wo die Grenze liegen soll, da sich der Gesetzgeber letztlich für eine sprachliche Fassung entscheiden muss. Deswegen scheint dies vielmehr ein Problem der richtlinienkonformen Auslegung des nationalen Rechts zu sein[12].

B. Die unmittelbare Wirkung der Richtlinie im innerstaatlichen Recht

Fraglich ist, welche Konsequenzen eine fehlerhafte Umsetzung einer Richtlinie durch den mitgliedstaatlichen Gesetzgeber nach sich zieht.

I. Vertikale Direktwirkung

Nach ständiger Rechtsprechung kann sich ein Privater seinem Aufenthaltsstaat gegenüber dann direkt auf eine Richtlinie berufen, wenn diese ihm subjektive Rechte verleiht, der Staat die Richtlinie nicht rechtzeitig oder nicht ordnungsgemäß umgesetzt hat und der Inhalt der Richtlinie hinreichend genau und unbedingt ist (sog. vertikale Direktwirkung)[13]. Grund hierfür ist die Verpflichtung der Mit-gliedstaaten aus Art. 249 Unterabs. 3 EGV, den Zielen der Richtlinie zu voller Wirkung zu verhelfen, sowie das Verbot des venire contra factum proprium[14].

II. Horizontale Direktwirkung

Wesentlich strittiger und für den Bereich des Privatrechts auch von größerer Bedeutung ist die Frage, ob eine fehlerhaft oder gar nicht umgesetzte Richtlinie nach Ablauf ihrer Umsetzungsfrist Rechte und Pflichten zwischen Privaten entfalten kann (sog. horizontale Direktwirkung).

Der EuGH lehnt dies in ständiger Rechtsprechung ab[15]. Zwar folge aus Art. 249 EGV nicht, dass lediglich der Verordnung eine unmittelbare Wirkung zu-komme und andere in diesem Artikel genannten Kategorien von

---

11 *Grundmann*, JZ 1996, S. 285 mit Bsp.

12 Hierzu sogleich unter C.

13 EuGH vom 6. 10. 1970, Rs. 9/70, Slg. 1970, S. 825, Nr. 5 *Grad/Finanzamt Traunstein*; EuGH vom 4. 12. 1974, Rs. 41/74, Slg. 1974, S. 1337, Nr. 12 *van Duyn/Home Office*, EuGH vom 19. 1. 1982, Rs. 8/81, Slg. 1982, S. 53, Nr. 25 *Becker*; st. Rspr.

14 *Müller-Graff*, NJW 1993, S. 20, Fn. 20; *Lutter*, JZ 1992, S. 597, Fn. 47.

15 EuGH vom 26. 2. 1986, Rs. 152/84, Slg. 1986, S. 723, Nr. 48 *Marshall*; EuGH vom 11. 7. 1987, Rs. 14/86, Slg. 1987, S. 2545, Nr. 19 *Pretore di Salo*; EuGH vom 13. 11. 1990, Rs. C-106/89, Slg. 1990, S. I-4135, Nr. 6 *Marleasing S.A.*; EuGH vom 14. 7. 1994, Rs. C-91/92, Slg. 1994, S. I-3325, Nr. 20 ff. *Faccini Dori*; zuletzt EuGH vom 7.3.1996, Rs. C-192/94, Slg. 1996, S. I-1281, Nr. 18 *El Corte Inglés*.

Rechtssätzen niemals ähnliche Wirkungen erzeugen könnten[16]. Für Richtlinien gelte dies jedoch nur hinsichtlich der Mitgliedstaaten, da sie dem Wortlaut des Art. 249 Unterabs. 3 EGV zufolge nur an diese gerichtet sind[17]. Unmittelbare Verpflichtungen für die Unionsbürger können nur mit der Verordnung geschaffen werden. Werden Richtlinien nicht rechtzeitig oder fehlerhaft umgesetzt, können hierin normierte Rechte des Einzelnen nur im Wege der *richtlinienkonformen Auslegung* des nationalen Rechts Wirkung erlangen, soweit eine auslegungsfähige nationale Regelung existiert[18]. Fehlt es hingegen an einer solchen Vorschrift, muss der Bürger auf einen Schadensersatzanspruch gegen den säumigen Mitgliedstaat verwiesen werden[19].

Die Gegenposition will den Schutz einer europäischen Richtlinie auch unter Privaten gewähren[20]. Die Ungleichbehandlung der Unionsbürger, deren Aufenthaltsstaat eine Richtlinie nicht rechtzeitig oder fehlerhaft umgesetzt hat, mit denen anderer Mitgliedstaaten, die ihrer Verpflichtung ordnungsgemäß nachgekommen sind, führe zu Diskriminierungen und Wettbewerbsbehinderungen[21]. Zudem komme es zu einer Einbuße des effet utile, wonach eine Norm die größtmögliche Wirkung im Sinne des Gemeinschaftsrechts entfalten können muss[22], die nicht mehr hinnehmbar sei: Der Mitgliedstaat war verpflichtet, dem Einzelnen ein bestimmtes Recht zu gewähren. Durch die Nichtumsetzung ist es dieser Person verwehrt, einer anderen gegenüber diese Rechtsposition durchzusetzen, wodurch ihr Rechtsschutz verkürzt werde[23].

---

16 EuGH vom 4. 12. 1974, Rs. 41/74, Slg. 1974, S. 1337, Nr. 12 *van Duyn/Home Office*, EuGH vom 5. 4. 1979, Rs. 148/78, Slg. 1979, S. 1626, Nr. 21 *Ratti.*

17 EuGH vom 26. 2. 1986, Rs. 152/84, Slg. 1986, S. 723, Nr. 48 *Marshall.*

18 EuGH vom 10. 4. 1984, Rs. 14/83, Slg. 1984, S. 1891, Nr. 26 *von Colson & Kamann*; EuGH vom 14. 7. 1994, Rs. C-91/92, Slg. 1994, S. I-3325, Nr. 26 *Faccini Dori.* Siehe hierzu im Einzelnen unter Punkt C.

19 EuGH vom 14. 7. 1994, Rs. C-91/92, Slg. 1994, S. I-3325, Nr. 27 *Faccini Dori* unter Hinweis auf EuGH vom 19. 11. 1991, Rs.C-6/90, 9/90, Slg. 1991, S. I-5357, Nr. 39 *Francovich.*

20 Vgl. den Überblick über die Gegenposition bei *Lurger*, Regulierung und Deregulierung, S. 129, Fn. 282.

21 *Lenz*, Schlussantrag zu Rs. C-91/92, EuGH vom 14. 7. 1994, Rs. C-91/92, Slg. 1994, S. I-3325, Rn. 50 *Faccini Dori.*

22 EuGH vom 4. 12. 1974, Rs. 41/74, Slg. 1974, S. 1337, Nr. 12 *van Duyn/Home Office*; EuGH vom 1. 11. 1977, Rs. 51/76, Slg. 1977, S. 113, Nr. 20 *Nederlandse Ondernehmingen*; EuGH vom 29. 11. 1978, Rs. 21/78, Slg. 1978, S. 2327, Nr. 18 *Delkvist*; EuGH vom 20. 9. 1988, Rs. 31/87, Slg. 1988, S. 4635, Nr. 11 *Beentjes*; EuGH vom 20. 9. 1988, Rs. 190/87, Slg. 1988, S. 4689, Nr. 27 *Moormann.* Hierzu *Zöckler*, JbJZw 1992, S. 153; *Bleckmann*, NJW 1982, S. 1180.

23 *Reich*, EuZW 1991, S. 210; *Müller-Graff*, NJW 1993, S. 21.

Hierbei wird jedoch der Rechtsposition desjenigen, dem gegenüber dieses Recht ausgeübt würde, zu wenig Gewicht eingeräumt. Der Verzug des Mitgliedstaates würde zu Lasten dieser Privatperson gehen, die keinerlei Schuld an der Rechtslage trägt[24].

Lurger verneint die Schutzwürdigkeit dieser Person, da durch die Veröffentlichungspflicht für Richtlinien nach Art. 254 EGV jedem Unionsbürger die Möglichkeit zur Kenntnisnahme gegeben sei und dieser dann nicht darauf vertrauen dürfe, dass sein Mitgliedstaat pflichtwidrig untätig bleibt oder die Richtlinie fehlerhaft umsetzt[25]. Es ist jedoch anzunehmen, dass der Unionsbürger, der schon sein eigenes, tatsächlich geltendes Recht wegen dessen zunehmender Komplexität kaum zu überschauen vermag, sichtlich überfordert wäre, wenn er sich zudem noch mit dem „quasi-geltenden" Recht und seiner gemeinschaftsweiten Umsetzung auseinander setzen müsste. Hinzu kommt, dass es dem Einzelnen auch kaum möglich sein dürfte, Regelungen, die subjektive Rechte verleihen, von solchen zu unterscheiden, die dies gerade nicht tun, bzw. hinreichend genaue und unbestimmte Normen zu erkennen[26].

Vielmehr stellt Art. 249 Unterabs. 3 EGV klar, dass unmittelbare Verpflichtungen der Unionsbürger nicht durch Richtlinien begründet werden können. Will der europäische Gesetzgeber die Bürger unmittelbar verpflichten, muss er die Verordnung als Rechtssetzungsinstrument wählen[27]. Die oben dargestellten

---

24 Vgl. *Pechstein*, Europäisches Zivilgesetzbuch, S. 26. Auch die von *Klauer*, S. 58 ff., vorgeschlagene indirekte Anwendung der Francovich-Rechtsprechung dergestalt, dass der durch die horizontale Direktwirkung verpflichtete Bürger seinen Schaden gegen den säumigen Mitgliedstaat geltend machen kann, vermag nicht zu überzeugen. Neben den gegen die horizontale Direktwirkung angeführten Gründen spricht hiergegen schon der Um-stand, dass primae facie wohl eher die Ursächlichkeit der Nichtumsetzung für einen Schaden in Bezug auf den Bürger nachweisbar ist, dessen Rechte vereitelt werden. Hätte der italienische Gesetzgeber im Falle der Paola Faccini-Dori die Haustürrichtlinie rechtzeitig umgesetzt, hätte diese den Fernunterrichtsvertrag widerrufen können (vgl. EuGH vom 14. 7. 1994, Rs. C-91/92 Slg. 1994, S. I-3325 *Faccini Dori)*. Für die mit ihr kontrahierende „Fernunterrichtsgesellschaft" wäre hingegen die Rechtslage (bei Annahme einer horizontalen Direktwirkung) im Falle der Nichtumsetzung nicht von der Rechtslage verschieden gewesen, die bei rechtzeitiger Umsetzung bestanden hätte. Insofern käme ein Schadensersatzanspruch nur dann in Betracht, wenn dem Verpflichteten der Nachweis gelänge, dass er bei Kenntnis der Widerrufbarkeit des Vertrages diesen nicht abgeschlossen hätte.

25 *Lurger*, Regulierung und Deregulierung, S. 132; ebenso *Emmert*, EWS 1992, S. 65.

26 So auch *Zuleeg*, ZGR 1980, S. 475. *Emmert*, EWS 1992, S. 66, will alle die Richtlinienbestimmungen zur Anwendung kommen lassen, die ein gemeinschaftsfreundlicher nationaler Richter aus sich heraus anwenden kann. Die Praktikabilität eines solchen Maßstabs darf jedoch bezweifelt werden, da es der Mehrzahl der Unionsbürger wohl kaum gelingen würde, die Denkweise dieses Richters zu antizipieren.

27 *Franzen*, Privatrechtsangleichung, S. 252; *Herber*, ZEuP 4 (1996), S. 122, hält dies für einen „selbstverständlichen, aus dem Wortlaut des EG-Vertrages unmißverständlich hervorgehenden Grundsatz".

Kompetenzregeln[28] wären überflüssig, wenn die Grenzen zwischen den Rechtsformen beliebig verwischt werden dürften. Wählt der europäische Gesetzgeber also eine Richtlinie, so zeigt er, dass er die Art und Weise der Verpflichtung von Privatpersonen gerade den Mitgliedstaaten überlassen will. Kommen diese ihren Pflichten nicht nach, muss ein Weg gefunden werden, der auf der einen Seite der Richtlinie zu ihrer Wirkung verhilft, auf der anderen aber auch verhältnismäßig ist[29]. Und hierbei stellt die richtlinienkonforme Auslegung das mildere, aber gleich geeignete Mittel dar. Es ist im Hinblick auf die Kompetenzübertragung der Mitgliedstaaten an die Gemeinschaft durchaus ein Unterschied, ob die Verpflichtung eines Privaten aus der (richtlinienkonformen) Auslegung einer nationalen Vorschrift oder aus der direkten Anwendung einer nicht umgesetzten Richtlinie resultiert. Nur im ersten Fall wird auch die Souveränität der Mitgliedstaaten gewahrt[30]. Von daher muss der Interessenkonflikt zwischen einem vermeintlichen Rechtsinhaber und der hieraus verpflichteten Gegenpartei zu Gunsten des Verpflichteten entschieden werden. Derjenige, der ein Recht dadurch nicht ausüben kann, ist auf Ersatzansprüche gegen den säumigen Staat zu verweisen.

Herber sieht in der Gewährung eines Schadensersatzanspruchs gegen den säumigen Staat letztlich doch eine Direktwirkung der Richtlinie, da die mitgliedstaatlichen Gerichte die Auswirkungen der nicht umgesetzten Richtlinie auf das nationale Zivilrecht bestimmen und damit den Intentionen des nationalen Gesetzgebers vorgreifen müssten[31]. Dabei darf jedoch nicht übersehen werden, dass es jetzt nicht mehr um die Verpflichtung einer Privatperson, sondern um die Sanktionierung gemeinschaftswidrigen Verhaltens durch den Mitgliedstaat geht, der sich bei rechtzeitiger Umsetzung keinerlei Ersatzansprüchen ausgesetzt gesehen hätte. Dass der Mitgliedstaat in einem solchen Fall seinen Bürgern gegenüber für die Folgen der Nichtumsetzung verantwortlich ist, entspricht den Grundsätzen der Anerkennung der vertikalen Direktwirkung von Richtlinien[32].

Die horizontale Direktwirkung von Richtlinien ist folglich abzulehnen.

C. Die richtlinienkonforme Auslegung des nationalen Rechts

Sowohl für den Fall der ordnungsgemäßen als auch der fehlerhaften oder unterlassenen Umsetzung einer Richtlinie stellt sich die Frage nach ihrem „Fortwirken" im nationalen Recht. Es wurde festgestellt, dass die Richtlinie keine

28 § 1 A II.
29 Zum Verhältnismäßigkeitsgrundsatz oben § 1 A II 2 b).
30 *Herber*, ZEuP 4 (1996), S. 122.
31 AaO, S. 123.
32 B I.

unmittelbare Wirkung zwischen Privatpersonen entfalten kann. Vielmehr ist das nationale Recht richtlinienkonform auszulegen[33]. Dabei müssen die im Wege der Auslegung des nationalen Rechts gefundenen Ergebnisse „im Lichte des Wortlauts und Zwecks der Richtlinie“ interpretiert werden, um die Erreichung ihres Zieles zu gewährleisten[34].

I. Auslegung der Richtlinie

Die Interpretation des nationalen Rechts „im Lichte“ der Richtlinie setzt die Kenntnis ihres Inhalts voraus[35]. Daher stellt sich die Frage nach der ordnungsgemäßen Auslegung einer Richtlinie.

1. Auslegungsgrundsätze des EuGH

Die Auslegung der Richtlinien obliegt gemäß Art. 220 iVm Art. 234 lit. b EGV dem EuGH. Dieser bedient sich bei der Auslegung des Gemeinschaftsrechts zum einen der Prinzipien des Völkerrechts[36]. Dabei geben die Artt. 31 bis 33 der Wiener Vertragsrechtskonvention vom 23. 5. 1969 Vertragswortlaut, Kontext, Inhalt und Ziel des Vertrages als entscheidende Kriterien an. Zum anderen greift der Gerichtshof auf die nationalen Auslegungsmethoden der Mitgliedstaaten zurück[37]. In deren Mittelpunkt stehen Wortlaut, Systematik,

---

33 EuGH vom 10. 4. 1984, Rs. 14/83, Slg. 1984, S. 1891, Nr. 26 *von Colson & Kamann*; EuGH vom 4. 1984, Rs. 79/83, Slg. 1984, S. 1921, Nr. 26 *Harz*; EuGH vom 15. 5. 1986, Rs. 222/84, Slg. 1986, S. 1651, Nr. 53 ff. *Johnston/Chief Constable of the Royal Ulster Constabulary*; EuGH vom 8. 10. 1987, Rs. 80/86, Slg. 1987, S. 3969, Nr. 12 *Kolpinghuis Nijmegen*; EuGH vom 7. 11. 1989, Rs. 125/88, Slg. 1989, S. 3533, Nr. 6 *Nijmann*; EuGH vom 13. 11. 1990, Rs. C-106/89, Slg. 1990, S. I-4135, Nr. 8 *Marleasing S.A.*; EuGH vom 16. 12. 1993, Nr. C-334/92, Slg. 1993, S. I-6911, Nr. 20 *Wagner Miret*; EuGH vom 14. 7. 1994, Rs. C-91/92, Slg. 1994, S. I-3325, Nr. 26 *Faccini Dori*; EuGH vom 17. 9. 1997, Rs. C-54/96, Slg. 1997, S. I-4961, Nr. 43 *Dorsch Consult Ingenieurgesellschaft mbH/ Bundesbaugesellschaft Berlin mbH*; EuGH vom 18. 12. 1997, Rs. C 129/96, Slg. 1997, S. I-7411, Nr. 47 *Inter-Environnement Wallonie ASBL/Région Wallonne.*

34 EuGH vom 10. 4. 1984, Rs. 14/83, Slg. 1984, S. 1891, Nr. 26 *von Colson & Kaman.*

35 Vgl. in diesem Zusammenhang *Kochs*, S. 212 f., der auf die Schwierigkeiten der Gerichte hinweist, in den Besitz der entsprechenden Rechtsquellen zu kommen.

36 Hierzu *Anweiler*, S. 433; *Stephan Grundmann*, S. 398.

37 *Franzen*, JbJZw 1997, S. 286; *Zöckler*, JbJZw 1992, S. 153; zweifelnd *Lutter*, JZ 1992, S. 598 mN: „...denn die Richtlinie ist Teil einer supranationalen Rechtsordnung, entstanden in einem supranationalen Rechtsetzungsverfahren einer supranationalen Organisation. Auslegung ist aber eng verknüpft mit dem geschichtlichen und geistigen Hintergrund einer Rechtsordnung oder eines Rechtskreises.“

Sinn und Zweck einer Regelung.

2. Auslegungsmethoden

Den einzelnen Auslegungsmethoden kommt dabei unterschiedliches Gewicht zu.

a) Grammatikalische Auslegung

Die grammatikalische Auslegung dient der Ermittlung des Wortsinns[38]. Ihr kommt auf europäischer Bühne eine größere Bedeutung als in den nationalen Rechtsordnungen zu, da sich eine eigene Rechtssprache europäischer Prägung erst entwickelt[39].

Hierbei tritt bei europäischen Rechtsakten das Problem auf, dass die Europäische Union zwölf gleichrangige Amtssprachen vereint[40]. Das bedeutet, dass der Inhalt einer jeden Richtlinie in diese zwölf Sprachen übertragen wird. Die Ermittlung des Wortsinns eines Begriffes setzt also dessen eindeutige Bestimmung voraus. Von daher nimmt der EuGH zunächst eine Textkritik zur genauen Feststellung des Richtlinienwortlautes durch Vergleich der (gleichwertigen) sprachlichen Fassungen vor[41]. Sind diese Sprachfassungen unterschiedlich, führt die grammatikalische Auslegung nicht zum Ziel, und der EuGH geht zur Ermittlung von Sinn und Zweck der Richtlinie über[42].

Lässt sich ein einheitlicher Richtlinienwortlaut erkennen, muss dessen Sinn ermittelt werden. Existiert dabei kein eigener „europäischer" Wortsinn, wird der allgemeine gemeinschaftsweite Sprachgebrauch herangezogen[43]. Dieser ist jedoch eng mit dem Sinn der Gemeinschaft an sich verknüpft, so dass

38 *Larenz*, Methodenlehre, S. 301; *Bydlinski*, Methodenlehre, S. 437.

39 EuGH vom 18. 12. 1997, Rs. C 129/96, Slg. 1997, S. I-7411 ff. *Inter-Environnement Wallonie ASBL/Région Wallonne*; EuGH vom 17. 3. 1998, Rs. C 45/96, Slg. 1998, S. I-1199 ff. *Bayerische Hypotheken- und Wechselbanken AG/Edgar Dietzinger.*

40 Dazu ausführlich unten § 5 B II 3 a).

41 EuGH vom 5. 12. 1967, Rs. 19/67, Slg. 1967, S. 462, 473 *van der Vecht*; EuGH vom 27. 10. 1977, Rs. 30/77 Slg. 1977, S. 1999, Nr. 14 *Boucherau*; EuGH vom 12. 7. 1979, Rs. 9/79, Slg. 1979, S. 2717, Nr. 6 *Koschniske*; EuGH vom 6. 10. 1982, Rs. 283/81, Slg. 1982, S. 3415, Nr. 18 *C.I.L.F.I.T.*; EuGH vom 11. 7. 1985, Rs. 107/84, Slg. 1985, S. 2655, Nr. 10 *Kommission/Bundesrepublik*; EuGH vom 7. 7. 1988, Rs. 55/87, Slg. 1988, S. 3845, Nr. 16 *Moksel.*

42 EuGH vom 12. 11. 1998, Rs. C-149/97, *The Institute of the Motor Industry/Commissioners of Custom & Excise*, EuZW 1999, S. 55.

43 EuGH vom 6. 10. 1982, Rs. 283/81, Slg. 1982, S. 3415, Nr. 19 f. *C.I.L.F.I.T.*

der Wortlaut keine Auslegungsgrenze darstellen kann[44]. Die Ermittlung des Wortlautes einer Regelung bildet folglich den Ausgangspunkt der Auslegung, vermag für sich selbst genommen aber nur in den seltensten Fällen zu eindeutigen Ergebnissen zu führen[45].

b) Historische Auslegung

Die historische Auslegung dient der Ermittlung der Bedeutung, die der Gesetzgeber einer Norm geben wollte[46]. Ihr kommt auf Gemeinschaftsebene geringere Bedeutung als in den nationalen Rechtsordnungen zu, da die Gemeinschaftsrechtsetzung erst in den letzten Jahren einen erheblichen Aufschwung genommen hat[47]. Zu berücksichtigen sind in erster Linie die amtlichen Begründungen[48] und die Materialien, insbesondere die Protokollerklärungen der an der Entstehung der jeweiligen Richtlinie beteiligten Gemeinschaftsorgane[49].

c) Systematische Auslegung

Im Wege der systematischen Auslegung wird die Bedeutung der Norm durch Heranziehung des Kontextes und ihrer Stellung im Gesamtgefüge der Rechtsordnung ermittelt[50]. Wegen des „eklektischen Rechtsgebäudes der EU" hat die systematische Auslegung jedoch eine geringe Bedeutung[51]. Dort, wo sie möglich ist, wird sie indes vom EuGH herangezogen[52].

---

44 EuGH vom 21. 2. 1973, Rs. 6/72, Slg. 1973, S. 216, Nr. 22 *Europemballage und Continental Can;* EuGH vom 6. 3. 1979, Rs. 92/78, Slg. 1979, S. 777, Nr. 41 *Simmenthal (III).*

45 Vgl. *Schulte-Nölke,* S. 157, der von einer Verringung der Orientierungs- und Begrenzungsfunktion des Wortlauts für das Auslegungsergebnis spricht, die sogar dazu führen kann, dass sich rein auf Wortlautargumente beschränkte Entscheidungen „verdächtig machen", da hierbei die Vermutung nahe liege, dass entscheidungserhebliche Argumente in der Begründung fehlen.

46 *Larenz*, Methodenlehre, S. 308; *Bydlinski*, Methodenlehre, S. 449.

47 *Schulte-Nölke*, S. 158.

48 EuGH vom 13. 3. 1980, Rs. 142/79, Slg. 1980, S. 813, Nr. 9 *van Walsum*; EuGH vom 6. 5. 1980, Rs. 152/79, Slg. 1980, S. 1495, Nr. 13 *Lee*; EuGH vom 17. 11. 1983, Rs. 292/82, Slg. 1983, S. 3781, Nr. 15 ff. *Merck.* Vgl. *Lutter*, JZ 1992, S. 599 f. mwN.

49 Vgl. hierzu *Pechstein*, EuR 1990, S. 249 ff.

50 *Larenz*, Methodenlehre, S. 305; *Bydlinski*, Methodenlehre, S. 442.

51 *Lutter*, JZ 1992, S. 602.

52 Vgl. EuGH vom 5. 2. 1963, Rs. 26/62, Slg. 1963, S. 1, 24 *van Gend & Loos*; EuGH vom 31. 10. 1971, Rs. 22/70, Slg. 1971, S. 263, Nr. 15 *AETR*; EuGH vom 27. 10. 1977, Rs. 30/77, Slg. 1977, S. 1999, Nr. 14 *Boucherau*; EuGH vom 6. 10. 1982, Rs. 283/81, Slg.

d) Teleologische Auslegung

Im Wege der teleologischen Auslegung sind das objektive Ziel und der Sinn der Richtlinie als die entscheidenden Elemente für ihr eigenes Verständnis und des auf ihr beruhenden nationalen Rechts zu ermitteln[53]. Aus dem Gebot der Freiheit von Widersprüchen als eine der wichtigsten Aufgaben jeder Auslegung folgt dabei, dass Gemeinschaftsrechtskonformität sowohl hinsichtlich des Primär- als auch des Sekundärrechts bestehen muss[54].

II. Auslegung des nationalen Rechts

Auch die mitgliedstaatlichen Gerichte sind verpflichtet, ihr nationales Recht richtlinienkonform auszulegen. Diese Verpflichtung sieht der EuGH in Art. 249 Unterabs. 3 und 5 EGV begründet[55]. Der Angleichungseffekt ginge verloren, wenn nach Umsetzung der Richtlinie deren Intentionen mißachtet würden. Nur im Wege der richtlinienkonformen Auslegung kann ein Auseinanderdivergieren der vereinheitlichten Regelungen nach deren Umsetzung verhindert werden[56].

Dabei wird zum Teil vorgebracht, dass durch die richtlinienkonforme Auslegung des nationalen Privatrechts die zuvor abgelehnte horizontale Direktwirkung der Richtlinie letztlich doch herbeigeführt werde[57]. Das mag in vielen Fällen unzureichender Umsetzung

---

1982, S. 3415, Nr. 20 *C.I.L.F.I.T.*; EuGH vom 20. 9. 1988, Rs. 31/87, Slg. 1988, S. 4635, Nr. 15 *Beentjes*.

53 *Larenz*, Methodenlehre, S. 311 ff.; *Bydlinski*, Methodenlehre, S. 453 ff.; vgl. hierzu EuGH vom 17. 12. 1970, Rs. 25/70, Slg. 1970, S. 1116, Nr. 13 *Köster*; EuGH vom 26. 2. 1975, Rs. 67/74, Slg. 1975, S. 297, Nr. 5 *Bonsignore*; EuGH vom 13. 12. 1980, Rs. 77/79, Slg. 1980, S. 247, Nr. 6 *Damas*; EuGH vom 14. 12. 1980, Rs. 84/79, Slg. 1980, S. 291, Nr. 5 *Meyer Uetze*; EuGH vom 6. 10. 1982, Rs. 283/81, Slg. 1982, S. 3415, Nr. 20 *C.I.L.F.I.T.*; EuGH vom 11. 7. 1985, Rs. 107/84, Slg. 1985, S. 2655, Nr. 17 *Kommission/ Bundesrepublik Deutschland*; EuGH vom 30. 5. 1991, Rs. C 19/90, 20/90, Slg. 1991, S. I-2691, Nr. 25 *Karella*; EuGH vom 17. 3. 1998, Rs. C 45/96, Slg. 1998, S. I-1199, Nr. 22 *Bayerische Hypotheken- und Wechselbanken AG/Edgar Dietzinger*.

54 *Bleckmann*, ZGR 1992, S. 370; *Lutter*, JZ 1992, S. 603.

55 EuGH vom 10. 4. 1984, Rs. 14/83, Slg. 1984, S. 1891, Nr. 26 *von Colson & Kamann*. *Brechmann*, S. 257 f., weist richtigerweise darauf hin, dass eine Berufung auf Art. 5 EGV insoweit überflüssig ist, da Art. 249 Unterabs. 3 EGV iVm der Richtlinie eine umfassende Verpflichtung der Mitgliedstaaten begründet. *Franzen*, Privatrechtsangleichung, S. 314 ff., knüpft hingegen die mitgliedstaatliche Verpflichtung zur richtlinienkonformen Auslegung an eine analoge Anwendung von Art. 36 EGBGB.

56 *Brechmann*, S. 256.

57 *Müller-Graff*, DRiZ 1996, S. 309; *Everling*, ZGR 1992, S. 383 („Ersatz"), *Ress*, DÖV 1994, S. 490 („Alternativlösung").

hinsichtlich des Ergebnisses sogar stimmen. Wie jedoch bereits ausgeführt[58], stellt das Gebot der richtlinienkonformen Auslegung einen milderen Eingriff in die nationalen Rechte dar, als es die unmittelbare Anwendung einer Richtlinie täte. Eine Privatperson wird nicht aufgrund einer eigentlich fremden Norm verpflichtet, sondern durch die Auslegung des nationalen Rechts. Hierdurch bleiben die Souveränität der nationalen Privatrechte und die Schutzinteressen der Parteien weitgehend gewahrt.

1. Erfasste nationale Regelungen

In erster Linie müssen die Normen richtlinienkonform ausgelegt werden, die in den Anwendungsbereich einer Richtlinie fallen, wobei es insoweit keine Rolle spielt, ob die Vorschriften vor oder nach dem Inkrafttreten der Richtlinie erlassen wurden bzw. ob sie den Anforderungen der Richtlinie vollends entsprechen oder fehlerhaft umgesetzt wurden[59]. Allerdings kann diese Verpflichtung erst mit Ablauf der Umsetzungsfrist der Richtlinie entstehen, da sie aus der Umsetzungspflicht des Art. 249 Unterabs. 3 EGV resultiert und nicht eher eintreten kann als diese selbst[60].

Etwas anderes muss jedoch gelten, wenn der nationale Gesetzgeber in dieser Zeit eine Norm erlässt, die den Intentionen der Richtlinie entgegen läuft. Gemäß Art. 254 EGV entfaltet eine Richtlinie ab dem Zeitpunkt ihrer Bekanntgabe Wirksamkeit gegenüber dem Mitgliedstaat. Hieraus ergibt sich zwar nicht die Pflicht, die Richtlinie vor Ablauf der Frist umzusetzen. Die Mitgliedstaaten müssen jedoch die erforderlichen Maßnahmen treffen, um sicherzustellen, dass das in der Richtlinie vorgegebene Ziel bei Ablauf der Frist erreicht wird. Sie dürfen also keine Vorschriften erlassen, die Ziele der Richtlinien gefährden können[61]. Da eine aus Art. 10 EGV abgeleitete Vermutung dahingehend besteht, dass sie das auch nicht wollen, müssen in diesem Fall die entsprechenden Regelungen richtlinienkonform ausgelegt werden[62]. Darüber

---

58 B II.

59 EuGH vom 13. 11. 1990, Rs. C-106/89, Slg. 1990, S. I-4135, Rn. 8 *Marleasing S.A.;* EuGH vom 17. 9. 1997, Rs. C-54/96, Slg. 1997, S. I-4961, Nr. 43 *Dorsch Consult Ingenieurgesellschaft mbH/Bundesbaugesellschaft Berlin mbH* ; *Zöckler*, JbJZW 1992, S. 156 mwN.

60 *Rüffler*, ÖJZ 1997, S. 125; *Lutter*, JZ 1992, S. 605. Insoweit ist die Darstellung *Ehrickes*, EuZW 1999, S. 554 widersprüchlich, wenn er zum einen meint, dass bei vorzeitiger Umsetzung unstrittig eine Verpflichtung zur richtlinienkonformen Auslegung besteht, diese Verpflichtung allerdings zunächst nur aus dem nationalen Recht resultieren und erst mit Ablauf der Umsetzungsfrist zu einer gemeinschaftsrechtskonformen Pflicht werden soll.

61 EuGH vom 18. 12. 1997, Rs. C 129/96, Slg. 1997, S. I-7411, Nr. 45 *Inter-Environnement Wallonie ASBL/Région Wallonne*; vgl. *Brechmann*, S. 9 mit weiteren Ausführungen zu der Frage, welche Folgen eine Verletzung dieser Pflicht nach sich zieht; vgl. hierzu auch *Schultz*, GS Constantinesco, S. 67 ff.

62 *Müller-Graff*, DRiZ 1996, S. 314.

hinaus soll den Gerichten aber generell schon innerhalb der Umsetzungsfrist die Möglichkeit eröffnet sein, das bestehende Recht richtlinienkonform auszulegen[63].

So hat der BGH mit Urteil vom 5. Februar 1998 die Generalklausel des § 1 UWG im Lichte der Richtlinie über vergleichende Werbung[64] ausgelegt, obwohl die entsprechende Umsetzungsfrist noch nicht abgelaufen war. Der nationale Richter sei auch schon vor Ablauf der Umsetzungsfrist einer Richtlinie nicht daran gehindert, Richtlinienkonformität des nationalen Rechts durch Auslegung herzustellen[65].

Die Pflicht zur richtlinienkonformen Auslegung des *gesamten* nationalen Rechts ergibt sich für den Fall, dass die Vorgaben der Richtlinie nicht innerhalb der vorgegebenen Frist umgesetzt wurden[66].

2. Stellenwert

Umstritten ist das Verhältnis der richtlinienkonformen Auslegung zu den nationalen Auslegungsmethoden[67]. Im Mittelpunkt der Diskussion steht dabei insbesondere die Frage, ob das nationale Recht der richtlinienkonformen Auslegung selbst Grenzen setzt oder ob eine solche Auslegung auch gegen das nationale Recht möglich ist.

Gegen eine solche Begrenzung spricht zunächst der oben gezeigte Vorrang des Gemeinschaftsrechts vor den nationalen Rechten, der allgemein als Vorrang des europäischen Rechts und seiner Aspekte betrachtet werden kann. Im Mittelpunkt der Auslegung müssen Sinn und Zweck der Richtlinie stehen, so dass auch eine Auslegung gegen den Wortsinn der nationalen Norm (und damit über eine in Betracht kommende „nationale Auslegung“ hinaus) möglich sein muss[68].

---

63 *Lutter*, JZ 1992, S. 605; aA *Götz*, NJW 1992, S. 1854, *Rüffler*, ÖJZ 1997, S. 125, die hierin eine dem Prinzip der Gewaltenteilung zuwiderlaufende Kompetenzanmaßung sehen.

64 Richtlinie 97/55/EG des Europäischen Parlaments und des Rates vom 6. Oktober 1997 zur Änderung der Richtlinie 84/450/EWG über irreführende Werbung zwecks Einbeziehung der vergleichenden Werbung, ABlEG Nr. L 290 vom 23. 10. 1997, S. 18.

65 BGH, I. Zivilsenat, Urteil vom 5. 2. 1998, BGHZ 138, 55, 61 ff.

66 EuGH vom 14. 7. 1994, Rs. C-91/92, Slg. 1994, S. I-3325, Nr. 26 *Faccini Dori*; vgl. *Herber*, ZEuP 4 (1996), S. 124.

67 Einen Überblick über die richtlinienkonforme Auslegung in England und Frankreich gibt *Vogenauer*, ZEuP 5 (1997), S. 159 ff. mwN; vgl. zum englischen Recht auch *Cooper*, EuZW 1996, S. 385; *Curtin*, CMLRev 27 (1990), S. 724 ff.; zum österreichischen Recht vgl. *Rüffler*, ÖJZ 1997, S. 121 ff. mwN.

68 *Hommelhoff*, AcP 192 (1992), S. 96; *Spetzler*, RIW 1991, S. 579 ff.; *Götz*, NJW 1992, S. 1854; *Lutter*, JZ 1992, S. 604; *Grundmann*, JZ 1996, S. 281.

Die Gegenansicht verneint den Vorrang der richtlinienkonformen Auslegung vor den nationalen Methoden. Vielmehr komme diesen der Vorrang zu. Die Auslegungsgrenzen der nationalen Methoden dürften nicht überschritten werden. Nur wenn die nationalen Methoden einen Auslegungsspielraum lassen, komme die richtlinienkonforme Auslegung überhaupt zum Tragen und zwar in der Art, dass aus den möglichen Auslegungsergebnissen das richtlinienkonforme gewählt werden müsse[69]. Der EuGH räumt der richtlinienkonformen Auslegung nicht ausdrücklich den Vorrang vor den nationalen Auslegungsmethoden ein, stellt aber klar, dass die nationalen Gerichte sich so weit wie möglich an Sinn und Zweck der Richtlinie zu orientieren haben, wobei sie jedoch nur den Beurteilungsspielraum haben, den ihnen das nationale Recht einräumt[70].

Es besteht folglich ein deutliches Spannungsverhältnis zwischen den Grenzen des nationalen Beurteilungsspielraums und den Intentionen der Richtlinie. Wenn Sinn und Zweck der Richtlinie im Vordergrund stehen sollen, um ein Auseinanderdivergieren der Regelungsintention der Richtlinie nach Umsetzung zu verhindern, so darf die Einheitlichkeit des Rechts im Grunde tatsächlich nicht vom jeweiligen nationalen Umsetzungsakt und der gewählten Begrifflichkeit abhängig sein. Von daher müsste auch eine Auslegung gegen den Wortsinn möglich sein. Auf der anderen Seite wurde eine horizontale Direktwirkung der Richtlinie auch deshalb abgelehnt, weil sie zu der Verpflichtung einer Partei führt, die hiervon nicht in ausreichendem Maße Kenntnis nehmen konnte. Ließe man nun aber eine richtlinienkonforme Auslegung gegen den klaren Wortlaut und -sinn einer nationalen Norm zu, würde wiederum eine Verpflichtung begründet, deren Vorhersehbarkeit von jedem Einzelnen jetzt über die Kenntnis des Inhalts der Richtlinie hinaus noch verlangt, dass er sich der - häufig auch umstrittenen - Fehlerhaftigkeit der Umsetzung durch den jeweiligen Gesetzgeber bewusst ist. Damit wäre der

---

69 *Brechmann*, S. 259; *Franzen*, Privatrechtsangleichung, S. 347; *Zuleeg*, Gemeinschaftsrechtskonforme Auslegung, S. 172; *Müller-Graff*, EC Directives, S. 74; *Dänzer-Vanotti*, StVj. 1991, S. 5; ders., RIW 1991, S. 754; *Herber*, FS Döllerer, S. 226 f.; *Klein*, FS Everling, S. 646, Fn. 28; *Ehricke*, RabelsZ 59 (1995), S. 643; *Everling*, ZGR 1992, S. 378; *Jarass*, EuR 1991, S. 222.

70 EuGH vom 10. 4. 1984, Rs. 14/83, Slg. 1984, S. 1891, Nr. 28 *von Colson & Kamann*; EuGH vom 10. 4. 1984, Rs. 79/83, Slg. 1984, S. 1921, Nr. 28 *Harz*; EuGH vom 7. 11. 1989, Rs. 125/88, Slg. 1989, S. 3533, Nr. 6 *Nijmann*; EuGH vom 13. 11. 1990, Rs. C-106/89, Slg. 1990, S. I-4135, Rn. 8 *Marleasing S.A;* vgl. aber auch den Schlussantrag des Generalanwalts *van Gerven* zu EuGH vom 13. 11. 1990, Rs. C-106/89, Slg. 1990, S. I-4135, Rn. 8 *Marleasing*: „Erste Voraussetzung ist die Auslegungsfähigkeit der nationalen Regelungen. Die nationalen Gerichte müssen die Auslegungsmethode wählen, die zu einem richtlinienkonformen Ergebnis führt."

Einzelne mehr als überfordert[71]. Von Rechtssicherheit könnte dann also nicht mehr die Rede sein. Dies gilt um so mehr, wenn es sich um eine Norm handelt, die nicht unmittelbar aufgrund der Richtlinienvorgaben erlassen wurde. Deshalb müssen aus Gründen der Rechtssicherheit die Auslegungsfähigkeit bzw. der Wortsinn der konkreten nationalen Norm die Grenze der richtlinienkonformen Auslegung bilden. Stellt sich die Norm dabei als auslegungsunfähig heraus oder widerspricht der ausdrückliche Wortsinn der Richtlinienintention, so bleibt nur der Verweis auf Ersatzansprüche gegen den Staat[72].

3. Rechtsvergleichung

Wie bereits an verschiedenen Stellen gezeigt, müssen sich die Intentionen der Richtlinie auch in den nationalen Umsetzungsakten wiederfinden lassen. Diese Einheitlichkeit würde jedoch dann verloren gehen, wenn jedes nationale Gericht die Umsetzungsnormen ohne Blick auf Alternativen auslegt. Der EuGH sieht eine rechtsvergleichende Betrachtung deswegen als wesentlichen Teil der Auslegung an[73]. Die nationalen Gerichte müssen dabei die Problemlösungen in den anderen Mitgliedstaaten berücksichtigen[74]. *Lutter* versteht deshalb die „Rechtsvergleichung im Sinne von Überprüfung der anderen nationalen Rechte und ihrer Positionen im Verständnis der Richtlinie als geschuldeten Teil der Auslegung der Richtlinie und auf diesem Hintergrund als Teil der richtlinienkonformen Auslegung und Anwendung des eigenen nationalen angeglichenen Rechts[75]." Eine rechtsvergleichende Auslegung ist jedoch nur in Bezug auf die detaillierten Vorgaben der Richtlinien möglich. Schöpft der nationale Gesetzgeber den eingeräumten Umsetzungsspielraum aus, muss sich die Auslegung in erster Linie an dieser spezifischen Normsetzung orientieren[76].

---

71 *Zöckler*, JbJZw 1992, S. 152, weist darauf hin, dass sehr oft schon das Auffinden der einschlägigen Richtlinien und ihre Verankerung im nationalen Recht für den Rechtskundigen problematisch ist.

72 EuGH vom 19. 11. 1991, Rs. C-6/90, 9/90, Slg. 1991, S. I-5357 Nr. 35 *Francovich*. Vgl. hierzu aber auch *Zuleeg*, Gemeinschaftsrechtskonforme Auslegung, S. 176, der diese Haftung für kein Allheilmittel hält und deshalb eine verstärkte wissenschaftliche Auseinandersetzung mit den Methoden der Gerichte fordert, um auf diesem Wege Verstöße gegen das Gemeinschaftsrecht zu vermeiden.

73 EuGH vom 6. 10. 1982, Rs. 283/81, Slg. 1982, S. 3415, Rn. 16 *C.I.L.F.I.T.* zur Vorlagepflichtigkeit einer Frage : „Das innerstaatliche Gericht darf jedoch nur dann davon ausgehen, daß ein solcher Fall (von Klarheit) vorliegt, wenn es überzeugt ist, daß auch für die Gerichte der übrigen Mitgliedstaaten und den Gerichtshof die gleiche Gewißheit bestünde."

74 Vgl. *Schulze*, Auslegung, S. 16 f.; ders., ZfRV 1997, S. 188 ff.

75 *Lutter*, JZ 1992, S. 604.

76 *Schulze*, ZfRV 1997, S. 191.

§ 3 Das Europäische Verbrauchervertragsrecht

A. Verbraucherschutz auf Gemeinschaftsebene

Der EG-Vertrag regelte ursprünglich in erster Linie Fragen des Gemeinsamen Marktes. Dies geschah sehr anbieterorientiert. Mit dieser Förderung der europäischen Wirtschaftsbeziehungen durch den schrittweisen Abbau von Handelshemmnissen und die Errichtung des Binnenmarktes sollte sich die Verbesserung der Lebensqualität quasi als Reflex einstellen. Aus dieser Hoffnung resultierte die anfängliche Vernachlässigung der anderen Marktpartei. Im Zuge dieser Entwicklung musste man jedoch einsehen, dass diese Partei immer weniger in der Lage war, den Markt zu überschauen[1]. Das hatte zum einen eine Störung der Marktgleichheit zu Lasten der Verbraucher zur Folge[2]. Auf der anderen Seite kam es hierdurch aber auch zu Behinderungen des Binnenmarktes durch unterschiedliche Standards bezüglich des Verbraucherschutzes in den Mitgliedstaaten, die dieser Störung entgegen treten wollten. Die dadurch entstehenden Wettbewerbsverzerrungen beeinträchtigten aber nicht nur den Binnenmarkt, sondern provozierten auch Wohlfahrtsverluste für die Verbraucher[3]. Hieraus resultierte die Einsicht, dass der Binnenmarkt ohne die aktive und effektive Mitwirkung der Verbraucher nicht richtig funktionieren kann[4]. Deshalb begann die Gemeinschaft, sich intensiv mit der Stärkung der Position des Verbrauchers zu beschäftigen[5]. Dabei verfolgte sie zwei grundlegende Ziele, die im Wesentlichen den vom damaligen US-Präsidenten Kennedy in seiner Verbraucherbotschaft aus dem Jahre 1962 statuierten Verbraucherrechten entsprachen[6]. Es sollten auf der einen Seite die Wahl- und Entscheidungsfreiheit des Verbrauchers (the right to be informed, the right to choose) gesichert und zum anderen spezifische Rechtsgüter wie Gesundheit und Sicherheit (the right to safety) geschützt sowie der Zugang des Verbrauchers zum Recht (the right to be heard) erleichtert werden[7]. Dabei zielen die Gemeinschaftsaktivitäten jedoch nicht auf einen quasi sozialstaatlichen Schutz

---

1 *Hondius*, Consumer Law, S. 20; *Hoffmann*, Europäische Rechtsetzungstechniken, S. 47.

2 Vgl. 1. Verbraucherschutzprogramm des Rates vom 14. 4. 1975, ABlEG Nr. C 92 v. 25. 4. 1979, S.3.

3 *Reich*, ZEuP 2 (1994), S. 385.

4 Mitteilung der Kommission: Der Binnenmarkt 1994, KOM (94), 238 endg., Nr. 319.

5 zur Entwicklung des Verbraucherschutzes in der EG vgl. *Howells/Wilhelmsson*, S. 9 ff.; *Weatherill*, S. 445 ff.; *Dauses/Sturm*, ZfRV 1996, S. 134 f.

6 Abgedruckt bei *v. Hippel*, S. 281.

7 1. Verbraucherschutzprogramm, S. 1; *Reich*, Europäisches Verbraucherrecht, S. 27; ders., ZEuP 2 (1994), S. 383; *Kendall*, S. 5; *Bleckmann*, Europarecht, Rn. 2718.

des Verbrauchers ab, sondern auf die Gestaltung des Binnenmarktes, dessen Funktionsfähigkeit ein annäherndes Gleichgewicht der Marktteilnehmer erfordert[8]. Der Verbraucher ist heute ebenso „Anspruchsberechtigter" für die Verwirklichung der Binnenmarktziele, wie es die Anbieter sind[9].

B. Rechtsgrundlagen

Nach dem oben bereits skizzierten Prinzip der begrenzten Einzelermächtigung bedarf die Gemeinschaft auch im Bereich des Verbraucherschutzes stets einer spezifischen Rechtsetzungskompetenz.

I. Entwicklung

Zunächst existierte keine Vorschrift, die dem Verbraucherschutz besondere Aufmerksamkeit schenkte. Das änderte sich mit der Schaffung des damaligen Art. 100a EGV (Art. 95 n.F.) durch die Einheitliche Europäische Akte im Jahre 1987. Dessen Absatz 3 besagte, dass die Gemeinschaft von einem hohen Schutzniveau auf dem Gebiet des Verbraucherschutzes auszugehen habe. Allerdings wurde bereits damals bemängelt, dass keine eigenständige Rechtsgrundlage bezüglich spezifischer Verbraucherschutzmaßnahmen geschaffen wurde[10]. Nach wie vor waren verbraucherschützende Maßnahmen an die Beseitigung von Marktbeeinträchtigungen geknüpft. Mit dem Vertrag von Maastricht[11] fand der Verbraucherschutz über die damaligen Artt. 3 lit. s (Art. 3 Abs. 1 lit. t n.F.), 129a EGV (Art. 153 n.F.) Eingang in den primären Aufgabenbereich der Gemeinschaft[12]. Durch den Vertrag von Amsterdam[13] wurde die Vorschrift des Art. 129a EGV a.F. (jetzt Art. 153 EGV) noch ausgebaut[14].

---

8 *Micklitz*, Divergente Ausgangsbedingungen, S. 6; ders., ZEuP 6 (1998), S. 259. Hierzu ausführlich unten § 6 A.

9 EuGH vom 31. 1. 1984 Rs. 286/82 u. 26/83, Slg. 1984, 377 ff. *Luisi Carbone/Ministero de Tesoro*; EuGH vom 2. 2. 1989, Rs. 186/87, Slg. 1989, 195 ff. *Cowan*; EuGH vom 7. 3. 1990, C-362/88 Slg. 1991, I-5941 ff. *GB-INNO*. Vgl. auch *Hoffmann*, Europäische Rechtsetzungstechniken, S. 39: „Binnenmarkt ist heute nicht mehr allein eine Veranstaltung für Kaufleute und sonstige Gewerbetreibende."

10 Vgl. WSA, „Die Vollendung des Binnenmarktes und der Verbraucherschutz" vom 26. 9. 1991, ABlEG Nr. C 339 vom 21. 12. 1991, S. 18.

11 ABlEG Nr. C 191 vom 29. 7. 1992, S. 1.

12 Vgl. *Micklitz/Reich*, EuZW 1992, S. 594 ff.

13 ABlEG Nr. C 340 vom 10. 11. 1997, S. 1.

14 Vgl. *Reich*, VuR 1999, S. 3 ff.

II. Verbraucherschützende Maßnahmen nach Art. 153 EGV

Art. 153 EGV ist die einzige Vorschrift innerhalb des Titels Verbraucherschutz und erweckt somit zunächst den Anschein, die wichtigste Norm im Bereich der verbraucherorientierten Maßnahmen zu sein[15]. Um so mehr überrascht es, dass auf diese Regelung bislang nur eine Maßnahme gestützt wurde[16].

Nach Art. 153 Abs. 1 EGV leistet die Gemeinschaft einen Beitrag zum Schutz der Interessen der Verbraucher, um somit ein hohes Verbraucherschutzniveau zu gewährleisten. Dabei können zum einen rein verbraucherrechtliche Maßnahmen ergriffen werden (Art. 153 Abs. 3 EGV). Zum anderen muss den Erfordernissen des Verbraucherschutzes auch im Bereich der anderen Politiken Rechnung getragen werden (Art. 153 Abs. 2 EGV). Allerdings stellt bereits Art. 153 Abs. 3 lit. a EGV klar, dass verbraucherrechtliche Maßnahmen im Rahmen der Verwirklichung des Binnenmarktes grundsätzlich auf Art. 95 EGV zu stützen sind. Daneben ermöglicht Art. 153 Abs. 3 lit. b EGV jedoch auch Maßnahmen zur Unterstützung, Ergänzung und Überwachung der Politik der Mitgliedstaaten. Damit ist der Gemeinschaft der Maßnahmenkatalog des Art. 249 EGV eröffnet, so dass auch Verordnungen und Richtlinien auf diese Vorschrift gestützt werden können[17].

Dadurch gewinnt die Frage an Bedeutung, ob die Gemeinschaft ein „autonomes", also von einer Marktbeeinträchtigung unabhängiges Verbraucherschutzrecht schaffen darf. Die Gleichstellung von Rechtsangleichungsmaßnahmen zur Verwirklichung des Binnenmarktes nach Art. 95 EGV mit anderen Maßnahmen auf dem Gebiet des Verbraucherschutzes zeigt, dass sich die verbraucherrechtlichen Aktivitäten der Gemeinschaft nicht auf Harmonisierungsvorhaben beschränken müssen. Behindert ein Schutzgefälle im Verbraucherrecht den Binnenmarkt, ist Art. 95 EGV nach wie vor einschlägig[18]. Art. 153 Abs. 3 lit. b EGV wäre jedoch überflüssig, wenn sich die

---

15 Vgl. zu den Problemen des Art. 129a EGV a.F. im Einzelnen *Weatherill*, S. 449 f.

16 Richtlinie 98/6/EG des Europäischen Parlaments und des Rates vom 16. Februar 1998 über Grundpreisangaben, ABlEG Nr. L 80 vom 18. 3. 1998, S. 27.

17 Im Rahmen von Art. 129a EGV a.F. war dies noch nicht so eindeutig und hing vom Verständnis der „spezifischen Aktionen" in Abs. 1 lit. b ab. *Krämer*, Ehlermann/Bieber/Krämer, Handbuch des europäischen Rechts, Art. 129a, Rn. 19 verstand hierunter auch Maßnahmen im Sinne des Art. 189 EGV a.F., da der sich auf Abs. 1 beziehende Abs. 3 „strengere Schutzmaßnahmen" der Mitgliedstaaten erlaubte, was zunächst mildere Schutz*maßnahmen* der Gemeinschaft voraussetzte; aA *Lenz/Engelhard*, Art. 129a, Rn. 7.

18 Deshalb war auch Art. 129a EGV a.F. *keine* Zuständigkeitsnorm, sondern lediglich ein „Inhaltsgestaltungsauftrag" für die Gemeinschaft; vgl. *Müller-Graff*, NJW 1993, S. 17, Fn. 18; *Schwartz*, ZEuP 2 (1994), S. 571; *Heinemann*, ZIP 1991, S. 1202; *Reich*, ZEuP 2 (1994), S. 386; aA *Ulmer*, JZ 1992, S. 3; *Hommelhoff*, Verbraucherschutz, S. 2.

Gemeinschaftsaktivitäten hierin erschöpfen müssten. Es muss deshalb vielmehr einen Bereich außerhalb der Rechtsangleichung geben, in dem die Gemeinschaft zum Schutz der Verbraucher tätig werden kann. Dies verdeutlicht auch der Umstand, dass die Gemeinschaft nach Art. 3 Abs. 1 lit. t EGV einen Beitrag zur Verbesserung des Verbraucherschutzes leistet, der unabhängig von der in Art. 3 Abs. 1 lit. h EGV geregelten Angleichung von marktbeeinträchtigenden Rechtsvorschriften ist. Zudem erschöpft sich die Aufgabe der Gemeinschaft nicht in der Schaffung von optimalen Wirtschaftsbedingungen (Art. 2 EGV). Insofern ist sie also berechtigt, ein „autonomes" Verbraucherschutzrecht zu schaffen. Ob und wie die Gemeinschaft hiervon Gebrauch macht, wird die Zukunft zeigen[19].

Art. 153 EGV stellt somit keine Kompetenzgrundlage für Angleichungsmaßnahmen bezüglich der mitgliedstaatlichen Verbraucherrechte dar, die den Binnenmarkt behindern. Er erlaubt jedoch weitergehende Maßnahmen zum Schutz der Verbraucher.

III. Angleichung der nationalen Verbraucherrechte über Art. 95 EGV

Die wichtigste Rechtsgrundlage ist also auch im Bereich des Verbraucherschutzes (noch) Art. 95 EGV. Seit seiner Einführung (und auch nach der Schaffung von Art. 129a EGV a.F.) wurden alle wichtigen verbraucherrechtlichen Maßnahmen hierauf gestützt[20]. Hieraus kann man auch entnehmen, dass es nach wie vor in erster Linie um die Funktionsfähigkeit des Marktes und nicht um die Schaffung eines einheitlichen Verbraucherrechts geht[21].

---

19 *Reich*, VuR 1999, S. 9, sieht in der Bekämpfung der Verbraucherverschuldung ein mögliches Anwendungsgebiet für Art. 153 Abs. 3 lit. b EGV.

20 Vgl. die in § 4 folgende Darstellung.

21 *Joustra*, S. 140.

§ 4 Einzelne Verbrauchervertragsrichtlinien

Wie bereits gezeigt[1], kann die Binnenmarktrelevanz des Vertragsrechts nicht mehr in Frage gestellt werden. Neben Wettbewerbsverzerrungen zwischen den einzelnen Anbietern wurde vor allem die „Scheu" der Kunden vor Transaktionen im Binnenmarkt als Störfaktor für dessen ordnungsgemäßes Funktionieren erkannt. Einen bedeutenden Teil der verbraucherrechtlichen Maßnahmen der Gemeinschaft nehmen deshalb Richtlinien zum Schutz des Verbrauchers hinsichtlich spezifischer Vertragssituationen und -typen ein. Dadurch sollen die entsprechenden mitgliedstaatlichen Vorschriften angeglichen werden, um dem Verbraucher eine gemeinschaftsweite Nachfrage „schmackhaft" zu machen. Diese Richtlinien sollen im Folgenden im Hinblick auf ihre Intentionen, Anwendungsbereiche und Verbraucherschutzinstrumente dargestellt und untersucht werden[2].

A. Richtlinie 85/577/EWG des Rates vom 20. Dezember 1985, betreffend den Verbraucherschutz im Falle von außerhalb von Geschäftsräumen geschlossenen Verträgen (Haustürrichtlinie)

I. Hintergrund

Die auf den damaligen Art. 100 EGV (Art. 94 n.F.) gestützte Haustürrichtlinie (im Folgenden HaustürR)[3] soll den Verbraucher vor übereilten Vertragsschlüssen außerhalb von Geschäftsräumen schützen. Bereits im Ersten

---

1 § 1 A II 2 b) bb).

2 Siehe hierzu die Übersicht in Punkt B der Einleitung.

3 *Einzelne Umsetzungsgesetze:* Deutschland: Gesetz über den Widerruf von Haustürgeschäften und ähnlichen Geschäften vom 16. Januar 1986, BGBl I S. 122; England: The Consumer Protection (Cancellation of Contracts Concluded away from Business Premises) Regulations 1987, S. I. 1987, Nr. 2117; Frankreich: Loi Nr. 72-1137 relative à la protection des consommateurs en matière de démarchage et de vente à domicile vom 22. 12. 1972, JO vom 23. 12. 1972 = Art. L. 121-21 bis 33 Code de la consommation; Italien: Decreto legislativo Nr. 50 vom 15. Januar 1992, GU vom 3. Februar 1992, Nr. 27; Spanien: Ley 26/1991 sobre contratos celebrados fuera de los establecimientos mercantiles vom 21. September 1991, BOE Nr. 283 vom 26. September 1991; Österreich: §§ 3 ff. KSchG. *Vgl. im Übrigen* die Darstellungen bei *Rott*, „Die Umsetzung der Haustürwiderrufsrichtlinie in den Mitgliedstaaten" und unter http://europa.eu.int/scadplus/leg/de/mne/m85_577.htm.

Programm der EWG für eine Politik zum Schutz und zur Unterrichtung der Verbraucher im Jahre 1975 wurde dem Schutz des Verbrauchers vor aggressiven Verkaufsmethoden im Allgemeinen (Nr. 19) und missbräuchlichen Handelspraktiken bei Haustürgeschäften im Besonderen (Nr. 24) eine große Bedeutung im Rahmen des legislativen Verbraucherschutzes der Gemeinschaft beigemessen[4]. Die besondere Schutzbedürftigkeit des Verbrauchers soll dabei aus dem Überraschungsmoment resultieren, das daraus herrührt, daß er aufgrund der Vertragsanbahnung durch den Gewerbetreibenden auf Vertragsverhandlungen nicht vorbereitet ist[5]. In den Mitgliedstaaten existierten unterschiedliche Vorschriften zur Regelung dieses Problems. Deren Unterschiede konnten sich zum einen unmittelbar auf das Funktionieren des Gemeinsamen Marktes auswirken[6]. Auf der anderen Seite ist jede Regelung, die einem Unternehmer eine ihm besonders lukrativ erscheinende Vertriebsstrategie verbietet, grundsätzlich ein „Kandidat" für die „Maßnahmen gleicher Wirkung" des Art. 28 EGV (Art. 30 a.F.)[7].

II. Anwendungsbereich

Die HaustürR erfasst Haustürgeschäfte zwischen einem Gewerbetreibenden und einem Verbraucher (Art. 1 Abs. 1).

1. Persönlich

Verbraucher (consumer, consommateur) ist jede natürliche Person, die bei den von der Richtlinie erfassten Geschäften zu einem Zweck handelt, der nicht ihrer beruflichen oder gewerblichen Tätigkeit zugerechnet werden kann (Art. 2 Sp. 1). *Gewerbetreibender (trader, commercant)* ist jede natürliche oder juristische Person, die beim Abschluss des betreffenden Geschäfts im Rahmen ihrer gewerblichen oder beruflichen Tätigkeit handelt, sowie eine Person, die im Namen und für Rechnung eines Gewerbetreibenden handelt (Art. 2 Sp. 2).

2. Sachlich

Von der Richtlinie erfasst werden zunächst alle Verträge (bzw. Angebote, Art. 1 Abs. 3, 4), die während eines vom Gewerbetreibenden außerhalb von dessen

---

4 ABlEG Nr. C 92 vom 25. 4. 1975, S. 6 f..

5 Erwägungsgrund 4, ABlEG Nr. L 372 vom 31. 12. 1985, S. 31.

6 Erwägungsgrund 2, ABlEG Nr. L 372 vom 31. 12. 1985, S. 31. Vgl. hierzu EuGH vom 16. 5. 1989, Rs. 382/87, Slg. 1989, S. 1235, Nr. 8 *Buet.*

7 EuGH vom 15. 12. 1982, Rs. 286/81, Slg. 1982, S. 4575, Nr. 15 *Oosthoek.*

Geschäftsräumen organisierten Ausflugs geschlossen werden (Art. 1 Abs. 1 Sp. 1). Hinzu kommen solche Verträge (bzw. Angebote, Art. 1 Abs. 3, 4), die anlässlich eines Besuchs des Gewerbetreibenden in der Wohnung oder am Arbeitsplatz des Verbrauchers geschlossen werden (Art. 1 Abs. 1 Sp. 2), es sei denn, der Verbraucher hat diesen Besuch ausdrücklich gewünscht. Die Bestellung des Gewerbetreibenden durch den Verbraucher schließt die Anwendbarkeit der Richtlinie allerdings nicht für solche Verträge aus, die nicht Gegenstand der Einladung waren (Art. 1 Abs. 2). Nicht von der Richtlinie erfaßt sind die in Art. 3 Abs. 2 lit. a - e aufgeführten Vertragsarten, so z. B. Immobilienverträge (lit. a) und Versicherungsverträge (lit. d). Zudem können die Mitgliedstaaten die Anwendbarkeit der Richtlinie vom Wert der Verbraucherleistung abhängig machen (Art. 3 Abs. 1 Satz 3).

III. Verbraucherschutzinstrumente

Der Verbraucher soll in die Lage versetzt werden, die Vertragsverpflichtung noch einmal zu überdenken[8]. Aus diesem Grund steht im Mittelpunkt der Richtlinie ein auf sieben Tage befristetes Vertragslösungsrecht des Verbrauchers (Art. 5 Abs. 1), über das er schriftlich informiert („belehrt") werden muss (Art. 4 Satz 1)[9]. Die dem Verbraucher durch die Richtlinie eingeräumten Rechte sind unabdingbar (Art. 6). Darüber hinaus ist es den Mitgliedstaaten möglich, weitergehende Schutzvorschriften zu erlassen (Art. 8).

B. Richtlinie 87/102/EWG des Rates vom 22. Dezember 1986 mit Änderungsrichtlinien 90/88/EWG des Rates vom 22. Februar 1990 und 98/7/EG vom 16. Februar 1998 zur Angleichung der Rechts- und Verwaltungsvorschriften der Mitgliedstaaten über den Verbraucherkredit (Verbraucherkreditrichtlinie)

I. Hintergrund

Die auf den damaligen Art. 100 EGV (Art. 94 n.F.) gestützte Verbraucherkreditrichtlinie (KreditR)[10] dient der Schaffung eines gemeinsamen

8 Erwägungsgrund 5, ABlEG Nr. L 372 vom 31. 12. 1985, S. 31.

9 Hierzu ausführlich § 7 A I.

10 *Einzelne Umsetzungsgesetze:* Deutschland: Verbraucherkreditgesetz (VerbrKrG) vom 17. Dezember 1990, BGBl. I S. 2840; England: The Consumer Credit Act 1974, c. 39; Frankreich: Loi 78-22 vom 10. Januar 1978, JO vom 11. Januar 1978 = Art. L. 311-1 bis 37 Code de la consommation; Italien: Legge Communitaria Nr. 1991/142 vom 19.

Verbraucherkreditmarktes, der aufgrund des zunehmenden Kreditvolumens in der Gemeinschaft allen Marktteilnehmern gleichermaßen zugute kommen sollte[11]. Des besonderen Schutzes sollen hierbei die Verbraucher bedürfen[12]. Die einzelnen mitgliedstaatlichen Vorschriften im Bereich des Verbraucherkredits sind dabei sehr verschieden[13], wodurch zum einen Wettbewerbsverzerrungen zwischen den Kreditgebern im Gemeinsamen Markt entstehen können, zum anderen den Verbrauchern die gemeinschaftsweite Kreditaufnahme erschwert wird[14]. Dies kann zu einer Behinderung des freien Waren- und Dienstleistungsverkehrs führen[15].

II. Anwendungsbereich

Die Richtlinie findet auf Kreditverträge zwischen einem Kreditgeber und einem Verbraucher Anwendung (Art. 1 Abs. 1 iVm Abs. 2 lit. c).

1. Persönlich

Verbraucher (consumer, consommateur) ist jede natürliche Person, die bei den von der Richtlinie erfassten Geschäften zu einem Zweck handelt, der nicht ihrer beruflichen oder gewerblichen Tätigkeit zugerechnet werden kann (Art. 1 Abs. 2 lit. a).

Kreditgeber (creditor, prêteur) ist eine natürliche oder juristische Person, die in Ausübung ihrer gewerblichen oder beruflichen Tätigkeit einen Kredit gewährt (Art. 1 Abs. 2 lit. b).

2. Sachlich

Unter einem *Kreditvertrag (credit agreement, contrat de crédit)* im Sinne von Art. 1 Abs. 1 ist ein Vertrag zu verstehen, bei dem ein Kreditgeber einem Verbraucher einen Kredit in Form eines Zahlungsaufschubs, eines Darlehens oder einer sonstigen Finanzierungshilfe gewährt oder zu gewähren verspricht

---

Februar 1992, GU Nr. 42 vom 20. Februar 1992; Spanien: Ley 7/1995 de Crédito al Consumo vom 23. März 1995, BOE Nr. 72 vom 25. März 1995, S. 9370; Österreich: §§ 16 bis 26 c KSchG;
Vgl. im Übrigen: http://europa.eu.int/scadplus/leg/de/mne/ m87_102.htm.

11 Erwägungsgrund 5, ABlEG Nr. L 42 vom 12. 2. 1987, S. 48.

12 Vgl. bereits Nr. 20 des 1. Verbraucherschutzprogrammes, ABlEG Nr. C 92 vom 25. 4. 1975, S. 6.

13 Erwägungsgrund 2, ABlEG Nr. L 42 vom 12. 2. 1987, S. 48.

14 Erwägungsgrund 3, ABlEG Nr. L 42 vom 12. 2. 1987, S. 48.

15 Erwägungsgrund 4, ABlEG Nr. L 42 vom 12. 2. 1987, S. 48.

(Art. 1 Abs. 2 lit. c). Art. 2 nimmt bestimmte Arten von Kreditverträgen vom Anwendungsbereich der Richtlinie aus, darunter Mietverträge (lit. b), Kreditverträge unter 200 und über 20000 ECU (lit. f) und kurzzeitige Kredite (lit. g).

III. Verbraucherschutzinstrumente

Der Verbraucher soll über die Kreditbedingungen und -kosten sowie über seine Verpflichtungen angemessen unterrichtet werden[16]. Die Artikel 4 und 6 bestimmen daher, dass die von der Richtlinie erfassten Kreditverträge zum einen der Schriftform bedürfen und zum anderen bestimmte Mindestangaben enthalten müssen. Im Mittelpunkt der Informationspflicht des Kreditgebers steht dabei die Angabe des *effektiven Jahreszinses (annual percentage rate of charge, taux annuel effectif global)* (Artt. 3, 4 Abs. 2), dessen gemeinschaftsweit einheitliche Berechnung durch die Änderungsrichtlinie sichergestellt wird. Der Verbraucher ist berechtigt, unter Ermäßigung der Gesamtkosten seine Verbindlichkeiten aus dem Kreditvertrag vorzeitig zu erfüllen (Art. 8). Im Falle einer Abtretung der Ansprüche aus dem Kreditvertrag durch den Kreditgeber behält der Verbraucher seine Einreden (Art. 9). Art. 11 erlaubt den Einwendungsdurchgriff bezüglich drittfinanzierter Geschäfte. Die Regelungen der Richtlinie dürfen nicht umgangen werden (Art. 14). Ein Vertragslösungsrecht sieht die Richtlinie nicht vor[17].

C. Richtlinie 90/314/EWG des Rates vom 13. Juni 1990 über Pauschalreisen

I. Hintergrund

Die auf den damaligen Art. 100a EGV (Art. 95 n.F.) gestützte Pauschalreiserichtlinie (ReiseR)[18] trägt der Bedeutung des Fremdenverkehrssektors für den

16 Erwägungsgrund 9, ABlEG Nr. L 42 vom 12. 2. 1987, S. 48.

17 Vgl. hierzu unten § 5 A III 1. a).

18 *Einzelne Umsetzungsgesetze*: Deutschland: Gesetz zur Durchführung der Richtlinie des Rates vom 13. Juni 1990 über Pauschalreisen vom 24. Juni 1994, BGBl I, S. 1322; England: The Package Travel, Package Holidays and Package Tours Regulations of 1992, S. I. 1992, Nr. 2023; Frankreich: Loi N. 92-645 du 13/07/92 relative à l'élimination des déchets ainsi qu'aux installations classées pour la protection de l'environnement, JO vom 14. Juli 1992, S. 9457; Italien: Decreto legislativo del 17/03/95 N. 111, attuazione della direttiva N. 90/314/CEE concernente i viaggi, le vacanze ed i

Binnenmarkt Rechnung[19]. Unterschiedliche mitgliedstaatliche Regelungen führen zu Behinderungen des Dienstleistungsverkehrs und zu Wettbewerbsverzerrungen[20]. Diese sollen durch gemeinschaftsweit einheitliche Regelungen beseitigt werden. Gleichzeitig wird hierdurch eine Erleichterung exterritorialer Geschäfte für Reiseveranstalter und Kunden herbeigeführt[21].

II. Anwendungsbereich

Die Richtlinie erfasst Pauschalreiseverträge zwischen einem Verbraucher und einem Reiseveranstalter/-vermittler.

1. Persönlich

Verbraucher (consumer, consommateur) ist die Person, welche die Pauschalreise zu buchen sich verpflichtet, in deren Namen eine Reise gebucht oder an die eine Reise abgetreten wird (Art. 2 Nr. 5).

Ihr steht entweder der *Reiseveranstalter (organiser, organisateur)* als Person, die nicht nur gelegentlich Pauschalreisen organisiert und sie direkt oder über einen Vermittler verkauft oder zum Verkauf anbietet (Art. 2 Nr. 2), oder der *Reisevermittler (retailer)* als Person, welche die vom Veranstalter zusammengestellte Pauschalreise verkauft oder zum Verkauf anbietet (Art. 2 Nr. 3), gegenüber.

2. Sachlich

Sachlich anwendbar ist die Richtlinie auf Pauschalreisen, die in der Gemeinschaft verkauft oder zum Kauf angeboten werden (Art. 1). Unter einer Pauschalreise ist dabei die im Voraus festgelegte Verbindung von mindestens zwei der Dienstleistungen Beförderung, Unterbringung oder anderen Dienstleistungen, die nicht lediglich Nebenleistungen sind, unabhängig davon,

---

circuiti "tutto compreso", GU vom 14. April 1995, Nr. 88; Spanien: Real Decreto N. 271/88 de 25/03/88 por el que se regula el ejercicio de las actividades propias de las Agencias de Viajes, BOE vom 29. März 1988, Nr. 76; Österreich: Bundesgesetz, mit dem das Konsumentenschutzgesetz zur Anpassung an das EWR-Abkommen geändert wird, BGBl 1993, Nr. 247.
Vgl. im Übrigen: http://europa.eu.int/ scadplus/leg/de/mne/m90_314.htm.

19 Erwägungsgründe 1, 7, ABlEG Nr. L 158 vom 23. 6. 1990, S. 59; *Tonner*, EuZW 1990, S. 409.

20 Erwägungsgrund 2, ABlEG Nr. L 158 vom 23. 6. 1990, S. 59.

21 Erwägungsgründe 7, 8, 9, ABlEG Nr. L 158 vom 23. 6. 1990, S. 59; *Tonner*, EuZW 1990, S. 409, 411 f.

ob der Verbraucher einen Gesamtpreis zu zahlen hat oder die einzelnen (Teil-) Leistungen getrennt berechnet werden (Art. 2 Nr. 1).

III. Verbraucherschutzinstrumente

Die Richtlinie untersagt irreführende Angaben über die Pauschalreise (Art. 3 Abs. 1). Ein dem Verbraucher ausgehändigter Verkaufsprospekt, der den Veranstalter/Vermittler grundsätzlich bindet (Art. 3 Abs. 2 Satz 2), muss genaue Angaben zum Preis und bestimmten anderen Merkmalen der Reise enthalten (Art. 3 Abs. 2). Art.4 Abs. 1, 2 normiert weitere vorvertragliche und vertragliche Informationspflichten. Dem Verbraucher ist es erlaubt, seine Rechte aus dem Reisevertrag auf Dritte zu übertragen (Art. 4 Abs. 3). Preisänderungen sind nur dann zulässig, wenn sie im Vertrag ausdrücklich vorgesehen sind und bestimmte Voraussetzungen vorliegen (Art. 4 Abs. 4), wobei der Verbraucher dann vom Vertrag zurücktreten kann (Art. 4 Abs. 5). Art. 5 normiert Haftungsregeln für den Fall der Nicht- oder Schlechterfüllung durch den Veranstalter/Vermittler. Ein Vertragslösungsrecht sieht die Richtlinie nicht vor.

D. Richtlinie 93/13/EWG des Rates vom 5. April 1993 über missbräuchliche Klauseln in Verbraucherverträgen (Klauselrichtlinie)

I. Hintergrund

Die auf den damaligen Art. 100a EGV (Art. 95 n.F.) gestützte Klauselrichtlinie (KlauselR)[22] ist das „mit Abstand ehrgeizigste Projekt zur Europäisierung des Vertragsrechts“[23]. Sie soll den Verbraucher vor einseitig festgelegten Allgemeinen Geschäftsbedingungen schützen und bewegt sich damit im

---

22 *Einzelne Umsetzungsgesetze*: Deutschland: Gesetz zur Änderung des AGB-Gesetzes und der Insolvenzordnung vom 19. Juli 1996, BGBl. 1996, I S. 1013 = § 24a des Gesetzes zur Regelung des Rechts der Allgemeinen Geschäftsbedingungen (AGB-Gesetz) vom 9. Dezember 1976, BGBl. I S. 3317; England: The Unfair Terms in Consumer Contracts Regulations 1994, S. I. 1994, Nr. 3159; Frankreich: Loi Nr. 95-96 vom 1. Februar 1995, JO vom 2. Februar 1995, S. 1755 = Art. L. 132-1, 2 Code de la consommation; Italien: Legge Nr. 52 vom 6. Februar 1992, GU vom 10. Februar 1996, Nr. 34 = Art. 1469bis - Art. 1469sexies Codice civile; Spanien: Ley 7/1998 sobre Condiciones Generales de la Contratación vom 13. April 1998, BOE vom 14. April 1998; Österreich: §§ 6 ff. KSchG. *Vgl. im Übrigen:* http://europa.eu.int/scadplus/leg/de/mne/m93_13.htm.

23 *Joerges/Brüggemeier*, S. 256.

Rahmen der Vorgaben des 1. Verbraucherschutzprogramms[24]. Aufgrund der fehlenden Einheitlichkeit der mitgliedstaatlichen Vorschriften soll gewährleistet werden müssen, dass in den von Verbrauchern geschlossenen Verträgen keine missbräuchlichen Bestimmungen enthalten sind[25]. Der Verbraucher kann so in die Lage versetzt werden, verstärkt grenzüberschreitende Transaktionen vorzunehmen. Durch die Angleichung der mitgliedstaatlichen Vorschriften werden gleichzeitig bestehende Wettbewerbsverzerrungen und Markthindernisse beseitigt[26].

II. Anwendungsbereich

In den Anwendungsbereich der Richtlinie fallen missbräuchliche Klauseln in Verträgen zwischen Gewerbetreibenden und Verbrauchern (Art. 1 Abs. 1).

1. Persönlich

Verbraucher (consumer, consommateur) ist dabei eine natürliche Person, die bei Verträgen, die von der Richtlinie erfasst werden, zu einem Zweck handelt, der nicht ihrer gewerblichen oder beruflichen Tätigkeit zugerechnet werden kann (Art. 2 lit. b).

Gewerbetreibender (seller or supplier, professionnel) ist eine natürliche oder juristische Person, die bei unter die Richtlinie fallenden Verträgen im Rahmen ihrer gewerblichen oder beruflichen Tätigkeit handelt.

2. Sachlich

Sachlich anwendbar ist die Richtlinie auf *missbräuchliche Klauseln (unfair terms, clauses abusives)* in Verträgen zwischen Verbrauchern und Gewerbetreibenden (Art. 1 Abs. 1), die auch öffentlich-rechtlicher Natur sein können (Art. 2 lit. c). Erste Voraussetzung für die Missbräuchlichkeit einer Klausel ist, dass sie nicht im Einzelnen ausgehandelt wurde (Art. 2 lit. a iVm Art. 3 Abs. 2). Hiervon werden in erster Linie, aber nicht ausschließlich, Standardverträge erfasst (vgl. Art. 3 Abs. 2 Satz 1: „insbesondere"). Im Gegensatz zum

24 Vgl. Nr. 19, 24 des 1. Verbraucherschutzprogramms, ABlEG Nr. C 92 vom 25. 4. 1975, S. 6.
25 Erwägungsgrund 6, ABlEG Nr. L 95 vom 21. 4. 1993, S. 29.
26 Erwägungsgrund 2, ABlEG Nr. L 95 vom 21. 4. 1993, S. 29.

Richtlinienvorschlag der Kommission[27], der nicht zwischen Individual- und Standardverträgen unterschied (Art. 2 Nr. 1 iVm Art. 3 Sp. 1 des Vorschlags), und zum geänderten zweiten Entwurf[28], der die Möglichkeit einer generellen Kontrolle zwar abschwächte, aber immer noch Individualverträge erfassen konnte, sind nun Individualverträge vom Anwendungsbereich der Richtlinie vollständig ausgeschlossen. Eine nicht im Einzelnen ausgehandelte Vertragsklausel ist missbräuchlich, wenn sie entgegen dem Gebot von Treu und Glauben zum Nachteil des Verbrauchers ein erhebliches und ungerechtfertigtes Missverhältnis der vertraglichen Rechte und Pflichten der Vertragspartner verursacht (Art. 3 Abs. 1). Das Verhältnis von Leistung und Gegenleistung spielt hingegen keine Rolle (Art. 4 Abs. 2). Neben im Einzelnen ausgehandelten sind auch Klauseln in bindenden Rechtsvorschriften oder internationalen Übereinkommen (Art. 1 Abs. 2) und solche in Arbeitsverträgen oder Verträgen auf dem Gebiet des Erb-, Familien- und Gesellschaftsrechts[29] vom Anwendungsbereich der Richtlinie ausgenommen.

III. Verbraucherschutzinstrumente

Zum Schutz des Verbrauchers beim Kauf von Waren und Dienstleistungen ist es von Bedeutung, missbräuchliche Klauseln aus entsprechenden Verträgen zu entfernen[30]. Der Verbraucher soll zunächst die Möglichkeit haben, von allen Vertragsklauseln Kenntnis zu nehmen[31]. Deshalb müssen die Klauseln klar und verständlich abgefasst sein, Unklarheiten gehen zu Lasten des Gewerbetreibenden (Art. 5). Die Missbräuchlichkeit einer Klausel wird unter Berücksichtigung der Art der Güter oder Dienstleistungen, die Gegenstand des Vertrages sind, aller den Vertragsabschluss begleitenden Umstände sowie aller anderen Klauseln desselben Vertrages oder eines anderen Vertrages, von dem die Klausel abhängt, zum Zeitpunkt des Vertragsschlusses beurteilt (Art. 4 Abs. 1). Auf ein angemessenes Verhältnis zwischen Leistung und Gegenleistung kommt es jedoch nicht an (Art. 4 Abs. 2). Der Richtlinie ist eine als Hinweis dienende und nicht erschöpfende Liste missbräuchlicher Klauseln angehängt

---

27 Vorschlag der Kommission für eine Richtlinie des Rates über missbräuchliche Klauseln in Verbraucherverträgen vom 24. 7. 1990, KOM (90) 322 endg.; hierzu *Brandner/Ulmer*, BB 1991, S. 701 ff.

28 Geänderter Vorschlag der Kommission für eine Richtlinie des Rates über missbräuchliche Klauseln in Verbraucherverträgen vom 5. 3. 1992, ABlEG Nr. C 73 vom 24. 3. 1992, S. 7.

29 Erwägungsgrund 10, ABlEG Nr. L 95 vom 21. 4. 1993, S. 30.

30 Erwägungsgrund 6, ABlEG Nr. L 95 vom 21. 4. 1993, S. 29.

31 Erwägungsgrund 20, ABlEG Nr. L 95 vom 21. 4. 1993, S. 30.

(Art. 3 Abs. 3). Missbräuchliche Klauseln entfalten für den Verbraucher keine Wirkung (Art. 6 Abs. 1). Kann der übrige Vertrag auch ohne sie bestehen, so bleibt er für die Parteien bindend (Art. 6 Abs. 2). Die Mitgliedstaaten können weitergehende Schutzvorschriften normieren (Art. 8). Ein Vertragslösungsrecht sieht die Richtlinie nicht vor.

E. Richtlinie 94/47/EG des Europäischen Parlaments und des Rates vom 26. Oktober 1994 zum Schutz der Erwerber im Hinblick auf bestimmte Aspekte von Verträgen über den Erwerb von Teilzeitnutzungsrechten an Immobilien (Timesharingrichtlinie)

I. Hintergrund

Die auf den damaligen Art. 100a EGV (Art. 95 n.F.) gestützte Timesharingrichtlinie (TimesharingR)[32] dient der Vereinheitlichung der mitgliedstaatlichen Regelungen über Teilzeitnutzungsrechte an Immobilien[33]. Die Unterschiedlichkeit der einzelnen Vorschriften kann sich negativ auf das ordnungsgemäße Funktionieren des Binnenmarktes auswirken und zu Wettbewerbsverzerrungen führen[34]. Diese Störungen sollen durch die Richtlinie beseitigt werden. Dadurch genießt auch der Erwerber eines Timesharingobjekts einen besseren Schutz[35].

II. Anwendungsbereich

Die Richtlinie erfasst Timesharingverträge zwischen einem Verkäufer und

32 *Einzelne Umsetzungsgesetze*: Deutschland: Gesetz über die Veräußerung von Teilzeitnutzungsrechten an Wohngebäuden (Teilzeit-Wohnrechtegesetz - TzWrG) vom 20. Dezember 1996, BGBl. I S. 2154; England: The Timeshare Regulations 1997, S. I. 1997, Nr. 1081; Timeshare Act 1992, c. 68; Frankreich: Loi Nr. 98-566 vom 8. Juli 1998, JO Nr. 157 vom 9. Juli 1998, S. 10486 = Art. L. 121-60 bis 76 Code de la consommation; Italien: Decreto Legislativo Nr. 427 vom 9. November 1998, GU Nr. 291 vom 14. Dezember 1998; Spanien: Ley 42/1998 sobre derechos de aprovechiamento por turno de bienes immeubles de uso turístico y normas tributarias vom 15. Dezember 1998, BOE Nr. 300 vom 16. Dezember 1998; Österreich: Bundesgesetz über den Erwerb von Teilzeitnutzungsrechten an unbeweg-lichen Sachen (Teilzeitnutzungsgesetz - TNG) vom 27. März 1997, BGBl. I Nr. 32/1997;
Vgl. im Übrigen: http://europa.eu.int/scadplus/leg/de/mne/m94_47.htm.

33 Vgl. zu den einzelnen Aspekten des Timesharing: *de Sousa*, S. 34 ff.

34 Erwägungsgrund 1, ABlEG Nr. L 280 vom 29. 10. 1994, S. 83.

35 Erwägungsgrund 2, ABlEG Nr. L 280 vom 29. 10. 1994, S. 83.

einem Erwerber.

1. Persönlich

Die Richtlinie schützt als *Erwerber (purchaser, acquéreur)* jede natürliche Person, der das im Timesharingvertrag vorgesehene Recht übertragen oder zu deren Gunsten es begründet wird, wenn sie zu einem Zweck handelt, der als außerhalb ihrer Berufsausübung liegend betrachtet werden kann (Art. 2 Sp. 4).

Verkäufer (vendor, vendeur) ist jede natürliche oder juristische Person, die im Rahmen ihrer Berufsausübung durch die Timesharing-Vertragsabschlüsse das Recht begründet, überträgt oder zu übertragen sich verpflichtet (Art. 2 Sp. 3).

2. Sachlich

Im Mittelpunkt der Richtlinie stehen Timesharingverträge, also Verträge, die unmittelbar oder mittelbar den Erwerb von Teilzeitnutzungsrechten an einer oder mehreren Immobilie(n) betreffen (Art. 1 Satz 1). Hierunter fallen alle Verträge mit einer Mindestlaufzeit von drei Jahren, durch die unmittelbar oder mittelbar gegen Zahlung eines bestimmten Gesamtpreises ein dingliches Recht oder ein sonstiges Nutzungsrecht an einer oder mehreren Immobilien für einen bestimmten oder zu bestimmenden Zeitraum des Jahres, der nicht weniger als eine Woche betragen darf, begründet oder übertragen wird oder eine entsprechende Übertragungsverpflichtung begründet wird (Art. 2 Sp. 1).

III. Verbraucherschutzinstrumente

Die Richtlinie normiert Informationspflichten des Verkäufers und ein Vertragslösungsrecht für den Erwerber (Art. 1 Satz 2). Sowohl ein Verkaufsprospekt als auch der Vertrag müssen bestimmte Mindestangaben enthalten, die im Einzelnen im Anhang der Richtlinie aufgelistet sind (Artt. 3, 4). Der Timesharingvertrag bedarf der Schriftform (Art. 4 Sp. 1). Der Erwerber kann sich grundsätzlich innerhalb einer Frist von zehn Tagen vom Vertrag lösen (Art. 5 Nr. 1 Sp. 1). Über dieses Recht ist er zu informieren (Art. 4 Sp. 1 iVm Punkt 1 des Anhangs)[36]. Innerhalb dieser Frist darf vom Erwerber keine Anzahlung geleistet werden (Art. 6). Art. 7 erlaubt den Einwendungsdurchgriff für drittfinanzierte Geschäfte. Gemäß Art. 8 sind diese Rechte des Erwerbers unabdingbar. Die Mitgliedstaaten können über die Regelun-gen der Richtlinie

36 Hierzu ausführlich § 7 A II.

hinausgehende Vorschriften zum Schutz des Verbrauchers erlassen (Art. 11).

F. Richtlinie 97/7/EG des Europäischen Parlaments und des Rates vom 20. Mai 1997 über den Verbraucherschutz bei Vertragsabschlüssen im Fernabsatz (Fernabsatzrichtlinie)

I. Hintergrund

Die auf den damaligen Art. 100a EGV (Art. 95 n.F.) gestützte Fernabsatzrichtlinie (FernR)[37] reagiert auf verschiedene mitgliedstaatliche Verbraucherschutzregelungen zum Fernabsatz, deren inhaltliche Ausgestaltungen voneinander abweichen, was zu Wettbewerbshindernissen im Binnenmarkt führt[38]. Mit der Einführung neuer Technologien erhalten die Verbraucher nicht nur einen besseren Überblick über das gemeinschaftsweite Warenangebot, sondern können gleichzeitig viel einfacher über die Grenzen hinweg Waren bestellen[39]. Mit der Einführung neuer Technologien entstehe für die Verbraucher aber gleichzeitig die Gefahr der Informationsverringerung[40]. Deshalb sei es geboten, auf Gemeinschaftsebene eine Mindestzahl gemeinsamer Regeln in diesem Bereich einzuführen[41].

II. Anwendungsbereich

Die Richtlinie erfasst Vertragsabschlüsse im Fernabsatz zwischen Verbrauchern und Lieferern (Art. 1).

37 *Bislang vorliegende Umsetzungsgesetze*: Deutschland: Fernabsatzgesetz (FernAbsG) vom 27. Juni 2000, BGBl. I S. 897; England: The Consumer Protection (Distance Selling) Regulations 2000, S. I. 2000, Nr. 2334; Italien: Decreto Legislativo Nr. 185 vom 22. Mai 1999, GU Nr. 143 vom 21. Juni 1999; Österreich: Bundesgesetz, mit dem Bestimmungen über den Vertragsabschluss im Fernabsatz in das Konsumentenschutzgesetz eingefügt und das Bundesgesetz gegen den unlauteren Wettbewerb 1984 sowie das Produkthaftungsgesetz geändert werden (Fernabsatz-Gesetz) vom 19. August 1999, BGBl. I Nr. 185/1999= §§ 5a bis 5j KSchG; *Vgl. im Übrigen:* http://europa.eu.int/scadplus/leg/de/mne/m97_7.htm.

38 Erwägungsgrund 4, ABlEG Nr. L 144 vom 4. 6. 1997, S. 19.

39 Erwägungsgründe 3, 4, ABlEG Nr. L 144 vom 4. 6. 1997, S. 19.

40 Erwägungsgrund 11, ABlEG Nr. L 144 vom 4. 6. 1997, S. 20.

41 Erwägungsgrund 4, ABlEG Nr. L 144 vom 4. 6. 1997, S. 19.

1. Persönlich

Verbraucher (consumer, consommateur) ist jede natürliche Person, die beim Abschluss von Fernabsatzverträgen zu Zwecken handelt, die nicht ihrer gewerblichen oder beruflichen Tätigkeit zugerechnet werden können (Art. 2 Nr. 2).

Lieferer (supplier, fournisseur) ist jede natürliche oder juristische Person, die beim Abschluss von Fernabsatzverträgen im Rahmen ihrer gewerblichen oder beruflichen Tätigkeit handelt (Art. 2 Nr. 3).

2. Sachlich

In sachlicher Hinsicht erfasst die Richtlinie *Vertragsabschlüsse im Fernabsatz (distance contracts, contrats à distance)*. Darunter fällt jeder zwischen einem Lieferer und einem Verbraucher geschlossene, eine Ware oder eine Dienstleistung betreffende Vertrag, der im Rahmen eines für den Fernabsatz organisierten Vertriebs- bzw. Dienstleistungssystems des Lieferers geschlossen wird, wobei dieser für den Vertrag bis zu dessen Abschluss einschließlich des Vertragsabschlusses selbst ausschließlich eine oder mehrere Fernkommunikationstechniken (Art. 2 Nr. 4) verwendet (Art. 2 Nr. 1). Einige Vertragsarten werden dabei vom Anwendungsbereich der Richtlinie ausgenommen, darunter auch die in Zukunft von der Finanzrichtlinie erfassten Finanzdienstleistungen im Fernabsatz (Art. 3).

III. Verbraucherschutzinstrumente

Die Verwendung der Fernkommunikationstechniken darf nicht zu einer Verringerung der dem Verbraucher zu vermittelnden Information führen[42]. Art. 4 normiert daher bestimmte Informationspflichten für den Lieferer, die dem Verbraucher in verkörperter Form vorliegen müssen (Art. 5 Abs. 1). Im Fernabsatz erworbene Erzeugnisse können vom Verbraucher erst nach Vertragsschluss betrachtet werden[43]. Deshalb kann sich der Verbraucher innerhalb einer Frist von mindestens sieben Werktagen vom Fernabsatzvertrag lösen (Art. 6 Abs. 1) [44]. Die Ausübung dieses Rechts wirkt sich dann auch auf eventuell zur Finanzierung aufgenommene Kredite aus (Art. 6 Abs. 4 Satz 1). Die den Verbraucher schützenden Rechte sind unabdingbar (Art. 12 Abs. 1).

---

42 Erwägungsgrund 11, ABlEG Nr. L 144 vom 4. 6. 1997, S. 20.

43 Erwägungsgrund 14, ABlEG Nr. L 144 vom 4. 6. 1997, S. 20.

44 Hierzu ausführlich § 7 A III.

Weitergehende Schutzvorschriften können von den Mitgliedstaaten erlassen werden (Art. 14).

G. Vorschlag 98/C 385/10 der Kommission vom 19. November 1998 und geänderter Vorschlag der Kommission vom 23. Juli 1999 für eine Richtlinie des Europäischen Parlaments und des Rates über den Fernabsatz von Finanzdienstleistungen an Verbraucher und zur Änderung der Richtlinie 90/619/ EWG des Rates und der Richtlinien 97/7/EG und 98/27/EG

I. Hintergrund

Der auf die Artt. 57 Abs. 2, 66 und 100a EGV a.F. gestützte Richtlinienvorschlag für Fernabsatzfinanzdienstleistungen (FinanzR-E) ergänzt die Fernabsatzrichtlinie, die nach ihrem Art. 3 Abs. 1 Sp. auf Finanzdienstleistungen keine Anwendung findet. Der Fernabsatz von Finanzdienstleistungen wird nach Ansicht der Kommission zu den wichtigsten greifbaren Ergebnissen des vollendeten Binnenmarktes gehören und die Entwicklung der Informationsgesellschaft voranbringen[45]. Hierfür ist aber die Stärkung des Vertrauens der Verbraucher in den Fernabsatz Voraussetzung[46]. Die gemeinschaftsweite Regelung der Fernabsatzkredite soll Wettbewerbsverzerrungen und Behinderungen für das ordnungsgemäße Funktionieren des Binnenmarktes beseitigen[47].

II. Anwendungsbereich

Die Richtlinie soll Vertragsabschlüsse zwischen Anbietern und Verbrauchern über Finanzdienstleistungen im Fernabsatz erfassen (Artt. 1 Abs. 1, 2 lit. a).

1. Persönlich

Verbraucher (consumer, consommateur) ist jede natürliche Person, die bei Finanzdienstleistungen im Fernabsatz zu Zwecken handelt, die nicht ihrer gewerblichen oder beruflichen Tätigkeit zugerechnet werden können (Art. 2 lit. d).

Anbieter (supplier, fournisseur) ist jede natürliche oder juristische Person, die im Rahmen ihrer gewerblichen oder beruflichen Tätigkeit die Dienstleistungen, die Gegenstand der unter die Richtlinie fallenden Verträge

45 Erwägungsgründe 2, 5, KOM (1999) 385 endg., S. 16 f..
46 Erwägungsgrund 3, KOM (1999) 385 endg., S. 16.
47 Erwägungsgrund 8, KOM (1999) 385 endg., S. 17.

sind, selbst erbringt oder für deren Erbringung oder für den Abschluss des im Fernabsatz geschlossenen Vertrags zwischen den Parteien als Vermittler handelt (Art. 2 lit. c).

2. Sachlich

Als Vertragsabschluss über *Finanzdienstleistungen (financial service, service financier)* im Fernabsatz ist jeder Vertrag zu verstehen, der Finanzdienstleistungen zum Gegenstand hat und im Rahmen eines für den Fernabsatz organisierten Vertriebs- bzw. Dienstleistungssystems des Anbieters geschlossen wird, wobei dieser für den Vertrag bis zu dessen Abschluß ausschließlich ein oder mehrere Fernkommunikationsmittel (Art. 2 lit. e) verwendet (Art. 2 lit. a). Finanzdienstleistung ist dabei jede Bank-, Versicherungs-, Investment- und Zahlungsdienstleistung (Art. 2 lit. b).

III. Verbraucherschutzinstrumente

Der Einsatz von Fernkommunikationsmitteln darf die Transparenz der Vertragsbedingungen nicht ungerechtfertigt einschränken[48]. Der Anbieter hat dem Verbraucher deshalb vor Vertragsschluss bestimmte, in Art. 3 Abs. 1 aufgeführte Informationen auf klare und unmissverständliche Weise mit Hilfe eines der benutzten Fernkommunikationstechnik angepaßten Mittels zu erteilen (Art. 3 Abs. 2). Nach Vertragsschluss muss der Anbieter dem Verbraucher grundsätzlich alle Vertragsbedingungen und die in Art. 3 Abs. 1 aufgeführten Informationen auf Papier oder einem anderen dauerhaften Datenträger übermitteln (Art. 3a Abs. 1). Der Verbraucher kann sich binnen einer Frist von vierzehn bis dreißig Tagen vom Vertrag lösen (Art. 4 Abs. 1)[49]. Über dieses Recht ist gemäß Art. 3 Abs. 1 lit. h zu unterrichten. Die dem Verbraucher mit der Richtlinie einzuräumenden Rechte sind unabdingbar (Art. 11 Abs. 1).

H. Richtlinie 1999/44/EG des Europäischen Parlaments und des Rates vom 25. Mai 1999 zu bestimmten Aspekten des Verbrauchsgüterkaufs und der Garantien für Verbrauchsgüter

I. Hintergrund

Die auf Art. 95 EGV gestützte Verbrauchsgüterkaufrichtlinie soll die zu Wett-

48 Erwägungsgrund 16, KOM (1999) 385 endg., S. 18.
49 Hierzu ausführlich § 7 A IV.

bewerbsverzerrungen führende Uneinheitlichkeit der einzelstaatlichen Absatzmärkte für Verbrauchsgüter beseitigen[50]. Durch diese Vereinheitlichung wird zugleich dem Verbraucher ermöglicht, die Vorteile des Binnenmarktes besser nutzen zu können[51].

II. Anwendungsbereich

Der Richtlinienvorschlag erfasst Kauf- und Werklieferungsverträge zwischen Verbrauchern und Verkäufern.

1. Persönlich

Verbraucher (consumer, consommateur) ist jede natürliche Person, die im Rahmen der unter die Richtlinie fallenden Verträge zu einem Zweck handelt, der nicht ihrer gewerblichen oder beruflichen Tätigkeit zugerechnet werden kann (Art. 1 Abs. 2 lit. a).

Verkäufer (seller, vendeur) ist jede natürliche oder juristische Person, die im Rahmen ihrer beruflichen Tätigkeit *Verbrauchsgüter (consumer goods, biens de consommation)*, also bewegliche körperliche Gegenstände (Art. 1 Abs. 2 lit. b), verkauft (Art. 1 Abs. 2 lit c).

2. Sachlich

Sachlich anwendbar ist der Richtlinienvorschlag zunächst auf den Verbrauchsgüterkauf (Art. 1 Abs. 1). Dem gleichgestellt sind Verträge über die Lieferung herzustellender oder zu erzeugender Verbrauchsgüter (Art. 1 Abs. 4). Neben dem Kauf von Verbrauchsgütern (s.o.) werden auch kommerzielle Verbrauchsgütergarantien erfasst (Art. 1 Abs. 1). Unter *kommerzieller Garantie (commercial guarantee, garantie commerciale)* versteht die Richtlinie die von einem Verkäufer oder Hersteller eingegangene besondere Verpflichtung, Abhilfe zu schaffen, wenn das Verbrauchsgut nicht den in der Garantieerklärung oder der einschlägigen Werbung genannten Eigenschaften entspricht (Art. 1 Abs. 2 lit. e).

III. Verbraucherschutzinstrumente

Bei Vertragswidrigkeit der Ware kann der Verbraucher zwischen ihrer

50 Erwägungsgrund 3, ABlEG Nr. L 171 vom 7. 7. 1999, S. 12.

51 Erwägungsgrund 5, ABlEG Nr. L 171 vom 7. 7. 1999, S. 12.

unentgeltlichen Instandsetzung (repair the goods free of charge, réparation sans frais) und einer *Ersatzleistung (replace, remplacement)* wählen (Art. 3 Abs. 2). Ist beides nicht möglich oder schlägt die Instandsetzung fehl, kann der Verbraucher die *Minderung des Kaufpreises (reduction, réduction)* oder *Auflösung des Vertrages (rescission, résiliation)* verlangen (Art. 3 Abs. 5). Eine Ware ist dann vertragswidrig, wenn sie zum Zeitpunkt ihrer Übergabe weder den Verkäuferbeschreibungen entspricht noch die Eigenschaft besitzt, die ein Muster bzw. eine Probe hatten, sich nicht für alle Zwecke eignet, für die Erzeugnisse der gleichen Art gewöhnlich gebraucht werden, sich nicht für den vom Verbraucher angestrebten Zweck eignet, sofern dieser dem Verkäufer bekannt war, sie nicht zufriedenstellend ist oder der Verkäufer einer Montageverpflichtung nicht ordnungsgemäß nachgekommen ist bzw. die Montageanleitung mangelhaft war (Art. 2). Eine Garantie muss dem Verbraucher auf seinen Wunsch hin schriftlich zur Verfügung gestellt werden (Art. 6 Abs. 3). Die Regelungen der Richtlinie sind für die Parteien unabdingbar (Art. 7). Ein Vertragslösungsrecht sieht die Richtlinie nicht vor.

Zusammenfassung des ersten Teils

1. Das Privatrecht der Mitgliedstaaten steht vermehrt unter dem Einfluss gemeinschaftsrechtlicher Rechtsetzungsakte. Insbesondere im Vertragsrecht wird dabei versucht, Funktionsstörungen für den Binnenmarkt zu beseitigen, die aus den unterschiedlichen Rechtsregeln der mitgliedstaatlichen Privatrechtsordnungen resultieren können. Die Gemeinschaft verfügt hierbei nicht über eine ausschließliche Kompetenz. Einschlägige Rechtsgrundlage für den Erlass entsprechender Maßnahmen ist deshalb Art. 95 EGV. Jede einzelne Maßnahme steht zusätzlich unter dem Vorbehalt von Subsidiaritätsprinzip und Verhältnismäßigkeitsgrundsatz.

2. Hauptinstrument der Rechtsangleichung ist die Richtlinie gemäß Art. 249 Unterabs. 3 EGV. Sie ist nur hinsichtlich ihrer Ergebnisse verbindlich und überlässt ansonsten die Art und Weise der Umsetzung den mitgliedstaatlichen Gesetzgebern. Diese trifft die Pflicht, die Richtlinie innerhalb der jeweils vorgegebenen Frist in das nationale Recht zu transformieren. Kommt ein Mitgliedstaat dieser Verpflichtung nicht oder nicht ordnungsgemäß nach, entfaltet die Richtlinie unmittelbare Wirkung im Verhältnis des Bürgers zum Mitgliedstaat (vertikale Direktwirkung), wenn sie selbst subjektive Rechte verleiht und inhaltlich bestimmt und unbedingt ist. Zwischen Privaten ist eine unmittelbare Anwendung nicht umgesetzter Richtlinien (horizontale Direktwirkung) abzulehnen. In diesem Verhältnis ist auch nach erfolglosem Ablauf der Umsetzungsfrist das nationale Recht anzuwenden, das nun jedoch „im Lichte“ der Richtlinie interpretiert werden muss (richtlinienkonforme Auslegung). Konkret bedeutet das, dass zwischen mehreren Interpretationsmöglichkeiten diejenige zu wählen ist, die den Anforderungen der jeweiligen Richtlinie entspricht. Das gilt jedoch nur insoweit, als das nationale Recht eine solche Auslegung zulässt. Eine richtlinienkonforme Auslegung einer Norm gegen ihren ausdrücklichen Wortsinn ist nicht geboten.

3. Im Mittelpunkt der Angleichung der mitgliedstaatlichen Vertragsrechte steht der Verbraucherschutz. Dem Verbraucher sollen dabei sowohl die Wahl- und Entscheidungsfreiheit als auch die Integrität spezifischer Rechtsgüter gewährleistet werden. Die wichtigste Rechtsgrundlage ist auch im Verbraucherrecht Art. 95 EGV. Darüber hinaus können verbraucherschützende Maßnahmen aber auch auf Art. 153 EGV gestützt werden.

Zweiter Teil Die Entwicklung eines einheitlichen Vertragsrechtssystems

§ 5 Vereinheitlichung des europäischen Vertragsrechts

A. Bewertung der Harmonisierungsmaßnahmen

Die Darstellung des bisher durch die Gemeinschaft erlassenen Verbrauchervertragsrechts zeigt einen relativ umfangreichen Bestand verschiedener Maßnahmen, die in erster Linie das Ziel verfolgen, die Scheu der Unionsbürger vor Transaktionen mit ausländischen Anbietern und innerhalb der Rechtsordnungen anderer Mitgliedstaaten, die aus der Verschiedenartigkeit der vorhandenen Regelungen resultiert, abzubauen und dadurch die Funktionsfähigkeit des Binnenmarktes herzustellen.

Es stellt sich dabei die Frage, ob das bislang erreichte Niveau der Angleichung der mitgliedstaatlichen Rechtsordnungen den Unionsbürger tatsächlich in die Lage versetzt, grenzüberschreitende Geschäfte zu tätigen.

I. Mindeststandard

Die Beschränkung der Richtlinien auf die Schaffung von Mindeststandards hat die positive Folge, dass auf diesem Weg in der Tat ein gemeinsamer Sockel vertragsrechtlicher Regelungen geschaffen werden konnte, so dass die mitgliedstaatlichen Privatrechtsordnungen in dem jeweils betroffenen Bereich dieselben Schutzinstrumente zur Verfügung stellen können (und müssen). Dies fördert die Möglichkeit grenzüberschreitender Transaktionen der Unionsbürger, da sie ihren heimatlichen Schutz insoweit „im Gepäck mitführen".

In diesem Sinne kann sich ein Unionsbürger in jedem Fall von dem ihm während einer sog. „Kaffeefahrt" aufgezwungenen Vertrag lösen, solange er sich im Gebiet der Europäischen Union „überrumpelt" fühlt[1], denn in allen mitgliedstaatlichen Privatrechtsordnungen existiert in Umsetzung der Haustürrichtlinie ein Vertragslösungsrecht u.a. für den Fall eines Vertragsschlusses zwischen einem Verbraucher und einem Gewerbetreibenden „während eines vom Gewerbetreibenden außerhalb von dessen Geschäftsräumen organisierten Ausflugs" (Art. 1 Abs. 1 Sp. 1 Haustürrichtlinie). Es kommt nun auch nicht mehr darauf an, in welchem Mitgliedstaat ein Timesharingvertrag geschlossen wird, welcher Anbieter missbräuchliche

---

1 Vgl. zu dem Umstand, dass es auf eine tatsächliche Überrumpelung nicht ankommt: § 6 A IV 3.

Klauseln verwendet, und es wird keinen Unterschied mehr machen, in welchem Mitgliedstaat die defekte Ware gekauft wurde.

II. Harmonisierungsmängel

Dem positiven Effekt der Harmonisierung stehen jedoch Aspekte gegenüber, die am Erfolg der Rechtsangleichung zweifeln lassen[2].

1. Divergierende Schutzstandards

Zunächst ist festzustellen, dass auch nach der Angleichung der mitgliedstaatlichen Privatrechtsordnungen unterschiedliche Schutzstandards bestehen.

So gewähren beispielsweise Belgien, Dänemark, Deutschland, Frankreich, Irland, Luxemburg, Portugal und Großbritannien dem Verbraucher ein Vertragslösungsrecht auch bei Kreditverträgen, während eine solche Möglichkeit in den übrigen Mitgliedstaaten nicht besteht[3].

Das hat zur Folge, dass sich der Unionsbürger vor jeder Kreditaufnahme in einem anderen Mitgliedstaat davon überzeugen muss, ob ihm im Falle eines Vertragsschlusses ein Auflösungsrecht zur Verfügung steht oder nicht. Letztlich ist er also erneut gezwungen, sich mit einer anderen Rechtsordnung auseinander zu setzen.

2. Abweichende inhaltliche Ausgestaltungen

Auch inhaltlich existieren zahlreiche Unterschiede innerhalb und zwischen den jeweiligen mitgliedstaatlichen Umsetzungsregelungen.

Im deutschen Recht führt die Nichterteilung einer Belehrung des Verbrauchers über sein „Widerrufsrecht“ im Falle eines Haustürgeschäfts dazu, dass dieses Recht erst einen Monat nach beiderseits vollständiger Erfüllung erlischt (§ 2 Abs. 1 Satz 4 HTWG). Schließt der Verbraucher einen Timesharingvertrag, ohne belehrt worden zu sein, verschiebt sich dagegen lediglich der Beginn der Frist auf maximal drei Monate nach Vertragsschluss (§ 5 Abs. 4 TzWrG). Andere mitgliedstaatliche Gesetzgeber hingegen sanktionieren das Unterlassen der Belehrung weitergehend mit der Nichtigkeit des Vertrages[4]. Auch im Hinblick auf die Dauer

---

2 Vgl. auch die Bsp. bei *Kieninger/Leible*, EuZW 1999, S. 38.

3 Vgl. den Bericht der Kommission über die Anwendung der Richtlinie 87/102/EWG, KOM (95) 117 endg., S. 90.

4 Vgl. z. B. Art. L. 121-23 und Art. L. 121-76 iVm Art. L. 121-63 a. 1 Code de la consommation für Haustürgeschäfte bzw. Timesharingverträge; s 4 (1) engHTWG und Art. 4 Satz 1 spHTWG; vgl. hierzu im Einzelnen § 8 C II 2 c).

der Frist sind unterschiedliche Regelungen festzustellen: So hat der österreichische Gesetzgeber im Gegensatz zu den anderen Mitgliedsstaaten für den Fall der Lösung vom Timesharingvertrag eine 14-tägige Frist eingeräumt (§ 6 Abs. 1 TNG). In Italien ist die Lösung vom Fernabsatzvertrag innerhalb von 10 Werktagen möglich (Art. 5 Abs. 1 Fernabsatzgesetz), während beispielsweise Deutschland und Österreich nur sieben Werktage gewähren.

Auch hierdurch wird der Unionsbürger keineswegs in die Lage versetzt, sich mit sicheren, weil gewohnten Rechtskenntnissen in der fremden Rechtsordnung zu bewegen. Er müsste wiederum vor jedem Geschäft Informationen über die jeweilige Ausgestaltung seiner Rechte einholen.

Ein französischer Verbraucher, der an seinem deutschen Arbeitsplatz zum Abschluss eines Vertrages gedrängt wird (vgl. Art. 1 Abs. 1 Sp. 2 ii) Haustürrichtlinie), ohne über sein Vertragslösungsrecht informiert zu werden, muss wissen, dass er zu einem späteren Zeitpunkt trotzdem an den Vertrag gebunden sein kann, wenn er seine Erklärung nicht rechtzeitig „widerruft“[5]. Verlässt er sich allein auf die Kenntnis seines „eigenen“ Vertragslösungsrechts und unternimmt im Vertrauen auf die vermeintliche Unwirksamkeit des Vertrages (zunächst)[6] gar nichts, bleibt er letztlich schutzlos.

III. Ursachen der Harmonisierungsmängel

Von entscheidender Bedeutung für die Tauglichkeit gemeinschaftsrechtlicher Harmonisierungsmaßnahmen ist die Frage, worin die Ursachen für die gezeigten Disharmonien zu finden sind.

1. Gemeinschaftsrechtliche Ursachen

a) Abweichung des Regelungsumfangs

Zu konstatieren ist eine objektiv willkürliche Regelung in im Wesentlichen gleichen Bereichen.

Sowohl die Timesharing- als auch die Verbraucherkreditrichtlinie reagieren auf die Komplexität ihrer Materien mit diversen Informationspflichten[7]. Während aber die Timesharingrichtlinie dem Verbraucher mit dem Vertragslösungsrecht (Art. 5) eine „nachträgliche

---

5 Zur dogmatischen Einordnung des Vertragslösungsrechts siehe unten § 9.

6 Auch nach dem französischen „Haustürwiderrufsgesetz“ dürfte er nicht gänzlich untätig bleiben. Vielmehr müsste er die „nullité“ (Art. L. 121-23 Code de la consommation) gerichtlich geltend machen. Da es sich hierbei um einen Fall relativer Nichtigkeit handelt (vgl. *Calais/Steinmetz*, Rn. 103; *Pizzio*, Code de la consommation, Art. 121-23 Rn. 9; *Bihl*, Rn. 75), hätte er dafür allerdings fünf Jahre Zeit (Art. 1304 Abs. 1 Code civil).

7 Vgl. Artt. 3 und 4 Timesharingrichtlinie bzw. Artt. 3 und 4 der Verbraucherkreditrichtlinie, sowie die Begründungen, oben § 4.

Bedenkzeit" (Erwägungsgrund 11) einräumt, muss der Kreditnehmer die Informationen vor Vertragsschluss verarbeiten.

Ursache für diese Disharmonie ist der Umstand, dass jede Richtlinienregelung das Ergebnis zum Teil langwieriger Verhandlungen und in diesem Sinne letztlich immer ein Kompromiss ist[8]. Hieraus kann sich die Konsequenz ergeben, dass die Einigung auf eine bestimmte Regelung in einem Bereich fast problemlos möglich ist, während einem anderen, objektiv gleichliegenden Bereich, dieselbe Regelung vorenthalten wird, obwohl sie auch dort sinnvoll und notwendig wäre.

Diesem Umstand ist beispielsweise das Fehlen eines Vertragslösungsrechts in der Verbraucherkreditrichtlinie geschuldet, obwohl auch hier eine entsprechende Regelung wünschenswert, erforderlich und vor allem konsequent gewesen wäre[9].

Gleichzeitig kommt es jedoch zu Zugeständnissen an die Mitgliedstaaten, die weiter gehende Schutzvorschriften entweder bereits geschaffen haben oder schaffen wollen. Deshalb enthalten alle Vertragsrechtsrichtlinien sog. Mindestklauseln, über die den Mitgliedstaaten die Einführung schärferer Schutzbestimmungen gestattet wird[10]. Diese Abstimmungsmängel führen jedoch ebenso zu Verkürzungen des Verbraucherschutzes[11].

Wird der Verbraucher beim Abschluss komplexer Verträge generell für schutzwürdig gehalten und soll dieser Schutz vor allem über entsprechende Informationspflichten erreicht werden, dann weicht die Schutzintensität der Maßnahmen voneinander ab, wenn zum einen eine „nachträgliche Bedenkzeit" gewährt wird, im anderen Fall hingegen nicht.

b) Abweichung der Regelungsintensität und -technik

Hinzu tritt die unterschiedliche Ausgestaltung im Wesentlichen gleicher Regelungskomplexe in den verschiedenen Richtlinien.

Während Haustür-, Timesharing- und Finanzrichtlinie die Dauer der Ausübungsfrist des Vertragslösungsrechts in Tagen bemessen, geht die Fernabsatzrichtlinie von *Werk*tagen aus. Der

---

8 *Remien*, RabelsZ 62 (1998), S. 641; vgl. auch *Götz*, NJW 1992, S. 1850: „Richtlinien sind daher nicht Ausprägungen der ursprünglichen, idealen Konzeption der Rechtsangleichung, die in ihnen das in eigenständige europäische Rechtspolitik umgesetzte Produkt der Integrationspolitik sah. Sehr oft sind sie nicht mehr als der gemeinsame Nenner, auf den sich die Vertreter der ... jeweiligen Fachverwaltungen verständigt haben."

9 *Howells*, S. 312 („most badly needed"); vgl. Bericht über die Anwendung der Richtlinie 87/102/EWG, KOM (95) 117 endg., S. 90 ff.

10 Vgl. Art. 8 Haustürrichtlinie, Art. 11 Timesharingrichtlinie, Art. 14 Fernabsatzrichtlinie.

11 *Joustra*, S. 142.

Fristbeginn wird dabei an die Aushändigung der Belehrung (Art. 5 HaustürR), an die Unterzeichnung des Vertrages (Art. 5 TimesharingR) oder an die Lieferung der Ware (Art. 6 FernR) geknüpft.

Auch die Regelungsdichte der Richtlinien weicht in zentralen Punkten voneinander ab[12].

Während die Timesharing- und die Fernabsatzrichtlinie die Folgen einer unterlassenen Belehrung detailliert regeln (Art. 5 Nr. 1 bzw. Art. 6 Abs. 1), überlassen die Haustürrichtlinie (Art. 4 Satz 3) und die Finanzdienstleistungsrichtlinie[13] diesen Punkt den mitgliedstaatlichen Gesetzgebern. Auf der anderen Seite enthalten manche Richtlinien so viele detaillierte Vorgaben, dass kaum mehr ein mitgliedstaatlicher Spielraum bleibt[14].

Der Grund hierfür ist in der fehlenden Systematik des Gemeinschaftsvertragsrechts zu sehen[15]. Jede Richtlinie entspricht einem konkreten Regelungsbedürfnis, das überwiegend auf sehr spezifischem Wege befriedigt wird. Hierdurch entstehen ad-hoc-Vorschriften, die zwar in ihrer Intention und Wirkung anderen Regelungen entsprechen, inhaltlich aber oftmals eigene Wege gehen[16]. Dadurch ist es den mitgliedstaatlichen Gesetzgebern letztlich kaum möglich, den Umsetzungsvorgaben eine bestimmte Systematik zugrunde zu legen, da es nur schwer vorherzusehen ist, ob sich auch zukünftige Richtlinienvorgaben in dieses System einfügen lassen[17]. Die Folge ist oftmals eine isolierte

12 *Hauschka*, JZ 1990, S. 254, spricht in diesem Zusammenhang von einer „Antinomie von Zusammenhanglosigkeit und Detailgenauigkeit".

13 Der erste Entwurf einer Finanzdienstleistungsrichtlinie übertrug in seinem Art. 11 Abs. 2 die Regelung der Folgen einer Nichtbelehrung ausdrücklich den Mitgliedstaaten. Der geänderte Vorschlag lässt diesen Punkt nun gänzlich offen.

14 Vgl. nur die Informationsgebote der Verbraucherkredit- oder Timesharingrichtlinie, oben § 4 B, E.

15 Vgl. auch *Müller-Graff*, Gemeinsames Privatrecht, S. 24, ders., NJW 1993, S. 20; *Kirchner*, Punktueller Ansatz, S. 106.

16 So *Tilmann*, FS Helmrich, S. 441; vgl. auch *Kötz*, FS Zweigert, S. 485: „Sie (die Rechtsvereinheitlichung) ist aber auch vertikal limitiert, weil sie in aller Regel nur bestimmte konkrete, von der Sonne der Aktualität beschienene Höhenlagen des Schuldrechts erfaßt, die Niederungen seiner allgemeinen Grundbegriffe aber unberührt läßt."

17 *Drobnig*, Neue rechtliche Konzepte, S. 203; *Hommelhoff*, AcP 192 (1992), S. 102; vgl. auch *Lurger*, Vertragliche Solidarität, S. 109 und Vereinheitlichung des Vertragsrechts, S. 149: „Der wild wuchernde Wald an sondergesetzlichen vertragsrechtlichen Normen hat mittlerweile alle die legendären Nachteile von Normenflut und Normenvielfalt zur vollsten Blüte entfaltet."

Usetzung der einzelnen Richtlinien, so dass sich die Zusammenhanglosigkeit auf Gemeinschaftsebene im nationalen Recht fortsetzt[18].

2. Mitgliedstaatliche Ursachen

Dem Unionsbürger ist es durch die beschriebene Unübersichtlichkeit schon kaum mehr möglich, die einzelnen Schutzvorschriften seines eigenen Rechts zu durchschauen. Ursache hierfür ist die unsystematische Verstreuung der Regeln in Einzelgesetzen[19]. Eine Integration in bestehende Kodifikationen wurde nur in den seltensten Fällen versucht[20]. Statt dessen entscheiden sich die nationalen Gesetzgeber überwiegend für die Schaffung von Spezialgesetzen[21]. Die Gründe hierfür sind vielfältig. So ist die Integration von Richtlinienvorgaben in das nationale Recht oft schwieriger als die Schaffung eines neuen Gesetzes, so dass sich der nationale Gesetzgeber unter dem Zeitdruck der Richtlinie eher für diese Variante entscheidet[22]. Hinzu kommen die erwähnten Regelungsdichten einzelner Richtlinien, die Vermischung öffentlich-rechtlicher und privatrechtlicher Inhalte[23] und die differierenden Interpretationsmöglichkeiten bestimmter

---

18 *Steindorff*, S. 387; *Heiss*, ZfRV 1995, S. 55; *Kramer*, Vielfalt und Einheit, S. 387. Von einem „auf Katzenpfoten in die Mitgliedstaaten driftenden Europarecht" (*Großfeld/Bilda*, ZfRV 1992, S. 423) kann man also nur schwerlich sprechen.

19 Positive Gegenbeispiele sind der französische Code de la consommation vom 26. Juli 1993, J. O. vom 27. 7. 1993, Rec. Dalloz 1993, leg. S. 411und das österreichische Konsumentenschutzgesetz (Konsumentenschutzgesetz (KSchG) vom 8. 3. 1979, aktuelle Fassung in BGBl. BGBl. I Nr. 185/1999. Weitere Verbrauchergesetze als Zusammenfassungen existierender Regelungen bestehen in Finnland (Kuluttajansuojalaki vom 20. Januar 1978), Portugal (Lei no. 29/81 de Defesa do Consumidor vom 28. August 1981) und Spanien (Ley General para la Defensa de los consumidores y usuarios vom 19. Juli 1984, B. O. no. 176 vom 24. 7. 1984). Allerdings existieren auch in diesen Ländern darüber hinausgehende Spezialgesetze hinsichtlich der Umsetzung der Verbrauchervertragsrichtlinien (s. oben § 4).

20 Vgl. z. B. die Umsetzung der Vorgaben der Klauselrichtlinie in Art. 1340 ff. Codice civile und die Integration der Timesharingrichtlinie in Buch 7 Art. 48 a bis g des Burgerlijk Wetboek. Der deutsche Gesetzgeber hat in dem im August 2000 vorgelegten Entwurf eines Schuldrechtsmodernisierungsgesetzes nunmehr die einzelnen Verbrauchergesetze in das BGB integriert. Der Entwurf ist im Internet abrufbar unter http://www.bmj.bund.de/ ggv/eschurmo.pdf. Vgl. hierzu *Pfeiffer*, Integration, S. 500 ff.

21 Siehe die Nachweise in § 4. *Bydlinski*, System und Prinzipien, S. 708, sieht eine der Ursachen hierfür in der weitverbreiteten Auffassung, dass das Verbraucherrecht einen eigenen Systemteil neben dem „klassischen" Privatrecht bildet; zur Problematik des Sonderprivatrechts siehe unten § 6 C I.

22 *Joustra*, S. 137.

23 In den Durchführungsbestimmungen der Richtlinien werden die Mitgliedstaaten verpflichtet, die erforderlichen Rechts- und *Verwaltungsvorschriften* zur Umsetzung der

Regelungen[24]. Ein wichtiger Aspekt ist zudem, dass sehr oft bereits Spezialgesetze für eine von der Richtlinie erfasste Materie existieren.

Zum Beispiel wurde in Deutschland die Klauselrichtlinie in das seit 1976 bestehende AGB-Gesetz integriert, das Haustürwiderrufsgesetz aus dem Jahre 1986 regelte den Bereich der Haustürgeschäfte. In Großbritannien wurden Verbraucherkredite bereits vom Consumer Credit Act aus dem Jahre 1974 erfasst.

3. Schlussfolgerung

Betrachtet man also die Mängel der Harmonisierung des Verbrauchervertragsrechts, so ist festzustellen, dass diese ihre Ursachen in erster Linie auf Gemeinschaftsebene haben. Die fehlende Systematik, die vor allem an der verschiedenen Intensität der Regelungen und an differierenden Regelungstechniken deutlich wird, verhindert die Schaffung widerspruchsfreier und in sich schlüssiger Vorgaben. Aufgrund der Bindung der Mitgliedstaaten an diese Vorgaben sind sie quasi verpflichtet, diese unsystematischen Lösungen zu übernehmen. Eine überschaubare und nachvollziehbare Umsetzung ist dadurch ausgeschlossen[25]. Hinzu tritt der Umstand, dass der Minimalcharakter der Richtlinien weiter gehende Vorschriften ermöglicht, durch die es wiederum zu Unterschieden zwischen den mitgliedstaatlichen Privatrechtsordnungen kommt.

IV. Fazit im Hinblick auf das Harmonisierungsziel

Diese aufgezeigten Disharmonien könnten hingenommen werden, wenn sie auf das Erreichen des Ziels der Harmonisierung keinen Einfluss hätten. Es wurde jedoch bereits gezeigt, dass durch die unsystematische Verstreuung der Regelungen in den Privatrechtsordnungen der Mitgliedstaaten ein Handeln in Kenntnis der bestehenden Rechte für den ausländischen Unionsbürger nur dann möglich ist, wenn er sich diese Kenntnis zuvor verschafft hat. Auf einen aus der Kenntnis der „eigenen" Regelungen herrührenden Erfahrungswert kann er indes nicht zurückgreifen. Dies kann zum einen dazu führen, dass er ein ihm eingeräumtes Recht praktisch „übersieht" oder er sich andererseits weiter

---

Vorgaben zu erlassen, vgl. Art. 10 Abs. 1 Klauselrichtlinie, Art. 12 Abs. 1 Timesharingrichtlinie, Art. 8 Abs. 1 Verbrauchsgüterkaufrichtlinie, Art. 15 Abs. 1 Fernabsatzrichtlinie, Art. 17 Abs. 1 Finanzdienstleistungsrichtlinienvorschlag.

24 Versteht man die Verwendung missbräuchlicher Klauseln als Problem der Wirksamkeit des Vertrages, lässt dies eher eine Integration in bestehende Regelungen zu als bei einer Interpretation als Verstoß gegen die Lauterkeit des Wettbewerbs.

25 Vgl. auch *Martiny*, Europäisches Privatrecht, S. 5: „Einmal in die Welt gesetzt, scheinen die umgesetzten Richtlinien vielfach nur noch eine nationale Existenz zu führen."

gehend geschützt fühlt, als es de facto der Fall ist. Zudem besteht die Gefahr der fehlerhaften und folglich unwirksamen Ausübung eines Rechts[26]. Will der Verbraucher diese Unsicherheiten vermeiden, muss er sich mit dem jeweiligen Recht auseinander setzen. Insoweit unterscheidet sich die Rechtslage der angeglichenen Bereiche kaum von der nichtharmoniserter Gebiete. Ein Abbau der „Scheu" vor der fremden, weil unbekannten Rechtsordnung kann so nicht herbeigeführt werden. Deshalb bleibt zu konstatieren, dass das Ziel der Harmonisierung der einzelnen Verbrauchervertragsrechte kaum erreicht wurde.

B. Weiterentwicklung des europäischen Vertragsrechts

Hält man die Europäisierung des Vertragsrechts für notwendig, stellt sich die Frage, worin die Aufgaben der Weiterentwicklung des bisher Erreichten liegen.

I. Vereinheitlichung des Vertragsrechts

Nicht zuletzt durch die Schwächen der Einzelharmonisierung hat in den letzten Jahren die Diskussion um eine vollständige Vereinheitlichung des Vertragsrechts auf europäischer Ebene enormen Aufschwung erhalten[27]. Ausgangspunkt dieser Debatten sind zwei Entschließungen des Europäischen Parlaments aus den Jahren 1989 und 1994, in denen der Rat und die Kommission dazu aufgefordert wurden, die erforderlichen Vorarbeiten zu einem einheitlichen Europäischen Gesetzbuch für das Privatrecht vorzunehmen[28]. Insbesondere das Schuldrecht als wichtigster Teil des binnemarktrelevanten Privatrechts sei einer Vereinheitlichung zugänglich[29].

1. Notwendigkeit der Vereinheitlichung des Vertragsrechts

Wie oben bereits nachgewiesen[30], behindert die unterschiedliche Ausgestaltung

26 So muss der „Rücktritt" im französischen und italienischen Recht mittels eingeschriebenen Briefes mit Rückantwort erfolgen, während in anderen Ländern eine schriftliche Anzeige genügt, vgl. hierzu § 8 E 4.

27 Vgl. nur die Berichte in *Hartkamp* u. a. (Hrsg.), „Towards a European Civil Code", *Martiny/Witzleb* (Hrsg.) „Auf dem Weg zu einem Europäischen Zivilgesetzbuch" und *Osman* (Hrsg.), „Vers un Code européen de la consommation"; *Hoffmann*, FS Reich, S. 293, hält dieses Thema deshalb für „en vogue".

28 ABlEG Nr. C 158 vom 26. 6. 1989, S. 400 und Nr. C 205 vom 25. 7. 1994, S. 518.

29 Punkt E der 1. Entschließung des Parlaments, ABlEG Nr. C 158 vom 26. 6. 1989, S. 400.

30 § 1 A II 2 b) bb).

des Vertragsrechts in den Mitgliedstaaten die Funktionsfähigkeit des Binnenmarktes sowohl im Hinblick auf die Anbieterseite als auch bezüglich der Nachfrageseite. Die vorangegangene Darstellung der Harmonisierungsmängel hat deutlich gemacht, dass der von der Gemeinschaft eingeschlagene Weg der bloßen Angleichung der mitgliedstaatlichen Vertragsregeln die bestehenden Probleme lediglich verlagert[31].

a) Normenvielfalt

Teilweise wird jedoch der Vereinheitlichungsbedarf im Vertragsrecht unter Hinweis auf den funktionierenden US-amerikanischen Markt schon grundsätzlich in Frage gestellt. Dieses Beispiel zeige, dass ein einheitlicher Wirtschaftsraum auch mit unterschiedlichen Privatrechtsordnungen auskommen könne[32].

Es erscheint jedoch sehr zweifelhaft, ob die europäische Rechtswirklichkeit mit der US-amerikanischen soweit vergleichbar ist, dass eine Übertragung der Lösungen angedacht werden kann. Die juristischen Gemeinsamkeiten der US-Bundesstaaten sind schon deshalb wesentlich höher, weil sie einem einheitlichen Rechtsdenken entsprechen. Das amerikanische Recht ist geprägt von Uniform Codes - wie dem Uniform Commercial Code - und Restatements, die in Verbindung mit einer im Wesentlichen einheitlichen (und vor allem einsprachigen) Rechtsprechung für ein weitgehend übereinstimmendes Rechtsverständnis sorgen. Hinzu kommen einheitliche Juristenausbildung und Literatur[33].

Die Ausgangsposition des „europäischen Marktes" stellt sich hingegen viel differenzierter dar. Von den bestehenden Sprachbarrieren abgesehen, sieht sich der europäische Marktteilnehmer mit den Regeln vier verschiedener Rechtskreise konfrontiert[34]. Die deren spezifischen Methoden verpflichteten Juristen sind unterschiedlich ausgebildet. Eine einheitliche Literatur befindet sich erst in ihrem frühen Anfangsstadium[35]. Der Hinweis auf die Existenz

---

31 vgl. Punkt B der 1. Entschließung des Parlaments, ABlEG Nr. C 158 vom 26. 6. 1989, S. 400; vgl. auch *Tilmann*, FS Helmrich, S. 439, der auf den wesentlichen Unterschied zwischen einer reinen Vermehrung privatrechtlichen Sachrechts und einer den Rechtsstoff ordnenden und lenkenden Kodifikation hinweist.

32 So insbesondere *Kötz*, RabelsZ 50 (1986), S. 14.

33 *Drobnig*, FS Steindorff, S. 1146.

34 Im Einzelnen sind dies der romanische, der anglo-irische, der skandinavische und der germanische Rechtskreis. *Kramer*, Privatrechtsvereinheitlichung, S. 365, hält deshalb die Durchdringung des europäischen Vertragsrechts für einen „erheblich kreativeren Synthetisierungsprozeß".

35 Vgl. insbesondere *Kötz/Flessner*, Europäisches Vertragsrecht, Tübingen 1996; *Ranieri*, Europäisches Obligationenrecht, Wien, New York 1999.

einheitlicher amerikanischer Rechtsregeln als „starke Klammern“[36] des Wirtschaftsprivatrechts zeigt zudem, wie wichtig die Zugrundelegung gemeinsamer Prinzipien für das tatsächliche Funktionieren des Marktes sind. Der Vergleich mit dem US-amerikanischen Markt vermag ein grundsätzliches europäisches Vereinheitlichungsbedürfnis also nicht zu widerlegen.

b) Kollisionsrechtsvereinheitlichung

Die Mangelhaftigkeit der Rechtsangleichung durch den europäischen Gesetzgeber könnte jedoch dazu verleiten, die gesamte Methode legislatorischer Einflussnahme auf die nationalen Vertragsrechte in Frage zu stellen und lediglich eine Vereinheitlichung der mitgliedstaatlichen Kollisionsnormen zu fordern[37]. Das Internationale Privatrecht ist das klassische Koordinationsrecht und erfordert als Synthese von Föderalismus und Einheitsidee weniger Kompromisse[38]. Es beruht auf dem Gedanken der Gleichwertigkeit der Rechtsordnungen und ihrer gegenseitigen Anerkennung[39]. Gerade dieser Aspekt könnte im Hinblick auf die oben dargestellten Akzeptanzprobleme der Verordnung und des Kompromisscharakters der Richtlinien für eine verstärkte Hinwendung zur Vereinheitlichung des Kollisionsrechts sprechen. Auch der EG-Vertrag scheint diesen Weg zu favorisieren. Art. 65 EGV ermöglicht u. a. die „Förderung der Vereinbarkeit der in den Mitgliedstaaten geltenden Kollisionsnormen und Vorschriften zur Vermeidung von Kompetenzkonflikten“ (lit. b). Innerhalb der Gemeinschaft liegen mit der Römischen Schuldrechtskonvention (EVÜ)[40] und dem Europäischen Gerichtsstands- und Vollstreckungsübereinkommen (EuGVÜ)[41] bereits zwei Vereinheitlichungsakte als „Kern des europäischen Kollisionsrechts“[42] hinsichtlich der grenzüberschreitenden Privatrechtskonflikte und deren gerichtlicher Behandlung vor.

---

36 *Müller-Graff*, NJW 1993, S. 18.

37 So insbesondere *Taupitz*, JZ 1993, S. 533 ff.

38 AaO, S. 538; *Ulmer*, JZ 1992, S. 6.

39 *Taupitz*, Kollisionsrechtsvereinheitlichung, S. 29.

40 Römisches EWG-Übereinkommen über das auf vertragliche Schuldverhältnisse anzuwendende Recht vom 19. Juni 1980, BGBl. 1986 II, S. 810.

41 Brüsseler EWG-Übereinkommen über die gerichtliche Zuständigkeit und die Vollstreckung gerichtlicher Entscheidungen in Zivil- und Handelssachen vom 27. September 1968 idF des 3. Beitrittsübereinkommens vom 26. Mai 1989, ABlEG Nr. C 189 vom 28. 7. 1990, S. 1. vgl. auch das Brüsseler EWG-Übereinkommen über den Beitritt der Republik Österreich, der Republik Finnland und des Königreichs Schweden zum EuGVÜ vom 29. November 1996, ABlEG Nr. C 15 vom 15. 1. 1997, S. 1.

42 *Gebauer*, S. 75.

Für die Zukunft ist der Gemeinschaft nun sogar der Maßnahmenkatalog des Art. 249 EGV eröffnet. In diesem Zusammenhang liegt mit der „Verordnung (EG) des Rates über die Zuständigkeit und die Anerkennung und Vollstreckung von Entscheidungen in Ehesachen und in Verfahren betreffend die elterliche Verantwortung für die gemeinsamen Kinder der Ehegatten"[43] bereits eine Maßnahme in diesem Bereich vor.

Den Vorteilen einer Kollisionsrechtsvereinheitlichung, die insbesondere in den geringen Kompetenzverlusten und verminderten Integrationsschwierigkeiten liegen, stehen aber erhebliche Nachteile gegenüber, die an der Tauglichkeit der Vereinheitlichung des Kollisionsrechts als Alternative zur legislatorischen Sachrechtsvereinheitlichung zweifeln lassen. Die Regeln des Internationalen Privatrechts geben lediglich darüber Auskunft, welche (in diesem Fall mitgliedstaatlichen) Sachnormen auf einen konkreten Sachverhalt anzuwenden sind. Einen unmittelbaren Einfluss auf die entsprechenden Regelungen haben sie nicht. Insoweit können also weder binnenmarktbehindernde Vorschriften eliminiert noch neue Rechtsinstrumente geschaffen werden.

Ein Blick auf Art. 5 EVÜ (Art. 29 EGBGB) mag dies verdeutlichen: Dieser schützt den Verbraucher unter bestimmten Voraussetzungen davor, dass ihm durch eine Rechtswahl der Schutz des Rechts seines Aufenthaltsstaates entzogen wird. Hierin erschöpft sich aber die kollisionsrechtliche Möglichkeit des Verbraucherschutzes. Ob und in welchem Umfang der Verbraucher nach seinem Aufenthaltsrecht geschützt wird, hängt von der jeweils berufenen Rechtsordnung ab.

Mittels einer Kollisionsrechtsvereinheitlichung könnten einheitliche Standards oder spezielle Schutzvorschriften folglich nur dann geschaffen werden, wenn eine mitgliedstaatliche Rechtsordnung den Vorstellungen des europäischen Gesetzgebers in vollem Umfang entspräche. Dies ist illuorisch.

Den Wert der Kollisionsrechtsvereinheitlichung grenzt *Taupitz* selbst ein, wenn er sagt: „Dort, wo eine Vereinheitlichung des materiellen Privatrechts *nicht zu erreichen oder überhaupt nicht zu erstreben ist*, kann die Vereinheitlichung kollisionsrechtlicher Normen immerhin zu dem Ergebnis führen, daß Fälle mit Auslandsberührung unabhängig von den Zufälligkeiten des zuständigen Forums überall aus derselben jeweils sachnächsten Rechtsordnung heraus entschieden werden."[44].

Da die Vereinheitlichung des Vertragsrechts nach dem bis hierher Gesagten aber sehr wohl zu erstreben ist, stellt die bloße Vereinheitlichung des Kollisionsrechts der Mitgliedstaaten folglich keine Alternative zur legislatorischen Vereinheitlichung dar.

---

43 ABlEG Nr. L 160 vom 30. 6. 2000, S. 19 ff.

44 *Taupitz*, Kollisionsrechtsvereinheitlichung, S. 31.

c) Sachrechtsvereinheitlichung

Das reibungslose Funktionieren des Binnenmarktes ist auf Dauer nur durch ein einheitliches Vertragsrecht zu gewährleisten[45]. Durch die Einheitlichkeit des anzuwendenden Rechts würde das Vertrauen der Marktteilnehmer in die Funktionsfähigkeit des Binnenmarktes erhöht werden[46]. Den Unternehmern ist ein effizienterer Handel durch den Abbau von Transaktionskosten möglich[47]. Der Verbraucher wird hierdurch in die Lage versetzt, die Chancen und Vorteile des Binnenmarktes für sich zu nutzen. Die Einheitlichkeit der Rechtsordnung erlaubt ihm ein Handeln in sicherer Kenntnis seiner Rechte[48]. Hinzu käme der Integrationseffekt eines einheitlichen Vertragsrechts[49].

2. Die Entwicklung einheitlicher Regeln

Gelangt man zu der Erkenntnis, dass nur die Vereinheitlichung des Vertragsrechts der Mitgliedstaaten die bestehenden Funktionsbeeinträchtigungen für den Binnenmarkt beseitigen kann, stellt sich die Aufgabe der Entwicklung einheitlicher Grundlagen eines Europäischen Vertragsrechts.

a) Entwicklungsansatz

Auf keinen Fall kann europäisches Vertragsrecht nur mit einem Federstrich des Gesetzgebers „geschaffen" werden. Es wurde gezeigt[50], dass der rein legislatorische, auf Einzelregelungen beschränkte Ansatz des Gemeinschaftsrechts unter Vernachlässigung systematischer Grundlagen die bestehenden Beeinträchtigungen des Binnenmarktes nicht beseitigen konnte. Nur die Ausbildung einzelner Regeln und einheitlicher Rechtsinstrumente sowie deren systematische

---

45 *Drobnig*, Neue rechtliche Konzepte, S. 207; *Müller-Graff*, Privatrechtsangleichung, S. 121; *Hinz*, ZEuP 2 (1994), S. 558; *Lurger*, Vereinheitlichung des Vertragsrechts, S. 142; vgl. auch *Remien*, Europäisches Zivilgesetzbuch, S. 132: „Wenn die sozialen und wirtschaftlichen Verhältnisse in den EG-Staaten annähernd gleich sein sollen, müßten eigentlich auch die Regeln für einen solchen Interessenausgleich die gleichen sein, wenn sie angemessen und vernünftig sein sollen."

46 *Basedow*, Europäisches Vertragsrecht, S. 23.

47 Vgl. *Kirchner*, Europäisches Vertragsrecht, S. 117.

48 Dass dies natürlich erst nach einer unter Umständen sehr langen Phase der „Gewöhnung" der Fall sein wird, bedarf keiner gesonderten Erwähnung.

49 *Drobnig*, FS Steindorff, S. 1148; *Kramer*, Privatrechtsvereinheitlichung, S. 370. Im Gegensatz hierzu schürt insbesondere *Legrand*, MLRev 60 (1997), S. 44 ff. die Angst vor dem Verlust der nationalen Identität.

50 A II.

Zuammenfassung können zu einer „Entwicklung“ allgemein gültiger europäischer Vertragsrechtsregeln führen.

Zu berücksichtigen ist dabei die Tatsache, dass die Akzeptanz eines gemeinsamen Vertragsrecht in den Mitgliedstaaten weitgehend davon abhängen wird, wie „nah“ sich eine solche Kodifikation an deren eigenen Leitideen und Strukturen orientiert[51]. Von daher setzt die Ausbildung eines einheitlichen Vertragsrechts in erster Linie voraus, dass dessen Grundprinzipien auf den Gemeinsamkeiten der mitgliedstaatlichen Vertragsrechtsordnungen beruhen. Diese Gemeinsamkeiten müssen folglich ermittelt werden. Notwendig ist deshalb die wissenschaftliche Durchdringung der mitgliedstaatlichen Vertragsrechte und die Aufdeckung gemeinsamer Strukturen[52].

Auf der anderen Seite muss der Bestand des „Gemeinschaftsvertragsrechts“ aufgearbeitet werden. Stellt das Verbraucherrecht einen wesentlichen Teil des europäischen Vertragsrechts dar, dann kommt man nicht umhin, die hierzu ergangenen Richtlinienregelungen dahin gehend zu untersuchen, ob ihnen gemeinsame Prinzipien und verallgemeinerungsfähige Grundsätze entnommen werden können. Die dabei gefundenen Ergebnisse müssen einheitlich formuliert werden. Dieses Vorgehen macht jedoch nur dann Sinn, wenn den so entwickelten Regeln auch zur Geltung verholfen wird. Deshalb müssen Wege gefunden werden, wie diese Normen gemeinschaftsweite Anwendung finden können.

b) Systematische Erfassung der Richtlinien

Die Hauptursache des Scheiterns der Harmonisierung ist im Fehlen einer Systematik auf europäischer Ebene zu sehen. Hier muss also angesetzt werden, wenn das Ziel der Harmonisierung erreicht werden soll. Hauptanliegen der Europäisierung des Vertragsrechts muss demnach die systematische Erfassung des Ge-

---

51 *Müller-Graff*, NJW 1993, S. 19. Aus diesem Grund wird es als Hauptproblem angesehen, die Divergenzen zwischen common law und civil law auszuräumen („How to tunnel the (*legal*) channel“, *van Erp*, S. 132 Fn. 70). Während einige dies für unmöglich halten (*van Erp*, S. 133), sind andere wesentlich optimistischer (vgl. *Hondius*, European contract law, S. 54, unter Hinweis auf die Arbeit der Law Commission); zur Bedeutung der Akzeptanz des Rechts durch die Rechtsunterworfenen vgl. *Leible*, Rolle des EuGH, S. 76.

52 Vgl. auch Punkt G der 1. Entschließung des Parlaments, ABlEG Nr. C 158 vom 26. 6. 1989, S. 400; zu diesem Zwecke wurde ein Forschungsprojekt ins Leben gerufen, das sich mit den „Common Principles of European Private Law“ beschäftigt, vgl. hierzu *Coßmann*, ZEuP 6 (1998), S. 379 f.

meinschaftsvertragsrechts sein[53]. Die Entwicklung einer solchen Systematik erfordert die Ausbildung einheitlicher Rechtsfiguren[54], deren Gesamtheit nach deutschem Denkmuster als eine Art „Allgemeiner Teil" des Europäischen Vertragsrechts fungieren kann[55]. Nur so werden die Ursachen für die nachgewiesenen Disharmonien beseitigt, da auf diesem Weg ein inhaltlich abgestimmtes und widerspruchsfreies Recht auf europäischer Ebene entwickelt und gesetzt werden kann. Dadurch wird die Entwicklung des europäischen Vertragsrechts für die mitgliedstaatlichen Gesetzgeber vorhersehbar[56], wodurch die Einfügung der europäischen Vorgaben in ihre Privatrechtssysteme während der Übergangszeit bis zur vollständigen europäischen Kodifizierung des Vertragsrechts ermöglicht wird[57].

Die vorliegende Arbeit dient dabei der Ausbildung eines einheitlichen Vertragslösungsrechts für Verbraucher als Instrument des europäischen Vertragsrechts.

c) Weiteres Vorgehen

Im Hinblick auf die wissenschaftliche Durchdringung des Verbrauchervertragsrechts der Gemeinschaftsrichtlinien ist folgende Vorgehensweise geboten: Für die Ausbildung einheitlicher Vertragsrechtsinstrumente muss zunächst der Bestand des europäischen Verbrauchervertragsrechts aufgearbeitet werden[58]. Die Gesamtheit der Richtlinien muss auf Gemeinsamkeiten hin untersucht werden, aus denen allgemeine Prinzipien als Grundlage einer systematischen

53 *Martiny*, Europäisches Privatrecht, S. 8; *Schulte-Nölke/Schulze*, S. 16; *Kieninger/Leible*, EuZW 1999, S. 39 f., schlagen hierbei die Schaffung eines „Europäischen wissenschaftlichen Ausschusses für Privatrecht" vor, der für eine harmonische und systematische Rechtsetzung sorgen soll.

54 *Mansel*, JZ 1991, S. 533.

55 Entgegen der Ansicht von *Hoffmann*, FS Reich, S. 294, („für eine ganze Weile noch verzichtbar") muss es also gerade auf einen „Allgemeinen Teil" ankommen, wenn die Entwicklung eines europäischen Vertragsrechts vorangebracht werden soll.

56 *Tilmann*, FS Helmrich, S. 441, spricht von der „*disziplinierenden Kontrolle* eines übersichtlich geordneten und in sich abgestimmten Rechtskörpers".

57 *Kieninger/Leible*, EuZW 1999, S. 39.

58 So auch *Hommelhoff*, AcP 192 (1992), S. 103 f. *Hondius*, Finding the Law, S. 393, schlägt die Zusammenfassung der Richtlinienregelungen in einem „pre-code" vor. Auch *Calais-Auloy*, Protection du consommateur, S. 148, hält die Zusammenfassung der Verbraucherregelungen in einer Konvention für sinnvoll; ebenso *Remien*, RabelsZ 62 (1998), S. 640.

Zusammenfassung abgeleitet werden können[59]. Die einzelnen Richtlinienbestimmungen sind bezüglich identischer Regelungsgegenstände auf Übereinstimmungen und Unterschiede zu untersuchen, wobei hinsichtlich der Unterschiede nach einer sachlichen Rechtfertigung zu fragen sein wird. Hinzukommen muss eine Überprüfung der Zweckmäßigkeit jeder einzelnen Regelung und eine eventuelle Weiterentwicklung des Schutzansatzes. Hierzu müssen die einzelnen Umsetzungsregeln der Mitgliedstaaten hinzugezogen werden. Insbesondere in dem Bereich, der der mitgliedstaatlichen Gestaltungsfreiheit unterlag, ist eine Untersuchung „weiter gehender Schutzmaßnahmen" vorzunehmen. Insoweit handelt es sich um eine „Reflexwirkung" des mitgliedstaatlich harmonisierten Rechts auf seinen gemeinschaftsrechtlichen Ausgangspunkt[60].

II. Umsetzung der Regelungen

Die Ausbildung einzelner Vertragsrechtsinstrumente erscheint nur dann sinnvoll, wenn deren Anwendung in den Vertragsrechten der Mitgliedstaaten möglich ist.

1. Möglichkeiten

Uneinigkeit herrscht über den hierbei zu beschreitenden Weg[61].

a) Rechtsvereinheitlichung „von unten"

Zum Teil wird eine kodifikatorische Vereinheitlichung des Vertragsrechts der Mitgliedstaaten als primäres Ziel abgelehnt. Es wird zunächst die Europäisierung von Wissenschaft, Lehre und Justiz als Grundlage eines sich

---

59 *Drobnig*, Neue rechtliche Konzepte, S. 203; *Klauer*, S. 109, sieht hierin „die im Vergleich zum nationalen Privatrecht in umgekehrter Richtung verlaufende Entwicklung vom Besonderen zum Allgemeinen"; ebenso *Tonner*, JZ 1996, S. 540; vgl. auch *Westermann*, S. 23.

60 *Drobnig*, Neue rechtliche Konzepte, S. 208, spricht von einer „Harmonisierung der Harmonisierung" bzw. einer „Harmonisierung zweiten Grades"; so auch *Neuhaus/Kropholler*, S. 81.

61 Vgl. die Darstellung bei *Martiny*, Europäisches Privatrecht, S. 7 ff., der von einem „evolutionär-wissenschaftlichen" und einem „kodifikatorisch-legislatorischen" Ansatz ausgeht. Die hier verwendete Bezeichnung der „Rechtsangleichung von unten bzw. oben" folgt der Terminologie von *Großfeld/Bilda*, ZfRV 1992, S. 421 ff.

entwickelnden europäischen Vertragsrechts gefordert[62]. Durch rechtsvergleichende Studien könnten dabei Lösungen gefunden werden, die sich „kraft ihrer Qualität" durchsetzen[63]. Die legislatorische Übernahme dieser Lösungen wäre dann logische Folge eines „Imitationsinstinkts"[64] des Gesetzgebers. Nur die Gesamtheit dieser, einem modernen ius commune entsprechenden Lösungen[65] könne als Grundlage einer Kodifizierung dienen[66].

Diese Lösung ist am amerikanischen Institut der *Restatements* orientiert. Darunter ist die Zusammenfassung des gesamtamerikanischen Rechts durch das American Law Institute zu verstehen[67]. Es geht dabei also nicht um die Schaffung neuen Rechts, sondern um die Zusammenfassung der Rechtsregeln als Grundlage der Weiterentwicklung und Verbesserung des Rechts[68].

Andere fordern die Normierung einheitlicher Regeln in Modellgesetzen als Weiterentwicklung der Idee der Restatements[69], die den Parteien an die Hand gegeben werden, so dass diese frei über deren Anwendbarkeit entscheiden können[70]. Die Vereinheitlichung der Regeln würde sich dabei unter dem Anpassungsdruck der Mitgliedstaaten vollziehen[71].

Im Zuge der sich ausweitenden Diskussionen um die Kodifizierung des Vertagsrechts fiel der Blick auf eine Gruppe von unabhängigen Wissenschaftlern, die bereits 1980 als Kommission für Europäisches Vertragsrecht begonnen hatte, allgemeine europäische Regeln eines Vertragsrechts auszuarbeiten[72]. Diese Kommission legte 1995 den ersten Teil ihrer „Grundregeln des Europäischen Vertragsrechts" vor, der sich mit dem Leistungsstörungsrecht beschäftigt[73]. Ziel dieser Normen ist es, als „allgemeine Regeln des Vertragsrechts in den

---

62 *Kötz*, RabelsZ 50 (1986), S. 13 ff.; *Coing*, NJW 1990, S. 940; *Blaurock*, JZ 1994, S. 276; *Schulze*, DRiZ 1997, S. 372.

63 *Mansel*, JZ 1991, S. 533; *van Gerven*, S. 91.

64 *Jayme*, FS Firsching, S. 159.

65 Vgl. *Zimmermann*, JZ 1992, S. 9; *Hauschka*, JZ 1990, S. 522.

66 *Kötz*, Gemeineuropäisches Privatrecht, S. 100; *Hyland*, S. 65.

67 *Hirte*, S. 35.

68 *Hyland*, S. 57; *Schindler*, ZEuP 6 (1998), S. 279.

69 Vgl. *Müller-Graff*, EC Directives, S. 80.

70 *Bonell*, ERPL 5 (1997), S. 516; *Kramer*, Privatrechtsvereinheitlichung, S. 374; vgl. auch *Rittner*, DB 1996, S. 25, der insoweit von einem „16. Gesetzbuch" als Ausdruck eines neben das Recht der Mitgliedstaaten tretenden Modellgesetzes spricht.

71 *Hirte*, S. 37.

72 Vgl. hierzu *Lando*, Europäisches Vertragsrecht, S. 475.

73 *Lando/Beale*, The Principles of European Contract Law, Part I: Performance, Non Performance and Remedies, 1995; vgl. die deutsche Übersetzung von *Drobnig* und *Zimmermann* in ZEuP 3 (1995), S. 864 ff.. Auch ein zweiter Teil scheint bereits ab-

Europäischen Gemeinschaften angewandt zu werden." (Art. 1. 101 (1)). Hierzu müssen die Parteien entweder die direkte Geltung (Art. 1. 101 (2)) oder die Anwendung der lex mercatoria bzw. allgemeiner Rechtsgrundsätze (Art. 1. 101 (3)) vereinbaren. Die Vorschriften sind folglich grundsätzlich unverbindlich und stellen damit eine Art Modellgesetz dar[74].

b) Rechtsvereinheitlichung „von oben"

Die Bedeutung der wissenschaftlichen Erforschung der gemeinsamen Prinzipien der mitgliedstaatlichen Vertragsrechte und deren Verbreitung wurde oben bereits bekräftigt[75]. Der ebenfalls schon gezogene Vergleich mit der Vertragsrechtsrealität auf dem US-amerikanischen Markt scheint diese These gleichfalls zu stützen. Wenn dieser Binnenmarkt nur aufgrund der Existenz von Restatements, Uniform Codes und einheitlicher Wissenschaft funktioniert, erscheint der Schluss logisch, die Funktionsfähigkeit des europäischen Binnenmarktes auf eben diesem Weg herstellen zu können.

Es wurde jedoch ebenso gezeigt[76], dass die wissenschaftlichen Erkenntnisse als Instrument zur Schaffung gemeinschaftsweit gültiger Regelungen dienen müssen. Das setzt eine verbindliche „Rechtsetzung" voraus. Die bloße Ermittlung „qualitativ hochwertiger Lösungen" im Vertrauen auf den „Imitationsinstinkt" der Gesetzgeber oder deren „Kapitulation" vor einem eventuell bestehenden Anpassungsdruck scheint als Basis einer Europäisierung des Vertragsrecht hingegen zu schwach. Zudem wird dabei übersehen, dass der „rechtsetzende" Weg der Europäisierung des Vertragsrechts bereits in vollem Gange ist[77]. Hinzu kommt die Tatsache, dass europäische Ausbildung, Wissenschaft und Justiz durch bestehende europäische Regelungen zumindest nicht weniger gefördert werden als durch die Durchdringung bestehender nationaler Unterschiede[78]. Auch die Schaffung von Modellgesetzen führt nicht zum erwünschten Ziel. Hierbei würde die Entscheidung darüber, ob binnenmarkt-

---

geschlossen, der sich mit den allgemeinen Regeln des Vertragsschlusses beschäftigt, erhältlich unter http://www.ufsia.ac.be/~estorme/PECL2en.html; vgl. zu den zukünftigen Vorhaben der Kommission *Lando*, CMLRev 1998, S. 824.

74 *Lando*, Europäisches Vertragsrecht, S. 478.

75 Vgl. hierzu auch *Hommelhoff*, FS Helmrich, S. 329 ff.

76 B I 2.

77 Vgl. *Tilmann*, FS Helmrich, S. 440: "Die Wissenschaft kann eine Bebauung des Geländes nicht verhindern, bis sie mit ihrem Bebauungsplan und Planfeststellungsverfahren die gewünschte Besiedlung entworfen hat. Tatsächlich wird bereits gebaut.". Von daher ist es sogar fraglich, ob nicht auch über den „evolutionär-wissenschaftliche Ansatz" bereits „die Zeit hinweggegangen ist"; vgl. *Martiny*, Europäisches Privatrecht, S. 6, im Hinblick auf den Euro-Skeptizismus.

78 So auch *Lurger*, Vereinheitlichung des Vertragsrechts, S. 143; *Tilmann*, FS Helmrich, S. 449.

komplementäre Vorschriften Anwendung finden, in das Belieben der nationalen Gesetzgeber oder sogar der einzelnen Parteien gestellt[79]. Gerade im Bereich des Verbraucherrechts kann dieser Methode daher nichts abgewonnen werden.

An einer legislativen Erfassung der gefundenen Ergebnisse führt somit kein Weg vorbei[80]. Nur dann, wenn die einheitlichen Regeln auch einheitlich zur Geltung gelangen, können die Funktionsbeeinträchtigungen des Binnenmarktes tatsächlich beseitigt werden. Der jeweils entwickelten Regel ist also umgehend zur Wirkung zu verhelfen. Die Gesamtheit dieser Regeln und deren systematische Erfassung können am Ende dieses Prozesses das Vertragsgesetzbuch für die Europäische Union bilden.

2. Legislatorische Vereinheitlichung

Bei der nun zu beantwortenden Frage, wie die entwickelten Rechtsinstrumente im Einzelnen auf legislatorischem Wege zur Geltung gelangen, ist zwischen der Ingeltungsetzung der einzelnen (allgemeinen) Rechtsfiguren und der Bezugnahme auf diese in den jeweiligen (besonderen) Maßnahmen zu unterscheiden.

a) Ingeltungsetzung der Rechtsinstrumente

Zunächst muss den einzelnen Rechtsfiguren zur Wirkung verholfen werden. Dazu müssen Maßnahmen erlassen werden, die die gemeinschaftsweit einheitliche Geltung der entsprechenden Rechtsfiguren gewährleisten[81]. Hier kommt es also nicht mehr auf eine Harmonisierung, sondern auf die Vereinheitlichung des Vertragsrechts der Mitgliedstaaten an[82].

aa) Anforderungen an die Umsetzungsmaßnahme

Die dabei zu wählende Maßnahme muss geeignet sein, die oben festgestellten

---

79 *Remien*, JZ 1992, S. 282.

80 Vgl. in diesem Zusammenhang auch die Bemerkung von *Taupitz*, Privatrechtsvereinheitlichung, S. 45: "Zu einem Zeitpunkt, zu dem auf nationaler Ebene das Gefühl für die einheitsbildende Kraft und den Nutzen einheitlicher Rechtsetzungen in Gestalt von Kodifikationen, die von allgemeineren Prinzipien bestimmt sind, schwindet und gesetzliche Einzelfallregelungen in den Vordergrund treten, sollte man auf europäischer Ebene um so dringlicher versuchen, eine Gegentendenz einzuleiten." Diese Aussage ist um so bemerkenswerter, wenn man berücksichtigt, dass Taupitz selbst ein Gegner legislatorischer Rechtsvereinheitlichung ist, aaO, S. 45.

81 Vgl. *Remien*, Europäisches Zivilgesetzbuch, S. 132; *Drobnig*, Neue rechtliche Konzepte, S. 203.

82 *Hinz*, ZEuP 2 (1994), S. 558.

Mängel der Harmonisierung zu vermeiden. Insoweit gilt es also, die Einheitlichkeit von Ausgestaltung und Anwendung in den Mitgliedstaaten zu gewährleisten. Weiter gehende Maßnahmen von Seiten der nationalen Gesetzgeber müssen unterbleiben.

bb) Richtlinie oder Verordnung

Favorisiert man den Weg legislatorischer Rechtsvereinheitlichung, kommen nur die Maßnahmen des Art. 249 EGV in Frage, nach dem oben Gesagten also nur die Verordnung nach Art. 249 Abs. 2 EGV und die Richtlinie nach Art. 249 Abs. 3 EGV[83].

Engel schlägt vor, die Ergebnisse der systematischen Durchdringung des Gemeinschaftsvertragsrechts in Empfehlungen gemäß Art. 249 Abs. 5 EGV zu erfassen und sie den mitgliedstaatlichen Gesetzgebern zur Verfügung zu stellen[84]. Diese wären dann zwar nicht an diese „Empfehlungen" gebunden. Aus Art. 10 EGV könne jedoch abgeleitet werden, dass die Mitgliedstaaten das Ziel der Empfehlung nicht bewusst vereiteln dürfen[85].

Allein hierdurch können die (offensichtlichen) Mängel der Empfehlung jedoch nicht beseitigt werden. Selbst wenn die Mitgliedstaaten keine gegenläufigen Maßnahmen ergreifen dürfen, sind sie aber aufgrund der Unverbindlichkeit der Empfehlung auf keinen Fall verpflichtet, entsprechende Regelungen zu schaffen. Die Integration der europäischen Vertragsregeln würde durch diesen Charakter eines „Modellgesetzes" wiederum vom Willen der mitgliedstaatlichen Gesetzgeber abhängig gemacht werden und somit noch hinter der heutigen Angleichung durch Richtlinien zurückbleiben. Es könnten somit weder Rechtssicherheit noch ein einheitliches Schutzniveau gewährleistet werden. Dieser Umstand allein zeigt die Untauglichkeit dieser Maßnahme. Sie ist folglich abzulehnen.

Bei der Frage der Harmonisierung des Privatrechts der Mitgliedstaaten wurde gezeigt, dass der Gemeinschaftsgesetzgeber dabei der Richtlinie den Vorzug gegeben hat, da diese den Mitgliedstaaten einen Gestaltungsspielraum hinsichtlich Form und Mittel der Umsetzung belässt. Genau auf diese Merkmale sind jedoch die oben konstatierten Harmonisierungsmängel zurückzuführen. Weder die einheitliche Anwendung noch die Ausschließlichkeit der zu schaffenden Rechtsfiguren wären durch eine Richtlinie gewährleistet. Einzig taugliche Gemeinschaftsmaßnahme ist somit die Verordnung[86]. Sie hat allgemeine und

---

83 § 1 B. II. Auch im Hinblick auf die entsprechende Gemeinschaftskompetenz kann nach oben verwiesen werden, da es hier nur um eine „Vertiefung" der dort für zulässig erachteten Maßnahmen geht.

84 *Engel*, ZfRV 1999, S. 130.

85 AaO, S. 131.

86 So auch *Lurger*, Vereinheitlichung des Vertragsrechts, S. 145; *Müller-Graff*, Gemeinsames Privatrecht, S. 30.

unmittelbare Geltung und ist in allen ihren Teilen verbindlich (Art. 249 Abs. 2 EGV). Dadurch wird die Einheitlichkeit der Anwendung der Rechtsinstrumente ermöglicht. Mitgliedstaatliche Abweichungen sind ausgeschlossen[87].

Nach der Entwicklung eines einheitlichen Vertragslösungsrechts sollten folglich dessen tatbestandliche Voraussetzungen und Rechtsfolgen in einer noch darzustellenden „Verordnung über das verbraucherschützende Vertragslösungsrecht" zusammengefasst werden[88].

b) Maßnahmen im Hinblick auf zukünftige Schutzvorhaben

Die zweite Frage ist die nach dem Charakter zukünftiger Gemeinschaftsmaßnahmen im Bereich des Verbrauchervertragsrechts.

aa) Bezugnahme

Der europäische Gesetzgeber wird auch weiterhin bestimmte Bereiche des Vertragsrechts einer Harmonisierung unterziehen, weil in diesen eine besondere Gefährdung für das Funktionieren des Binnenmarktes zu befürchten ist[89]. Dabei kann er sich dann der jeweils benötigten Rechtsinstrumente bedienen. Innerhalb der jeweiligen Gemeinschaftsmaßnahmen auf dem Gebiet des Verbrauchervertragsrechts ist nur noch ein Verweis auf die entsprechende Verordnung an der Stelle notwendig, wo das jeweilige Instrument eingesetzt werden soll[90].

---

87 Das sollte auch so bleiben. Die von *Remien,* Europäisches Zivilgesetzbuch, S. 128; ders., JZ 1992, S. 282, aufgebrachte Idee einer „nationalen Abänderungsbefugnis", die es den mitgliedstaatlichen Gesetzgebern gestatten würde, „eine bessere Lösung zu suchen", würde zwangsläufig dazu führen, daß auch hier wieder mitgliedstaatliche Sonderregelungen getroffen würden, die nicht ohne weiteres überschaubar und für den Einzelnen handhabbar wären; ähnlich aber *Lurger*, Vereinheitlichung des Vertragsrechts, S. 145. Hinzu käme der von *Martiny*, Europäisches Privatrecht, S. 10, bereits angedeutete Umstand, dass wohl jeder Gesetzgeber sein eigenes Recht für die „beste Lösung" halten würde.

88 Vgl. den Vorschlag für eine Verordnung über das einheitliche verbraucherschützende Vertragslösungsrecht in § 11. *Lurger*, Vereinheitlichung des Vertragsrechts, S. 145, schlägt vor, der Verordnungserlassung eine Art Probephase vorzuschalten, während der das einheitliche Recht nur in den Mitgliedstaaten gilt, die sich hierzu freiwillig bereit erklären.

89 Vgl. nur den unter § 4 G dargestellten Richtlinienvorschlag über Finanzdienstleistungen im Fernabsatz sowie den Richtlinienvorschlag über bestimmte rechtliche Aspekte des elektronischen Geschäftsverkehrs im Binnenmarkt vom 6. Mai 1999, KOM (99) 427 endg..

90 Ähnlich *Bonell*, ERPL 5 (1997), S. 505 für das gesamte Vertragsrechtsgesetzbuch: Aufgrund der Vielfalt besonderer Vertragstypen in den mitgliedstaatlichen

Plant der Gemeinschaftsgesetzgeber für die Zukunft die Einführung des Vertragslösungsrechts in weiteren Bereichen des Schuldvertragsrechts, so genügt nun anstatt der bisher vorgenommenen umfangreichen „Neunormierung" ein Verweis auf die entsprechende „Verordnung über das Vertragslösungsrecht".

bb) Mindestharmonisierung

Fraglich bleibt, ob auch weiterhin am Konzept der Mindestharmonisierung festzuhalten ist. Wie oben gezeigt, vertieft die aus der Mindestharmonisierung resultierende Möglichkeit der Mitgliedstaaten, weiter gehende Schutzvorschriften zu erlassen, die Unterschiede zwischen den mitgliedstaatlichen Privatrechtsordnungen[91]. Insoweit behindert sie den Harmonisierungserfolg. Auf der anderen Seite dient diese Methode aber vor allem der Berücksichtigung nationaler Interessen und ermöglicht damit eine weitgehende Akzeptanz der Richtlinien sowohl in den Mitgliedstaaten mit niedrigen Schutzniveaus als auch in denen mit höheren Niveaus[92]. Da eine permanente Einigung auf ein hohes Schutzniveau derzeit aber nur schwer vorstellbar und die Orientierung am niedrigsten Niveau wenig sachdienlich ist[93], stellt die Mindestharmonisierung momentan ein „unvermeidbares Element der Flexibilität" dar[94]. Allerdings sollte man überlegen, ob der negative Effekt der Mindestharmonisierung nicht dadurch eingedämmt werden kann, dass auch die zulässigen Abweichungen in der jeweiligen Richtlinie vorgegeben werden[95]. Dadurch könnte ein Großteil der nationalen Disharmonien vermieden werden.

Vertragsrechtsordnungen sei deren Vereinheitlichung kaum möglich, so dass sich eine Kodifizierung auf den „Allgemeinen Teil des Vertragsrechts" zu beschränken hätte.

91 Vgl. *Drobnig*, Neue rechtliche Konzepte, S. 206; *Streinz*, Mindestharmonisierung, S. 53.

92 Nach *Taschner*, S. 6, riskiert der europäische Gesetzgeber die Nichtbeachtung der Vorschriften durch die nationale Rechtspraxis, wenn diese den Interessen des Mitgliedstaates widersprechen.

93 *Drobnig*, Neue rechtliche Konzepte, S. 207.

94 *Remien*, Europäisches Zivilgesetzbuch, S. 133. vgl. aber auch Erwägungsgrund 9 des Vorschlages für eine FinanzR: „In Anbetracht des mit der vorliegenden Richtlinie gewährleisteten hohen Verbraucherschutzniveaus, um den freien Verkehr von Finanzdienstleistungen sicherzustellen, dürfen die Mitgliedstaaten für die durch diese Richtlinie harmonisierten Bereiche keine anderen als die mit dieser Richtlinie festgelegten Bestimmungen vorsehen." und den vom Europäischen Parlament hierzu vorgeschlagenen Art. 1 Abs. 1a: „Um den grenzüberschreitenden Absatz von Finanzdienstleistungen zu fördern und die Verbraucher beim grenzüberschreitenden Erwerb von Finanzdienstleistungen zu schützen, dürfen die Mitgliedstaaten keine anderen Bestimmungen einführen als die, die in dieser Richtlinie für die durch sie harmonisierten Bereiche festgelegt wurden; ABlEG Nr. C 279 vom 01. 10. 1999, S. 17.

95 So wohl auch *Hommelhoff*, AcP 192 (1992), S. 88 Fn. 128.

3. *Offene Fragen*

Die Normierung einheitlichen Rechts bildet die Grundlage dafür, dass die Vertragsrechtsbeziehungen der Unionsbürger inhaltlich denselben Regeln folgen. Damit allein ist jedoch die Einheitlichkeit der Anwendung des Europäischen Vertragsrechts nicht gewährleistet. *Basedow* stellt deshalb zutreffend fest, dass „einheitliche Texte ohne einheitliche Auslegung keine Einheit bewirken“[96].

a) Einheitlichkeit der Texte

Bereits die Einheitlichkeit der Texte erweist sich als problematisch. Die Europäische Union allein erkennt zwölf sog. Amtssprachen als gleichwertig an[97]. Jeder einzelne Rechtsakt wird in diese Sprachen übertragen. Neben der Gefahr redaktioneller Versehen[98], resultiert hieraus vor allem die Schwierigkeit inhaltlich entsprechender Übersetzungen[99]. Dies kann dazu führen, daß der zugrunde liegende Gesetzestext letztlich doch nicht einheitlich ist. Abhilfe könnte hier wohl nur die Alleinverbindlichkeit einer einzigen Sprache schaffen. Die sprachliche Einheitlichkeit des Gesetzes wäre so zwar ohne weiteres gewährleistet. Da es aber keine lingua franca im Europa unserer Zeit gibt[100], käme hierbei nur eine der „Amtssprachen“ in Betracht. Neben der nicht zu unterschätzenden Schwierigkeit einer Einigung auf diese Sprache dürfte ein solches Vorgehen die praktische Umsetzung des einheitlichen Vertragsrechts letztlich verhindern. Schon unter den professionellen Rechtsanwendern finden sich noch immer nur wenige, die in der Lage wären, für sie fremdsprachliche Rechtstexte zu verstehen und anzuwenden[101]. Dem juristischen Laien wäre das Verständnis „seines“ Rechts hingegen wohl völlig verwehrt[102]. Von daher muss die Idee eines „einsprachigen“ Rechts verworfen werden[103].

---

96 *Basedow*, NJW 1996, S. 1923.

97 Vgl. Art. 314 EGV.

98 Vgl. *Martiny*, ZEuP 6 (1998), S. 240; *Schulte-Nölke*, S. 157 Fn. 77, weist jedoch auf die gemessen an der Masse von Rechtsakten erstaunlich geringe Zahl bekanntgewordener Fehler im Gemeinschaftsrecht hin.

99 Vgl. *Martiny*, ZEuP 6 (1998), S. 231; *Pescatore*, ZEuP 6 (1998), S. 6, weist darauf hin, dass dieser Vorgang keine „Übersetzung“ im eigentlichen Sinne, sondern vielmehr eine Übertragung normativer Inhalte von Rechtssystem zu Rechtssystem ist.

100 Es spricht eben niemand „europäisch“, *Weir*, ZEuP 3 (1995), S. 368; vgl. auch *Martiny*, ZEuP 6 (1998), S. 230: „Babel ist überall“.

101 Vgl. *Weir*, ZEuP 3 (1995), S. 369; *Martiny*, ZEuP 6 (1998), S. 251.

102 Die Mehrzahl der juristischen Laien dürfte heute schon nicht einmal mehr in der Lage sein, die in ihrer Sprache formulierten Rechtsregeln zu verstehen. *Braun*, JuS 1996, S. 288, spricht hier von einer „Entrechtung des Laien“, deren Ursache darin zu sehen sei,

Wird es deshalb auch weiterhin ein Nebeneinander „europäischer" Sprachen geben - und die Osterweiterung der Union wird dabei mit Sicherheit auch zur (Amts-) Spracherweiterung -, müssen die Unzulänglichkeiten juristischer Übersetzungen letztlich hingenommen werden. Die Systematik des inhaltlich einheitlichen Vertragsrechts wird die Gefahr sprachlicher Divergenzen jedoch in einem erheblichen Maße einschränken[104].

b) Einheitlichkeit der Auslegung

Sprachliche Unterschiede zwischen den (übersetzten) Gesetzestexten verlieren auch durch eine einheitliche Auslegung ihres Inhalts an Gewicht. Wie bereits angedeutet, unterscheiden sich jedoch die Methoden der Rechtsfindung in den einzelnen Mitgliedstaaten nicht unerheblich. Es besteht die Gefahr, dass die Wirkung des vereinheitlichten Rechts auf nationaler Ebene dadurch beeinträchtigt wird, dass es aufgrund divergierender Rechtsprechung eine letztlich unterschiedliche Anwendung findet[105]. Die Kenntnis des einheitlichen Rechts würde noch nicht zu der Erkenntnis einheitlicher Wirkung führen, so dass auch hierdurch eine gewisse „Scheu" vor der Rechtstatsächlichkeit im Nachbarstaat bestehen bliebe. Eine auch praxistaugliche Vereinheitlichung erfordert somit zwingend die Gewährleistung der Einheitlichkeit der Anwendung ihrer Regeln.

Insoweit bedarf es also deren einheitlicher Auslegung, die nur dann zu erreichen ist, wenn einem Gericht die letztverbindliche Auslegungskompetenz zukommt[106]. Die Auslegung des Gemeinschaftsrechts obliegt dem EuGH[107]. Bei Zweifeln über die Auslegung der Sekundärrechtsakte der Gemeinschaft sind die mitgliedstaatlichen Gerichte grundsätzlich verpflichtet, im Wege des Vorabentscheidungsverfahrens nach Art. 234 EGV die Entscheidung des EuGH einzuholen. Hierdurch wird die Einheitlichkeit der Anwendung des Sekundärrechts in den Mitgliedstaaten weitgehend gewährleistet.

Auch die Vorschriften eines einheitlichen Vertragsrechts müssen demzufolge vom EuGH ausgelegt werden, um ihre gleichlaufende Wirkung zu garan-

---

dass die juristische Sprache letztlich zwar das Leben in der Gesellschaft umschreibe, deren Mitglieder aber faktisch vom Verständnis der Beschreibung ausschließe.

103 Vgl. *Luttermann*, EuZW 1998, S. 151: „Doch die Sinnhaftigkeit (einer gesetzlichen Vorschrift) hängt in der Praxis letztlich am Verständnis der Normadressaten".

104 Vgl. *Martiny*, ZEuP 6 (1998), S. 243.

105 Vgl. *Leible*, Rolle des EuGH, S. 60, der auf die bereits bestehenden Unterschiede der Rechtsprechung innerhalb eines Staates hinweist.

106 *Leible*, Rolle des EuGH, S. 59; *Hirte*, S. 41.

107 Siehe hierzu bereits oben § 2 C I 1.

tieren. Mit fortschreitender Vereinheitlichung und dem wachsenden Bestand einheitlichen Rechts dürfte der Gerichtshof in seiner jetzigen Struktur damit jedoch überfordert sein[108]. Schnelle Entscheidungen wären kaum zu erwarten. Dabei würde es zu einer Phase von Rechtsunsicherheit zwischen den betroffenen Parteien kommen. Die Effizienz des einheitlichen Rechts wäre dadurch in Frage gestellt. Aus diesem Grund sind die Strukturen des Gerichtshofs zu überdenken. Sinnvoll erscheint die Einführung eines Senats für Zivilsachen, der sowohl als Vorlagegericht als auch als oberstes Instanzgericht für vertragsrechtliche Streitigkeiten fungieren könnte[109]. Damit wäre die Einheitlichkeit der Auslegung in kürzestmöglicher Zeit gewährleistet[110].

108 *Leible*, Rolle des EuGH, S. 83.

109 So auch *Leible*, Rolle des EuGH, S. 84.

110 Darüber hinaus müsste sichergestellt werden, dass auch die Rechtsprechung der nationalen Obergerichte zum Vertragsrecht für die anderen mitgliedstaatlichen Gerichte zugänglich ist. Insoweit müsste auf europäischer Ebene eine „Empfangsstelle" ähnlich Art. 2 des Londoner Europäischen Übereinkommens, betreffend Auskünfte über ausländisches Recht vom 7. Juni 1968 eingerichtet werden, die die Urteile sammelt (und übersetzt).

§ 6 Die Verbrauchervertragsrichtlinien als Grundlage der Systembildung

Wie gezeigt, ist die Grundlage der systematischen Erfassung und Weiterentwicklung des europäischen Vertragsrechts die Untersuchung der einzelnen Richtlinienregelungen dahin gehend, ob diesen Gemeinsamkeiten zu entnehmen sind, die sich als vereinheitlichungs- und weiterentwicklungsfähig erweisen[1]. Die Ermittlung gemeinsamer und verallgemeinerungsfähiger Prinzipien der einzelnen Richtlinien soll vor allem anhand der vom europäischen Gesetzgeber eingesetzten Mittel zum Schutz des Verbrauchers erfolgen. Dafür ist es notwendig, das zugrunde liegende Konzept und die Abgrenzung der Materie zu untersuchen.

A. Schutzkonzept der Verbrauchervertragsrichtlinien

Nachdem oben die Notwendigkeit der Vereinheitlichung mitgliedstaatlicher Verbraucherschutzvorschriften für den Bereich des Vertragsrechts nachgewiesen wurde, ist an dieser Stelle zunächst zu fragen, worin die Entscheidung des Gemeinschaftsgesetzgebers begründet ist, bestimmte Mindeststandards für den Schutz einer Marktpartei zu schaffen, woraus also die Schutzbedürftigkeit eines als „Verbraucher" agierenden Marktteilnehmers im Bereich des Vertragsrechts resultiert.

I. Vertragsfreiheit im Binnenmarkt

Grundlage der Wirtschaftsordnungen der Mitgliedstaaten ist das System der (sozialen) Marktwirtschaft. Ihr ist auch der Binnenmarkt verhaftet[2]. Auf einem funktionierenden Markt ist jeder Teilnehmer grundsätzlich in der Lage, seine Marktchancen optimal zu nutzen. Hierbei bietet ein Handeln auf der Nachfrageseite sogar die günstigere Position, da der Konsument als „Souverän des Marktes" die Angebote durch die von seinen Bedürfnissen ausgehende Nachfrage initiiert[3].

---

1 *Schlechtriem*, JZ 1997, S. 463, Fn. 19, sieht die Verbraucherschutzrichtlinien als „Kristallisationskern eines anzugleichenden Schuldrechts".

2 Siehe Punkt B der Einleitung.

3 *Galbraith*, S. 238.

Voraussetzungen für diese Machtfülle des Verbrauchers ist aber der reibungslose Ablauf der Marktmechanismen. Nur auf einem Markt, auf dem Wettbewerb herrschen kann, ist die Freiheit aller Marktteilnehmer gewährleistet[4]. Dem Verbraucher verschafft der Wettbewerb ein Maximum an Bedürfnisbefriedigung zu denkbar günstigen Preisen[5]. Bestehende Machtungleichgewichte können weitgehend durch den Wettbewerb selbst kompensiert werden[6].

Entscheidendes privatrechtliches Institut der Marktwirtschaft ist dabei der Vertrag[7]. Er erlaubt den Marktteilnehmern die eigenständige Regelung ihrer Beziehungen zur Befriedigung ihrer Bedürfnisse[8]. Gemeinsame Grundlage aller Vertragsrechte der Mitgliedstaaten ist die Vertragsfreiheit[9]. Sie ist Ausdruck der Freiheit und Gleichheit der Rechtssubjekte und bezeichnet die von der Rechtsordnung anerkannte und in bestimmten Grenzen gewährleistete Möglichkeit des Einzelnen, ohne staatliche Eingriffe seine Rechtsbeziehungen zu einem frei von ihm gewählten Partner einvernehmlich mit diesem und für beide verbindlich selbst zu regeln[10]. Nur die Vertragsfreiheit erlaubt es dem Einzelnen, selbständig und selbstbestimmt seine Interessen zu verfolgen und seine Geschäfte zu tätigen[11]. In diesem Sinne ist sie unverzichtbare Voraussetzung für das Funktionieren eines Marktes[12]. Aufgrund dessen muss die Vertragsfreiheit auch Grundlage des europäischen Vertragsrechts sein, da ohne sie der Binnenmarkt nicht funktionieren könnte[13].

Dem klassischen Modell der Vertragsfreiheit liegt das Prinzip der formal-abstrakten Gleichheit der Verhandlungspartner zugrunde[14]. Hierunter ist die abstrakte Möglichkeit jedes (geschäftsfähigen) Kontrahenten zu sehen, im

---

4 *Canaris*, FS Lerche, S. 876.

5 *Drexl*, Wirtschaftliche Selbstbestimmung, S. 160.

6 *Rittner*, AcP 188 (1988), S. 126 f.

7 *Lando*, Europäisches Vertragsrecht, S. 476; *Rittner*, JZ 1990, S. 842; *Collins*, S. 1; vgl. auch *Howells/Weatherill*, S. 8: „Contracts are the lifeblood of a market economy".

8 Vgl. *Kötz*, FS Drobnig, S. 566.

9 *Zweigert/Kötz*, 3. Auflage, S. 315; *Drobnig*, FS Steindorff, S. 1148; *Storme*, S. 240; *van Erp*, S. 118. *Canaris*, FS Lerche, S. 873, weist allerdings darauf hin, dass dabei über Rang, Reichweite und Funktion keineswegs Einmütigkeit besteht.

10 *Flume*, S. 12; *Larenz*, Schuldrecht, S. 41; *Carbonnier*, S. 51.

11 *Kramer*, Pflichtgedanke, S. 61; *Canaris*, AcP 200 (2000), S. 277..

12 *Kleindiek*, S. 301; *Drexl*, Wirtschaftliche Selbstbestimmung, S. 294; *Heinrich*, S. 156.

13 *Canaris*, FS Lerche, S. 890, der die Vertragsfreiheit sogar zu den ungeschriebenen Grundrechten des Gemeinschaftsrechts zählt; vgl. auch die Stellungnahme des WSA zur TimesharingR, ABlEG Nr. C 108 vom 19. 4. 1993, S. 1, 2.: „Mit dem Richtlinienvorschlag sollen das Recht des Verbrauchers auf Information *und die Vertragsfreiheit* gewährleistet werden....“; *Heiss*, ZfRV 1995, S. 60; *Müller-Graff*, NJW 1993, S. 20.

14 *Kramer*, Konsumentenschutz, S. 179.

eigenen Interesse zu prüfen, ob der Vertrag gewollt ist, und auch nach dieser Einsicht zu handeln[15]. Die „Gerechtigkeit“ eines Vertrages beruht dabei auf der Ermöglichung individueller Selbstbestimmung[16]. Dem Recht zur selbständigen Regelung der eigenen Angelegenheiten steht gleichzeitig die Verantwortung für die Folgen der Handlung gegenüber. Auf tatsächlich bestehende wirtschaftliche, intellektuelle oder informationelle Unterschiede zwischen den Verhandlungspartnern kommt es nicht an. Vertragsinhalte sind selbst dann anzuerkennen, wenn sie unter objektiven Gesichtspunkten unvernünftig, unrichtig oder ungerecht erscheinen[17].

II. Rechtfertigung verbraucherschützender Maßnahmen

Erkennt man das Prinzip der Vertragsfreiheit als Grundlage des europäischen Vertragsrechts an, stellt sich die Frage nach der Rechtfertigung solcher Maßnahmen, die dem einseitigen Schutz einer Vertragspartei dienen.

1. Marktversagen

Voraussetzung der Vertragsfreiheit ist die Macht zur Selbstbestimmung[18], die nur dann gewährleistet ist, wenn ein annäherndes Gleichgewicht der Kräfte zwischen den Vertragspartnern besteht[19]. Von diesem Verständnis war die Entwicklung der Vertragsfreiheit geprägt. Ihr lag ein Marktmodell zugrunde, „das der Idee des transparenten, sich selbst regulierenden Güter- und Leistungsaustauschs unter wirtschaftlich ebenbürtigen Partnern...verpflichtet ist“[20]. Die bestehenden Machtdivergenzen konnten danach über den Markt selbst ausgeglichen werden[21].

Eine solche Marktsituation ist grundsätzlich aber nicht mehr gegeben[22]. Die Abhängigkeit des Verbrauchers von einem speziellen Markt ist ungleich

---

15 *Canaris*, FS Lerche, S. 883 f.; *Oughton/Lowry*, S. 12, 83; *Howells/Weatherill*, S. 16; *Gilles*, JA 1980, S. 5; *Kleindiek*, S. 301.

16 *Grziwotz*, FS Schippel, S. 20.

17 *Canaris*, AcP 184 (1984), S. 204.

18 *Flume*, S. 10; *Limmer*, S. 27.

19 *Medicus*, Privatautonomie, S. 18.

20 *Gilles*, JA 1980, S. 5; vgl. auch *Raiser*, JZ 1958, S. 2.

21 *Flume*, S. 10.

22 Nach *Grziwotz*, FS Schippel, S. 24, ist das Bestehen von Ungleichgewichtslagen der Normalfall; vgl. auch die Pointierung bei *Singer*, JZ 1995, S. 1137, der die Voraussetzungen für Vertragsfreiheit nur noch auf Flohmärkten als gegeben sieht; vgl. weiterhin *Soergel/Wolf*, Vor § 145, Rn. 20; *Drexl*, Wirtschaftliche Selbstbestimmung, S. 291 spricht von einem Versagen der Koordinations-ordnung des Marktes. Nach

größer als die des Anbietenden, so dass ihm das oben vorausgesetzte Steuerungspotential fehlt[23]. Eine „freie" Vertragsgestaltung im Sinne selbstbestimmten Handelns ist somit nicht mehr ohne weiteres möglich. Hieraus resultiert ein „Ungleichgewicht der Kräfte"[24] am Markt, das seine weiteren Ursachen vor allem im Bestehen eines Informationsdefizits der Nachfrageseite und im Fehlen der auf der Anbieterseite bestehenden Machtkonzentration auch auf der Nachfrageseite hat[25]. Dieses Ungleichgewicht der Marktteilnehmer sorgt letztlich dafür, dass die Voraussetzungen für eine formal-abstrakte Gleichheit der Verhandlungspartner im Vertragsrecht real nicht gegeben sind[26].

2. Reaktion

Besteht rein tatsächlich keine Gleichheit zwischen den Marktteilnehmern, so darf dies vom Vertragsrecht als Steuerungsinstrument des Marktes nicht ignoriert werden[27]. Vielmehr ergibt sich aus dem Bestehen eines Ungleichgewichts des Kräfteverhältnisses zwischen Anbieter- und Nachfrageseite die

---

Zweigert/Kötz, 2. Auflage, Band 2, S. 9, war die Vertragsfreiheit seit jeher „bei präziser Betrachtung ein Traumschloß, eine Utopie und keine Realität.".

23 *Dauner-Lieb*, S. 111.

24 *Drexl*, Wirtschaftliche Selbstbestimmung, S. 290, hat nachgewiesen, dass der Begriff der Ungleichgewichtslage an das Fehlen der Möglichkeit selbstbestimmten Handelns anknüpft. Im Gegensatz zu *Drexls* Verzicht (aaO) soll dieser Begriff deshalb auch weiterhin als Umschreibung einer Situation fehlender Selbstbestimmung verwendet werden. Auch wenn er in der Tat mehr eine Metapher als ein Rechtsbegriff ist (vgl. *Rittner*, AcP 188 (1988), S. 127), ist er doch in der Lage, den Gegenpart zur ebenso konturenlosen „formal-abstrakten Gleichheit" zu bilden.

25 Vgl. EuGH vom 19. 1. 1993, Rs. C-89/91, Slg. 1993, 139, Nr. 18 *Shearson Lehman Hutton Inc./TVB Treuhandgesellschaft für Vermögensverwaltungen und Beteiligungen mbH*; EuGH vom 3. 7. 1997, Rs. C-269/95, Slg. 1997, 3767, Nr. 17 *Benincasa/ Dentalkit*; aus der Literatur statt vieler: *Bourgoignie*, FS Kitagawa, S. 34 ff.; *Cas/ Ferrier*, Rn. 383; *Kramer*, Konsumentenschutz, S. 174; *Lurger*, Vertragliche Solidarität, S. 68; *Dauner-Lieb*, S. 111, *Staudenmayer*, S. 73; *Hönn*, JuS 1990, S. 953. alle mwN; vgl. aber auch *Hübner*, FS Börner, S. 725, der auch ideologische Veränderung bei den Verbrauchern konstatiert, hin zum Drang nach sofortiger Befriedigung von Bedürfnissen, ohne dabei Rücksicht auf den finanziell möglichen Rahmen zu nehmen.

26 Vgl. *Furmston*, S. 23: „Economic theory might proclaim that in the market place the consumer was king but in the law courts he was uncrowned."

27 Vgl. *Raiser*, JZ 1958, S. 1:"In Wahrheit hat diese (*die Vertragsfreiheit*) wie jede rechtliche Institution ihren eigenen geschichtlichen Ort; sie wird von bestimmten ideologischen und politisch-gesellschaftlichen Voraussetzungen getragen und kann nicht beliebig in ein anderes Beziehungssystem verpflanzt oder trotz Änderung aller Voraussetzungen unverändert aufrechterhalten werden."; vgl. auch *Bydlinski*, System und Prinzipien, S. 737, Fn. 841.

Aufgabe, hierauf mit angemessenen Mitteln zu reagieren und die Voraussetzungen für selbstbestimmtes Handeln zu schaffen[28]. Es muss bestehende Ungleichgewichtslagen aufdecken und sie weitgehend beseitigen[29]. Im Ergebnis muss dadurch auch die Entscheidungsfreiheit des unterlegenen Vertragspartners gewährleistet werden, ob überhaupt und zu welchen Bedingungen er eine vertragliche Bindung eingehen will[30]. Strittig ist dabei jedoch, welche Maßnahmen in diesem Rahmen zulässig sein sollen[31].

a) Kompensatorisches Modell

Nach einer Ansicht zwingt die Situation des Marktes zu einer generellen Unterscheidung zwischen den Marktteilnehmern. Während auf der Anbieterseite eine angebotene Leistung benötigt wird, um damit einen Tauschwert zu erhalten, der am Markt wieder eingesetzt wird, erwirbt der Konsument auf der anderen Seite Waren und Dienstleistungen wegen ihres Gebrauchswertes[32]. Hinzu kommt die direkte Abhängigkeit des Verbrauchers vom Markt aufgrund des fehlenden Eigentums an Produktionsmitteln. Hieraus begründet sich eine besondere Schutzbedürftigkeit des Konsumenten[33]. Den dabei bestehenden Schutzanforderungen werde das klassische Privatrecht jedoch nicht gerecht. Es müsse deshalb eine Neuaufteilung erfahren: Neben die Rechtsverhältnisse zwischen Privaten (Bürgerrecht) und zwischen Unternehmern (Unternehmensrecht) müsse das Verbraucherrecht als eigenständige Kategorie für die Rechtsverhältnisse zwischen einem Privaten und einem Unternehmer treten[34]. In diesem Bereich griffen dabei die zivilrechtlich tradierten Prinzipien und insbesondere die Vertragsfreiheit zu kurz, so dass es anderer Lösungen zur Beseitigung des Machtgefälles bedürfe[35], so vor allem kompensatorischer Maßnahmen, wie z. B. richterlicher Inhaltskontrollen aller Verbraucherverträge[36].

---

28 *Limmer*, S. 27.

29 Die vollständige Beseitigung des Machtgefälles ist nach *Bydlinski*, System und Prinzipien, S. 723, ein „unerreichbares Ziel, das schon an der fehlenden Meßbarkeit von Macht- und Freiheitsquanten scheitern muß: Wann durch rechtliche Maßnahmen 'Gleichgewicht' erreicht ist, läßt sich nicht feststellen.“; vgl. zur Entwicklung des Verbraucherrechts *Barnert*, S. 18 ff.; *Jamin*, Rn. 4, *Zöllner*, AcP 196 (1996), S. 16 ff.

30 *Eichenhofer*, JuS 1996, S. 862.

31 Vgl. die Darstellung bei *Heinrich*, S. 171 ff.

32 *Reifner*, S. 410 ff.

33 *Hart/Köck*, ZRP 1991, S. 61; *Teske*, Begriff des „Verbrauchers“, S. 20 f. ; *Hippel*, S. 2.

34 *Reich*, ZRP 1974, S. 188.

35 So insbesondere *Reich*, aaO.

36 *Reifner*, S. 187 ff.; 225 ff, fordert insoweit eine „soziale Überprüfung“ der Verbraucherverträge.

b) Informationsmodell

Das entgegenstehende Informationsmodell hält an den marktwirtschaftlichen Grundlagen des Vertragsrechts und seiner bestehenden Struktur fest. Ein funktionierender Markt gewährleiste einen optimalen Schutz seiner Teilnehmer, so dass spezifische Schutzvorschriften überflüssig würden[37]. Somit dürften von gesetzgeberischer Seite lediglich marktkomplementäre Maßnahmen ergriffen werden, die zum einen ausreichenden Wettbewerb garantieren und zum anderen die umfassende - vorvertragliche - Information des Verbrauchers als Voraussetzung tatsächlich vernünftiger Entscheidungen gewährleisten[38]. Hierfür werden die existierenden Privatrechtsinstrumente als weitgehend ausreichend angesehen[39].

c) Gemeinschaftsmaßnahmen

Anhand der in den Richtlinien eingesetzten Verbraucherschutzinstrumente ist zu untersuchen, welches Verständnis der europäische Gesetzgeber zugrunde legt.

aa) Transparenzgebot

Zweifellos ist das Hauptaugenmerk der europäischen Verbraucherschutzaktivitäten auf die umfassende Information des Verbrauchers gerichtet (sog. Informationsparadigma)[40]. Auch Art. 153 Abs. 1 EGV stellt die Förderung der Information in den Mittelpunkt des Verbraucherschutzes. Eine umfassende Information ist Grundlage jeder selbstverantwortlichen Entscheidung[41]. Dabei

---

37 *Dreher*, JZ 1997, S. 177.

38 *Kleindiek*, S. 305; *Dichtl*, S. 30 ff; *Hadding*, Gutachten, S. 136 ff.

39 *Schmidt*, JZ 1980, S. 154.

40 Zuletzt: Entschließung des Rates vom 28. Juni 1999 über die Verbraucherpolitik der Gemeinschaft 1999 - 2001, ABlEG Nr. C 206 vom 21. 7. 1999. S. 1 ff., Entschließung des Rates vom 19. Januar 1999 über die Verbraucherdimension der Informationsgesellschaft, ABlEG Nr. C 23 vom 28. 1. 1999, S. 1 ff.; Nr.4; Art. 4 Satz 1 lit. c) des Beschlusses Nr. 283/1999/EG des Europäischen Parlaments und des Rates vom 25. Januar 1999 über einen allgemeinen Rahmen für Gemeinschaftstätigkeiten zugunsten der Verbraucher, ABlEG Nr. L 34 vom 9. 2. 1999, S. 1 ff. *Reich*, Europäisches Verbraucherrecht, S. 63; ders. VuR 1999, S. 6; s. bereits § 4. *Reich*, VuR 1999, S. 6., versteht das Informationsrecht des Verbrauchers über das Vertragsrecht hinaus als "Unionsbürgerrecht", das denselben Stellenwert haben soll, wie er den anderen Bürgerrechten, insbesondere dem Diskriminierungsverbot, zukommt.

41 Vgl. insoweit *Breidenbach*, S. 12.

wird dem Verbraucher ermöglicht, seine Rechte und Pflichten zu erkennen und gleichzeitig einen Überblick über die entsprechenden Angebote im Binnenmarkt zu erhalten[42].

Der Anbieter muss den Verbraucher zunächst über die Bedingungen des Vertrages aufklären[43]. Insbesondere ist er über den Vertragsgegenstand, die Vertragsmodalitäten und die von ihm zu erbringende Gegenleistung zu unterrichten. Des Weiteren muss der Verbraucher die Informationen erhalten, die ihm die wirksame Ausübung der ihm von den Richtlinien eingeräumten Rechte ermöglichen. Aus diesem Grund muss er sowohl über das Bestehen als auch über die Art der Ausübung seines Vertragslösungsrechts belehrt werden[44]. Zudem haben sämtliche Informationen schriftlich bzw. in sonst verkörperter Form zu erfolgen[45]. Dabei müssen sie klar und verständlich abgefasst sein[46].

Vorformulierte Vertragsklauseln unterliegen einer Missbrauchskontrolle und sind gegebenenfalls unwirksam[47]. Von dieser Kontrolle erfasst sind auch vorformulierte Einzelverträge; auf eine Vielfachanwendung der Klauseln kommt es also nicht an[48].

bb) Vertragslösungsrechte

Der Verbraucher kann sich unabhängig von der Erfüllung der Informationspflicht durch den Gewerbetreibenden von bestimmten Verträgen lösen[49]. Dieses Vertragslösungsrecht greift auf Kredite zur Finanzierung des Geschäfts durch.

cc) Zwingende Regelungen

Die von den Richtlinien aufgestellten Regelungen sind zwingend, können also nicht abbedungen werden. Der Gemeinschaftsgesetzgeber bedient sich hierbei

42 Vgl. *Nassall*, JZ 1995, S. 692.

43 Art. 4 PauschalreiseR, Art. 4 VerbraucherkreditR, Art. 4, 5 TimesharingR, Art. 4, 5 FernR, Art. 3 FinanzR.

44 Art. 4 HaustürR, Art. 4 Sp. 1 iVm Anhang l) TimesharingR, Art. 5 Abs. 1 Satz 2 Sp. 1 FernR, Art. 3 Abs. 1 lit. h FinanzR.

45 Vgl. nur Art. 4 HaustürR, Art. 4 Sp. 1 TimesharingR, Art. 5 FernR, Art. 3 Abs. 2, 3a Abs. 1 FinanzR.

46 vgl. Art. 5 KlauselR.

47 Art. 3, 6 KlauselR.

48 Insoweit handelt es sich dann letztlich nicht um *Allgemeine* Geschäftsbedingungen.

49 Art. 5 HaustürR, Art. 5 TimesharingR, Art. 6 FernR, Art. 4 FinanzR. Die Rechtfertigung dieser Vertragslösungsrechte als Instrument zur Herstellung von Vertragsfreiheit wird in § 7 C untersucht.

also eines klassischen Mittels, einem notorischen Ungleichgewicht der Kräfte im Vertragsrecht zu begegnen[50]. Die Normierung zwingenden Rechts ist zweifellos eine kompensatorische Maßnahme. Dies gilt auch dann, wenn die zwingende Regelung Informationspflichten zum Inhalt hat[51].

d) Schlussfolgerung

Der Gemeinschaftsgesetzgeber bedient sich sowohl marktkomplementärer als auch kompensatorischer Mittel zur Verhinderung von Disparität im Vertragsrecht. Die Rückführung auf nur eine der beschriebenen Theorien ist daher nicht möglich, vielmehr werden deren Ansätze kumulativ weiterentwickelt. Die Statuierung einer vom Grundsatz der Vertragsfreiheit losgelösten Vertragsrechtsmaterie würde die Grundsätze von Freiheit und Gleichheit im Vertragsrecht negieren. Gerade die Möglichkeit selbstbestimmten Handelns bildet jedoch einen Grundpfeiler der freiheitlich-demokratischen Rechtsordnung, der die mitgliedstaatlichen Privatrechte allesamt verhaftet sind[52]. Tritt an die Stelle der selbstbestimmten Entscheidung des Einzelnen eine Kontrolle „von außen", bleibt für autonomes Handeln kein Platz. Ein Bruch mit dem Prinzip der Vertragsfreiheit würde also letztlich auch eine Abkehr von der Handlungsfreiheit des Einzelnen bedeuten. Verbraucherschutz hat deshalb vielmehr vom Boden des klassischen Privatrechtssystems - und damit ausgehend vom Informationsmodell - zu erfolgen[53]. An die Stelle der bloß formalen Freiheitsethik muss dabei eine „Ethik der sozialen Verantwortung"[54] treten, die auf konkret bestehende Schutzbedürfnisse reagiert, anstatt sie abstrakt zu negieren[55]. Rein formale Vertragsfreiheit muss einem materiellen Verständnis weichen, das dem Einzelnen auch die effektive Chance der Umsetzung formeller Autonomie bietet[56]. Dass hierbei Information allein nicht

50 Vgl. *Raiser*, JZ 1958, S. 6.

51 *Damm*, VersR 1999, S. 137.

52 Vgl. *Zöllner*, AcP 188 (1988), S. 94.

53 *Henrich*, FS Medicus, S. 199.

54 *Wieacker*, S. 23 f.

55 *Hönn*, GS Schultz, S. 88; *Riesenfeld*, JbJZw 1995, S. 10.

56 *Kramer*, Liberales Vertragsdenken, S. 79; vgl. auch *Hönn*, JuS 1990, S. 962: „Die Privatautonomie ist und bleibt Kern des Vertragsrechts, mögen Objektivierungstendenzen auch den Spielraum der Privatautonomie verengt haben. Aber es ist nicht zu beklagen, daß die Tendenz dahin geht, Fiktionen zu vermeiden, die Vertragspartner als Menschen und nicht als Subjekte eines abstrakt bleibenden Willens zu sehen...". *Bydlinski*, JBl. 1996, S. 697, lehnt die Materialisierung der Vertragsfreiheit mit dem Argument ab, dass auch „bloß formal" frei zustande gekommene Verträge für alle Beteiligten nützlich sein können. Dies mag im Einzelfall durchaus zutreffend sein. Als

genügt, vermag heute nicht mehr ernsthaft bezweifelt zu werden und kann mit einem Blick auf die geltende Rechtslage in den Mitgliedstaaten widerlegt werden, die insoweit eine Vielzahl von Verbraucherschutzinstrumenten aufweist, die über die bloße Information des Verbrauchers hinausgehen[57].

Eine Reaktion auf Ungleichgewichtslagen in Vertragsverhältnissen kann deshalb nicht schematisch einer einzelnen Theorie folgen[58]. Sie muß vielmehr allein darauf gerichtet sein, die entsprechend aufgedeckte Disparität zu beseitigen. Dabei ist die Maßnahme zu wählen, die zwar schonend eingreift, aber am ehesten geeignet scheint, Freiheit und Gleichheit der Parteien zu gewährleisten. Eine generelle Beschränkung auf marktkomplementäre Regelungen ist dabei ebenso unsachgerecht wie der ausschließliche Einsatz dirigistischer Mittel[59]. Von daher hat die Wahl des einzusetzenden Verbraucherschutzinstrumentes konkret und funktional zu erfolgen.

III. Vertragsfreiheit als „Idealbild" des paritätischen Vertrages

Setzte die Vertragsfreiheit bisher die formale und abstrakte Gleichheit der Verhandlungspartner voraus, so steht dahinter die Wertung, dass „gleiche" Vertragspartner am ehesten in der Lage sind, „gerechte" Verträge zu schaffen. Wie gezeigt, beschränkt sich aber die Möglichkeit zu selbstbestimmtem Handeln auf eine hypothetische Autonomie, wenn die Vertragsfreiheit eine rein formale Ausgestaltung annimmt. Das Prinzip der „formal-abstrakten Gleichheit" kann einem modernen Vertragsrecht somit nicht mehr uneingeschränkt zugrunde liegen[60]. Soll trotzdem an der Vertragsfreiheit festgehalten werden, gilt es, ihre Position in einem zeitgemäßen Vertragsrecht neu zu bestimmen.

1. Selbstbestimmung als Grundlage „freier" Verträge

Wie oben gezeigt, ist am Freiheitsgedanken des Vertragsrechts festzuhalten. Dem Einzelnen muss daher auch weiterhin die Freiheit gewährt werden, seine privaten Geschäfte eigenständig zu regeln. Die Gewährung dieser Freiheit ist

---

Grundlage des Vertragsrechts taugt die rein abstrakte Gewährung von Freiheitsrechten nach dem bisher Gesagten jedoch nicht mehr.

57 Vgl. *Hönn*, GS Schultz, S. 87; *Westermann*, S. 80.

58 Vgl. auch *Drexl*, Wirtschaftliche Selbstbestimmung, S. 414.

59 Von daher dürfte die Gesetzgebungspraktik der Gemeinschaft und ihrer Mitgliedstaaten den dargestellten Streit auf eine rein ideologische Ebene verbannt haben.

60 *Dauner-Lieb*, S. 28; *Westermann*, S. 62, spricht in diesem Zusammenhang von der Abkehr von der „unbeschränkten Vertragsfreiheit".

die Hauptaufgabe des Vertragsrechts. Es muss dafür sorgen, dass jeder Einzelne tatsächlich „freie" Verträge schließen kann. Ein von den Vertragspartnern „frei" geschlossener Vertrag erlaubt dabei am ehesten Rückschlüsse darauf, dass sein Inhalt von beiden Seiten erwünscht ist[61]. Von einem „freien" Vertrag kann in diesem Zusammenhang immer dann ausgegangen werden, wenn beide Parteien autonom agieren konnten, die jeweilige Vertragsentscheidung also Ausdruck selbstbestimmten Handelns ist.

2. Kontrollfunktion der Vertragsfreiheit

Hieraus ergibt sich nun auch die Aufgabe der Vertragsfreiheit in einem modernen Vertragsrecht. Ihr muss eine Kontrollfunktion zukommen, die dahin geht, dass nur selbstbestimmte Verträge auch tatsächlich dem Interesse beider Vertragsparteien entsprechen können. Kommt es hingegen zu Ungleichgewichtslagen beim Vertragsschluss, besteht die Vermutung, dass die unterlegene Partei nicht wirklich autonom handeln konnte und der von ihr abgeschlossene Vertrag nicht ihren tatsächlichen Vorstellungen entspricht[62]. Das Prinzip der Vertragsfreiheit stellt somit das „Idealbild" des modernen Vertrages dar, anhand dessen die realen Vertragssituationen zu messen sind. Ist dabei ein Abweichen der realen Situation vom „Ideal" festzustellen, muss das Vertragsrecht Maßnahmen ergreifen, um diesen Zustand zu ändern[63]. Diese Maßnahmen dürfen jedoch grundsätzlich nicht dazu führen, dass die Nachfrageseite so weit geschützt wird, dass auf der Anbieterseite die Möglichkeit zu selbsbestimmtem Handeln verkürzt wird[64].

Der Vertragsfreiheit kommen somit zwei Kontrollfunktionen zu: Zum einen dient sie der *Aufdeckung von Vertragssituationen*, in denen es an einem Kräftegleichgewicht zwischen den Parteien fehlt, und bildet somit den Ausgangspunkt für Maßnahmen des Gesetzgebers, die darauf abzielen müssen, *dieses fehlende Gleichgewicht wiederherzustellen.* Dabei setzt die Vertragsfreiheit aber gleichzeitig die Grenze der Zulässigkeit solcher Maßnahmen[65]. *Jeder über das zur Herstellung von Gleichheit beim Vertrags-*

61 Die heute herrschende Lehre von der „Richtigkeitsgewähr des Vertragsmechanismus" geht zurück auf *Schmidt-Rimpler*, AcP 147 (1941), S. 130 ff.

62 *Drexl*, Wirtschaftliche Selbstbestimmung, S. 282.

63 Vgl. auch *Heinrich*, S. 166. Nach *Kramer*, MüKo/Kramer, Vor § 145, Rn. 5. geht es deshalb darum, „Legal- und Sozialstruktur des Vertrages, wo sie am weitesten auseinanderklaffen, wenigstens annäherungsweise einer Deckung zuzuführen."

64 *Damm*, VersR 1999, S. 132.

65 Vgl. auch *Wichtermann*, JbJZw 1995, S. 230 f.

schluss notwendige Maß hinausgehende Eingriff in die Vertragssituation ist unzulässig.

IV. Ermittlung der Ungleichgewichtslagen

Ist die Ermittlung des Bestehens einer Ungleichgewichtslage also anhand eines Vergleichs mit dem Prinzip der Vertragsfreiheit vorzunehmen, stellt sich die Frage, wie hierbei vorzugehen ist.

1. Einzelfallbetrachtung

Zunächst besteht die Möglichkeit einer richterlichen Kontrolle jedes Vertragsschlusses, durch die eine tatsächlich bestehende Schutzbedürftigkeit für jeden einzelnen Fall konkret nachgewiesen werden müsste. Diese Methode gewährt die größtmögliche Einzelfallgerechtigkeit. Auf der einen Seite erhält auch tatsächlich derjenige den Schutz, der ihn nötig hat. Auf der anderen Seite wird derselbe Schutz demjenigen verwehrt, der ihn nicht braucht. Hierdurch würde die Wahrscheinlichkeit tatsächlich paritätischer Vertragsverhältnisse erheblich steigen.

Vor allem im nordischen Vertragsrecht werden unter dem Stichwort der „social force majeure“ nachträgliche Eingriffe in den Vertragsmechanismus zugelassen[66]

Der Nachweis einer tatsächlich bestehenden Ungleichgewichtslage müsste jedoch von einem bestimmten Standard der Gleichheit ausgehen und eine solche Vielzahl verschiedener Faktoren berücksichtigen, dass er nur schwer erbringbar wäre[67]. Jeder einzelne Vertragsschluss bedürfte einer genauen Betrachtung. Diesem Vorgehen ist eine Unvorhersehbarkeit des Ergebnisses immanent und führt damit zwangsläufig zu Rechtsunsicherheit[68].

---

66 Siehe hierzu den Überblick bei *Lurger*, Vertragliche Solidarität, Fn. 175.

67 Vgl. *Bydlinski*, System und Prinzipien, S. 726; *Medicus*, Privatautonomie, S. 20: „Um wieviel soll jemand relativ reicher sein müssen, um seine eigene relative Dummheit auszugleichen?“; *Grziwotz*, FS Schippel, S. 24, ist der Auffassung, dass es aus diesem Grund nahezu ausgeschlossen ist, dass bei einem Vertragsschluss Personen beteiligt sind, die in jeder Hinsicht gleichstehen.

68 *Hönn*, GS Schultz, S. 94; *Lieb*, AcP 178 (1978), S. 203; vgl. auch *Grziwotz*, FS Schippel, S. 25:“Im Wege richterlicher Vertragskontrolle kann freilich immer erst im nachhinein verläßlich festgestellt werden, was rechtens gewesen wäre.“ Er weist weiterhin darauf hin, dass „die Berechenbarkeit des Rechts zu den grundlegenden Errungenschaften des modernen Rechtsstaats gehört; Ordnungsaufgabe des Rechts ist es, eine Vorausplanung zu ermöglichen.“.

2. Typisierte Betrachtung

Eine andere Möglichkeit für die Ermittlung von Ungleichgewichtslagen besteht in der Erfassung solcher Situationen, denen *typischerweise* die Gefahr von Disparitäten zwischen den Vertragspartnern anhaftet. Wird eine solche Situation aufgedeckt, in der der Abschluss eines „freien" Vertrages unwahrscheinlich ist, muss anschließend überprüft werden, ob dies aus Umständen resultiert, die für die entsprechende Situation eher untypisch sind, oder ob dieser konkreten Situation die Gefahr ungleicher Verhandlungsstärke generell anhaftet. Dem Gesetzgeber kommt dann die Aufgabe zu, die Voraussetzungen dieser Situationen tatbestandlich zu umschreiben. Eine Einzelfallbetrachtung im Sinne nachträglicher Kontrolle würde sich dann auch nur auf das tatsächliche Vorliegen dieser Voraussetzungen beschränken.

Die Nachteile dieser Methode liegen auf der Hand. Erfasst man nur typische Merkmale, bleibt für die Berücksichtigung untypischer Situationen grundsätzlich kein Raum. Das führt zum einen dazu, dass eine tatsächlich bestehende Ungleichgewichtslage in einer Situation, der diese Gefahr typischerweise nicht immanent ist, nicht ausgeglichen werden kann, so dass es zu Schutzlücken kommt. Auf der anderen Seite bedeutet eine typisierte Erfassung disparitätischer Verhandlungssituationen, dass auch dort Schutz gewährt wird, wo er tatsächlich nicht erforderlich ist.

Der zu privaten Zwecken ein Darlehen bei einer Bank aufnehmende Kreditberater braucht den Schutz der Verbraucherkreditrichtlinie ebenso wenig wie der Rechtsanwalt den Schutz vor missbräuchlichen Klauseln in Privatverträgen[69].

Die Vorteile dieses Herangehens liegen in der Vorhersehbarkeit der Eröffnung des Anwendungsbereiches der schützenden Regelungen. Typisierter Schutz beschränkt sich auf die Beschreibung typischer Merkmale, die relativ leicht nachvollziehbar sind. Durch die so bestehende erhöhte Rechtssicherheit wird es dem Einzelnen ermöglicht, den in Betracht kommenden Schutz vorherzusehen[70].

69 Vgl. hierzu *Bydlinski*, System und Prinzipien, S. 726: "Der technisch und rechtlich wohlberatene Millionär, der seine Villa renovieren läßt, ist gegenüber dem Dachdeckermeister alles andere als in einem verständlichen, generellen Sinn 'strukturell unterlegen'. Der erfahrene und wohlinformierte Jurist oder Geschäftsmann, der als 'Verbraucher' von einem überlegt geschlossenen ('Haustür'-) Vertrag nach Belieben zurücktritt, begeht schlichten, durch nichts gerechtfertigten Wortbruch."

70 *Faber*, ZEuP 6 (1998), S. 859.

3. Gemeinschaftsrechtliche Methode

Es gilt zu untersuchen, welcher dieser Methoden das Gemeinschaftsrecht folgt.

a) Gemeinschaftsrechtlicher Maßstab

Dabei beantwortet sich die Frage nach der zu wählenden Methode relativ leicht. Wie oben gezeigt[71], behindern verschiedene vertragsrechtliche Regelungen in den einzelnen Mitgliedstaaten das ordnungsgemäße Funktionieren des Binnenmarktes dadurch, dass der Verbraucher aus „Scheu" vor der fremden Rechtsordnung den Abschluss grenzüberschreitender Verträge weitgehend meidet. Der Gemeinschaftsgesetzgeber hat sich zur Aufgabe gestellt, diese „Scheu" durch eine Harmonisierung bestehender und die Einführung neuer verbraucherschützender Vorschriften abzubauen. Der Verbraucher soll vor Abschluss eines Vertrages wissen, nach welchem Recht sich dieser richtet. Dieses Ziel würde konterkariert, griffe er hierzu auf solche Instrumente zurück, die zwar die größtmögliche Einzelfallgerechtigkeit garantieren, deren Auswirkungen aber weder vorhersehbar noch verallgemeinerungsfähig sind[72]. Er kann sich deshalb nur einer solchen Methode bedienen, die die Einheitlichkeit der Rechtsfindung in den einzelnen Mitgliedstaaten gewährleistet. Eine nur am Einzelfall orientierte richterliche Vertragskontrolle würde sich folglich störend auf den Binnenmarkt auswirken. Das Selbstverständnis der Binnenmarktfunktionalität erfordert vom Gemeinschaftsrecht deshalb zwingend die Typisierung der Ungleichgewichtslagen.

b) Typisierung des Verbraucherschutzes

Die Vertragsrechtsrichtlinien sehen aus diesem Grund einen typisierten Schutz vor[73]. Sie erfassen jeweils konkrete Situationen und reagieren dabei auf den Abschluss bestimmter Verträge, die aufgrund der fehlenden Möglichkeit der Vorbereitung des Verbrauchers auf diesen Vertragschluss[74] bzw. seiner rechtlichen und geschäftlichen Unerfahrenheit und der daraus resultierenden

---

71 § 1 A II 2 b) bb).

72 Zu den unterschiedlichen Methoden der Rechtsfindung in den Mitgliedstaaten vgl. *Hondius*, Finding the Law, S. 393 ff.

73 Wie oben dargestellt, sah der Vorentwurf zur Klauselrichtlinie die Möglichkeit einer Einzelfallbetrachtung vor (Art. 4 Abs. 1). Dieses Konzept konnte sich aber letztlich nicht durchsetzen, siehe oben § 4 D.

74 Vgl. Erwägungsgrund 4 der HaustürR; Erwägungsgrund 14 FernR.

Unterlegenheit gegenüber dem (gewerblich handelnden) Vertragspartner[75] typischerweise nicht auf seiner freien Entscheidung beruhen (Sicherung der Wahlfreiheit[76]). Das so ermöglichte „Machtgefälle"[77] im Hinblick auf die Freiheit zum Abschluss eines Vertrages kann sich aus der Situation bei Abschluss des Vertrages[78], aus den Modalitäten des Vertragsschlusses[79] oder dem Vertragsgegenstand[80] selbst ergeben.

Allein das Bestehen dieser Konstellationen im konkreten Fall führt also bereits zur Gewährung des Schutzes. Dieser ist folglich unabhängig davon, ob in der konkreten Situation auch ein tatsächliches Schutzbedürfnis besteht[81]. Den geregelten Konstellationen wird vielmehr die *typischerweise* bestehende Gefahr eines ungleichen Machtverhältnisses unterstellt.

V. Das Verbraucherleitbild als Grundlage einer angemessenen Reaktion

Werden Situationen ermittelt, in denen typischerweise die Gefahr der Unterlegenheit einer Vertragspartei besteht, ergibt sich hieraus ein Handlungsauftrag für den Gesetzgeber. Er muss Maßnahmen ergreifen, die diese Unterlegenheit typischerweise beseitigen und so für ein selbstbestimmtes Handeln sorgen können. Wesentlicher Faktor für den Umfang dieser Maßnahmen sind dabei die intellektuellen Anforderungen, die man an den Verbraucher selbst stellt (sog. Verbraucherleitbild)[82]. Je geringer diese sind, desto umfangreicher und detail-

75 Vgl. Erwägungsgrund 8 der KlauselR.

76 Vgl. Vorschlag für FinanzR, KOM (1998), 468 endg., S. 4; Stellungnahme WSA zur TimesharingR, ABlEG Nr. C 108 vom 19. 4. 1993, S. 1 (Punkt 1. 2. a)).

77 Vgl. EuGH vom 19. 1. 1993, Rs. C-89/91, Slg. 1993, S. I-139, Nr. 18 *Shearson Lehman Hutton*; EuGH vom 3. 7. 1997, Rs. C-269/95, Slg. 1997, S. I-3767, Nr. 17 *Benincasa/ Dentalkit*: Bestehen eines strukturellen Ungleichgewichts des Verbrauchers gegenüber der Angebotsseite, das vor allem daran deutlich wird, dass der Verbraucher zumeist der wirtschaftlich ungleich schwächere und rechtlich unerfahrene Vertragspartner ist.

78 So die HaustürR, die gemäß Erwägungsgrund 4 auf das „Überraschungsmoment" abstellt.

79 So die KlauselR (Erwägungsgrund 10) und die FernR (Erwägungsgrund 9 ff.)

80 So die VerbraucherkreditR (Erwägungsgrund 7), die TimesharingR (Erwägungsgrund 11) und die Richtlinie über den Verbrauchsgüterkauf (Erwägungsgrund 6); der Vorschlag für die FinanzR kombiniert diese Elemente (Erwägungsgründe 16, 16a).

81 Deshalb ist *Hoffmann*, FS Reich, S. 308, zu widersprechen, wenn er in der Gewährung der „Möglichkeit zum Rücktritt" Elemente einer Einzelfallgerechtigkeit zu erkennen glaubt. Auch die Einräumung eines Vertragslösungsrechts erfolgt unabhängig von einer einzelfallbezogenen „Bedarfsprüfung".

82 *Drexl*, Wirtschaftliche Selbstbestimmung, S. 417, hat nachgewiesen, dass nicht nur kompensatorische Maßnahmen, sondern auch marktkomplementäre Regelungen die Zugrundelegung eines Verbraucherleitbildes fordern.

lierter müssen die ihn schützenden Regelungen ausfallen. Die Entscheidung für ein Verbraucherleitbild zieht also die Grenze zwischen der Selbstverantwortlichkeit des Einzelnen für seine wirtschaftliche Betätigung und der Zulässigkeit regulierenden Schutzes "von oben".

1. Ermittlung eines Verbraucherleitbildes

Bei der Ermittlung des Verbraucherleitbildes bieten sich zwei Alternativen. Man kann die Anforderungen an den Verbraucher zum einen abstrakt normieren oder sich zum anderen an den tatsächlichen Gegebenheiten des „Vertragslebens" orientieren. Zu klären ist deshalb, ob sich der Verbraucherschutz an einem normativen oder an einem realistischen Verbraucherleitbild orientieren muss.

a) „Formale Mündigkeit"

Zunächst ist es möglich, den Verbraucherschutzmaßnahmen ein rein normatives Leitbild zugrunde zu legen, dem insoweit eine gewisse „Erziehungsfunktion" zukäme[83].

Schünemann entwirft das Modell einer „formalen Mündigkeit" als Anknüpfung an die allgemeine Rechts- und Geschäftsfähigkeit des Einzelnen[84]. Schutzbedürftigkeit könne nur dort beginnen, wo Mündigkeit aufhöre[85]. Maßgeblich müsse demnach „das Leitbild des verständigen, kritischen, wachen Wirtschaftsbürgers und Rechtsgenossen, des 'reasonable man' sein, der mit jenem Maß an intellektueller Kompetenz und Rationalität ausgestattet ist, dessen eine freiheitsbasierte Rechtsordnung und ein funktionierender Markt nun einmal bedürfen. Wer hinter diesen in der Tat rein normativen Standards der Mündigkeit zurückbleibt, muss dieses als Teil seines Lebensschicksals tragen, selbst wenn er dieses Schicksal mit der Mehrheit seiner Mitbürger teilen sollte."[86]

Wie bereits oben zur „formal-abstrakten Gleichheit" ausgeführt[87], beschränkt sich der Wert formaler und normativer Voraussetzungen auf die Konstruktion theoretischer Modelle. Je weiter sich dieses Modell dabei von der Realität entfernt, desto weniger taugt es für die Rechtspraxis. Wenn *Schünemann* hier also selbst konstatiert, dass die Mehrheit der

83 *Hommelhoff*, AcP 192 (1992), S. 94; *Staudenmayer*, S. 75.
84 *Schünemann*, FS Brandner, S. 294.
85 *Schünemann*, aaO, S. 294.
86 *Schünemann*, aaO, S. 294.
87 A III.

„verbrauchenden" Marktteilnehmer nicht in der Lage sein wird, den Anforderungen seiner „Theorie von der formalen Mündigkeit" zu entsprechen, propagiert er ein Modell, das die tatsächliche Marktsituation weitgehend konterkariert. Dass jedoch ein Recht, das nur seinem Selbstzweck dient, seine Existenzberechtigung verwirkt, wurde oben bereits gezeigt. Hinzu kommt der Umstand, dass in *Schünemanns* Modell dem Einzelnen nur noch die Rolle eines „Bausteins" zur Schaffung einer (normativen) Marktordnung zukommt. Seine tatsächlichen Bedürfnisse finden keine Berücksichtigung[88]. Ein solcher Ansatz widerspricht jedoch in eklatanter Weise der Ordnungsfunktion des Privatrechts.

b) Typisiertes, realitätsbezogenes Verbraucherleitbild

Für das Prinzip der Vertragsfreiheit wurde bereits gezeigt, dass sich das Vertragsrecht nicht auf die Gewährung rein formalen (und damit weitgehend theoretischen) Schutzes beschränken darf, sondern dem Einzelnen auch die tatsächliche Möglichkeit zu selbstbestimmtem Handeln geben muss. Diese Erkenntnis verlangt aber zwingend die Orientierung am tatsächlichen Potential der unterlegenen Vertragspartei, wobei auch hier typisierend vorzugehen ist. Maßnahmen zur Herstellung materieller Vertragsfreiheit müssen sich deshalb eines Verbraucherleitbildes bedienen, das seine *typische* Entsprechung in der Realität findet[89]. Grundlage jeder verbraucherschützenden Regelung ist der Nachweis der Schutzbedürftigkeit des Verbrauchers[90]. Ist daher erwiesen, dass aufgrund der Überrumpelung bei Haustürgeschäften, der Komplexität von Timesharingverträgen oder der Nichtprüfbarkeit der Ware bei Fernabsatzgeschäften der Verbraucher in einer grundsätzlich schwächeren Position ist und regelmäßig zu undurchdachten Vertragsschlüssen verleitet wird, dann muss das Ziel jeder Maßnahme in erster Linie die Stärkung der konkreten Position des Verbrauchers sein. Natürlich kann dies zu opportunistischem Verhalten führen, jedoch ist diese Folge im Sinne eines effektiven Verbraucherschutzes

---

88 Daraus macht *Schünemann*, aaO, S. 294, auch keinen Hehl, wenn er - in sich durchaus widersprüchlich - sagt: „Inhalt und Grenzen rechtlich beachtlicher Schutzbedürftigkeit ergeben sich demnach nicht aus irgendwelchen empirisch darstellbaren, vielleicht sogar weitverbreiteten Defiziten hinsichtlich Intelligenz, Marktübersicht, Produktkenntnis, geschäftlicher Gewandtheit und ähnlichem, sondern schlicht aus den wettbewerbsrechtlichen Funktionsbedingungen des Marktes.".

89 Vgl. in diesem Zusammenhang auch *Pfeiffer*, Verbraucherbegriff, S. 31:"...daß auch die Privatrechtsordnung die in der christlich-abendländischen Überlieferung zum Ausdruck kommende anthropologische Erfahrung der menschlichen Unvollkommenheit, namentlich den Umstand, daß sich der Mensch mitunter gegen alle Vernunft in Versuchung führen läßt, nicht ignorieren sollte."

90 Siehe hierzu die Richtlinienerwägungen in § 4.

hinzunehmen. Effektiver Verbraucherschutz verlangt folglich nach einem realitätsnahen Verbraucherleitbild.

Kind zeigt in ihrem „fachübergreifenden Ansatz", dass es verschiedene wissenschaftliche Methoden zur Ermittlung des Verbraucherverhaltens gibt, aus denen letztlich das Bild des typischen, durchschnittlichen Verbrauchers entstehen kann[91].

2. Gemeinschaftsrechtliches Verbraucherleitbild

Zu untersuchen ist, welches Leitbild dem europäischen Verbraucherrecht zugrunde liegt.

a) Verbraucherleitbild des EuGH

Der EuGH geht in seiner Rechtsprechung zum Primärrecht vom Leitbild des freien und mündigen Bürgers aus, der im Wirtschaftsleben als "verständiger" Verbraucher auftritt[92]. Einem solchen Verbraucher kann nach dem EuGH zugemutet werden, dass er sich entsprechende Informationen, wenn nötig auch in einer Fremdsprache, beschafft[93]. Weiter gehende nationale Vorschriften sind nur dann gemeinschaftskonform, wenn sie zum Schutz wichtiger Interessen des allgemeinen Wohls zwingend erforderlich sind[94]. Der mündige Verbraucher bedarf folglich nur wenig staatlichen Schutzes[95].

---

91 *Kind*, S. 442 ff..

92 EuGH vom 10. 11. 1982, Rs. 261/81, Slg. 1982, S. 3961, Nr. 17 *Rau*; EuGH vom 6. 7. 1995, Rs. C-470/93, Slg. 1995, S. I-1923, Nr. 24 *Mars*, hierzu *Streinz/Leible*, ZIP 1995, S. 1236 ff.; EuGH vom 2.2. 1994, Rs. C 315/92, Slg. 1994, S. I-317, Nr. 21 *Clinique Laboratoire*, hierzu *Leible*, DZWiR 1994, S. 177 ff. Dass das tatsächliche intellektuelle Potential des europäischen Durchschnittsverbrauchers hinter dem vom EuGH zugrunde gelegten zurückbleibt, ist relativ unstrittig, vgl. *Howells/Weatherill*, S. 291; *Remien*, RabelsZ 62 (1998), S. 634; *Lurger*, Vertragliche Solidarität, S. 59; *Tilmann*, FS Piper, S. 491; vgl. auch *Rehbinder*, FS Heini, S. 307: „...mündiger Verbraucher als Durchschnittstyp aufgrund der kaum zu behebenden menschlichen Dummheit noch nicht gesichtet."

93 EuGH vom Rs. Slg. 1990, Slg. I-2971, Rn. 15 *Piageme/Peters*.

94 EuGH vom 20. 2. 1979, Rs. 120/78, Slg. 1979, 649, Nr. 8 *Rewe/Bundesmonopolverwaltung für Branntwein (Cassis de Dijon)*.

95 Vgl. *Lurger*, Vertragliche Solidarität, S. 15: "Der mündige Verbraucher kann sich selbst informieren und dann eine reife, überlegte Vertragsentscheidung treffen, in die der Staat inhaltlich nicht mehr eingreifen darf. Einen (paternalistischen) Schutz vor sich selbst, vor seiner eigenen unüberlegten oder übereilten Vertragserklärung hat der mündige Verbrau-cher nicht nötig."

b) Verbraucherleitbild der Richtlinien

Auch die sekundärrechtlichen Richtlinien stellen die Information des Verbrauchers in den Vordergrund. Die Transparenz der Vertragsbedingungen ist unerlässliche Voraussetzung für eine freie Entscheidung über eine vertragliche Bindung. Die Schriftformgebote für die Verbraucherverträge bzw. Vertragsbedingungen und die umfassenden und detailreichen Aufklärungspflichten für den Anbieter zielen dabei auf einen Verbraucher ab, der sich mit den Vertragsbedingungen auch tatsächlich aktiv auseinandersetzt. Hinzu kommt die Einräumung einer nachträglichen Bedenkzeit, durch die dem Verbraucher die Nachholung einer selbstbestimmten Entscheidung ermöglicht werden soll[96]. Darüber hinaus wird am Charakter der Richtlinienregelungen als Mindestharmonisierungsmaßnahmen deutlich, dass das gemeinschaftsrechtliche Niveau des Verbraucherschutzes keinesfalls das höchstmögliche ist. Bis hierher geht das Richtlinienvertragsrecht also mit dem Verbraucherleitbild des EuGH konform[97].

Auf der anderen Seite zeigt aber bereits die Detailtiefe der Informationspflichten, dass dem Verbraucher nicht unbedingt zugemutet wird, sich Informationen selbst zu beschaffen[98]. Vielmehr müssen ihm sämtliche Vertragsbedingungen quasi auf einem "goldenen Teller" präsentiert werden. Der Richtlinienschutz geht sogar so weit, dass der Verbraucher aufgrund der Ausgestaltung der Richtliniennormen als zwingendes Recht auf den ihm gewährten Schutz nicht verzichten darf[99]. Trotzdem gehen auch sie von einem Verbraucher aus, der auf der Grundlage der vertragstypischen Informationen eine selbstbestimmte Entscheidung trifft. Ob diese letztlich tatsächlich seinem Interesse entspricht, obliegt dabei einzig und allein seiner Verantwortung.

VI. Zusammenfassung

Der gemeinschaftsrechtliche Verbraucherschutz für den Bereich des Vertragsrechts dient der Herstellung von Vertragsfreiheit als Ausgangspunkt für Verträge, die dem tatsächlichen Willen der Vertragspartner entsprechen. Nur durch selbstbestimmte Verträge können die Unionsbürger ihre wirtschaftlichen Interessen am Markt durchsetzen. Die Voraussetzungen für ein solches autonomes Handeln des Verbrauchers bietet die Realität im Markt jedoch nicht

96 *Drexl*, Wirtschaftliche Selbstbestimmung, S. 419.
97 Vgl. *Hommelhoff*, AcP 192 (1992), S. 94.
98 Vgl. zur Belehrung des Verbrauchers unten § 8 B.
99 Hierzu ausführlich § 8 A III und § 9 C II 2 b) bb) (2).

mehr. Von daher bedarf es regulierender Maßnahmen von Seiten des Gesetzgebers, um die vor allem auf einem Informationsdefizit beruhende Disparität zwischen den Vertragspartnern auszugleichen. Dabei regelt der Gemeinschaftsgesetzgeber nur solche Situationen, denen die Gefahr der fehlenden Möglichkeit zu selbstbestimmtem Handeln typischerweise innewohnt.

B. Einheitlicher Verbraucherbegriff

Im Mittelpunkt der Richtlinien steht zweifellos der Begriff des Verbrauchers[100]. Er hat die Funktion, den Anwendungsbereich der Richtlinien für einen bestimmten Personenkreis zu öffnen, und beschreibt gleichzeitig die Grenzen des vom europäischen Gesetzgeber angedachten Schutzes. Man kommt folglich nicht umhin, genau zu beschreiben, was unter einem „Verbraucher" im europäischen Sinne zu verstehen ist. Zu untersuchen ist dabei, ob diese Beschreibung von jeder Richtlinie gesondert vorgenommen wird oder ob dem europäischen Verbrauchervertragsrecht ein einheitlicher Verbraucherbegriff zugrunde liegt.

I. Anforderungen an die Definition

Teilweise wird allerdings vorgebracht, dass ein einheitlicher Verbraucherbegriff nicht existieren könne, so dass eine Bestimmung des Verbraucherbegriffs von vornherein scheitern müsse[101]. Die Zahl der Verbraucher ist mit der Gesamtbevölkerung identisch, und es sei deshalb unmöglich, diesen Begriff zu definieren, da er eine solche Vielzahl von Individuen umfasse, dass eine definitionsnotwendige Abgrenzung nicht vorgenommen werden könne[102]. Vielmehr entstehe ein eventuelles Schützbedürfnis einer Person, die der Anbieterseite gegenübertritt, immer nur aus einer konkreten Situation. Fehle einem sog. Verbraucherschutzrecht also die einheitliche ratio, so könne eine angemessene rechtliche Regelung immer nur der Lösung eines spezifischen Problems eines spezifischen Personenkreises dienen, der dann aber nicht allgemein als

---

100 Vgl. die Darstellung unter § 4. Lediglich die TimesharingR verwendet den Begriff des „Verbrauchers" nicht, sondern spricht vom „Erwerber" (Art. 1 Satz 1 iVm Art. 2 Sp. 4); vgl. allerdings bereits hier Erwägungsgrund 14, der seinerseits vom „Verbraucher" spricht.

101 *Medicus*, FS Kitagawa, S. 484; *Dreher*, JZ 1997, S. 170; *Teske*, Begriff des „Verbrauchers", S. 16.

102 *Zöllner*, JuS 1988, S. 332; *Kemper*, S. 31.

„Verbraucher“ bezeichnet werden könne[103]. Daher komme einem Verbraucherbegriff zwar durchaus politische Relevanz zu, rechtlich sei der Verbraucher aber lediglich ein „Phantom“[104].

Art. 2 Nr. 4 der Pauschalreiserichtlinie scheint dies zunächst zu stützen, da hiernach „Verbraucher“ jeder ist, der die Pauschalreise bucht.

Allein aus der Tatsache, dass jeder Einzelne Verbraucher sein kann, muss jedoch nicht zwingend folgen, dass hierdurch eine einheitliche Begrifflichkeit ausgeschlossen ist. Niemand mag bestreiten, dass auch jeder Einzelne Käufer, Mieter oder Besteller sein kann. Und trotzdem ist es möglich, genau zu bestimmen, wann er eben als Käufer, wann als Mieter und wann als Besteller zu betrachten ist. Auch dabei wird immmer an die konkreten Umstände und spezifischen Situationen angeknüpft.

Beispielsweise wird als Käufer bezeichnet, wer aus einem Kaufvertrag berechtigt ist, vom Verkäufer Übergabe der Kaufsache und Verschaffung des diesbezüglichen Eigentums zu verlangen, und gleichzeitig den Kaufpreis entrichten muss, § 433 BGB.

Es geht also nicht darum, eine Definition im Sinne einer Abgrenzung zu anderen Rechtssubjekten vorzunehmen, die einen Menschen ganz allgemein zum Verbraucher macht, während ein anderer dies nicht ist. Das wird in der Tat ebenso wenig möglich sein, wie die generelle Typisierung einer Person als Käufer. Vielmehr kommt es auf eine Begrifflichkeit an, die es erlaubt, einer Person im konkreten Fall den spezifischen Schutz der Verbrauchervertragsrichtlinien zu gewähren, im Ergebnis geht es somit um die Klärung der Frage, *wann eine Person als Verbraucher handelt.* Eine Definition, die diesen Anforderungen gerecht werden kann, muss also in erster Linie eine Aussage über eine spezielle Vertragssituation treffen, die die Gewährung von Verbraucherschutz rechtfertigt[105]. Erst dadurch wird es möglich, den zu definierenden Begriff in seinem rechtlichen Kontext zu erfassen.

II. Definition

Verschafft man sich nun einen Überblick über die einzelnen Ausgestaltungen des Verbraucherbegriffs in den Verbrauchervertragsrichtlinien, so kann man zweifellos ein einheitliches Verständnis feststellen: *Verbraucher ist eine*

103 *Medicus*, FS Kitagawa, S. 484.
104 *Dreher*, JZ 1997, S. 170.
105 *Landy*, S. 69; *Pfeiffer*, Verbraucherbegriff, S. 29; *Kleindiek*, S. 304.

natürliche Person, die mit einem gewerblichen Anbieter einen von der jeweiligen Richtlinie erfassten Vertrag zu privaten Zwecken schließt[106].

Die Verfestigung dieses Verbraucherbegriffes wird insbesondere in der Richtlinie für Verbrauchsgüterkauf und -garantien deutlich. Während der erste Vorschlag in seinem Art. 1 Abs. 2 lit. a) jede natürliche Person, die zu einem Zweck handelt, der nicht *unmittelbar* ihrer beruflichen Tätigkeit zugerechnet werden kann, als Verbraucher erfasste[107], verwendet die Richtlinie nunmehr die oben genannte Definition der anderen Verbrauchervertragsrichtlinien. Insoweit stellt Art. 2 Nr. 4 Pauschalreiserichtlinie also lediglich eine Ausnahme und keine Grundtendenz dar.

III. Die einzelnen Elemente

Die einzelnen Elemente dieses Begriffes müssen einer kritischen Betrachtung im Hinblick auf die Funktionsfähigkeit des Verbraucherbegriffs unterzogen werden.

1. Konkrete Situation als konstitutives Element

Wie oben gezeigt, ist das begriffsbildende Element zur Klärung der Frage, wann jemand als „Verbraucher" handelt, in der spezifischen, den Richtlinienschutz auslösenden Situation zu sehen[108]. Die Verbrauchervertragsrichtlinien dienen zunächst der Beschreibung und Begründung solcher Situationen[109]. Nur wenn die in den Richtlinien umschriebenen Umstände tatsächlich vorliegen, ist ihr Anwendungsbereich eröffnet. Als „Verbraucher" können demnach derzeit nur Personen handeln, die Haustür- und Distanzgeschäfte, Pauschalreise-, Verbraucherkredit-, Timesharing- oder Verbrauchsgüterkaufverträge abschließen bzw. denen gegenüber missbräuchliche Klauseln verwendet werden.

2. Rechtfertigung eingrenzender Merkmale

Bis hierher steht das Verbrauchervertragsrecht den „klassischen" Vertragsrechtskategorien und deren Einteilung nach der Art des konkreten Vertrages noch gleich. Der europäische Gesetzgeber belässt es jedoch nicht bei einer

---

106 Dieses Verständnis entspricht weitgehend dem der mitgliedstaatlichen Rechtsordnungen. Der Begriff des Verbrauchers hat nunmehr auch Eingang in das Bürgerliche Gesetzbuch gefunden (§ 13 BGB).

107 ABlEG Nr. C 307 vom 16. 10. 1996, S. 8.

108 *Pfeiffer*, Verbraucherbegriff, S. 29, hält diesen Ansatz für eine Grunderkenntnis der Entwicklung des modernen Vertrags- und Verbraucherrechts.

109 Vgl. hierzu die Darstellung der einzelnen Richtlinien, oben § 4.

Abgrenzung nach der Art des vorgenommenen Rechtsgeschäfts, sondern grenzt den Verbraucherbegriff noch in dreierlei Hinsicht ein: Es werden nur Verträge mit *gewerblichen Anbietern* erfasst, die zudem nur von *natürlichen Personen* und auch nur *zu privaten Zwecken* geschlossen werden können.

Es wurde bereits gezeigt, dass der Anknüpfungspunkt für verbraucherschützende Maßnahmen das Bestehen typischer Ungleichgewichtslagen ist. Wird eine solche aufgedeckt, ist zu untersuchen, ob sie grundsätzlich jedes Rechtssubjekt gleichermaßen gefährdet oder ob *typische* Unterschiede bezüglich bestimmter Vertragspartner existieren, die es rechtfertigen, das aus der Situation resultierende Schutzbedürfnis auf bestimmte Personen zu begrenzen[110].

a) Privatheit des Handelns

Der „Verbraucher" muss zu Zwecken handeln, die nicht seiner gewerblichen oder beruflichen Tätigkeit zugerechnet werden können. Die Beschränkung des Richtlinienschutzes auf nur zu privaten Zwecken Handelnde impliziert die Annahme, dass in den typisierten Vertragssituationen auch nur diesen die typischen Gefahren fehlender Verhandlungsstärke drohen. Negativ formuliert bedeutet das, dass ein gewerblicher Vertragspartner auf der Nachfrageseite typischerweise zum selbstbestimmten Abschluß von Timesharing-, Kredit- und Kaufverträgen in der Lage und auch bei Direkt- und Distanzgeschäften nicht schutzwürdig ist.

Dass dies tatsächlich nicht so ist, lässt sich indes kaum bezweifeln[111]. Die Beispiele von Personenkreisen, die zwar gewerbsmäßig handeln, aber ebenso schutzwürdig erscheinen wie der zu privaten Zwecken Handelnde sind endlos[112]. Auch Gewerbetreibende können aufgrund informationeller Unterlegenheit oder wirtschaftlicher Abhängigkeit nicht in der Lage sein, Verträge

---

110 Vgl. *Bydlinski*, System und Prinzipien, S. 726 :"Auch eine 'typisierende', auf Durchschnittsfälle abgestellte Regelung sollte so dosiert sein, daß sie nicht in 'untypischen' Fällen zum groben Unrecht wird. Das folgt aus der Optimierungsaufgabe bei der Prinzipienabwägung."

111 *Pfeiffer*, Verbraucherbegriff, S. 27; *Chazal*, Rec. Dalloz 1997, chronique S. 263.

112 Vgl. nur *Medicus*, FS Kitagawa, S. 485, der darauf hinweist, dass die Folgen „unfreier" Verträge für Gewerbetreibende unter Umständen viel schwerwiegender sein können; ders., ZIP 1996, S. 1926; *Schlechtriem*, JZ 1997, S. 443; *Lurger*, Vertragliche Solidarität, S. 70; *Remien*, ZEuP 2 (94), S. 42; zweifelnd *Calais-Auloy/Steinmetz*, Rn. 10, die davon ausgehen, dass derjenige, der für sein Gewerbe handelt, aufmerksamer agiert; vgl. zu diesem Aspekt auch *Westermann*, S. 80.

nach ihren Interessen zu gestalten[113].

Die Haustürrichtlinie reagiert auf den Umstand, dass der „Verbraucher“ auf die Vertragsverhandlungen nicht vorbereitet ist und deshalb häufig keine Möglichkeit hat, Qualität und Preis des Angebots zu vergleichen. Allein hieraus wird auf ein Überraschungsmoment gefolgert, das ein Eingreifen des Gesetzgebers notwendig macht[114]. Gründe dafür, warum dies nur bei einem Handeln zu privaten Zwecken möglich sein soll, werden nicht genannt.

Auch bei der Fernabsatzrichtlinie wird die schutzauslösende Situation darin gesehen, dass der „Verbraucher“ „in der Praxis keine Möglichkeit hat, vor Abschluß des Vertrages das Erzeugnis zu sehen oder die Eigenschaft der Dienstleistung im einzelnen zur Kenntnis zu nehmen“, so dass ihm ein Vertragslösungsrecht eingeräumt werden muss[115]. Aber auch ein Gewerbetreibender, der Ware im Fernabsatz bestellt, kann diese vorher nicht in Augenschein nehmen und scheint somit nicht weniger schutzbedürftig[116].

Die Verbraucherkreditrichtlinie sieht es für notwendig an, den „Verbraucher“ in den Besitz der Informationen über die Bedingungen des Kreditvertrages zu bringen[117]. Hinzu kommt die Feststellung, dass „die vertraglichen Bedingungen für den 'Verbraucher' nachteilig sein können und deshalb bestimmte Vorschriften zu erlassen sind, die für alle Formen des Kredits gelten“[118]. Es kann wohl nur schwerlich bezweifelt werden, dass auch für Gewerbetreibende Kreditbedingungen nachteilig sein können und dass hieraus zumindest ein Informationsbedarf resultiert.

Die Klauselrichtlinie gibt den Mitgliedstaaten auf, dafür Sorge zu tragen, „daß die mit den Verbrauchern abgeschlossenen Verträge keine mißbräuchlichen Klauseln enthalten“[119]. Heißt das im Umkehrschluss, dass Verträge mit Gewerbetreibenden missbräuchliche Klauseln enthalten dürfen? Wie wäre dieser Befund zu rechtfertigen, wenn die Schutzbedürftigkeit doch vor allem dadurch ausgelöst wird, dass der „Verbraucher“ in der Regel keinen Einfluss auf die Ausgestaltung der Vertragsbedingungen hat? Trifft das nicht auch auf die Mehrzahl der „Geschäftsverträge“ zu?

Im Gegensatz hierzu erstreckt die Pauschalreiserichtlinie ihren Schutz auf „jeden, der die Pauschalreise bucht“ (Art. 2 Nr. 4). Das Schutzbedürfnis wird abei aus dem Umstand gezo gen, dass bei einer Pauschalreise im Voraus größere Geldbeträge zu zahlen sind und dies bei Unkenntnis des fremden Rechts von einem Vertragsschluss abhalten kann[120].

Die Anwendung der Verbrauchervertragsrichtlinien auf Gewerbetreibende wird vom EuGH jedoch bislang abgelehnt. Im Fall *"di Pinto"* musste sich der Gerichtshof mit der Frage auseinander setzen, ob ein Gewerbetreibender, der im Wege eines Haustürgeschäfts als Kunde einen Werbevertrag im Hinblick auf

---

113 *Drexl*, Wirtschaftliche Selbstbestimmung, S. 397 („Die wirtschaftliche Selbstbestimmung ist kein Privileg des Verbrauchers.“); *Kieninger*, ZEuP 4 (1996), S. 482.

114 Erwägungsgrund 4 der HaustürR.

115 Erwägungsgrund 14 der FernR.

116 *Remien*, Verbraucherrecht, S. 114.

117 Erwägungsgrund 8 der VerbraucherkreditR.

118 Erwägungsgrund 9 der VerbraucherkreditR.

119 Erwägungsgrund 3 der KlauselR.

120 Erwägungsgrund 9 der PauschalreiseR.

den Verkauf seines Gewerbebetriebes abschließt, durch die Haustürrichtlinie geschützt ist[121].

Generalanwalt Mischo wollte dem Gewerbetreibenden diesen Schutz gewähren, da „ein durchschnittlicher Gewerbetreibender für die verschiedenen Entscheidungen, die dem Verkauf eines Gewerbebetriebes vorausgehen, nicht über *Erfahrungen oder Kenntnisse verfügt, die ihn von einem Privatmann unterscheiden.*“[122]

Der EuGH legt seiner Entscheidung die Frage zugrunde, ob der Gewerbetreibende das konkrete Geschäft *zur Befriedigung anderer als persönlicher oder familiärer Bedürfnisse* vornimmt[123]. In der konkreten Sache sei dies der Fall. Es sei deshalb davon auszugehen, dass ein Gewerbetreibender Verpflichtungen über seinen Gewerbebetrieb nicht unüberlegt eingehen werde und damit des spezifischen Schwächerenschutzes nicht bedürfe[124]. Zudem erlaube Art. 2 der Haustürrichtlinie keine Unterscheidung zwischen Rechtsgeschäften des laufenden Geschäftsbetriebes und solchen mit Ausnahmecharakter[125].

Diesem von ihm selbst geschaffenen Verbraucherbegriff widerspricht die Entscheidung des EuGH zur Frage der Anwendbarkeit der Haustürrichtlinie auf Bürgschaftsverträge[126]. Zwar sei die Richtlinie grundsätzlich auch auf Bürgschaftsverträge anwendbar. Wegen der Akzessorietät der Bürgschaft könne dies jedoch nur dann gelten, wenn sowohl Bürge als auch Hauptschuldner zu einem "privaten" Zweck handeln[127].

---

121 EuGH vom 14. 3. 1991, Rs C-361/89, Slg. 1991, S. I-1189 *di Pinto.*

122 Schlussantrag des GA *Mischo* zu EuGH vom 14. 3. 1991, Rs. C-361/89 *di Pinto*; Slg. 1991, S. I-1189, Nr. 22.

123 EuGH vom 14. 3. 1991, Rs C-361/89, Slg. 1991, S. I-1189, Nr. 16 *di Pinto. Pfeiffer*, Verbraucherbegriff, S. 33, sieht hierin die Entwicklung des Modells der „typisierten bereichsspezifischen Geschäftskompetenz“, als Eingrenzung des rollensoziologischen Ansatzes. Die Formulierung der entsprechenden Urteilspassage gibt dafür aber wenig her. Vielmehr manifestiert der EuGH den Verbraucherbegriff der Richtlinie, denn ein Handeln „zur Befriedigung anderer als persönlicher oder familiärer Bedürfnisse“ steht einem Handeln zu einem „Zweck, der nicht ihrer beruflichen oder gewerblichen Tätigkeit zugerechnet werden kann“ (Art. 2 Sp. 2 HaustürR) gleich.

124 EuGH vom 14. 3. 1991, Rs C-361/89, Slg. 1991, S. I-1189, Nr. 18 *di Pinto.*

125 EuGH vom 14. 3. 1991, Rs C-361/89, Slg. 1991, S. I-1189, Nr. 15 *di Pinto.*

126 EuGH vom 17. 3. 1998, Rs. C 45/96, Slg. 1998, S. I-1199 *Bayerische Hypotheken- und Wechselbanken AG/Edgar Dietzinger,* NJW 1998, S. 1295 = EuZW 98, S. 252 m. Anm. *Micklitz.*;= ZEuP 6 (1998), S. 1002 ff. mit Anm. *Bydlinski/Klauninger*, hierzu *Hasselbach*, JuS 1999, S. 329 ff.; *Breithaupt*, MDR 1998, S. 1019 ff.. Zum Vorlagebeschluss des BGH vom 11. 1. 1996, NJW 1996, 930, vgl. *Baldus/Becker*, ZEuP 5 (1997), S. 874 ff.; *Pfeiffer*, NJW 1996, S. 3297 ff.

127 EuGH vom 17. 3. 1998, Rs. C 45/96, Slg. 1998, S. I-1199, Nr. 22 *Bayerische Hypotheken- und Wechselbanken AG/Edgar Dietzinger,* NJW 1998, S. 1295, 1296. Vgl. in diesem Zusammenhang auch die Entscheidungen des EuGH zu Art. 13 EuGVÜ. In

War der Gerichtshof in der Rechtssache *di Pinto* noch der Ansicht, dass es allein darauf ankomme, ob der Vertragsschließende zu gewerblichen oder privaten Zwecken handelt, knüpft er den Verbraucherschutz nun also an das Handeln einer anderen Person. Danach käme es nicht mehr auf den situativen Schutz vor Unterlegenheit aufgrund geschäftlicher Unerfahrenheit oder Informationsmangels beim Abschluss eines bestimmten Vertrages an[128]. Folgte man dem EuGH, wäre das gesamte Schutzkonzept des europäischen Verbrauchervertragsrecht folglich hinfällig.

Der innere Widerspruch dieses Urteils besteht jedoch darin, dass der vom EuGH gezogene Schluss aus der Akzessorietät der Bürgschaft auf ihre allumfassende Abhängigkeit von der Hauptschuld letztlich nur dazu führen dürfte, dass auf die Verbrauchereigenschaft des Hauptschuldners abzustellen wäre. Verlangt man darüber hinaus aber noch, dass (auch) der Bürge Verbraucher iSd HaustürR ist, so kann dies nur bedeuten, dass ihm ein eigenständiger Schutz gewährt wird. Hierdurch würde nun aber wiederum die Anknüpfung an die Verbrauchereigenschaft des Hauptschuldners hinfällig. Diese Inkonsequenz des EuGH führt letztlich dazu, dass er dem Bürgen das, was er ihm „mit der einen Hand gegeben, mit der anderen wieder wegnimmt"[129].

Micklitz hingegen sieht in der der Entscheidung die konsequente Fortführung der Entwicklung des Verbraucherrechts zu einem Sonderprivatrecht: „Nur die reinen Verbrauchergeschäfte werden von der Richtlinie erfaßt, nicht aber Mischformen von gewerblichen und Verbrauchergeschäften."[130]. Dabei übersieht er jedoch, dass es sich bei einer privaten Bürgschaft selbst dann nicht um ein Mischgeschäft handelt, wenn diese einen Geschäftskredit sichert. Entscheidend ist allein der Umstand, dass der Bürge unter den Voraussetzungen der Haustürrichtlinie zum Abschluss des Bürgschaftsvertrages verleitet wurde. Nur hieraus kann eine Schutzbedürftigkeit resultieren. Die Akzessorietät der Bürgschaft macht ihn kein bisschen erfahrener, wenn sie der Sicherung eines gewerblichen Kredits dient. Aufgrund dieser aufgezeigten Widersprüche kann das Urteil des EuGH folglich nicht als Grundlage eines neuen Verbraucherkonzepts dienen[131].

EuGH vom 14. 3. 1991, Rs. C 89/91, Slg. 1993, S. I-139, Nr. 20, 22 *Shearson Lehman Hutton* und EuGH vom 3. 7. 1997, Rs. C 269/95, Slg. 1997, S. I-3767, Nr. 17 *Benincasa/Dentalkit* stellt der Gerichtshof klar, dass in den Anwendungsbereich der verbraucherschützenden Regelungen des EuGVÜ nur solche Verträge fallen, die eine Einzelperson zur Deckung ihres Eigenbedarfs beim privaten Verbrauch schließt. Eine Erstreckung dieses Schutzes auf Verträge, die für gewerbliche oder berufliche Zwecke geschlossen werden, sei selbst dann nicht gerechtfertigt, wenn die gewerbliche Tätigkeit erst für die Zukunft vorgesehen ist.

128 *Bydlinski/Klauninger* (Fn. 122), S. 1011; *Pfeiffer*, ZIP 1998, S. 1132.

129 *Reinicke/Tiedtke*, ZIP 1998, S. 895.

130 *Micklitz*, (Fn. 122), S. 254.

131 *Bydlinski/Klauninger*, (Fn. 122), S. 1011, weisen darauf hin, dass es auch gar nicht das Ziel des EuGH war, das bisherige Schutzkonzept des Verbraucherrechts aufzugeben. *Pfeiffer*, Verbraucherbegriff, S. 42, hält die Entscheidung für ein Fehlurteil.

b) Persönliches Element

Der Verbraucherbegriff der Richtlinien enthält weiterhin die Einschränkung, dass als Verbraucher nur natürliche Personen geschützt werden. Im Umkehrschluss folgt daraus, dass juristische Personen von ihrem Anwendungsbereich ausgenommen sind. Auch hier gilt es zu untersuchen, ob die typische Unterlegenheit beim Vertragsschluss nur in Bezug auf natürliche Personen denkbar ist.

Für die Ausgrenzung juristischer Personen aus dem Anwendungsbereich der Richtlinien spricht zunächst die Tatsache, dass eine juristische Person als lediglich rechtliche Konstruktion weder ein Informationsdefizit haben noch geschäftlich unerfahren sein oder überrumpelt werden kann. Auf jedes ihrer einzelnen Organe kann dies aber durchaus zutreffen. Sie kann sich also aus einzelnen Verbrauchern zusammensetzen, die nur dadurch, dass sie für eine juristische Person handeln, ihrerseits nicht weniger schutzwürdig erscheinen[132]. Die oben beschriebene Gefahr übereilter und undurchdachter Vertragsschlüsse aufgrund geschäftlicher Unerfahrenheit besteht hier genauso.

Das Argument, dass ein unüberlegtes Handeln eines Organs nicht dieses selbst, sondern allein die Gesellschaft trifft (vgl. z. B. § 31 BGB)[133], dürfte zwar letztlich das einzig greifbare sein[134], für sich genommen vermag es jedoch nicht zu überzeugen, da es gerade nicht erklärt, warum nicht auch die Gesellschaft vor den Folgen unüberlegter Abschlüsse ihrer Organe geschützt werden soll.

Vielmehr gilt auch hier, dass der maßgebliche Ansatz für die Gewährung spezifischen Schutzes die konkrete Situation des Vertragsschlusses sein muss[135].

Dass die Ausgrenzung juristischer Personen aus dem Verbraucherbegriff auch auf Gemeinschaftsebene nicht selbstverständlich ist, zeigen die Art. 5 EVÜ und 13 EuGVÜ[136] sowie verschiedene Stellungnahmen der Gemeinschaftsorgane: In ihrem zweiten dreijährigen

---

132 *Remien*, ZEuP 2 (1994), S. 42.

133 *MüKo/Ulmer*, § 1 VerbrKrG, Rn. 19.

134 Vgl. *Faber*, ZEuP 6 (1998), S. 862, der auf die bestehende Diskrepanz zu den nichtrechtsfähigen Personengemeinschaften verweist.

135 *Pfeiffer*, Verbraucherbegriff, S. 40, hält die Begrenzung des Verbraucherbegriffs auf natürliche Personen für den „Ausdruck eines legislatorischen Kognitions- und Konzeptionsfehlers".

136 Vgl. in diesem Zusammenhang jedoch die Urteile von EuGH vom 14. 3. 1991, Rs. C 89/91, Slg. 1993, S. I-139, Rn. 20, 22 *Shearson Lehmann Hutton* und EuGH vom 3. 7. 1997, Rs. C 269/95, Slg. 1997, S. I-3767, Nr. 17 *Benincasa Dentalkit*, in denen der Gerichtshof klarstellt, dass in den Anwendungsbereich des Art. 13 EuGVÜ nur solche Verträge fallen, die eine *Einzelperson* zur Deckung ihres Eigenbedarfs beim privaten Verbrauch schließt.

Aktionsplan 1993 - 1995 zur Verbraucherpolitik bezeichnet die Kommission als Verbraucher „natürliche oder juristische Personen“[137]. Das Parlament wollte von der Timesharingrichtlinie auch juristische Personen erfasst sehen[138], der Wirtschafts- und Sozialausschuss zumindest solche, die keinen Erwerbszweck verfolgen[139].

c) Gewerblicher Anbieter

Die Verbrauchervertragsrichtlinien erfassen schließlich nicht jeden von einer natürlichen Person zu privaten Zwecken geschlossenen, in ihren sachlichen Anwendungsbereich fallenden Vertrag. Nur wenn der Verbraucher einem Vertragspartner gegenübersteht, der gerade nicht zu privaten Zwecken handelt, greift das europäische Verbrauchervertragsrecht schützend ein.

Dieser Gegenüber wird in den Richtlinien nicht einheitlich bezeichnet. Er tritt als Gewerbetreibender, Verkäufer, Lieferer, Anbieter, Kreditgeber, Veranstalter oder Vermittler in Erscheinung[140]. Der durch diese richtlinienfunktionalen und daher divergierenden Bezeichnungen erweckte Eindruck der Verschiedenartigkeit dieser Vertragspartei lässt sich inhaltlich wiederum entkräften: In übereinstimmender Definition ist die mit dem Verbraucher kontrahierende Partei *eine natürliche oder juristische Person, die den Vertrag zu einem beruflichen oder gewerblichen Zweck schließt (gewerblicher Anbieter).*

Auch gegen diese ausgrenzende Typisierung wird der Einwand erhoben, nicht alle schutzauslösenden Situationen zu erfassen, da es zwischen zwei privat handelnden Vertragspartnern ebenfalls zu Ungleichgewichtslagen kommen kann[141]. Wirtschaftliche Disparitäten sind, in stark abgeschwächter Form, auch hier denkbar. Dem Verbraucher dürfte dabei wohl noch eher zuzumuten sein, vom Vertragsschluss Abstand zu nehmen, wenn er nicht interessengerecht erscheint. Das setzt jedoch wiederum zunächst voraus, dass er in der Lage ist, die Tauglichkeit des Vertragsschlusses für die Erreichung seiner Interessen einzuschätzen. Von daher bedarf auch der mit einem Privaten Handelnde Schutz vor der Ausnutzung zweifellos bestehender Informations- oder Erfahrungsdefizite.

---

137 KOM (93) 378 endg., Erwägungsgrund 7.

138 Stellungnahme zum Vorschlag für eine Richtlinie des Rates zum Schutz der Erwerber bei Verträgen über die Nutzung von Immobilien als Teilzeiteigentum, ABlEG Nr. C 175 vom 28. 6. 1993, S. 95, Änderungsvorschlag Nr. 10.

139 Stellungnahme des Wirtschafts- und Sozialausschusses zum Vorschlag für eine Richtlinie des Rates zum Schutz der Erwerber bei Verträgen über die Nutzung von Immobilien als Teilzeiteigentum, ABlEG Nr. C 108 vom 19. 4. 1993, S. 108, Anm. 3. 12. ff.

140 Siehe oben § 4.

141 *Chazal*, Rec. Dalloz 1997, chronique S. 261.

3. Änderung des Grundansatzes

Der vorstehende Befund macht deutlich, dass die Ausgrenzung bestimmter Marktteilnehmer aus dem Anwendungsbereich der Vertragsrichtlinien nicht den tatsächlich existierenden Schutzbedürfnissen entspricht. Es stellt sich daher die Frage nach der Umgestaltung des Verbraucherbegriffs.

a) Verzicht auf Einschränkungen

Am einfachsten erscheint dabei der völlige Verzicht auf einschränkende Merkmale. Der Richtlinienschutz würde sich danach auch auf juristische Personen und Gewerbetreibende erstrecken, selbst wenn auf der Anbieterseite ein privat Handelnder stünde. Einzig ausschlaggebend wäre die schutzauslösende Situation[142].

Am Beispiel der Haustürrichtlinie wird jedoch deutlich, dass dies in manchen Fällen schlicht unmöglich ist. Wie beschrieben[143], reagiert die Haustürrichtlinie auf das Überraschungsmoment, das aus der fehlenden Vorbereitung auf die Vertragssituation resultiert. Dass sich eine solche Situation nicht nur in der Wohnung, sondern auch am Arbeitsplatz entwickeln kann, ist unbestritten. Von daher erstreckt die Haustürrichtlinie ihren Anwendungsbereich auch auf den „Besuch des Gewerbetreibenden beim Verbraucher an seinem Arbeitsplatz" (Art. 1 Sp. 2 ii). Wären hiervon nun auch Gewerbetreibende erfasst, würde jeder Händler nur deshalb, weil er seiner gewerblichen Tätigkeit nachgeht, in den Genuss der Vorschriften der Haustürrichtlinie kommen, wenn er mit einem anderen Händler in seinen Gewerberäumen (seinem Arbeitsplatz!) einen Vertrag schließt (sofern der Besuch nicht auf seinen ausdrücklichen Wunsch hin erfolgt). Eine rein situative Eingrenzung ist also kaum vorstellbar.

b) Regelbildung

Ist ein vollständiger Verzicht auf einschränkende Merkmal nicht möglich, muss ein anderer Weg eingeschlagen werden: Der Gesetzgeber hat die Situationen zu ermitteln, in denen aufgrund eines Ungleichgewichts ein Schutzbedürfnis typischerweise besteht[144]. Dabei darf es auf rollensoziologische Abgrenzungen zunächst nicht ankommen[145]. Erst in einem zweiten Schritt ist nun zu untersuchen, ob von diesem Ungleichgewicht eine bestimmte Personengruppe

---

142 So *Medicus*, FS Kitagawa, S. 486; *Dauner-Lieb*, S. 106; *Kleindiek*, S. 304; *Breidenbach*, S. 31 und 64.

143 § 4 A I.

144 *Drexl*, Wirtschaftliche Selbstbestimmung, S. 295; *Pfeiffer*, Verbraucherbegriff, S. 27; *Westermann*, S. 12, spricht insoweit von der Sensibilisierung der privatrechtlichen Rechtsanwendung für Situationen eines typischen Schutzbedürfnisses.

145 *Lieb*, AcP 183 (1983), S. 363; *Eichenhofer*, JuS 1996, S. 862.

aufgrund typischer Merkmale typischerweise stärker bzw. gar nicht betroffen ist. Sollte dies nachweisbar sein, kann der Anwendungsbereich der entsprechenden Maßnahme in persönlicher Hinsicht eingegrenzt werden.

Unter diesem Aspekt würde der Anwendungsbereich der Haustürrichtlinie auch weiterhin auf privat Handelnde beschränkt bleiben.

Führt die Prüfung jedoch zu dem Ergebnis, dass der spezifischen Situation die allgemeine Gefahr „unfreier" Verträge immanent ist, besteht kein Grund, eine Einschränkung des persönlichen Anwendungsbereichs vorzunehmen.

Verbraucherkredit-, Klausel- und wohl auch Timesharingrichtlinie blieben daher nicht länger auf privat Handelnde beschränkt.

Dies würde gleichzeitig den Vorteil fundierterer Begründungen für die einzelnen Maßnahmen bedeuten. Der Gemeinschaftsgesetzgeber wäre gezwungen, die Ebene pauschalisierender Erwägungen zu verlassen. Er müsste nunmehr detailliert darlegen, warum er sich für eine rein situative oder aber eine eingrenzende situativ-personelle Umschreibung des Anwendungsbereichs der Maßnahmen entschieden hat. Dies würde die Nachvollziehbarkeit der einzelnen Rechtsakte erhöhen.

Zur Verdeutlichung ein erneuter Blick auf die Fernabsatzrichtlinie: Beließe es der Gemeinschaftsgesetzgeber bei der „Abwesenheit der Ware" als situativem Anknüpfungspunkt für den Ausgleich hieraus resultierender Ungleichgewichte, wäre die andauernde Beschränkung auf zu privaten Zwecken handelnde natürliche Personen haltlos. Erforderlich ist demnach der konkrete Nachweis, wieso dieselben Gefahren typischerweise nicht auch gewerbliche Vertragspartner etc. treffen können.

c) „Gruppeninterne" Typisierung

Hinsichtlich aller drei begrenzenden Elemente wurde jedoch deutlich, dass ein allumfassender Schutz nicht notwendig ist. Die hier favorisierte Methode der Typisierung scheint jedoch nur eine Abgrenzung zwischen verschiedenen Gruppen, nicht aber innerhalb derselben zu erlauben. Es macht den Eindruck, als ob der spezifische Schutz immer nur der ganzen „Gruppe" gewährt werden könne, wenn das Bedürfnis eines ihrer Teile festzustellen ist. Eine ähnliche Schutzkumulation, wie sie beim generellen Schutz privat Handelnder besteht, ist also auch hinsichtlich der anderen „Gruppen" möglich. Die Ursache hierfür liegt in der fehlenden „sozialen" Eingrenzbarkeit des Verbraucherbegriffs, der den Gesetzgeber zwingt, abstrakte Anhaltspunkte für das Vorliegen eines

Ungleichgewichts zwischen den Vertragspartnern zu schaffen[146]. Diese formale Betrachtung führt dann zwangsläufig zu Konstellationen, in denen die Gewährung verbraucherrechtlichen Schutzes verfehlt erscheint.

Der Versuch einer „gruppeninternen" Grenzziehung soll am Beispiel der Rechtsprechung des französischen Cour de Cassation zur Anwendung verbraucherschützender Vorschriften auf bestimmte Gewerbetreibende nachvollzogen werden.

aa) Vertragszweckbezogene Abgrenzung

Die französische Cour de Cassation hat in einer Vielzahl von Fällen den Schutz diverser Verbraucherregelungen auch auf Gewerbetreibende erstreckt[147]. Als Abgrenzungskriterium diente dabei zunächst ein Handeln *„en dehors de leur compétence professionelle"*[148]. Der Gewerbetreibende befände sich hier *„dans le même état d'ignorance que n'importe quel consommateur"*[149]. In den Genuss der einschlägigen Verbrauchervorschriften kamen demnach z. B. eine Telefongesellschaft beim Einbau einer Alarmanlage durch eine andere Gesellschaft (Art. L. 132-1 ff. Code de la consommation)[150], ein Landwirt beim Erwerb eines Feuerlöschers (Art. L. 121-21 ff. Code de la consommation)[151] und ein Juwelier beim Abschluss eines Werbevertrages für Schmuckstücke (Art. L. 132-1 ff. Code de la consommation)[152]. In späteren Entscheidungen ging die Cour de Cassation dann vom Kriterium der fehlenden Branchenkompetenz ab und beschränkte den Schutz auf solche Vertragsschlüsse von

146 Vgl. *Bydlinski*, System und Prinzipien, S. 726: "Unter den Verbrauchern findet man daher notwendigerweise die volle Bandbreite der geschäftlichen und fachlichen Erfahrung und Informiertheit, der Vermögensausstattung, der rationalen Abwägungsfähigkeit und aller sonstigen menschlichen Eigenschaften, auf die es für besondere Schutzbedürftigkeit oder ihr Fehlen ankommen mag."

147 Cass. Civ. 1re vom 15. 4. 1982, Rec. Dalloz 1994, jur. S. 439 mit Anm. *Pizzio*; Civ. 1re vom 28. 4. 1987, Rec. Dalloz 1988, jur. S. 1 mit Anm. *Delebecque*; Civ. 1re vom 3. 5. 1988, Rec. Dalloz 1990, jur. S. 62 mit Anm. *Karila de Van*; Civ. 1re vom 25. 5. 1992, Rec. Dalloz 1992, jur. S. 401 mit Anm. *Kullmann*; Civ. 1re vom 24. 1. 1995, Rec. Dalloz 1995, jur. S. 327 mit Anm. *Paisant*; Civ. 1re vom 3. 1. 1996, Rec. Dalloz 1996, jur. S. 228 mit Anm. *Paisant*.

148 Cass. Civ. 1re vom 15. 4. 1982, Rec. Dalloz 194, jur. S. 439 mit Anm. *Pizzio*; Civ. 1re vom 28. 4. 1987, Rec. Dalloz 1988, jur. S. 1 mit Anm. *Delebecque*, Civ. 1re vom 3. 5. 1988, Rec. Dalloz 1990, jur. S. 62 mit Anm. *Karila de Van*; Civ. 1re vom 25. 5. 1992, Rec. Dalloz 1992, jur. S. 401 mit Anm. *Kullmann*.

149 Civ. 1re vom 28. 4. 1987, Rec. Dalloz 1988, jur. S. 1 mit Anm. *Delebecque*.

150 Civ. 1re vom 28. 4. 1987, Rec. Dalloz 1988, jur. S. 1 mit Anm. *Delebecque*.

151 Cass. Civ. 1re vom 6. 1. 1993, Rec. Dalloz 1993, Inf. Rapides S. 40.

152 Cour d'appel Paris vom 22. 3. 1990, Rec. Dalloz 1990, Inf. Rapides S. 98.

Gewerbetreibenden, die nicht *„en rapport direct“* zu ihrer beruflichen Haupttätigkeit vorgenommen wurden[153]. Die hierbei entschiedenen Fälle zeigen, dass dies als strengeres Kriterium verstanden wurde, als es die branchenmäßige Kompetenz darstellte. So verweigerte der Gerichtshof einem Lederfabrikanten bei der Anmietung einer Telefonanlage den Schutz des Verbraucherrechts[154] ebenso wie einem Druckereiunternehmen die Berufung auf missbräuchliche Klauseln in einem Vertrag mit einem Stromlieferanten[155]. Keinen direkten Bezug zur beruflichen Haupttätigkeit sah der Gerichtshof hingegen beim Erwerb eines Kopierers durch einen Geistlichen für seine Gemeinde[156].

bb) Bewertung

Die Privatheit des Zwecks des Vertragsschlusses stellt ein relativ einfach zu handhabendes Kriterium dar[157]. Soll der Schutz jedoch auch auf bestimmte Gewerbetreibende erstreckt werden, taugt es zur Grenzziehung kaum noch. Es würde jetzt nicht mehr auf die Abgrenzung privater von gewerblichen Zwecken ankommen, sondern darauf, diejenigen Handlungen zu gewerblichen Zwecken zu bestimmen, in denen typischerweise die Macht zu selbstbestimmtem Handeln fehlt. Wie die Beispiele zeigen, verlangt die französische Rechtsprechung neben den situativen Voraussetzungen der Regelungen das Fehlen eines gewerbespezifischen Bezugs. Damit soll die Grenzziehung zwischen schützenswerten und nicht schutzbedürftigen Gewerbetreibenden ermöglicht werden.

Weder das Handeln „außerhalb der spezifischen Kompetenz“ noch „ohne direkten Bezug“ zur beruflichen Haupttätigkeit ist als begriffliche Umschreibung jedoch in der Lage, das Abgrenzungsproblem zu lösen[158]. Es wird vielmehr verlagert hin zu der Frage, was im Einzelfall noch direkten Bezug zur

153 Civ. 1re vom 24. 1. 1995, Rec. Dalloz 1995, jur. S. 327 mit Anm. *Paisant*; Civ. 1re vom 3. 1. 1996, Rec. Dalloz 1996, jur. S. 228 mit Anm. *Paisant*; Cass. Civ. 1re vom 5. 11. 1996, Dalloz Affaires 1997, S. 20.

154 Cass. Civ. 1re vom 5. 11. 1996, Dalloz Affaires 1997, S. 20.

155 Cass. Civ. 1re vom 24. 1. 1995, Rec. Dalloz, jur. S. 327 mit Anm. *Paisant*.

156 Cass. Civ. 1re vom 3. 5. 1988, Bull. Civ. I No. 125.

157 Auch hier stellen sich Abgrenzungsfragen in den Fällen des sog. dual-use, in denen der „Verbraucher“ sowohl zu privaten als auch zu gewerblichen Zwecken tätig wird. Abzustellen ist hierbei auf den Schwerpunkt des Vertragszweckes. Liegt dieser außerhalb der beruflichen Tätigkeit, ist die Verbrauchereigenschaft zu bejahen, vgl. Bericht *Giuliano/Lagarde*, BT-Drucks. 10/503, S. 55.

158 Auch *Dauner-Lieb*, S. 106, stellt auf die beruflichen Spezialkenntnisse ab.

branchenüblichen Tätigkeit hat und was nicht[159]. Dies hätte zwingend zur Folge, dass jeder in Frage kommende Vertragsschluss einer gerichtlichen Nachprüfung unterzogen werden müsste. Neben den Schwierigkeiten einer national einheitlichen Rechtsprechung ergäbe sich hieraus vor allem das Problem divergierender Ansichten zwischen den mitgliedstaatlichen Gerichten. Hierdurch bestünde die Gefahr willkürlicher Entscheidungen, so dass letztlich jeder Fall dem EuGH zur Vorabentscheidung vorgelegt werden müsste. Die Vorteile eines typisierten Schutzes müssten einem Zustand der Rechtsunsicherheit weichen, der zum einen auf der mangelnden Vorhersehbarkeit der richterlichen Entscheidung und zum zweiten auf der Dauer des Prozesses zur endgültigen Rechtsfindung beruhen würde[160].

Hinzu kommt der Umstand, dass zwischen den Vertragsparteien auch Einigkeit bezüglich des Vertragszwecks bestehen müsste, da nur so das letztlich gültige Recht vorhersehbar ist.

cc) Fazit

Es wird also deutlich, dass sich eine „gruppeninterne" Abgrenzung normativer Begriffe bedienen müsste, um den konkreten Anwendungsbereich einer schützenden Regelung zu umschreiben. Dies führt hinsichtlich der Einheitlichkeit der Rechtsanwendung in den Mitgliedstaaten zur Gefahr divergierender Schutzgewährung. Die Vorhersehbarkeit des Rechts würde dabei auf der Strecke bleiben. Deshalb muss die Typisierung stets die gesamte „Gruppe" erfassen.

d) Reaktion auf untypische Gefährdungssituationen

Es stellt sich die Frage, ob dieser Grundsatz der strikten Typisierung in Einzelfällen durchbrochen werden sollte. Möglich erscheint eine analoge Anwendung der Schutzvorschriften bzw. deren teleologische Reduktion im Einzelfall[161]. Hierdurch könnte ein erhöhtes Maß an Einzelfallgerechtigkeit geschaffen werden. Dabei stellt sich jedoch dasselbe Problem, wie es bereits bei der

159 Vgl. *Calais/Steinmetz*, Rn. 10; *Chazal*, Rec. Dalloz 1997, chronique S. 262.

160 Im oben beschriebenen Fall „di Pinto" (III 2 a) lagen zwischen der ersten Entscheidung des Tribunal de grande instance Paris (28. März 1989) und dem Urteil des EuGH (14. März 1991) ziemlich genau zwei Jahre. Die Ausdehnung des Verbraucherschutzes auf einige Verträge, die zu beruflichen oder gewerblichen Zwecken geschlossen werden, anhand der genannten Kriterien würde folglich eine Vielzahl von Verträgen „auf Eis legen".

161 Diese Möglichkeit räumt bspw. der österreichische Gesetzgeber für die Anwendung des KSchG ein, vgl. Nachweis bei *Lurger*, Vertragliche Solidarität, S. 73.

Abgrenzung der Einzelfallgerechtigkeit von der Typisierung festgestellt wurde: Die Einzelfallgerechtigkeit führt zur Rechtsunsicherheit. Die Tragweite des gewährten Schutzes wäre nicht vorhersehbar und von einer nachträglichen richterlichen Kontrolle abhängig.

Dies gilt umso mehr, als die Zahl der insoweit eindeutigen Beispiele von einem Vielfachen an Grenzfällen überdeckt wird. Wie bereits festgestellt, kann aufgrund fehlender Abgrenzungskriterien auch im Einzelfall nicht mit ausschließlicher Sicherheit festgestellt werden, ob in der konkreten Situation eine Ungleichgewichtslage bestand oder nicht. Dem Einzelnen ist es daher nicht möglich, im Vorfeld eines Vertragsschlusses festzustellen, ob er mit der Anwendung verbraucherschützender Regelungen rechnen darf oder ob er diesen Schutz nicht für sich in Anspruch nehmen kann. Insoweit bestünde auch hier die Gefahr der Ungleichbehandlung gleicher Interessen, wodurch es wiederum zu Schutzgefällen kommen könnte. Hinzu kommt die Möglichkeit des Missbrauchs der Einzelfallkontrolle. Aufgrund fehlender Anhaltspunkte scheint jeder Vertragsschluss potentiell geeignet, im konkreten Fall doch nicht von der eigentlich einschlägigen Regelung erfasst zu werden. Jeder im Gefühl der Unterlegenheit gewerblich Handelnde könnte also die analoge Anwendung der Vorschriften für sich einklagen. Auf der anderen Seite würde wohl eine Vielzahl gewerblicher Anbieter eine teleologische Reduktion des Schutzes zu Lasten ihrer Vertragspartner fordern.

Auch auf Ausnahmesituationen beschränkte Einzelfallkontrollen sind daher abzulehnen[162].

IV. Ergebnis

Den Verbrauchervertragsrichtlinien kann durchaus ein gemeinsamer Verbraucherbegriff entnommen werden: Verbraucher im Sinne des europäischen Verbrauchervertragsrechts ist jede natürliche Person, die mit einem gewerblichen Anbieter einen unter die Verbrauchervertragsrichtlinien fallenden Vertrag zu privaten Zwecken schließt. Die grundsätzlichen Beschränkungen dieser Defintionen führen jedoch dazu, dass nicht in jedem Fall der erforderliche Schutz gewährt werden kann. Dies ist im Hinblick auf *untypische* Fälle als Nachteil der Typisierungsmethode hinzunehmen. Werden hingegen Situationen *typischerweise* bestehender Gefahren für die Vertragsparität ausgegrenzt, bleibt der Gemeinschaftsgesetzgeber hinter den Anforderungen an die Herstellung von Vertragsfreiheit zurück. Dadurch kommt es zu Gerechtigkeitsdefiziten im Vertragsrecht, das somit nicht umfassend in der Lage ist, seine Ausgleichsfunktion zwischen den Parteien wahrzunehmen.

162 Vgl. Canaris, AcP 200 (2000), S. 348, Fn. 265. Auch die von *Chazal*, Rec. Dalloz 1997, chronique S. 266, angeregte Beschränkung der Funktion des Verbraucherbegriffs auf eine widerlegbare Vermutung für das Vorliegen eines Ungleichgewichts würde das Ergebnis richterlicher Kontrolle nicht vorhersehbar machen.

Von daher ist von der „automatisierten“ Verwendung des Verbraucherbegriffs abzugehen. Grundlage jeder gesetzgeberischen Entscheidung darf zunächst allein die Vertragssituation sein. Wird dabei das Vorliegen einer typischerweise bestehenden Gefahr einer ungleichen Verhandlungssituation festgestellt, greift der Schutzmechanismus des Gemeinschaftsrechts ein. Er erfasst dabei alle *typischerweise* gefährdeten potentiellen Vertragspartner. Nur wenn nachweisbar ist, dass die spezielle Gefahr der Ungleichgewichtslage bestimmte Personengruppen im weiteren Sinne ebenso *typischerweise* nicht treffen kann, ist eine Ausgrenzung der (gesamten) Gruppe legitim. Deshalb bleibt festzuhalten, dass der Verbraucherbegriff des Gemeinschaftsrechts letztlich nicht nur die Aufgabe einer Definition übernimmt, sondern ein eigenständiges Instrument für den Ausgleich bestehender Ungleichgewichtslagen und damit zur Herstellung von Vertragsfreiheit ist.

Im Folgenden wird trotzdem aus Gründen der Verständlichkeit (und der Tradition) an der Verwendung des Begriffs „Verbraucher“ festgehalten, der insoweit zwar weiterhin der Umschreibung des Anwendungsbereichs des Gemeinschaftsrechts dient, dem aber das soeben entwickelte Verständnis zugrunde zu legen ist.

C. Der Einfluss des Verbraucherrechts auf das Europäische Vertragsrecht

I. Einheitlichkeit des Vertragsrechts

Die „Grundregeln des Europäischen Vertragsrechts“ richten sich nach ihrer Gestaltung[163] und dem Anspruch ihrer Schöpfer an den Handelsverkehr[164]. Verbraucherschutz als Hauptfeld gemeinschaftsrechtlicher Vertragsrechtsentwicklung findet hierin keinen Platz[165]. Dieser Befund führt zu der Frage, ob auf europäischer Ebene eine Trennung des Vertragsrechts in einen allgemein gültigen Teil und ein Sondervertragsrecht für Verbraucher vorzunehmen ist.
Wie oben gezeigt[166], finden sich verbraucherschützende Vertragsregeln in den Mitgliedstaaten in erster Linie in Einzelgesetzen. Es besteht eine Vielzahl solcher Regelungen, deren Anwendbarkeit von der Verbrauchereigenschaft abhängt. Insoweit kann man also durchaus von einem „Sondervertragsrecht“ im

---

163 Vgl. nur die unter § 5 B II 1 a) skizzierte Erforderlichkeit einer Rechtswahl zwischen den Parteien.

164 Die eindeutige Bezugnahme auf die lex mercatoria macht deutlich, dass es hierbei um europäischen Wirtschaftsverkehr zwischen Unternehmern geht; vgl. *Lando/Beale*, Introduction, S. xviii; vgl. auch *Broggini*, ZfRV 1997, S. 225

165 Vgl. *Heiss*, ZfRV 1995, S. 60.

166 Vgl. die einzelnen Nachweise zur Umsetzung der Richtlinien in § 4.

Sinne der Existenz besonderer Regelungen für bestimmte Vertragsverhältnisse sprechen[167]. Fraglich ist jedoch, ob dieses „Sondervertragsrecht" in der Lage ist, selbständig neben das „klassische" Vertragsrecht zu treten.

Es wurde bereits gezeigt[168], dass der „Verbraucher" als eigenständiges Rechtssubjekt nicht existiert. Die Funktion eines Verbraucherbegriffs geht vielmehr dahin, die konkreten Voraussetzungen zu beschreiben, unter denen eine natürliche Person in den Genuss verbraucherschützender Regelungen kommt. Im Bereich des Vertragsrechts modifizieren diese verbraucherschützenden Vorschriften bestimmte Regeln und normieren besondere Formgebote, Informations- oder Vertragslösungsrechte. Im Übrigen liegen aber jedem Verbrauchervertrag die allgemeinen Prinzipien und Normen des Vertragsrechts zugrunde, so dass eine hiervon losgelöste Existenz eines Verbrauchervertragsrechts gar nicht möglich ist[169].

Auf der anderen Seite macht der Umfang verbrauchervertragsrechtlicher Regelungen deutlich, dass das „klassische" Vertragsrecht allein nicht mehr in der Lage ist, die effektive Durchsetzung privater wirtschaftlicher Interessen zu gewährleisten[170]. Dieser Einsicht folgt deshalb die Erkenntnis, dass ein realitätsnahes, an den Belangen der Allgemeinheit orientiertes Vertragsrecht ohne die Berücksichtigung tatsächlich bestehender Schutzbedürfnisse weitgehend bedeutungslos würde[171]. Das Verbrauchervertragsrecht bildet folglich einen Teil des allgemeinen Vertragsrechts, der besondere Vorschriften zum Ausgleich von Ungleichgewichten zwischen den Vertragspartnern normiert[172]. Ein europäisches Vertragsrecht muss demnach auch verbraucherschützende Elemente enthalten.

II. Anwendungsbereich

Zu klären bleibt die Frage nach dem Anwendungsbereich eines einheitlichen Vertragsrechts. Sollen hiervon nur grenzüberschreitende Verträge erfasst

---

167 Vgl. die Darstellung der österreichischen Entwicklung bei *Lurger*, Vertragliche Solidarität, S. 14 ff.

168 B I.

169 *Hondius*, Consumer Law, S. 19; *Joustra*, S. 138, 146. *Hönn*, GS Schultz, S. 91, beschreibt die Verbraucherschutzvorschriften als einen „Ausschnitt aus der Gesamtheit der den einzelnen Vertragsbeteiligten schützenden Rechtsvorschriften"; ähnlich *Drexl*, Wirtschaftliche Selbstbestimmung, S. 283 („Teilaspekt des Privatrechts"); ders., JZ 1998, S. 1051.

170 *Pizzio*, RTD com 1998, S. 54.

171 *Lurger*, Vertragliche Solidarität, S. 87.

172 *Pizzio*, RTD com. 1998, S. 64; aA *Dreher*, JZ 1997, S. 177, für den das Verbraucherrecht zur Erosion des Privatrechts führt.

werden oder muss es auch nationale Geltung beanspruchen dürfen?

Nur die Begrenzung auf grenzüberschreitende Verträge scheint zunächst im Einklang mit dem Subsidiaritätsprinzip zu stehen. Danach darf die Gemeinschaft nur dann tätig werden, wenn die angestrebten Ziele nicht ausreichend durch mitgliedstaatliche, sondern nur durch gemeinschaftsrechtliche Maßnahmen erreicht werden können[173].

Es erscheint jedoch fraglich, ob ein einheitliches Vertragsrecht allein für grenzüberschreitende Verträge und die damit einhergehende mitgliedstaatliche Regelungskompetenz für innerstaatliche Sachverhalte auch tatsächlich die Behinderungen des Binnenmarktes beseitigen könnten. Aus Sicht der anbietenden Unternehmen mag das durchaus der Fall sein. Für den „Verbraucher“ als nachfragenden Marktteilnehmern bestehen indes erhebliche Zweifel. Wie bereits mehrfach nachgewiesen, funktioniert der Binnenmarkt nur dann reibungslos, wenn er auch vom Verbraucher angenommen wird. Dazu ist es notwendig, sein Vertrauen in Bezug auf die subjektive Praktikabilität grenzüberschreitender Geschäfte zu stärken. Dies gelingt in erster Linie über den Abbau seiner Scheu vor fremden Privatrechtsordnungen. Nur wenn er die Kenntnis seines eigenen Rechts auch in anderen Mitgliedstaaten verwenden kann, wird er regelmäßig bereit sein, dort rechtsgeschäftlich tätig zu werden. Ausschlaggebend ist also die Zugrundelegung der vertrauten Rechtsregeln. Insoweit würde ein einheitliches Vertragsrecht für grenzüberschreitende Verträge zwar ein Vertrauen dahingehend fördernd, dass jeder Vertragsschluss in einem anderen Mitgliedstaat für ihn denselben Regeln unterliege. Es sind jedoch nicht „seine“ Regeln, also die aus letztlich täglicher Anwendung vertrauten. Der Verbraucher müsste sich wiederum mit verschiedenen Rechten beschäftigen[174]. Dabei stünde zu befürchten, dass er im Zweifel von einem Vertragsschluss im Nachbarstaat absehen würde. Zudem müsste er auch für jeden konkreten Vertragsschluss wissen, welches dieser Rechte gerade anwendbar ist. Die Beantwortung der Frage, wann ein Vertrag „die Grenzen überschreitet“, fällt im heutigen Wirtschaftsverkehr allerdings immer schwerer. Nicht nur die Globalisierung der Unternehmen, sondern vor allem die Zunahme der Bedeutung des elektronischen Handels machen es immer öfter unmöglich, eindeutig festzustellen, ob der Vertragspartner ein „nationaler“ oder „internationaler“ ist. Hinzu kommen die unterschiedlichen Auffassungen über die Bestimmung der „Nationalität“ eines Unternehmens[175]. Von daher wäre eine

173 Vgl. hierzu bereits oben § 1 A II 2.

174 *Kramer*, Privatrechtsvereinheitlichung, S. 361 weist darauf hin, dass diese „Zweispurigkeit“ nicht nur für den Verbraucher misslich wäre.

175 Das Urteil des EuGH vom 9. 3. 1999, Rs. C 212/97, Slg. 1999, S. 1484 *Centros Ltd./ Erhvervs- og Selskabsstyrelsen*, EuZW 1999, S. 216 = JZ 1999, S. 669 mit Aufs. *Ebke*,

Begrenzung der Anwendung des europäischen Vertragsrechts auf grenzüberschreitende Verträge nicht geeignet, die Behinderungen für den Binnenmarkt zu beseitigen. Vielmehr muss ihm zu einer gemeinschaftsweiten, allumfassenden Geltung verholfen werden[176].

S. 656 und *Ulmer*, S. 662 = IPRax 1999, S. 360 mit Aufs. *Behrens*, S. 323 hat den Streit zwischen Gründungs- und Sitztheorie eher neu entfacht als entschieden.

176 So auch *Kirchner*, Europäisches Vertragsrecht, S. 113.

Zusammenfassung des zweiten Teils

1. Die bisher erlassenen Harmonisierungsakte der Gemeinschaft im Bereich des Verbrauchervertragsrechts sind nicht geeignet, die vom Vertragsrecht ausgehenden Störungen für die Funktionsfähigkeit des Binnenmarktes zu beseitigen. Dem positiven Effekt der Schaffung eines gemeinschaftsweiten Mindestschutzstandards stehen eine Reihe negativer Auswirkungen gegenüber, die ihre Ursachen fast ausschließlich auf der Gemeinschaftsebene haben. Insbesondere das Fehlen einer systematischen Grundlage bewirkt die zusammenhanglose Normierung wenig nachvollziehbarer Vertragsrechtsregelungen.

2. Die tatsächliche Beseitigung der Binnenmarktbeeinträchtigung für Verbraucher erfordert daher die systematische Erfassung der Materie. Nur hierdurch wird es möglich, einheitliche Vertragsrechtsinstrumente zu schaffen und so das Gemeinschaftsrecht wirksamer zu machen, da nun die Mitgliedstaaten in der Lage sind, die Gemeinschaftssystematik auf nationaler Ebene zu übernehmen. Hierfür müssen der Bestand des Richtlinienrechts und die nationalen Umsetzungsregelungen erfasst und verglichen werden. Zu suchen ist nach der jeweils sinnvollsten Lösung. Die so entstehenden Vertragsrechtsinstrumente werden durch Verordnungen in Geltung gesetzt.

3. Auch das einheitliche Vertragsrecht muss am Prinzip der Vertragsfreiheit ausgerichtet sein. Deren Funktion ist dabei jedoch neu zu bestimmen. Es geht nicht mehr um eine formal-abstrakte Gleichheit der Verhandlungspartner. Vielmehr dient die Vertragsfreiheit zunächst dazu, Machtungleichgewichte aufzudecken und somit eine Reaktion des Gesetzgebers zu ermöglichen. Auf der anderen Seite verhindert die Vertragsfreiheit übermäßige und damit unzulässige Eingriffe in den Vertragsmechanismus.

4. Das Verbrauchervertragsrecht ist Teil des zu vereinheitlichenden Vertragsrechts. Es dient dem Ausgleich typischerweise bestehender Ungleichgewichtslagen beim Vertragsschluss zwischen einem Verbraucher und einem Anbieter. Der Verbraucherbegriff muss dabei grundsätzlich an die schutzauslösende Situation anknüpfen. Eingrenzende Merkmale bedürfen der Rechtfertigung durch den Gesetzgeber. Die eingesetzten Verbraucherschutzinstrumente sind sowohl marktkomplementärer als auch -kompensatorischer Natur. Das zugrunde gelegte Verbraucherleitbild muss sich weitgehend an der Realität orientieren.

Dritter Teil Das Vertragslösungsrecht als Rechtsfigur eines einheitlichen Vertragsrechts

§ 7 Verbraucherschützende Vertragslösungsrechte

Die bisherige Untersuchung hat gezeigt, dass das auf dem Gebiet der Rechtsangleichung im Verbrauchervertragsrecht bislang Erreichte bei weitem nicht dem entspricht, was vom europäischen Gesetzgeber bezweckt wurde. Nur über die Entwicklung allgemeiner und verbindlicher Rechtsfiguren als Teil eines künftigen Europäischen Vertragsrechts sind die tatsächliche Öffnung des Binnenmarktes für die Verbraucher und die damit einhergehende Effektuierung der Wirtschaftsprozesse innerhalb der Europäischen Union erreichbar. Eine solche Rechtsfigur kann auch das verbraucherschützende Vertragslösungsrecht darstellen. Dabei ist die Schaffung von Vertragslösungsrechten, die es einer Partei ermöglichen, sich ohne Angabe von Gründen von der Bindung ihrer rechtsgeschäftlichen Handlung zu befreien[1], bei weitem keine Erfindung des Gemeinschaftsgesetzgebers[2].

Während das erste „europäische" Vertragslösungsrecht im „Vorschlag einer Richtlinie des Rates betreffend den Verbraucherschutz im Fall von außerhalb von Geschäftsräumen abgeschlossenen Verträgen"[3] aus dem Jahre 1977 „das Licht der Welt erblickte"[4], existierten entsprechende Vertragslösungsrechte in einigen mitgliedstaatlichen Vertragsrechten schon sehr viel länger: In Frankreich enthielt Art. 3 des 1972 geschaffenen „Haustürgeschäftegesetzes"[5] ein Vertragslösungsrecht („droit de renoncer à l'engagement"), in Deutschland wurde 1974

---

1 Zur dogmatischen Einordnung der Vertragslösungsrechte siehe unten § 9.

2 Vgl. *Baillod*, RTD civ. 1984, S. 242:"Le commencement d'élaboration d'un droit de la consommation a donné lieu, on l'a vu, à une relative „explosion" de droit de repentir." Insoweit muss *Hommelhoff*, FS Helmrich, S. 331,also widersprochen werden, wenn er für die beschriebene Relativierung von Vertragsfreiheit und Privatautonomie den europäischen Gesetzgeber (allein) verantwortlich macht.

3 ABlEG Nr. C 22 vom 29. 1. 1977, S. 6 ff.

4 Im selben Zeitraum schlug die Kommission vor, im Rahmen der „Richtlinie, betreffend den Schutz der Teilnehmer am Fernunterricht" ein Vertragslösungsrecht für Fernunterrichtsverträge (Art. 10) zu schaffen, ABlEG Nr. C 208 vom 31. 8. 1977, S. 12 ff.. Dieser Richtlinienvorschlag wurde jedoch nicht umgesetzt.

5 Loi n° 72-1137 vom 22. Dezember 1972, Rec. Dalloz 1973 législation S. 17; heute Art. L- 121-21 bis 32 Code de la consommation; das Vertragslösungsrecht ist nunmehr in Art. L. 121- 25 geregelt.

ein „Widerrufsrecht“ in das Abzahlungsgesetz eingefügt[6]; zudem bestand zu diesem Zeitpunkt bereits ein „Widerrufsrecht“ in § 11 des Gesetzes über den Vertrieb ausländischer Investmentanteile und über die Besteuerung der Erträgnisse ausländischer Investmentanteile[7].

A. Die „europäischen“ Vertragslösungsrechte

Hat der Gemeinschaftsgesetzgeber das Vertragslösungsrecht auch nicht „erfunden“, so kann doch die Aktualität dieses Verbraucherschutzinstruments durchaus auf sein Wirken zurückgeführt werden. Aus diesem Grund sollen die einzelnen Vertragslösungsrechte der Verbrauchervertragsrichtlinien zunächst dargestellt werden.

I. Lösung von Haustürgeschäften

Nach Art. 5 Abs. 1 Satz 1 HaustürR besitzt der Verbraucher das Recht, von der eingegangenen Verpflichtung „zurückzutreten“ („right to renounce the effects of his undertaking“; „le droit de renoncer aux effets de son engagement“). Damit soll ihm die Möglichkeit gegeben werden, die Verpflichtungen aus dem Vertrag noch einmal zu überdenken, insbesondere Preis und Qualität zu vergleichen, um so die auf dem Überraschungsmoment des Haustürgeschäfts beruhende Unterlegenheit gegenüber dem Gewerbetreibenden auszugleichen[8]. Der Verbraucher ist über sein „Widerrufsrecht“ („right of cancellation“, „droit de résilier“) schriftlich und unter Angabe von Namen und Anschrift des Empfängers zu unterrichten (Art. 4 Satz 1). Die Belehrung ist zu datieren und muss eine Identifikation des Vertrages ermöglichen (Art. 4 Satz 2). Sie muss dem Verbraucher ausgehändigt werden (Art. 4 Satz 3). Die Folgen der Nichtbelehrung regeln sich nach den mitgliedstaatlichen Rechten (Art. 4 Satz 3). Die Frist zur Ausübung des Vertragslösungsrechts beträgt sieben Tage und beginnt mit der Aushändigung der Belehrung (Art. 5 Satz 1). Die Einzelheiten der Ausübung sind dabei wiederum den mitgliedstaatlichen Gesetzgebern überlassen[9]. Die Richtlinie legt lediglich fest, dass zur Fristwahrung die rechtzeitige Absendung der „Anzeige“ genügt (Art. 5 Abs. 1 Satz 2). Übt der Verbraucher sein „Rücktrittsrecht“ („right of renunciation“, „droit de renonciation“) aus, regeln sich die Folgen dieses „Widerrufs“ („renunciation“; „renonciation“) nach dem jeweils einschlägigen Recht der Mitgliedstaaten (Art.

6 § 1 b AbzG, eingefügt durch Novelle zum AbzG vom 15. Mai 1974, BGBl I, S. 1169. An die Stelle des Abzahlungsgesetzes ist das Verbraucherkreditgesetz getreten.

7 Gesetz vom 28. 7. 1969, BGBl. I, S. 986.

8 Erwägungsgründe 4 und 5 der Haustürrichtlinie.

9 Vgl. hierzu unten § 8 E.

7). In jedem Fall ist der Verbraucher aus allen aus dem „widerrufenen" Vertrag („cancelled contract"; „contrat résilié") erwachsenden Verpflichtungen entlassen (Art. 5 Abs. 2).

II. Lösung von Timesharingverträgen

Art. 5 Nr. 1 TimesharingR gibt dem Verbraucher das Recht, vom Timesharingvertrag „zurückzutreten" („to withdraw" ; „de se rétracter"). Ihm soll so die Möglichkeit gegeben werden, die sich aus dem geschlossenen Vertrag ergebenden Verpflichtungen und die damit zusammenhängenden Rechte besser beurteilen zu können[10]. Nach Art. 4 Sp. 1 iVm lit. l) des Anhangs ist er über dieses Recht zu belehren, wobei ihm der Adressat einer entsprechenden Erklärung und die konkreten Bedingungen dieses „Rücktritts" („right to cancel or withdraw"; „droit de résiliation et le droit de rétractation") mitzuteilen sind. Die Frist für die Ausübung des Vertragslösungsrechts beträgt grundsätzlich *zehn Tage* und beginnt mit der beiderseitigen Unterzeichnung des Vertrages (bzw. eines verbindlichen Vorvertrages) (Art. 5 Nr. 1 Sp. 1). Sie kann sich jedoch verlängern, wenn der Gewerbetreibende seinen Informationspflichten nicht in vollem Umfang nachgekommen ist. Fehlen also wesentliche Informationen, kann der Verbraucher innerhalb von *drei Monaten* vom Vertrag „zurücktreten" („to cancel the contract"; „de résilier le contrat") (Art. 5 Nr. 1 Sp. 2 Satz 1). Werden die Informationen innerhalb dieser verlängerten Frist nachgereicht, beginnt von diesem Zeitpunkt an die Regelfrist von zehn Tagen (Art. 5 Nr. 1 Sp. 2 Satz 2). Macht der Verbraucher von seinem verlängerten „Rücktrittsrecht" („the right to cancel"; „droit de résiliation") keinen Gebrauch, hat er nach Ablauf dieser Frist noch einmal innerhalb von zehn Tagen die Möglichkeit zur Vertragslösung (Art. 5 Nr. 1 Sp. 3). Zur Ausübung der Vertragslösungsrechte des Art. 5 Nr. 1 genügt die Mitteilung vor Fristablauf, wobei bei schriftlicher Ausübung die Absendung vor Fristablauf ausreicht (Art. 5 Nr. 2). Übt der Verbraucher sein reguläres Vertragslösungsrecht aus, so ist er zur Erstattung der Kosten verpflichtet, die nach den mitgliedstaatlichen Vorschriften an Vertragsabschluss und „Rücktritt" („withdrawal"; „rétractation") geknüpft sind, sofern diese unbedingt vor Ablauf der Frist vorgenommen werden müssen und im Vertrag ausdrücklich genannt sind (Art. 5 Nr. 3). Für den Fall der Vertragslösung nach Art. 5 Nr. 1 Sp. 2 ist der Verbraucher zu keinerlei Erstattung verpflichtet (Art. 5 Nr. 4). Innerhalb der „Rücktrittsfrist" dürfen vom Verbraucher keinerlei Anzahlungen geleistet werden (Art. 6).

10 Erwägungsgrund 11 der Timesharingrichtlinie.

III. Lösung von Distanzgeschäften

Der Verbraucher hat bei Vertragsabschlüssen im Fernabsatz in der Praxis keine Möglichkeit, vor Abschluss des Vertrages das Erzeugnis zu sehen oder die Eigenschaften der Dienstleistung im Einzelnen zur Kenntnis zu nehmen[11]. Deshalb gewährt ihm Art. 6 Abs. 1 Satz 1 der Fernabsatzrichtlinie das Recht, jeden Vertragsabschluss im Fernabsatz zu „widerrufen" („to withdraw"; „se rétracter"). Art. 6 Abs. 3 regelt jedoch einige Ausnahmen von diesem Vertragslösungsrecht. So kann das „Widerrufsrecht" („right of withdrawal"; „droit de rétractation") u. a. bei Verträgen zur Lieferung von Zeitungen, Zeitschriften und Illustrierten (Sp. 5), zur Erbringung von Wett- und Lotteriedienstleistungen (Sp. 6) und zur Lieferung von Waren oder Erbringung von Dienstleistungen, deren Preis von der Entwicklung der Sätze auf den Finanzmärkten, auf die der Lieferer keinen Einfluss hat, abhängt (Sp. 2), nicht ausgeübt werden. Nach Art. 5 Abs. 1 Satz 2 Sp. 1 muss der Verbraucher schriftlich über die Bedingungen und Einzelheiten der Ausübung des „Widerrufsrechts" („right of withdrawal"; „droit de rétractation") sowie über die hiervon ausgenommenen Konstellationen unterrichtet werden. Die Regelfrist zur Ausübung des Vertragslösungsrechts beträgt sieben Werktage (Art. 6 Abs. 1 Satz 1). Sie beginnt bei Waren mit dem Tag des Eingangs beim Verbraucher, bei Dienstleistungen mit dem Tag des Vertragsabschlusses, sofern zu diesem Zeitpunkt bereits alle erforderlichen Informationen (Art. 5) gewährt wurden. Kommt der Gewerbetreibende diesen Informationspflichten nicht nach, beträgt die Frist drei Monate (Art. 6 Abs. 1 Satz 4), beginnend mit dem Eingang der Ware bzw. Abschluss des Vertrages über die Erbringung der Dienstleistung (Art. 6 Abs. 1 Satz 5). Werden die entsprechenden Informationen innerhalb dieser verlängerten Frist gewährt, läuft ab diesem Zeitpunkt die Regelfrist von sieben Werktagen (Art. 6 Abs. 1 Satz 6). Nach Ausübung des „Rechts auf Widerruf" („right of withdrawal"; „droit de rétractation") hat der Gewerbetreibende gemäß Art. 6 Abs. 2 Satz 1 die vom Verbraucher geleisteten Zahlungen innerhalb von 30 Tagen (Art. 6 Abs. 2 Satz 3) kostenlos zu erstatten. Der Verbraucher trägt die unmittelbaren Kosten der Rücksendung der Ware, darüber hinausgehende Zahlungen muss er nicht leisten (Art. 6 Abs. 1 Satz 2, Abs. 2 Satz 2).

11 Erwägungsgrund 14 der Fernabsatzrichtlinie.

IV. Lösung von Verträgen über Finanzdienstleistungen im Fernabsatz

Die letzten Vertragslösungsrechte in der Reihe der gemeinschaftsrechtlichen Regelungen stellt das „Widerrufsrecht" („right of withdrawal";"droit de rétractation") in Art. 4 Abs. 1 des (geänderten) Richtlinienvorschlags über Finanzdienstleistungen im Fernabsatz dar. Danach muss dem Verbraucher das Recht eingeräumt werden, sich innerhalb einer Frist von mindestens vierzehn und höchstens dreißig Tagen ohne Angabe von Gründen vom Vertrag zu lösen. Der Beginn der Ausübungsfrist ist dabei an die Erfüllung der Informationspflicht durch den Anbieter geknüpft: Wurden dem Verbraucher die Vertragsbedingungen und die in Art. 3 Abs. 1 genannten Informationen vor Abschluss des Vertrages übermittelt, beginnt die Frist mit Vertragsschluss (Art. 4 Abs. 1 lit. a), andernfalls mit Erteilung dieser Informationen, wenn der Vertrag auf ausdrücklichen Wunsch des Verbrauchers geschlossen wurde, ohne dass ihm diese Informationen vorlagen (Art. 4 Abs. 1 lit. b). Vom Vertragslösungsrecht ausgenommen sind bestimmte, in Art. 4 Abs. 1a aufgeführte Finanzdienstleistungen, wie z. B. Wechselgeschäfte (lit. a) und Nichtlebensversicherungen mit einer Laufzeit von weniger als zwei Monaten (lit c). Der Verbraucher muss über diese Rechte deutlich und unmissverständlich in einer der benutzten Fernkommunikationstechnik angepassten Weise unterrichtet werden (Art. 3 Abs. 1 lit. h, Abs. 2). Über die Folgen der Nichtbeachtung dieser Belehrungspflicht macht der Richtlinienvorschlag keine Aussagen. Zur Ausübung des Vertragslösungsrechts muss der Verbraucher den Anbieter schriftlich oder unter Zuhilfenahme eines dauerhaften Datenträgers, der dem Anbieter zur Verfügung steht und zu dem er Zugang hat, benachrichtigen (Art. 4 Abs. 3). Die Rechtsfolgen der Ausübung des Vertragslösungsrechts regeln sich grundsätzlich nach dem jeweils anwendbaren Recht der Mitgliedstaaten (Art. 4 Abs. 5). Löst sich der Verbraucher nach Art. 4 Abs. 1 vom Vertrag, muss er einen bestimmten Teil des Preises der Finanzdienstleistung zahlen (Art. 5 Abs. 1), sofern nachweisbar ist, dass er hierüber vom Gewerbetreibenden vor Abschluss des Vertrages unterrichtet wurde (Art. 5 Abs. 2). Hierüber hinausgehende Zahlungen sind unverzüglich zurückzugewähren (Art. 5 Abs. 3).

B. Kategorisierung

Die Darstellung der einzelnen Vertragslösungsrechte zeigt eine Fülle verschiedener Regelungen im Hinblick auf ihre Bezeichnung, die Belehrung, die

Frist und die Ausübungsmodalitäten[12]. Die Zusammenführung dieser Lösungen zu einem einheitlichen Recht setzt voraus, dass allen Vertragslösungsrechten ein gemeinsamer Kern immanent ist, der einer Verallgemeinerung zugeführt werden kann. Von daher muss im Folgenden untersucht werden, inwieweit sich die einzelnen Rechte in Bezug auf den mit ihnen verfolgten Zweck decken. Kommt man dabei zu dem Ergebnis, dass jedes Vertragslösungsrecht einen eigenen Zweck verfolgt, wird die Ausbildung eines einheitlichen europäischen Vertragslösungsrechts nur schwer möglich sein. Gelangt man hingegen zu der Erkenntnis, dass allen Regelungen dieselbe gesetzgeberische Intention zugrunde liegt, ließe sich hieraus die Schaffung eines umfassenden Vertragsrechtsinstruments rechtfertigen.

I. Terminologie

Aussagen über die Verallgemeinerungsfähigkeit könnten zunächst grundsätzlich den jeweils vom Gesetzgeber verwendeten juristischen Begriffen entnommen werden.

Die unterschiedliche Verwendung der Begriffe „Rücktritt" und „Widerruf" ließe dann darauf schließen, dass damit auch verschiedene Rechtsfiguren bezeichnet werden sollen.

Dies muss indes im Hinblick auf die europäische Gesetzgebungstechnik in Frage gestellt werden. Ein „juristischer" Begriff (terminus technicus) unterscheidet sich von einem „normalen" (untechnischen) Begriff dadurch, dass er seinen rechtlichen Inhalt bereits vorgibt, während ein „normaler" Begriff lediglich eine „grobe" Einordnung vornimmt[13].

Im umgangssprachlichen Sinne umfasst z. B. der Begriff der Leihe oftmals auch entgeltliche Gebrauchsüberlassungen (Leih- statt Mietwagen), Eigentum und Besitz werden häufig gleichgestellt und eine Unterscheidung zwischen Kündigung, Rücktritt und Widerruf nur selten vorgenommen[14].

Ein untechnischer Begriff wird demnach dann zum juristischen, wenn er einen konkreten und abgrenzbaren rechtlichen Inhalt zugewiesen bekommt.

Beispielsweise erfordert die Abgrenzung zwischen entgeltlichen und unentgeltlichen Gebrauchsüberlassungen zwei verschiedene Begriffe zur genauen Identifikation des in concreto

---

12 Vgl. hierzu bereits oben § 5 A.

13 *Larenz*, Methodenlehre, S. 302.

14 Hieraus resultieren die geringen Anforderungen an die Bezeichnung der Erklärung des Vertragslösungsrechts, vgl. § 8 E I 1.

vorliegenden Falls. Erkennt man die Möglichkeit unterschiedlicher Intensität der Beziehung einer Person zu einer Sache an, müssen deren Stufen begrifflich klar abgrenzbar sein. Können verschiedene Arten rechtsgeschäftlicher Erklärungen zu unterschiedlichen Folgen für einen Vertrag führen, benötigt man konkrete Begriffe, will man eine Aussage über die Auswirkung einer tatsächlich abgegebenen Erklärung auf das Entstehen oder das Schicksal eines Vertrages treffen.

Grundlage einer solchen Begriffsbildung ist allerdings ein Rechtssystem, das einen umfassenden Lebensbereich regelt und deshalb eine Vielzahl von Abgrenzungen und Erklärungen treffen muss[15]. Dieses System weist jedem Rechtsinstrument eine bestimmte Funktion zu, die sich dann auch in seiner Terminologie widerspiegelt. Erst die Existenz eines zugrunde liegenden Systems ermöglicht folglich den Schluss von der begrifflichen Beschreibung auf Inhalt und Funktion eines Rechts[16]. Ohne diese Grundlage bleibt der gewählte Terminus eine bloße Umschreibung gesetzgeberischer Intention, die keinerlei Anhaltspunkte für inhaltliche Schlussfolgerungen bietet.

Wie oben gezeigt[17], verfügt das europäische Vertragsrecht (noch) nicht über ein solches System. Es setzt sich vielmehr aus einer Vielzahl punktueller und fragmentarischer Regelungen zusammen, die allesamt der Binnenmarktfunktionalität verpflichtet sind. Der europäische Gesetzgeber versucht auf diesem Wege, bestehende Behinderungen für das ordnungsgemäße Funktionieren des Binnenmarktes zu beseitigen und bedient sich hierfür verschiedener Instrumente. Die dabei verwendeten Begriffe können deshalb nur in ihrem richtlinienspezifischen Zusammenhang als Ausdruck einer Zielvorstellung, nicht hingegen als tatsächliche „juristische termini" betrachtet werden[18].

Deshalb kann der europäische Gesetzgeber zwar das Vertragslösungsrecht in Art. 4 Satz 1 HaustürR als „Widerruf" („right of cancellation", „droit de résilier"), seine konkrete Ausübung hingegen als „Rücktritt" („right to renounce", „droit de renoncer", Art. 5 Abs. 1 Satz 1 HaustürR) bezeichnen[19], was in einem gefestigten Privatrechtssystem wie z. B. dem deutschen zutiefst widersprüchlich wäre, da beiden Begriffen unterschiedliche juristische Bedeutungen zugewiesen sind[20]. Gerade im Hinblick auf die notwendige einheitliche

15 Nach *Larenz*, Methodenlehre, S. 163 bilden dabei die Begriffe die „Knotenpunkte" des Systemgeflechts.

16 *Pescatore*, ZEuP 6 (1998), S. 7.

17 § 5 A III 1 b).

18 Vgl. auch *Remien*, Europäisches Zivilgesetzbuch, S. 131.

19 Vgl. auch die divergierenden Bezeichnungen für die mit dem Verbraucher kontrahierende Partei, unten § 4.

20 Vgl. aber die allgemeine Regelung über das verbraucherschützende *Widerrufsrecht* in § 361a BGB im Titel über den *Rücktritt*; siehe hierzu die Darstellung in den §§ 8-10.

Auslegung der Bestimmungen[21] wäre eine abgestimmte Terminologie jedoch wünschenswert und würde die Nachvollziehbarkeit der gemeinschaftsrechtlichen Regelungen erheblich verbessern.

Im Ergebnis bleibt daher festzuhalten, dass allein aus der Begrifflichkeit der Richtlinien keinerlei Schlussfolgerungen auf deren rechtlichen Inhalt gezogen werden dürfen, sondern vielmehr die konkrete Funktion des „Rechts" im Rahmen der Richtlinie den Ausschlag geben muss.

II. Einordnung nach Kalss/Lurger

Kalss/Lurger versuchen in ihrer Studie *„Zu einer Systematik der Rücktrittsrechte im Verbraucherrecht"*[22], die spezifischen Eigenheiten der verschiedenen Vertragslösungsrechte im österreichischen Zivilrecht zu erfassen und übergeordnete Kategorien zu finden. Dabei kommen sie zu der Erkenntnis, dass sich die österreichischen Regelungen in insgesamt sieben Kategorien einteilen lassen, nämlich in Situations-, Abwesenheits-, Informations-, Typen-, Irrtums-, Vertragsänderungs- und Kündigungs"rücktrittsrechte"[23]. Im Folgenden sollen diejenigen Einordnungen dargestellt werden, die die „gemeinschaftsrechtlichen" Vertragslösungsrechte betreffen[24].

1. „Situationsrücktritt"

Als „Situationsrücktritt" bezeichnen *Kalss/Lurger* die Vertragslösungsrechte, die dazu dienen, einer in der Anbahnungs- oder Abschlusssituation auftretenden Gefahr der Überrumpelung oder Übereilung zu begegnen[25]. Der Verbraucher ist hier psychisch überfordert und kann dadurch leichter zu voreiligen Vertragsabschlüssen überredet werden[26]. In gemeinschaftsrechtlicher Hinsicht fällt unter diese Kategorie das Vertragslösungsrecht des Art. 5 Abs. 1 Satz 1 HaustürR, da hiermit auf die aus dem Überraschungsmoment resultierende Unterlegenheit des Verbrauchers reagiert wird.

---

21 Siehe oben § 5 B II 3 b).

22 *Kalss/Lurger*, JBl. 1998, S. 89 ff; 153 ff.; 219 ff.

23 Vgl. die entsprechende Übersicht, aaO. S. 162/163.

24 Die von *Kalss/Lurger* verwendete Terminologie des „Rücktritts" wird beibehalten.

25 AaO., S. 153.

26 AaO., S. 165; vgl. auch *Lurger*, Vertragliche Solidarität, S. 45.

2. „Abwesenheitsrücktritt"

Das „Abwesenheitsrücktrittsrecht" dient der Verhinderung des Abschlusses eines unfreien Vertrages, weil der Vertragsparter die Ware oder die Leistung bei Vertragsabschluss nicht in Augenschein nehmen konnte[27]. Diese Konstellation ist bei Vertragsabschlüssen im Fernabsatz gegeben. Das hierfür geschaffene Vertragslösungsrecht des Art. 6 Abs. 1 Satz FernR wäre danach also als „Abwesenheitsrücktritt" zu qualifizieren.

3. „Typenrücktritt"

Eine weitere Kategorie soll der sog. „Typenrücktritt" darstellen. Diese „Rücktrittsrechte" reagieren nicht auf eine aus einer bestimmten Abschlusssituation entstehenden Gefahr, sondern greifen bei jedem Abschluss bestimmter komplizierter, langfristiger oder schwerwiegender Geschäftstypen ein[28]. Einen solchen Vertragstyp stellt der Timesharingvertrag dar. Die Timesharingrichtlinie reagiert auf die Komplexität der Materie. Das Vertragslösungsrecht des Art. 5 Nr. 1 Sp. 1 TimesharingR wäre hiernach also als „Typenrücktritt" zu qualifizieren.

4. „Informationsrücktritt"

Schließlich ist an dieser Stelle noch der „Informationsrücktritt" von Relevanz. Dieser wird unterteilt in ein *eigenständiges* und ein *abgeleitetes* „Rücktrittsrecht", wobei das erste auf die nicht rechtzeitige Informationserteilung vor Abschluss des Vertrages, bei Vertragsschluss oder spätestens zum Zeitpunkt der Erfüllung reagiert, das zweite hingegen nur die Frist der Ausübung eines der anderen Kategorien verschiebt, weil der Verbraucher zuvor nicht ordnungsgemäß informiert wurde[29]. Folgt man dieser Einordnung, dann würden die Fristverlängerungen in Art. 5 Nr. 1 Sp. 2 TimesharingR bzw. Art. 6 Abs. 1 Satz 4 FernR ein abgeleitetes Vertragslösungsrecht darstellen.

III. Einheitlichkeit des Regelungsgrundes

Nach der von *Kalss/Lurger* vorgeschlagenen Einordnung würden die vier Vertragslösungsrechte der Verbrauchervertragsrichtlinien auch (mindestens) vier

27 *Kalss/Lurger*, JBl. 1998, S. 155.
28 AaO., S. 156; vgl. auch *Lurger*, Vertragliche Solidarität, S. 47.
29 AaO., S. 157.

verschiedenen Kategorien angehören. Nach dem eingangs Gesagten müsste man konstatieren, dass jedes Vertragslösungsrecht einen anderen Zweck verfolgt und somit die Grundlagen für die Schaffung eines einheitlichen Rechts nicht gegeben wären. Auf der anderen Seite bestehen jedoch erhebliche Zweifel an der Eignung der vorgeschlagenen Einteilung. Deshalb gilt es, diese Kategorisierung kritisch zu hinterfragen.

1. Überschneidungen

Eine Kategorisierung erscheint zunächst nur dann sinnvoll, wenn die einzelnen Kategorien auch tatsächlich die charakteristischen Merkmale des jeweiligen Rechts erfassen, nach denen es sich von den Rechten einer anderen Kategorie abgrenzen lässt. Deshalb ist zunächst zu untersuchen, ob die einzelnen Kategorien wenigstens so weit voneinander abgrenzbar sind, dass eine eindeutige Zuordnung der einzelnen Vertragslösungsrechte möglich ist.

Nach dem oben Gesagten[30] reagiert das Vertragslösungsrecht der Fernabsatzrichtlinie als „Abwesenheitsrücktritt" auf die Abwesenheit der Ware bei Vertragsschluss. Eine solche Konstellation ist, wenn auch nicht typischerweise, durchaus auch bei Haustürgeschäften vorstellbar, wenn der Gewerbetreibende den Vertragsgegenstand bei Abschluss des Vertrages nicht mit sich führt. Es stellt sich dann die Frage, ob aus dem „Situationsrücktritt" ein „Abwesenheitsrücktritt" wird oder ob die situative Gefährdung auch weiterhin überwiegt. Dieselbe Konstellation kann auch beim Abschluss von Timesharingverträgen bestehen, wenn der Verbraucher keine Möglichkeit hat, das Objekt zu besichtigen. Ebenso sind Konstellationen denkbar, in denen ein Vertrag an der „Haustür" geschlossen wird, auf dessen Komplexität der Gesetzgeber bereits mit einem „Typenrücktritt" reagiert hat. Wenig verständlich erscheint zudem die Wandlung eines „Abwesenheits- oder Typenrücktritts" zu einem „Informationsrücktritt" im Fall mangelnder Information des Verbrauchers über den Vertragsinhalt.

Es wird hier bereits deutlich, dass jedes einzelne Vertragslösungsrecht auch Elemente der anderen „Kategorien" enthalten kann. Eine genaue Trennung der Vertragslösungsrechte und die damit einhergehende Einordnung in unterschiedliche Kategorien ist von daher nicht möglich.

Das räumen *Kalss/Lurger* letztlich selbst ein, wenn sie feststellen: „Die einzelnen Rücktrittsrechte können nicht in einzelne, sauber getrennte Kategorien gegliedert werden, sondern haben teilweise überlappende Funktionen.", und das von ihnen als Typenrücktrittsrecht eingeordnete Vertragslösungsrecht des § 6 TNG „eigentlich als Verschnitt aus Situations-,

---

30 § 4 F III.

Typen- und Informationsrücktrittsrecht" bezeichnen[31]. An anderer Stelle fassen sie alle hier dargestellten Rücktrittsrechte unter dem Oberbegriff des Situationsrücktritts zusammen[32].

2. Anknüpfungsmoment

Zuzustimmen ist *Kalss/Lurger* insoweit, als die Beantwortung der Frage, ob die Vertragslösungsrechte verschiedenen Kategorien angehören oder vereinheitlicht werden können, an den mit ihnen verfolgten Zweck anknüpfen muss. Es stellt sich jedoch die Frage, wie dieser konkrete Zweck zu ermitteln ist. Auf keinen Fall dürfen hierbei die Ursachen für das Einschreiten des Gemeinschaftsgesetzgebers und die Begründung der Gewährung von Vertragslösungsrechten vermengt werden.

Die ratio der einzelnen Richtlinien wurde oben bereits beschrieben[33]. Insoweit kann man durchaus feststellen, dass die Richtlinien an bestimmte Situationen, die Abwesenheit des Vertragsgegenstandes oder die Komplexität des konkreten Vertrages anknüpfen.

Die von *Kalss/Lurger* vorgenommene Einordnung der Vertragslösungsrechte knüpft letztlich nicht an die Gründe an, die den Gesetzgeber dazu veranlasst haben, in den verschiedenen Ungleichgewichtslagen das Recht zur Vertragslösung zu geben, sondern vielmehr an die einzelnen Indizien für eine typischerweise bestehende Ungleichgewichtslage.

Wie jedoch bereits gezeigt, geht es dem Gemeinschaftsgesetzgeber dabei um eine entsprechende Reaktion auf das in diesen Bereichen typischerweise bestehende Ungleichgewicht zwischen den Vertragspartnern und die Herstellung von Vertragsfreiheit als Grundlage selbstbestimmten Handelns. Zur Erreichung diese Ziels bedient er sich verschiedener Instrumente. Solche Instrumente stellen auch die Vertragslösungsrechte dar. Will man deren konkrete Zwecke erfassen, muss man also untersuchen, warum der Gemeinschaftsgesetzgeber auf bestimmte Ungleichgewichtslagen mit der

31 AaO., S. 173.

32 AaO., S. 165: „...der Schutz des abschlußsituationsbedingt vorübergehend nicht vernünftig agierenden Konsumenten, der

1. durch aggressive Verkaufsmethoden überrumpelt oder in psychologischen Abschlußzwang gebracht wurde oder

2. aus anderen Gründen einen übereilten und/oder unfundierten Abschluß tätigte, weil er

a) die Ware oder Leistung nicht in Augenschein nehmen konnte oder

b) der Vertragsgegenstand und die Vertragsgestaltung sehr komplex sind...".

33 Oben § 4.

Einräumung der Möglichkeit der Lösung vom Vertrag reagiert. Es ist folglich zu prüfen, worauf der Gemeinschaftsgesetzgeber die Eignung der Vertragslösungsrechte zur Herstellung von Vertragsfreiheit zurückführt.

3. Information als einheitliche ratio der Vertragslösungsrechte

Die Hauptursache für das Bestehen einer Ungleichgewichtslage liegt in der mangelnden Information des Verbrauchers. Die Richtlinien reagieren hierauf in erster Linie durch die ausreichende Gewährung von Informationen.

Dies allein könnte das Ungleichgewicht jedoch nicht beseitigen. Dem Verbraucher muss vielmehr die Möglichkeit gegeben werden, die entsprechenden Informationen auch zu verarbeiten, um sie tatsächlich zum Ausgangspunkt seiner freien Entscheidung machen zu können[34]. Rein begrifflich gewährleistet also nicht bereits die reine „Information", sondern erst die hieraus resultierende Erkenntnis ein selbstbestimmtes Handeln[35]. Zur „Information" im Sinne der Gewährung von Angaben über den Vertragsschluss muss deshalb noch die „Informiertheit" des Verbrauchers hinzutreten.

Von daher muss sich Information als Grundlage eines selbstbestimmten Vertragsabschlusses aus zwei Elementen zusammensetzen: 1. Der Verbraucher muss zunächst in den „Besitz" der notwendigen Informationen kommen (*Information i. e. S.*). Die hierzu statuierten Informationspflichten bedürfen einer Sanktion für den Fall, dass der Gewerbetreibende ihnen nicht nachkommt. Dem dienen die von *Kalss/Lurger* als „Informationsrücktrittsrechte" charakterisierten Fristverlängerungen in Art. 5 Nr. 1 Sp. 2 TimesharingR und Art. 6 Abs. 1 Satz 4 FernabsatzR. 2. Dem Verbraucher muss die tatsächliche Möglichkeit gegeben werden, über diese Informationen nachzudenken, um so feststellen zu können, ob der Wert der Gegenleistung den Wert übersteigt, den er der von ihm zu erbringenden Leistung beimisst (persönlicher Nutzen des Vertrages[36]). Dies setzt jedoch zwingend voraus, dass ihm eine gewisse Überlegungsfrist („cooling-off-period") eingeräumt wird, bis zu deren Ablauf er sich auch noch vom Vertrag lösen kann. Der Gewährung dieser Frist dienen die Vertragslösungsrechte. Dem Verbraucher soll die Gelegenheit gegeben werden, die vertraglichen Verpflichtungen zu erkennen und zu überdenken

34 *Bülow*, ZIP 1998, S. 948; *Canaris*, AcP 200 (2000), S. 351; vgl. auch *Cas/Ferrier*, Rn. 441: „Quel est l'intérêt de recevoir une information complète si l'on n'a pas le temps de l'assimilier ou d'en apprécier la portée?"

35 Diesen Aspekt übersehen *Heinrich*, S. 165 und *Knobel*, S. 215.

36 Vgl. *Kötz*, FS Drobnig, S. 566.

(*Informiertheit*)[37]. Diese Intention liegt den Vertragslösungsrechten der Haustür-, Timesharing- und Finanzrichtlinie auch ausdrücklich zugrunde[38].

Für das Vertragslösungsrecht der Fernabsatzrichtlinie wird an die Abwesenheit der Ware angeknüpft[39]. Deshalb muss der Verbraucher vor seiner Bindung an den Vertrag in den Besitz der Ware gelangen[40]. Hierdurch soll er in die Lage versetzt werden, sich ein „Bild" vom Vertragsgegenstand machen zu können, anhand dessen er den persönlichen Nutzen des Vertrages beurteilen kann. Der „Augenschein" der Ware wird also als entscheidende Information über den Inhalt des Vertrages betrachtet[41]. Somit dient auch das Vertragslösungsrecht des Art. 6 Abs. 1 Satz 1 FernR der Information des Verbrauchers.

Die Vertragslösungsrechte der Richtlinien knüpfen also an die umfassende Information des Verbrauchers über Inhalt und Folgen des Vertrages an. Sie stellen zum einen die tatsächliche Gewährung dieser Information sicher, indem sie die Regelfrist für den Fall der Nichterteilung verlängern, zum anderen räumen sie dem Verbraucher eine Überlegungszeit ein, in der er den persönlichen Nutzen des Vertrages überdenken kann. Ausgehend von der Typisierungsmethode genügt es jedoch, wenn der Gesetzgeber Regelungen erlässt, die ein *informiertes Handeln typischerweise* ermöglichen. Ob der Verbraucher im konkreten Fall die ihm zur Verfügung stehenden Informationen tatsächlich zur Grundlage seiner Entscheidung gemacht hat, ist demnach also irrelevant, solange er die konkrete Möglichkeit hierzu hatte.

Den Vertragslösungsrechten des europäischen Verbrauchervertragsrechts liegt folglich die einheitliche ratio Gewährleistung einer selbsbestimmten Entscheidung durch umfassende Information zugrunde. Ihre Zusammenführung und somit die Ausbildung eines einheitlichen Instrumentes des Vertragslösungsrechts für Verbraucher ist daher möglich.

C. Rechtfertigung eines Vertragslösungsrechts

Geben die Vertragslösungsrechte also dem Verbrauchers eine nachträglichen Bedenkzeit, muss geklärt werden, inwieweit die Einräumung eines solchen Rechts mit den Grundsätzen der Vertragsfreiheit zu vereinbaren ist.

---

37 *Grundmann*, JZ 2000, S. 1140; *Magoulas/Schwartze*, JA 1986, S. 233.

38 Vgl. Erwägungsgrund 5 HaustürR; Erwägungsgrund 11 TimesharingR; Erwägungsgrund 16 FinanzR.

39 Vgl. Erwägungsgrund 14 FernR.

40 Vgl. Art. 6 Abs. 1 Satz 3 Sp. 1 FernR.

41 Auf diesen Aspekt wird unter D II 2 c) zurückzukommen sein.

I. Bindungswirkung rechtsgeschäftlicher Handlungen

Die Vertragslösungsrechte geben dem Verbraucher die Möglichkeit, sich ohne Angabe von Gründen von der eingegangenen Verpflichtung zu lösen. Hierin könnte ein Widerspruch zur allgemeinen Bindungswirkung rechtsgeschäftlicher Handlungen im Vertragsrecht der Mitgliedstaaten liegen.

1. Bindung an eine Willenserklärung

Alle mitgliedstaatlichen Vertragsrechte gehen vom Konsensprinzip aus, verlangen also eine aus Angebot und Annahme bestehende Einigung der Vertragspartner[42]. Die Bindung an diese Erklärungen ist unterschiedlich ausgestaltet.

a) Antrag

Im englischen Recht kann auf der Grundlage der consideration-Lehre, wonach die Bindung an eine Verpflichtung entweder die Erbringung einer Gegenleistung oder eine bestimmte Form des Angebots voraussetzt[43], das Angebot zum Vertragsschluss bis zu dessen wirksamer Annahme frei widerrufen werden[44]. Auch in Frankreich ist das Vertragsangebot bis zur Annahme nach herrschender Ansicht frei widerruflich[45]. Dasselbe gilt für das italienische Recht (Art. 1328 Abs. 1 iVm Art. 1326 Abs. 1 Codice civile)[46]. In Deutschland hingegen ist der Antragende an seine Erklärung grundsätzlich mit Zugang[47] beim (potentiellen) Vertragspartner gebunden (§ 145 BGB). Ein Widerruf ist nur bis zu diesem Zeitpunkt möglich (§ 130 Abs. 1 Satz 2 BGB)[48].

---

42 *Van Erp*, S. 118; vgl. §§ 145 ff. BGB; Art. 1108 Code civil; Art. 1325 Nr. 1 Codice civile; Art. 1254 Codigo civil; § 861 ABGB. *Kirchner*, Europäisches Vertragsrecht, S. 123 f., sieht die strikte Einhaltung des Konsensprinzips als Dreh- und Angelpunkt der Vertragsfreiheit und bezeichnet es als „Allgemeingut der europäischen Vertragsrechtsordnungen“.

43 Vgl. zur consideration-Lehre zuletzt *Prime*, FS Großfeld, S. 890 ff.

44 Vgl. *Ranieri*, S. 73.

45 *Ghestin*, S. 212; zu den Ausnahmen vgl. *Zweigert/Kötz*, 3. Auflage, S. 353.

46 Vgl. *Ranieri*, S. 60 ff.

47 Eine Willenserklärung gilt nach herrschender Auffassung dann als zugegangen, wenn sie in den Herrschaftsbereich des Empfängers gelangt und dieser die Möglichkeit zur Kenntnisnahme hat, vgl. *MüKo/Förschler*, § 130, Rn. 12.

48 *Fuchs*, AcP 196 (1996), S. 319, spricht deshalb von einem „überholenden“ Widerruf.

b) Annahme

Im englischen Recht ist ein Widerruf der Annahme nur bis zu deren Absenden möglich (mailbox-Theorie)[49]. Auch in Frankreich wird auf die Absendung der Annahmeerklärung abgestellt[50]. Im deutschen Recht gilt für den Widerruf der Annahmeerklärung die allgemeine Regel des § 130 Abs. 1 Satz 2 BGB, wonach eine Willenserklärung bis zu ihrem Zugang oder gleichzeitig mit diesem widerrufen werden kann[51]. Im italienischen Recht kann die Annahme bis zu deren Kenntnis durch den Antragenden widerrufen werden (Art. 1328 Abs. 2 Codice civile).

2. Bindung an Verträge (pacta sunt servanda)

Der durch die Einigung zustande gekommene Vertrag ist für die Parteien grundsätzlich bindend. Jede Vertragspartei verspricht etwas und erbringt bewusst ein wirtschaftliches Opfer, selbst für den Fall eines nachträglichen Sinneswandels oder einer Änderung der Umstände[52]. Dieser Grundsatz des pacta sunt servanda ist fester Bestandteil des mitgliedstaatlichen Vertragsrechts[53] und in einigen Rechtsordnungen sogar gesetzlich normiert[54]. Das Prinzip der Bindungswirkung der Verträge ist wesentliches Element der Vertragsfreiheit, da nur der die Gebundenheit des Vertragspartners erwarten darf, der auch bereit ist, sich selbst zu binden[55].

3. Schlussfolgerung

Zusammenfassend lässt sich feststellen, dass rechtsgeschäftlichen Handlungen grundsätzlich Bindungswirkung zukommt[56]. Hinsichtlich der auf den Vertragsschluss gerichteten Willenserklärung tritt diese spätestens mit der Annahme

49 Vgl. *Beatson*, S. 53.

50 Cass. Com. vom 7. 1. 1981, RTD civ. 1981, S. 849 mit Anm. *Chabas*; vgl. auch *Ghestin*, II Nr. 256-1.

51 Nach § 151 BGB kann der Zugang der Annahmeerklärung aber unter bestimmten Voraussetzungen entbehrlich sein.

52 *Bydlinski*, AcP 180 (1980), S. 8.

53 *Hyland*, S. 68; *Müller-Graff*, Common Private Law, S. 242. Beachte aber für das englische Recht die Beschränkung der consideration-Lehre auf entgeltliche Verträge.

54 Vgl. Art. 1134 Abs. 1 Code civil: „Les conventions légalement formées tiennent lieu de loi à ceux qui les ont faites."; Art. 1372 Satz 1 Codice civile: „Il contratto ha forza di legge tra le parti."

55 *Larenz*, Schuldrecht, S. 40; *Hübner*, FS Börner, S. 720; *Heinrich*, S. 50.

56 Vgl. auch *Pawlowski*, FS Großfeld, S. 829 ff.

durch den Erklärungsempfänger ein. Der durch das Vorliegen zweier übereinstimmender Willenserklärungen entstehende Vertrag entfaltet grundsätzlich ebenfalls Bindungswirkung (pacta sunt servanda).

II. Die Vereinbarkeit des Vertragslösungsrechts mit dem Grundsatz der Bindungswirkung

Dem Grundsatz der Bindungswirkung scheint es dabei zu widersprechen, wenn einer Partei die Möglichkeit eingeräumt wird, sich einseitig vom Vertrag zu lösen, ohne dass sie hierfür besonderer Gründe bedarf oder nachteilige Folgen zu tragen hätte[57].

1. „Kompetitives Vertragsrecht"

Micklitz zieht aus der Existenz allgemeiner Vertragslösungsrechte im europäischen Vertragsrecht die Konsequenz, dass diesem nicht der Grundsatz der Bindungswirkung zugrunde liege, sondern vielmehr von einer Komplexität auszugehen sei, die den Wettbewerb über den Zeitpunkt der Bindung hinaus verlängere[58].

Es ist jedoch nicht das Ziel der einzelnen Vertragslösungsrechte, dem Verbraucher eine nachträgliche Möglichkeit zum Ausstieg aus dem Vertrag zu geben, weil der Vertragsgegenstand günstiger zu erlangen ist. Vielmehr soll ihm eine Überlegungszeit zur Verarbeitung der Vertragsinformationen gegeben werden, die ihm eine selbstbestimmte Entscheidung für oder gegen den Vertrag ermöglicht. Ursache hierfür ist dem entsprechend nicht die Gewährung der Möglichkeit, auch tatsächlich das preisgünstigste Geschäft abzuschließen, sondern der Ausgleich informationeller Defizite, aus denen eine Ungleich-

---

57 Vgl. *Cas/Ferrier*, Rn. 417; *Henrich*, FS Medicus, S. 204; *Fuchs*, AcP 196 (1996), S. 327.

58 *Micklitz*, ZEuP 6 (1998), S. 265, ders., ZEuP 7 (1999), S. 885 ff.: „Ziel eines europäischen Vertragsrechtsmodells scheint es nicht mehr zu sein, daß ein einmal geschlossener Vertrag auch wirklich Bestand hat. Hat eine Vertragspartei erkannt, daß sich kurzfristig die Möglichkeit ergibt, das Produkt andernorts billiger zu kaufen oder die Dienstleistung kurzfristig nachzufragen, soll die Möglichkeit bestehen, sich aus dem Vertrag herauszulösen."; ähnlich auch *Lurger*, Vertragliche Solidarität, S. 64. vgl. auch die Erwiderung von *Roth*, JZ 1999, S. 534, der ein solches Modell aus deutscher Sicht für verfassungswidrig hält, da dem Grundsatz pacta sunt servanda als „Kehrseite der Medaille Vertragsfreiheit" ebenfalls verfassungsrechtlicher Schutz zukommen müsse. Dieser Schutz sei durch ein kompetitives Vertragsrecht nicht gewährleistet, so dass die vom Bundesverfassungs gericht in „Solange II" (BVerfGE 73, 339 ff.) und „Maastricht" (BVerfGE 89, 155 ff.) gemachten Vorbehalte erfüllt wären.

gewichtslage beim Abschluss des Vertrages resultiert. Dass dies in einzelnen Fällen dazu führen kann, dass der Verbraucher während der Bedenkzeit den Vertragsgegenstand preisgünstiger angeboten bekommt, ist von den Richtlinien durchaus erwünscht[59], auf keinen Fall aber deren primäres Ziel. Ein kompetitives Vertragsrecht lässt sich folglich nicht begründen.

2. Keine Bindungswirkung „unfreier" Verträge

Der Grundsatz der Bindungswirkung rechtsgeschäftlicher Erklärungen bildet eines der Elemente der Vertragsfreiheit, in der auch das europäische Vertragsrecht wurzelt. Ihre Funktion wurde an anderer Stelle bereits beschrieben. Es geht nicht mehr um die formal-abstrakte Gleichheit als Postulat „gerechter" Verträge. Die Vertragsfreiheit dient vielmehr als Maßstab selbstbestimmten rechtsgeschäftlichen Handelns. Nur wenn ein Vertrag auf beiden Seiten dem tatsächlichen Interesse der Parteien entspricht, kann man von einem „freien" Vertrag sprechen. Im Hinblick auf die Bindungswirkung rechtsgeschäftlicher Erklärungen als Teil dieses Prinzips darf dann jedoch nichts anderes gelten. Wenn dieser Grundsatz als Element der Vertragsfreiheit deren Durchsetzung dient, dann muss er auch ihrer Funktion verhaftet sein[60]. Verlangt die Vertragsfreiheit also „freie" Verträge als Ausdruck der (typischen) tatsächlichen Möglichkeit selbstbestimmten Handelns, muss sichergestellt werden, dass eine Vertragspartei nicht an eine „unfreie" Erklärung gebunden wird[61]. Im Umkehrschluss heißt das also: Ein Vertrag, der auf einem Ungleichgewicht der Vertragspartner basiert, bindet diese grundsätzlich erst dann, wenn die unterlegene Partei die Möglichkeit hatte, den tatsächlichen Nutzen des Vertrages zu überdenken und so eine selbstbestimmte Entscheidung nachzuholen[62].

---

59 *Kind*, S. 509, stellt drei mögliche Gründe dar, auf denen im Einzelfall die Ausübung des Vertragslösungsrechts beruhen kann: 1. Ausgleich eines übereilt geschlossenen Vertrages, 2. nachträgliche Verarbeitung der Vertragsinformationen und 3. Entdecken eines günstigeren Angebots. Aus welchem konkreten Grund sich der Verbraucher letztlich vom Vertrag löst, muss er nicht aufdecken. Er kann von seinem Recht „ohne Angabe von Gründen" Gebrauch machen. *Malinvaud*, Scritti in onore di Sacco, S. 757, spricht deshalb von einem *droit discrétionnaire*.

60 Vgl. *van Erp*, S. 119.

61 Das muss zumindest insoweit gelten, wie der Gesetzgeber auf die Gefahr des Abschlusses „unfreier" Verträge reagiert hat.

62 So auch *Henrich*, FS Medicus, S. 204; *Cas/Ferrier*, Rn. 478. *Fuchs*, AcP 196 (1996), S. 329, spricht von einer „Relativierung der Bindungswirkung". *Pfeiffer*, Verbraucherbegriff, S. 31, sieht in der Gewährung von „Widerrufsrechten" den Versuch, „die Bewältigung menschlicher Unvollkommenheiten mit einer Aufrechterhaltung des Prinzips der

III. Fazit

Das Vertragslösungsrecht stellt nach dem bis hierher Gesagten also ein Instrument zur Beseitigung einer Ungleichgewichtslage als Voraussetzung selbstbestimmten Handelns dar. Es dient folglich der Gewährleistung von Vertragsfreiheit und fügt sich damit in ein modernes Vertragsrecht ein. Ein Widerspruch zum Grundsatz der Bindungswirkung von rechtsgeschäftlichen Handlungen besteht nicht, da auch dieses Prinzip als Teil der Vertragsfreiheit einen „freien" Vertrag voraussetzt.

D. Ausschluss des Vertragslösungsrechts bei Informationskumulation

Wie gezeigt[63], setzt selbstbestimmtes Handeln die Informiertheit des Verbrauchers voraus, wobei die Vertragslösungsrechte dazu dienen, dem Verbraucher in bestimmten Konstellationen die Möglichkeit eines informierten Vertragsabschlusses zu geben.

I. Informationskumulation als Verstoß gegen die Vertragsfreiheit

Konsequenterweise dürften die Vertragslösungsrechte nur in den Fällen gewährt werden, in denen es an der Möglichkeit der Informiertheit des Verbrauchers im Moment der Abgabe der ihn grundsätzlich bindenden Erklärung typischerweise fehlt.

1. Informiertheit als Eingriffsgrenze

Sobald der Verbraucher aufgrund seiner Informiertheit typischerweise in der Lage ist, selbstbestimmt zu handeln, muss nach dem bis hierher Gesagten davon ausgegangen werden, dass zwischen den Vertragspartnern Vertragsfreiheit herrscht, beide also „freie" Verträge schließen können. Ein informierter Verbraucher kann im hier verstandenen Sinne typischerweise nicht mehr informiert werden[64]. Die Informiertheit des Verbrauchers bildet deshalb die Grenze des Eingriffs in den Vertragsmechanismus. Jede weiter gehende

Privatautonomie und des Prinzips der Bindungswirkung an den Vertragswillen rechtlich zu vereinbaren.".

63 A III 3.

64 Vgl. *Pfeiffer*, Verbraucherbegriff, S. 31; *Dauner-Lieb*, S. 119; *Mäsch*, DNotZ 1997, S. 195.

gesetzgeberische Maßnahme würde danach gegen den Grundsatz der Vertragsfreiheit verstoßen und wäre folglich unzulässig.

2. Richtlinienkonzept

Das Gesamtkonzept der Vertragsrichtlinien scheint jedoch in eine andere Richtung zu gehen. Sowohl die Timesharing- als auch die Fernabsatzrichtlinie verpflichten den Anbieter, dem Verbraucher vor Vertragsschluss die wesentlichen Informationen zu gewähren (Art. 3 TimesharingR bzw. Art. 4 FernR). Hieraus folgt, dass der Verbraucher bei Vertragsschluss im Besitz der Informationen und damit typischerweise auch in der Lage ist, informiert zu handeln. Dieselben Informationen muss der Anbieter dem Verbraucher bei Vertragsschluss erneut zukommen zu lassen. Durch die im Anschluss an den Vertragsschluss gewährten Vertragslösungsrechte erhält der Verbraucher nun erneut die Möglichkeit, diese Informationen „zu verarbeiten". Der Eindruck einer Informationskumulation durch die Gewährung einer nachträglichen Bedenkzeit trotz vorvertraglicher Information wird verstärkt durch die Verpflichtung der Mitgliedstaaten, die Nichterteilung dieser vorvertraglichen Informationen zu sanktionieren (Art. 3 Abs. 1 Satz 1 TimesharingR).

Beispielsweise verlängert sich in diesem Fall in Deutschland die „Widerrufsfrist" auf einen Monat (§ 5 Abs. 3 TzWrG), in Österreich verschiebt sich der Fristbeginn auf maximal drei Monate (§ 6 Abs. 2 iVm § 3 Abs. 1 TBG), nach französischem Recht führt die Nichterteilung der Informationen zur Nichtigkeit des Vertrages (Art. L. 121-76 iVm Art. L. 121-61 Code de la consommation).

II. Gleichwertigkeit vorvertraglicher Informationsgewährung

Die Gewährung einer nachträglichen Bedenkzeit trotz vorhergehender Information verstößt jedoch nicht in jedem Fall gegen den Grundsatz der Vertragsfreiheit.

1. Vollständigkeit der Information

Die oben gezeigte Diskrepanz tritt vielmehr nur dann auf, wenn bereits bei Vertragsschluss eine selbstbestimmte Entscheidung typischerweise möglich ist. Die Gewährung nachträglicher Bedenkzeit trotz vorvertraglicher Information ist deshalb nur in den Konstellationen abzulehnen, in denen der Verbraucher auch nach Vertragsschluss nicht mehr Informationen erlangen kann, als ihm das zuvor möglich wäre. Der Verbraucher muss deshalb bei Vertragsschluss alle vertragstypelevanten Informationen besitzen[65].

a) Der „Kontakt" mit dem Vertragsgegenstand

Eine „Information", die der Verbraucher in aller Regel nicht vor Vertragsschluss besitzen wird, ist die Kenntnis der konkreten Beschaffenheit des Vertragsgegenstandes.

aa) Lieferung beweglicher Sachen

Zunächst können unter die Richtlinien fallende Verträge die Lieferung beweglicher Sachen zum Gegenstand haben.

(1) Richtlinienkonzept

Der Normalfall eines Vertragsschlusses über die Lieferung von Waren ist der im Geschäft des Anbieters. Der Verbraucher hat hier eine direkte Vergleichsmöglichkeit und kann anhand der angebotenen Waren seine Entscheidung treffen. Die Einschätzung der tatsächlichen Beschaffenheit und der daraus folgenden Eignung für die Vertragszwecke des Verbrauchers ist letztlich die ausschlaggebende Information über ein Produkt.

Die Richtlinien reagieren auf Vertriebsmethoden, in denen diese typische Situation nicht mehr gegeben ist. Im Falle der Haustürgeschäfte besucht der Anbieter den Verbraucher, im Regelungsbereich der Fernabsatzrichtlinie besteht zwischen beiden gar kein direkter Kontakt. Während jedoch bei Haustürgeschäften der Verbraucher regelmäßig die Ware „begutachten" kann, besteht diese Möglichkeit beim Vertragsschluss im Fernabsatz gar nicht[66]. Der 14. Erwägungsgrund der Fernabsatzrichtlinie beschreibt die Intention des Vertragslösungsrechts deshalb auch dahin gehend, dass der Verbraucher *vor* Abschluss des Vertrages regelmäßig keine Möglichkeit hat, das Erzeugnis zu sehen oder die Dienstleistung in Augenschein zu nehmen. Der Gemeinschaftsgesetzgeber räumt also dem Kontakt des Verbrauchers mit dem Vertragsgegenstand eine große Bedeutung ein.

Aus diesem Grund beginnt die Frist zur Ausübung des Vertragslösungsrechts erst im Zeitpunkt der Lieferung der Ware (Art. 6 Abs. 1 Satz 3 Sp. 1). Für Verträge über die

---

65 Welche dies im Einzelnen sein müssen, wird vom Gesetzgeber typisierend festgelegt.

66 Vgl. auch die Formulierung bei *Meents*, K&R 1999, S. 53, der von *„Haustürgeschäften im Internet"* spricht.

Erbringung von Dienstleistungen verfolgt er dieses Konzept aber letztlich nicht weiter. Hier beginnt die Frist für die Wahrnehmung des Rechts.

Die „Rücktrittsfrist" der Haustürrichtlinie hingegen ist nicht an die Lieferung der Ware, sondern an die Erteilung der Belehrung geknüpft (Art. 5 Abs. 1 Satz 1). Typisches Charakteristikum des Haustürgeschäfts ist jedoch der sog. „Direktvertrieb". Der Anbieter führt die Ware (oder zumindest ein Muster) regelmäßig bei sich und überlässt sie dem Verbraucher sofort nach Abschluss des Vertrages[67]. Deshalb ist auch bei Haustürgeschäften davon auszugehen, dass der Kontakt mit der Ware entscheidendes Element der Information ist, dieser Kontakt aber typischerweise bestehen wird.

Art. 6 Abs. 1 lit. b des italienischen Haustürgesetzes knüpft den Beginn für die Frist der Ausübung des Vertragslösungsrechts dann an die Lieferung der Ware, wenn der Anbieter dem Verbraucher bei Vertragsschluss kein Muster der Ware präsentieren konnte[68].

(2) Rechtsmissbrauch

Muss der Verbraucher also grundsätzlich in den Besitz der Ware gebracht werden, um eine informierte Entscheidung zu gewährleisten, so birgt das natürlich die Gefahr, dass der Verbraucher die Sache während der (unter Umständen sehr langen) Bedenkzeit benutzt und sie anschließend dem Anbieter zurückgibt[69]. Insoweit besteht eine dem „Kauf auf Probe" vergleichbare Situation. Deshalb soll es genügen, den Verbraucher auf seine Gewährleistungsrechte zu verweisen, wenn die Leistung nicht den Beschreibungen entspricht[70].

Unabhängig von der noch zu klärenden Frage, ob das Gewährleistungsrecht während der Bedenkzeit überhaupt anwendbar ist[71], kommt es aber gerade nicht auf die individuelle Vertragsmäßigkeit der Ware, sondern auf deren generelle Eignung für die vom Verbraucher mit dem Vertragsschluss beabsichtigten Zwecke an[72]. Die dabei in der Tat bestehende Gefahr des Missbrauchs

---

67 Vgl. *MüKo/Ulmer*, § 3 HTWG, Rn. 1.

68 „Il consumatore che intenda esecitare il diritto di cui all'art. 4 deve inviare all'operatore commerciale o al soggetto indicato nel precedente art. 5, ove sia diverso, una comunicazione in tal senso nel termine di 7 giorni che decorrono:...b) dalla data di ricevimento della merce, se successiva, per i contratti riguardanti la fornitura di beni, qualora l'acquisto sia stato mostrato o illustrato un prodotto di tipo diverso da quello oggetto del contratto."

69 *Hübner*, FS Börner, S. 719.

70 *Medicus*, Verschulden bei Vertragsverhandlungen, S. 527.

71 Siehe hierzu § 9 C I 2.

72 So auch *Meents*, Verbraucherschutz, S. 199.

des Vertragslösungsrechts ist eine Folge der Typisierung des Schutzes. Eine Eingrenzung dieser Missbrauchsmöglichkeit ist daher nur über den Anwendungsbereich der konkreten Richtlinie möglich. Besteht dabei in spezifischen Situationen eine typische Missbrauchsgefahr, sind die entsprechenden Rechte einzuschränken[73]. Zudem ist ein interessengerechter Ausgleich über die Regelung der Rechtsfolgen der Ausübung des Vertragslösungsrechts zu suchen[74]. Im Übrigen muss diese Gefahr, die letztlich wohl jedem einseitig begünstigenden Recht innewohnt, im Interesse eines effektiven Verbraucherschutzes hingenommen werden.

Insoweit liegt es also bei den Anbietern, technische Schutzvorkehrungen (Kopiersperren etc.) zu treffen, die die regelmäßige Benutzung der Ware während der Bedenkzeit verhindern. Im Übrigen ist es heutzutage durchaus üblich, dem Kunden ein Rückgaberecht einzuräumen, so dass eine entsprechende gesetzliche Normierung den Handel keineswegs unvorbereitet treffen oder gar lahmlegen würde[75].

bb) Dienstleistungen

Auch über Dienstleistungen als Gegenstand des Vertrages kann sich der Verbraucher im Vorfeld des Vertrages regelmäßig kein Bild machen[76]. In diesem Falle kann der Kontakt des Verbrauchers mit diesem Vertragsgegenstand nicht einmal sofort nach Vertragsschluss, sondern sogar erst nach Ausführung der Dienstleistung, also nach der Vertragserfüllung durch den Anbieter hergestellt werden. Würde man auch hier den Kontakt des Verbrauchers mit dem Vertragsgegenstand als wesentliche Voraussetzung für eine informierte Entscheidung zur Voraussetzung für die Erfüllung der Informationspflichten normieren, wäre der Anbieter zur vollständigen Erfüllung des Vertrages seinerseits verpflichtet. Im Gegensatz zur Lieferung einer Ware gestaltet sich die Rückabwicklung eines Vertrages über die Erbringung einer Dienstleistung ungleich schwerer. Die „Herausgabe" der Dienstleistung ist regelmäßig nicht möglich. Vom Standpunkt des Anbieters her und aus bereicherungsrechtlicher Sicht erscheint allein die Vergütung der Dienstleistung durch den Verbraucher als interessengerecht. Dadurch würde dem Verbraucher jedoch de facto die Möglichkeit der Lösung vom Vertrag genommen, so dass es

73 Vgl. insoweit Art. 6 Abs. 3 Sp. 4 FernR, der bei Verträgen zur Lieferung von Audio- und Videoaufzeichnungen oder Software die Ausübung des Vertragslösungsrechts untersagt, wenn diese Gegenstände vom Verbraucher entsiegelt worden sind.

74 Dazu ausführlich unter § 10 B II 2 a.

75 § 361b BGB sieht vor, dass an die Stelle des Widerrufsrechts aus § 361a ein solches Rückgaberecht treten kann.

76 Der Begriff der „Dienstleistung" wird dabei in Abgrenzung zum „Kauf" verwendet.

zu einer Perpetuierung des „unfreien“ Vertrages kommen könnte. Für den Bereich der Erbringung von Dienstleistungen könnte daher das Ziel der Gewährleistung selbstbestimmter Verträge nicht erreicht werden.

In diesem Sinne knüpft auch die Fernabsatzrichtlinie für den Fall, dass Gegenstand des Vertrages die Erbringung einer Dienstleistung ist, den Beginn der „Widerrufsfrist“ nicht an deren tatsächliche Erbringung, sondern grundsätzlich an den Vertragsschluss (Art. 6 Abs. 1 Satz 3 Sp. 2).

Hat der Verbrauchervertrag folglich die Erbringung einer Dienstleistung zum Gegenstand, darf der Kontakt des Verbrauchers mit diesem Vertragsgegenstand keine erforderliche Information darstellen.

cc) Timesharingverträge

Einen Grenzfall zwischen der „Lieferung einer Ware“ und der Erbringung einer Dienstleistung bilden Timesharingverträge. Zwar wird dem Verbraucher in erster Linie ein Nutzungsrecht eingeräumt, so dass der Dienstleistungscharakter überwiegt. Dabei geht es jedoch um die Nutzung eines konkreten Objekts, dessen tatsächliche Eigenschaften für eine umfassende und vollständige Informiertheit des Verbrauchers nicht weniger wichtig erscheinen, als dies bei beweglichen Vertragsgegenständen der Fall ist[77].

Bezüglich der Timesharingrichtlinie ist es indes nur schwer möglich, in der Gewährung einer nachträglichen Bedenkzeit trotz vorheriger Information die Absicht des Gesetzgebers zu erkennen, dem Verbraucher die Möglichkeit des Kontakts mit dem Timesharingobjekt zu geben. Zwar wird auch hier davon ausgegangen, dass die Immobilie als Vertragsgegenstand „vielfach in einem anderen Staat belegen ist“[78]. Die zehntägige Frist zur Ausübung des Vertragslösungsrechts dürfte jedoch regelmäßig zu kurz sein, um dem Verbraucher in diesem Fall die Besichtigung des Objekts zu ermöglichen und sich über die Tragweite der Transaktion klar zu werden.

Räumt man dem Kontakt des Verbrauchers mit der Immobilie eine ebenso große Bedeutung ein, wie es für bewegliche Sachen als Vertragsgegenstände bereits erfolgt ist, wäre der Anbieter verpflichtet, dem Verbraucher diesen Kontakt in Form des Zugangs zum Timesharingobjekt zu ermöglichen. Kommt der Timesharingvertrag am Ort der Belegenheit der Immobilie zustande,

---

77 So *Bülow*, ZIP 1999, S. 1295; vgl. *Hildenbrand/Kappus/Mäsch/Kappus*, § 5 Rn. 15 („Einräumung des Nutzungsrechts erst nach Ablauf der Widerrufsfrist ermöglicht Umgehung des Verbraucherschutzes“).

78 Erwägungsgrund 11 der Timesharingrichtlinie.

erscheint dies auch weniger problematisch. Befindet sich das Gebäude jedoch in einem anderen Mitgliedstaat, wäre die Herstellung des Kontakts für den Verbraucher mit erheblich größeren Mühen verbunden.

Im ersten Entwurf der Richtlinie betrug die „Rücktrittsfrist“ für diesen Fall noch 28 Tage[79]. Daran wird deutlich, dass auch hier der „Kontakt“ mit dem Vertragsgegenstand - der Nutzung des Timesharingobjekts - eine wichtige Rolle spielen sollte. Grund für die (erhebliche) Verkürzung dieser Frist war allein die Befürchtung, dass die Anbieter bei Gewährung einer längeren Frist die Preise erhöhen würden und dadurch der Zugang der Verbraucher zum Markt verringert würde[80]. Letztlich wurde also lediglich eine Abwägung zwischen den Interessen des Verbrauchers an günstigeren Preisen und denen an der Möglichkeit zur Besichtigung vorgenommen. Eine allgemeine Abkehr vom Gedanken des „notwendigen Kontaktes mit dem Timesharingobjekt“ ist hierin nicht zu sehen.

Sinn und Zweck der Informationsgewährung für den Verbraucher soll jedoch sein, diesem die Beurteilung des persönlichen Nutzens des Vertrages zu ermöglichen. Für den Fall der Lieferung von Waren wurde die Herstellung des Kontakts zum Vertragsgegenstand deshalb für sinnvoll erachtet, weil der Verbraucher durch den Besitz der Sache in die Lage versetzt wird, in relativ kurzer Zeit zu überprüfen, ob die gelieferte Sache für den vom Verbraucher angedachten Zweck geeignet ist. Bei der zeitweisen Nutzung eines Ferienobjekts kommen jedoch entscheidungsrelevante Umstände hinzu, die an der Sinnhaftigkeit der Einräumung eines „vorvertraglichen“ Kontakts zweifeln lassen. Der persönliche Nutzen des befristeten Besitzes einer Ferienimmobilie wird für den Verbraucher nicht zuletzt auch von den äußeren Umständen (Klima, touristische Angebote etc.) am Belegenheitsort zum Zeitpunkt der Nutzung abhängen[81]. Für die Beurteilung des persönlichen Nutzens des Timesharingvertrages würde es also nicht genügen, wenn dem Verbraucher nur der Kontakt im Vorfeld seiner endgültigen Entscheidung ermöglicht wird. Vielmehr müsste er in die Lage versetzt werden, das Timesharingobjekt während des potentiellen Nutzungszeitraums zu begutachten. Im Gegensatz zum Lieferanten einer beweglichen Sache wird der Anbieter eines Timesharingobjekts regelmäßig jedoch nicht in der Lage sein, ein „Lager“ anzulegen, aus dem er die reibungslose Fortführung seiner gewerblichen Tätigkeit während einer „Erprobungsphase“ des Verbrauchers gewährleistet. Die probeweise Nutzung der Immobilie als Grundlage einer umfassend informierten Entscheidung des Verbrauchers würde den Anbieter folglich

79 Art. 7 Nr. 1 Sp. 2, ABlEG Nr. C 222 vom 29. 8. 1992, S. 8.

80 Gemeinsamer Standpunkt (EG) Nr. 10/94 vom 4. März 1994, Begründung Punkt 4. 1. vii), ABlEG Nr. C 137 vom 19. 5. 1994, S. 49.

81 Vgl. *Kappus*, EWS 1996, S. 275.

erheblich - und wegen der Verpflichtung, jedem Interessenten den Kontakt einzuräumen, vor allem auch permanent - in der Ausübung seiner gewerblichen Tätigkeit behindern. Der Binnenmarkt für Timesharingobjekte würde letztlich zum Erliegen kommen. Aus diesem Grund muss dem Verbraucher ein „vorvertraglicher" Kontakt mit der Immobilie als Gegenstand des Timesharingvertrages nicht eingeräumt werden.

dd) Schlussfolgerung

Der „Kontakt" des Verbrauchers mit dem Vertragsgegenstand ist das entscheidende Element vertraglicher Information. Eine nachträgliche Bedenkzeit kann somit auch nur dann ausgeschlossen sein, wenn der Verbraucher bereits vor Vertragsschluss diesen „Kontakt" herstellen konnte. Da der Kontakt mit dem Vertragsgegenstand im Fall der Warenlieferung regelmäßig erst nach Vertragsschluss zu gewährleisten sein wird[82], muss in diesen Konstellationen ein Vertragslösungsrecht gewährt werden. Bei Verträgen über Dienstleistungen hingegen ersetzt die ausreichende vorvertragliche Information die nachträgliche Bedenkzeit. Dasselbe gilt für Timesharingverträge.

b) Vorvertragliche Bedenkzeit

Die Gewährung einer nachträglichen Bedenkzeit in Form des Vertragslösungsrechts macht deutlich, dass der Gemeinschaftsgesetzgeber davon ausgeht, dass die Informiertheit des Verbrauchers das Ergebnis eines Prozesses der Informationsverarbeitung ist. Der Verbraucher muss die Möglichkeit haben, die ihm gewährten Informationen zu durchdenken, um so den Wert des Vertragsschlusses bestimmen zu können. Vorvertragliche Information macht eine nachträgliche Bedenkzeit folglich nur dann hinfällig, wenn der Verbraucher eine solche Bedenkzeit auch im Vorfeld des Vertragsschlusses hat.

Dies ist in der beschriebenen Konstellation der Timesharingrichtlinie aber gerade nicht der Fall. Die Richtlinie stellt keinesfalls sicher, dass der Verbraucher genügend Zeit (konsequenterweise mindestens zehn Tage) bekommt, um die Prospektangaben zu verarbeiten. Diese Prospektangaben müssen zwar Bestandteil des Vertrages sein (Art. 3 Abs. 2 Satz 1). Theoretisch ist es jedoch möglich, dass sie dem Verbraucher erst im Zusammenhang mit dem Vertragsschluss ausgehändigt werden. Die französische Umsetzungsgesetzgebung ist in dieser Hinsicht etwas genauer: Gemäß Art. L. 121-63 Abs. 2 Code de la consommation ist der Anbieter während einer Frist von sieben Tagen an sein Angebot, dem die Prospektangaben

82 Etwas anderes kann bei Haustürgeschäften gelten, wenn der Anbieter die Ware bei sich führt und der Verbraucher so die Möglichkeit des „Augenscheins" hat, s. oben.

der Richtlinie zugrunde liegen müssen, gebunden. Allerdings gibt Art. L. 121-64 Abs. 2 Code de la consommation dem Verbraucher trotzdem auch eine nachträgliche Bedenkzeit von zehn Tagen in Form des Vertragslösungsrechts (délai de rétractation). Eine ähnliche Regelung sehen auch die französischen Vorschriften über den Verbraucherkredit vor: Der Anbieter gibt ein Vorangebot ab (offre préalable), das ihn für mindestens vierzehn Tage bindet (Art. L. 311-8 Code de la consommation). Trotzdem kann sich der Verbraucher innerhalb einer Frist von sieben Tagen von der eingegangenen Verpflichtung lösen (faculté de rétractation, Art. L. 311-15 Code de la consommation)[83].

Vorvertragliche Information ist der Einräumung einer nachträglichen Bedenkzeit also immer nur dann gleichwertig, wenn der Verbraucher auch vor Vertragsschluss genügend Zeit hat, die Informationen zu verarbeiten.

2. Vertragslösungsrecht als Sanktion der Verletzung vorvertraglicher Informationspflichten

Die Nichterteilung bzw. die unvollständige Erteilung vorvertraglicher Informationen erlaubt es dem Verbraucher nicht, eine informierte Entscheidung zu treffen. Von daher muss er die Möglichkeit haben, sich von diesem „unfreien" Vertrag zu lösen. In dieser Konstellation ist ihm also eine nachträgliche Bedenkzeit durch die Einräumung eines Vertragslösungsrechts zu gewähren.

3. Fazit

Einen Verstoß gegen den Grundsatz der Vertragsfreiheit stellt die Einräumung nachträglicher Bedenkzeit durch die Gewährung eines Vertragslösungsrechts nur dann dar, wenn die vorvertragliche Information des Verbrauchers gleichwertig ist. Hierzu ist erforderlich, dass der Verbraucher vor Vertragsschluss in den Besitz sämtlicher Informationen gelangen konnte, ihm also auch nach Vertragsschluss keine weiteren entscheidungserheblichen Angaben über den Vertragsinhalt gemacht werden könnten. Hinzukommen muss die Möglichkeit des Verbrauchers, die ihm zur Verfügung gestellten Informationen zu verarbeiten. Vorvertragliche Information kann eine nachträgliche Bedenkzeit deshalb nur dann ersetzen, wenn dem Verbraucher eine Frist eingeräumt wird, während der der Anbieter an sein Angebot gebunden ist. Erfolgt die vorvertragliche Information unvollständig oder gar nicht, muss der Verbraucher die Möglichkeit der Lösung vom Vertrag haben.

---

83 Vgl. hierzu *Cas/Ferrier*, S. 412 ff.

III. Schlussfolgerung

Die gleichzeitige Gewährung vollständiger vorvertraglicher Information und einer nachträglichen Bedenkzeit führt zu einer Informationskumulation beim Verbraucher und verstößt somit gegen den Grundsatz der Vertragsfreiheit. Von der Gewährung eines Vertragslösungsrechts für den Verbraucher ist deshalb immer dann abzusehen, wenn der Verbraucher zum Zeitpunkt des Vertragsschlusses in der Lage ist, eine informierte Entscheidung zu treffen. Das setzt voraus, dass er sich im Besitz sämtlicher Informationen befindet und genügend Zeit hatte, diese zu verarbeiten. Nur wenn dies nicht der Fall ist, kann ihm eine nachträgliche Bedenkzeit durch Einräumung eines Rechts zur Vertragslösung gewährt werden. Das Konzept der Richtlinien trägt dabei den hier entwickelten Grundsätzen Rechnung. Eine Informationskumulation für den Verbraucher ist nicht festzustellen.

E. Ausschluss des Vertragslösungsrechts bei notarieller Beurkundung des Verbrauchervertrages

Zu einer Schutzkumulation könnte es weiterhin in den Konstellationen kommen, in denen der Verbrauchervertrag notariell beurkundet wurde.

I. Richtlinienkonzept

Der erste Entwurf zur Haustürrichtlinie nahm Verträge, die vor einem Notar geschlossen werden, noch ausdrücklich vom Anwendungsbereich der Richtlinie aus[84]. Diese Lösung fand jedoch keinen Eingang in die endgültige Fassung. Auch die anderen Verbrauchervertragsrichtlinien gewähren das Vertragslösungsrecht unabhängig von einer notariellen Beurkundung des Vertrages.

II. Funktion notarieller Beurkundung

Dem gegenüber versagen beispielsweise § 1 Abs. 2 Nr. 3 HWiG und Art. 2 Nr. 5 des spanischen Haustürgesetzes ausdrücklich den Schutz der verbraucherschützenden Vorschriften, wenn der entsprechende Vertrag notariell beurkundet wurde[85]. Der für Haustürgeschäfte typischerweise bestehende Überraschungs-

84 Art. 2 lit. c; ABlEG Nr. C 22 vom 29. 1. 1977, S. 7.

85 Art. 2 Nr. 5 des span. Haustürgesetzes lautet: „...la presente Ley no se aplicará a los contratos documentados notarialmente."

und Übervorteilungseffekt sei durch das Mitwirken eines Notars und dessen beratende Funktion grundsätzlich nicht gegeben[86]. Insoweit gilt es also zu überprüfen, ob die notarielle Beurkundung des Verbrauchervertrages tatsächlich geeignet ist, die Funktion des Vertragslösungsrechts zu ersetzen.

Gemäß § 17 Abs. 1 Satz 1 des deutschen Beurkundungsgesetzes (BeurkG) muss der Notar den Willen der Beteiligten erforschen, den Sachverhalt aufklären, die Beteiligten über die rechtliche Tragweite des Geschäfts belehren und die Erklärungen klar und unzweideutig in einer Niederschrift wiedergeben. Dabei soll er darauf achten, dass unerfahrene und ungewandte Beteiligte nicht benachteiligt werden (§ 17 Abs. 1 Satz 2 BeurkG). Durch diese unparteiliche und fachkundige Beratung sei ein im Vergleich zur Einräumung eines Vertragslösungsrechts mindestens gleichwertiger Schutz des Verbrauchers gewährleistet[87].

Wie jedoch bereits gezeigt[88], erschöpft sich die Funktion des Vertragslösungsrechts nicht allein darin, dem Verbraucher *rechtliche* Tragweite und Risiken des Vertrages zu verdeutlichen. Vielmehr soll er mit der Gewährung einer Bedenkzeit in die Lage versetzt werden, eine umfassend informierte Entscheidung zu treffen, die vor allem den persönlichen Nutzen des Vertrages berücksichtigt. Neben den rechtlichen Aspekten kommt es also insbesondere auf wirtschaftliche Komponenten an. Eine solche Wirtschaftsberatung kann ein Notar jedoch grundsätzlich nicht gewährleisten[89].

III. Schlussfolgerung

Die notarielle Beurkundung des Verbrauchervertrages ist zwar geeignet, dem Verbraucher die rechtlichen Risiken des Geschäfts zu verdeutlichen. Eine hierüber hinausgehende wirtschaftliche Beratung, die für eine informierte Entscheidung des Verbrauchers notwendig wäre, kann der Notar jedoch nicht gewähren. Insoweit bleibt der notarielle Schutz hinter der Wirkung eines

---

86 BT-Drucks. 10/2876, S. 12; *Kaufhold*, DNotZ 1998, S. 268; *Blanco Ledesma*, RIW 1992, S. 972.

87 *Kaufhold*, DNotZ 1998, S. 269; *Martinek*, NJW 1997, S. 1369; *Drobnig*, Neue rechtliche Konzepte, S. 205 will mit dem Ausschluss des Vertragslösungsrechts die Vertragsparteien „belohnen", die die Kosten und Mühen einer solchen notariellen Beurkundung auf sich nehmen.

88 B III 3.

89 *Limmer*, S. 38; *Fischer/Machunsky*, § 1 HWiG, Rn. 275; *Hildenbrand/Kappus/Mäsch/Kappus*, § 5 TzWrG, Rn. 3; *Mäsch*, DNotZ 1997, S. 198; *Frings*, BB 1999, S. 2368, weist zudem darauf hin, dass dem Notar häufig auch die Information über die Vertragsanbahnung in der Haustürsituation fehlen wird.

Vertragslösungsrechts zurück[90]. Ein Ausschluss des Vertragslösungsrechts bei notarieller Beurkundung des Vertrages ist folglich abzulehnen.

90 Von daher ist der generelle Ausschluss notariell beurkundeter Verträge aus dem Anwendungsbereich der in Umsetzung der Haustürrichtlinie ergangenen Gesetze keine „günstigere Verbraucherschutzbestimmung" iSv Art. 8 HaustürR und deshalb als richtlinienwidrig anzusehen; vgl. *Staudinger/Werner*, § 1 HWiG, Rn. 147; *MüKo/Ulmer*, § 1 HWiG, Rn. 49; *Frings*, BB 1999, S. 2368.

§ 8 Die Tatbestandsvoraussetzungen des Vertragslösungsrechts

Eine einheitliche Regelung des Vertragslösungsrechts muss in erster Linie Auskunft darüber geben, unter welchen Voraussetzungen dieses Recht zur Entstehung gelangt und welche Anforderungen an seine Ausübung zu stellen sind. Diese „Tatbestandsmerkmale“ des Vertragslösungsrechts sollen im Folgenden entwickelt werden.

A. Entstehung

Erste Bedingung für die Möglichkeit der Ausübung eines Rechts ist dessen Entstehung. Die Rechtssicherheit verlangt dabei nach einer Normierung der Merkmale, die zur Entstehung des Rechts oder dessen Ausschluss führen.

I. Allgemeine Voraussetzungen

Die Gewährung eines Vertragslösungsrechts dient der Beseitigung einer typischerweise bestehenden Ungleichgewichtslage bei von den Richtlinien erfassten Verträgen. Grundvoraussetzung für die Entstehung des Vertragslösungsrechts ist demnach die Anwendbarkeit der entsprechenden Richtlinien[1].

Wie oben gezeigt, ist dieser Mechanismus auch in Zukunft beizubehalten. Die einzelnen Richtlinien des Gemeinschaftsgesetzgebers, mit denen auf das Bestehen von Ungleichgewichtslagen reagiert wird und die ein Vertragslösungsrechts als Verbraucherschutzinstrument normieren, verweisen zwar auf die sekundärrechtliche Maßnahme, mit der das Vertragslösungsrecht geregelt wird. Sie bestimmen aber selbständig den konkreten Anwendungsbereich zur Ausübung dieses Rechts[2].

Darüber hinaus normieren die Richtlinien auch selbst die Konstellationen, in denen die Ausübung des Vertragslösungsrechts ausgeschlossen ist[3].

II. Zeitpunkt der Entstehung

Der den mitgliedstaatlichen Vertragsrechtsordnungen zugrunde liegende Vertragsmechanismus beschreibt den Vertrag als Ergebnis zweier überein-

1 Vgl. hierzu § 4.
2 Siehe oben § 5 B II 2 b).
3 Vgl. Art. 6 Abs. 3 FernR, Art. 4 Abs. 1a FinanzR.

stimmender Erklärungen der Verhandlungspartner (Konsensprinzip)[4]. Für den Zeitpunkt der Entstehung des Vertragslösungsrechts des Verbrauchers kommen demnach zwei Anknüpfungsmomente in Betracht; zum einen die Abgabe der auf den Vertragsschluss gerichteten Erklärung des Verbrauchers und zum anderen das Zustandekommen des Vertrages[5].

1. Richtlinienkonzept

Gemäß Art. 5 HaustürR kann der Verbraucher von der *eingegangenen Verpflichtung* „zurücktreten" (Abs. 1 Satz 1) und wird dadurch aus allen aus dem „widerrufenen" *Vertrag* erwachsenden Verpflichtungen entlassen (Abs. 2). Auch nach Art. 5 Nr. 1 Sp. 1 TimesharingR beginnt die Frist für die Ausübung des Vertragslösungsrechts erst mit der Unterzeichnung des *Vertrages* durch beide Parteien. Gemäß Art. 6 Abs. 1 Satz 1 FernR kann der Verbraucher jeden *Vertragsabschluss* „widerrufen". Dagegen ist die 30-tägige Lieferfrist des Anbieters nach Art. 7 Abs. 1 FernR an die *Bestellung* des Verbrauchers geknüpft. Auch Art. 4 Abs. 1 FinanzR geht von einem bereits geschlossenen Vertrag aus.

2. Vereinheitlichungskonzept

Für die Einhaltung des Konsensprinzips ist es letztlich gleichgültig, welcher Vertragspartner das Angebot abgibt, solange zwei übereinstimmende Willenserklärungen feststellbar sind. Insoweit kann das Angebot zum Abschluss eines Verbrauchervertrages auch vom Verbraucher selbst gemacht werden.

Diese Konstellation scheint für Verträge im Fernabsatz sogar typisch zu sein. Auch bei Timesharingverträgen sind diese Fallgestaltungen denkbar, da der Verbraucher durch den Prospekt nach Art. 3 TimesharingR durchaus in der Lage ist, ein darauf bezogenes Angebot abzugeben. In den von der Haustürrichtlinie erfassten Situationen wird regelmäßig der Anbieter das Angebot zum Vertragsschluss abgeben. Allerdings ist die Richtlinie nach Art. 1 Abs. 3 und 4 auch auf Angebote des Verbrauchers anwendbar.

---

4 Siehe hierzu oben § 7 C I 1.

5 An dieser Stelle ist noch einmal darauf zu verweisen, dass die Verwendung des Begriffs des „Vertragslösungsrechts" lediglich der Vermeidung einseitiger Betrachtungen dient, die die von den Richtlinien verwendeten Begriffe „Rücktritt" und „Widerruf" aufgrund ihrer dogmatischen Prägung provozieren. Wie eingangs bereits erklärt, ist „Vertragslösung" deshalb in einem untechnischen Sinne zu begreifen, der sowohl die Lösung von einem Vertrag als auch die bloße Abstandnahme vom ursprünglichen Plan, einen Vertrag zu schließen, umfasst. Vgl. hierzu bereits Punkt B der Einleitung.

Würde nun das Vertragslösungsrecht erst mit Abschluss des Vertrages entstehen, müsste der Gewerbetreibende in diesen Konstellationen das Angebot des Verbrauchers in jedem Fall zunächst annehmen[6]. Erst danach wäre der Verbraucher in der Lage, sich von seiner längst bereuten Willenserklärung zu lösen. Diese Konstruktion wirkt künstlich und wenig flexibel. Das Vertragslösungsrecht muss vielmehr an die Willenserklärung des Verbrauchers anknüpfen und deshalb schon in dem Zeitpunkt entstehen, wo diese Erklärung abgegeben wird.

Die bisherige Konzeption des deutschen Gesetzgebers war in diesem Punkt eindeutig. Die Willenserklärung des Verbrauchers wurde erst wirksam, wenn er sie nicht binnen der jeweiligen Frist „widerrief"[7]. Auch die französischen Regelungen[8] ermöglichen dem Verbraucher die Lösung von der vertragsbezogenen Willenserklärung, ebenso das österreichische Recht[9].

III. Verzicht des Verbrauchers auf das Vertragslösungsrecht

Besteht das Vertragslösungsrecht also bereits zum Zeitpunkt des Vertragsschlusses, stellt sich die Frage, ob sich der Verbraucher vertraglich verpflichten kann, auf die Ausübung dieses Rechts zu verzichten.

1. Richtlinienkonzept

Die diesbezüglichen Vorstellungen des europäischen Gesetzgebers sind eindeutig. Art. 6 HaustürR, Art. 12 Abs. 1 FernR und Art. 11 Abs. 1 FinanzR bestimmen mit fast identischem Wortlaut, dass „der Verbraucher auf die ihm eingeräumten Rechte nicht verzichten kann". Lediglich Art. 8 TimesharingR erscheint etwas differenzierter. Danach ist eine *Vertragsbestimmung* für den Verbraucher nicht bindend, durch die er auf die ihm eingeräumten Rechte verzichtet.

---

6 Zur dogmatischen Einordnung des Vertragslösungsrecht unten § 9.

7 Vgl. § 1 Abs. 1 HWiG a. F., § 7 Abs. 1 VerbrKrG a. F., § 5 Abs. 1 TzWrG a. F. Hierzu ausführlich unten § 9 A I 1.

8 Art. L. 121-25 Abs. 1 Code de la consommation: „...à compter de *la commande* ou de l'engagement d'achat...", Art. L. 121-64 Abs. 2 Code de la consommation: „...à compter de l'envoi au professionnel de l'offre acceptée...".

9 Vgl. § 3 Abs. 1 Satz 1 KSchG: „so kann er von seinem *Vertragsantrag* oder vom Vertrag zurücktreten", § 5 e Abs. 1 Satz 1 KSchG: „Der Verbraucher kann von einem im Fernabsatz geschlossenen Vertrag oder einer im Fernabsatz abgegebenen *Vertragserklärung*...zurücktreten.".

2. Vereinheitlichungskonzept

Grundsätzlich gewährt die Vertragsfreiheit dem Einzelnen auch die Entscheidung darüber, ob er ein Recht wahrnehmen will oder nicht. Von daher würde sich eher die Frage stellen, warum der Verbraucher eigentlich *nicht* auf sein Vertragslösungsrecht verzichten können soll.

Aber auch der Verzicht auf ein Recht setzt voraus, dass der Verzichtende selbstbestimmt entscheiden kann, ob und inwieweit er seine Rechtsposition aufgeben will. Es wurde jedoch gezeigt[10], dass in den von den Verbrauchervertragsvorschriften erfassten Abschlusssituationen die Möglichkeit des Verbrauchers zu selbstbestimmtem Handeln aufgrund seiner informationellen Unterlegenheit typischerweise gerade nicht gegeben ist. Deshalb bedarf es einer nachträglichen Überlegungsfrist, mit der eine informierte Entscheidung und damit auch ein freier Vertrag gewährleistet werden sollen. Dieses Konzept enthält also die Annahme, dass der Verbraucher quasi von der Abschlusssituation befreit werden muss, um zur Fähigkeit selbstbestimmten Handelns zurückzufinden. Von daher kann eine in dieser Situation getroffene Entscheidung über einen Rechtsverzicht typischerweise ebenso wenig selbstbestimmt sein, wie es die Vertragserklärung ist[11]. Ließe man trotzdem einen Verzicht des Verbrauchers zu, so würde hieraus die Gefahr resultieren, dass der Verbraucher unter Ausnutzung des informationellen Ungleichgewichts dazu verleitet würde, diesen Verzicht auch zu erklären bzw. eine entsprechende Bestimmung des Vertrages zu unterzeichnen[12]. Die Erreichung des Schutzzwecks der verbraucherschützenden Vertragsvorschriften wäre dadurch gefährdet[13].

Deshalb muss bei konsequenter Verfolgung des hier verfolgten Verbraucherkonzepts der vertragliche Verzicht des Verbrauchers auf das Vertragslösungsrecht und damit auf die nachträgliche Bedenkzeit unzulässig sein[14].

IV. Ausschluss des Vertragslösungsrechts durch Beschädigung der Ware

Gemäß Art. 7 Abs. 1 Satz 1 des italienischen Haustürgesetzes ist das Vertragslösungsrecht ausgeschlossen, wenn die dem Verbraucher bereits übergebene Ware nicht mehr unversehrt ist[15]. Dies gilt selbst dann, wenn der Verbraucher

10 § 7 B III 3.

11 Vgl. *Fuchs*, AcP 196 (1996), S. 354.

12 *Fischer/Machunsky*, § 5 HWiG, Rn. 39.

13 *Kiefer*, NJW 1989, S. 3121, Fn. 25.

14 Zur Frage des nachvertraglichen Verzichts siehe unten § 9 C III 2. b) bb) (2).

15 Art. 7 Abs. 1 Satz 1 des italienischen Haustürgesetzes lautet: „Per i contratti riguardanti la vendita di beni, qualora vi sia stata la consegna della merce, la sostanziale integrità

über sein Vertragslösungsrecht nicht informiert wurde. In diesem Fall ändern sich nur der Maßstab für den Zustand der Ware (Art. 7 Abs. 1 Satz 2 „normale stato di conservazione“) und der Grad des Verschuldens („normale diligenza“).

1. Richtlinienkonzept

Die Haustürrichtlinie selbst regelt diese Konstellation nicht. Erwägungsgrund 8 des ersten Entwurfs übertrug das Risiko für die während der Überlegungsfrist gelieferte Ware jedoch dem Anbieter[16]. Auch der Katalog der Ausschlussgründe in Art. 6 Abs. 3 FernR erfasst die Beschädigung der Ware während des Fristlaufes nicht, obwohl hier die Frist erst mit Lieferung der Ware beginnt und so die Gefahr ihres Untergangs oder ihrer Beschädigung jedem Fernabsatzvertrag immanent ist.

2. Vereinheitlichungskonzept

Dem Kontakt des Verbrauchers mit der Ware wurde an anderer Stelle bereits eine überragende Bedeutung für die informierte Entscheidung über den Vertragsschluss eingeräumt[17]. Der Verbraucher muss deshalb als Grundlage dieser Entscheidung regelmäßig den Besitz an der Ware erlangen. Hierbei besteht natürlich regelmäßig die Gefahr ihrer Beschädigung oder ihres Untergangs. Insoweit kollidiert hier das Recht des Verbrauchers, seine Bedenkzeit effektiv nutzen zu können, mit dem Interesse des Anbieters an der Integrität der Ware. Würde dem Verbraucher in einem solchen Fall die Ausübung seines Vertragslösungsrechts versagt, wäre er an den Vertrag gebunden, obwohl diesem nach wie vor keine informierte und damit „freie“ Entscheidung seinerseits zugrunde läge. Eine Zustandsveränderung des Vertragsgegenstandes während des Laufes der Bedenkzeit darf deshalb keinen Einfluss auf die Entscheidungsfindung des Verbrauchers haben.

Auf der anderen Seite wäre es aber ebenso wenig interessengerecht, den Anbieter jede Gefahr des Untergangs der Sache tragen zu lassen. Eine nachteilige Zustandsveränderung der Ware kann jedoch auf der Rechts-

---

della merce da restituire ai sensi del successivo art. 8 è condizione essenziale per l'esercizio del diritto di recesso.“

16 ABlEG Nr. C 22 vom 29. 1. 1977, S. 7. Die italienische Regelung stellt insoweit auch offensichtlich keine „günstigere Verbraucherschutzbestimmung“ iSv Art. 8 HaustürR dar.

17 Siehe oben § 7 D II 1 a).

folgenseite hinreichend berücksichtigt werden und muss deshalb nicht zwangsläufig zum Ausschluss des Vertragslösungsrechts führen[18].

Diesen Weg hat beispielsweise der deutsche Gesetzgeber gewählt. Gemäß § 361a Abs. 2 Satz 4 BGB wird der „Widerruf" nicht durch eine Verschlechterung, den Untergang oder die anderweitige Unmöglichkeit der Herausgabe ausgeschlossen. Der Verbraucher hat die hieraus resultierende Wertminderung jedoch grundsätzlich zu ersetzen.

Das Vertragslösungsrecht ist deshalb nicht durch eine negative Zustandsveränderung des Vertragsgegenstandes während der Bedenkzeit ausgeschlossen.

V. Beweislast

Das Vertragslösungsrecht entsteht mit der Abgabe der auf den Abschluss eines Verbrauchervertrages gerichteten Willenserklärung des Verbrauchers. Fraglich ist, wer die Beweislast für das Vorliegen der Anwendungsvoraussetzungen einer Verbrauchervertragsmaßnahme trägt.

1. Richtlinienkonzept

Die Timesharingrichtlinie behandelt lediglich das Problem des Nachweises der ordnungsgemäßen Ausübung des Vertragslösungsrechts (Art. 5 Abs. 2). Die Finanzrichtlinie trifft in ihrem Art. 13 eine grundsätzlichere Aussage über die Verteilung der Beweislast. Danach soll der Anbieter die Beweislast „in Sachen Erfüllung der Verpflichtungen zur Unterrichtung des Verbrauchers, Einwilligung des Verbrauchers in den Vertrag und gegebenenfalls dessen Durchführung" tragen (Abs. 1). Auch der erste Entwurf zur Haustürrichtlinie übertrug die Beweislast für das Vorliegen ihrer Anwendungsvoraussetzungen dem Anbieter[19].

2. Vereinheitlichungskonzept

Die Frage der Verantwortlichkeit für den Nachweis rechtsrelevanter Tatsachen muss sich auch im Verbraucherrecht zunächst an den Grundsätzen der Beweislastverteilung orientieren. Nur wenn diese mit dem Schutzkonzept des Verbrauchervertragsrechts nicht in Übereinstimmung gebracht werden können, kommen entsprechende Korrekturen in Betracht.

---

18 Hierzu ausführlich unter § 10 B II 2 c).

19 ABlEG Nr. C 22 vom 29. 1. 1977, S. 9, Art. 10 lit. a.

a) Grundsatz der Beweislastverteilung

Die grundsätzliche Verteilung der Beweislast folgt in allen mitgliedstaatlichen Rechtsordnungen derselben Regel: Der Anspruchssteller hat das Vorliegen der anspruchsbegründenden Tatsachen zu beweisen, der Anspruchsgegner trägt die Beweislast hinsichtlich anspruchshindernder, -vernichtender oder -hemmender Tatsachen[20].

Übertragen auf das Vorliegen der Anwendungsvoraussetzungen der Verbrauchervorschriften kommen dabei zwei Konstellationen in Betracht: Zum einen kann der Verbraucher selbst Ansprüche aus den verbraucherschützenden Regelungskomplexen geltend machen. Zum anderen ist denkbar, dass der Verbraucher einem Anspruch des Anbieters entgegentritt, indem er sich auf verbraucherschützende Regelungen beruft.

So kann er nach Ausübung des Vertragslösungsrechts auf Rückgewähr seiner bereits erbrachten Leistung klagen oder einem Zahlungsbegehren des Anbieters die Ausübung des Vertragslösungsrechts entgegenhalten.

Im ersten Fall wäre die Anwendbarkeit der verbraucherschützenden Regelung eine anspruchsbegründende, im zweiten Fall eine anspruchshindernde oder -vernichtende Tatsache[21]. Nach dem oben beschriebenen Grundsatz wäre der Verbraucher in beiden Konstellationen verpflichtet, die Anwendungsvoraussetzungen des Vertragslösungsrechts zu beweisen.

b) Beweislastumkehr

Dieser Grundsatz gilt jedoch nicht uneingeschränkt[22]. Im Wege richterlicher Rechtsfortbildung ist auch eine Beweislastumkehr für eine bestimmte Fallkonstellation denkbar[23]. Eine Einschränkung der Beweislastregeln nur für den Einzelfall ist dabei jedoch unzulässig[24].

Nachzugehen ist deshalb der Frage, ob im Bereich des Verbrauchervertragsrechts eine Umkehr der Beweislast zugunsten des Verbrauchers angebracht

---

20 *Henninger*, S. 149.

21 Zur Frage der dogmatischen Einordnung des Vertragslösungsrechts siehe unten § 9.

22 Vgl. *Coester-Waltjen*, Rn. 368.

23 Im deutschen Recht wird im Rahmen der Produzentenhaftung nach § 823 Abs. 1 BGB die Beweislast des Geschädigten für das schuldhafte Handeln des Schädigers zu dessen Lasten umgekehrt, ständige Rechtsprechung seit BGH, VI. Zivilsenat, Urteil vom 26. 11. 1968, BGHZ 51, 91, S. 103 ff; zuletzt BGH, VI. Zivilsenat, Urteil vom 2. 2. 1999, NJW 1999, S. 1028.

24 Vgl. *Henninger*, S. 58

erscheint. Dies wäre dann gerechtfertigt, wenn der Nachweis des Vorliegens der Anwendungsvoraussetzungen einer Verbraucherregelung für den Verbraucher gar nicht oder nur mit unverhältnismäßigem Aufwand möglich wäre. An dieser Stelle ist jedoch auf die Grundlagen des Verbraucherschutzes zu verweisen. Es soll eine zum Nachteil des Verbrauchers ungleiche Abschlusssituation korrigiert und dem Verbraucher eine informierte Entscheidung ermöglicht werden. Im Grunde müsste er also sogar den Nachweis führen, dass er in der konkreten Abschlusssituation informationell unterlegen war und deshalb keine „freie" Entscheidung treffen konnte. Die typisierte Erfassung dieser Situationen kommt ihm dabei insoweit entgegen, dass allein der Nachweis des Vorliegens einer solchen Situation einen Beweis für ungleiche Verhandlungsstärke darstellt, der nach dem oben Gesagten auch nicht widerlegt werden kann[25]. Wäre nun der Anbieter für das Nichtvorliegen dieser typisierten Voraussetzungen beweispflichtig, würde dies zu der generellen Vermutung einer Vertragsdisparität im Verhältnis zwischen Anbieter und Verbraucher führen, die der Anbieter zu widerlegen hätte. Dadurch würde es letztlich doch zu der oben bereits abgelehnten Ausbildung eines Sonderprivatrechts für Verträge zwischen Unternehmern und Anbietern kommen[26]. Jeder Vertragspartner könnte zunächst versuchen, sich als Verbraucher darzustellen, und der Gegenpartei obläge dann die Pflicht nachzuweisen, dass es nicht so ist. Misslingt ihm dieser Beweis, käme sein Gegenüber in den Genuss verbraucherschützender Vorschriften, auch wenn keine der typisierten Voraussetzungen tatsächlich vorgelegen hat. Auf diesem Wege könnten letztlich auch freie Verträge nachträglich nach freiem Belieben korrigiert werden. Die vom Grundsatz der Vertragsfreiheit gezogene Grenze der Zulässigkeit von Eingriffen in den Vertragsmechanismus wäre hier durchbrochen.

c) Schlussfolgerung

Von daher ist am eingangs beschriebenen Grundsatz der Beweislastverteilung festzuhalten und eine Umkehr zugunsten des Verbrauchers abzulehnen. Der Verbraucher muss die Beweislast für das (anspruchsbegründende oder anspruchsvernichtende) Vorliegen der typisierten Anwendungsvoraussetzungen der Verbraucherregelungen tragen[27]. Im Zweifel kann dabei auf den Beweis des ersten Anscheins zurückgegriffen werden. Das Vorliegen von Ausschluss-

---

25 § 6 B III 3.

26 § 6 A II 2 d).

27 Vgl. in diesem Zusammenhang EuGH vom 26. 11. 1998, Rs. C-423/97, Slg. 1999, S. 2216, Nr. 14 *Travel Vac S. L./Antelm Sanchis*.

gründen hat hingegen als für ihn günstige Tatsache der Anbieter nachzuweisen[28].

VI. Ergebnis

Das Vertragslösungsrecht entsteht mit der auf den Abschluss eines Verbrauchervertrages gerichteten Willenserklärung des Verbrauchers, der hierfür beweispflichtig ist. Es kann jedoch in Ausnahmefällen ausgeschlossen werden. Die bloße Beschädigung des Vertragsgegenstandes genügt hierfür aber nicht.

B. Belehrung des Verbrauchers

Eine der Besonderheiten des Verbrauchervertragsrechts liegt darin, dass der Anbieter den Verbraucher über die ihm zustehenden Rechte aufzuklären hat.

I. Notwendigkeit einer Belehrung

Die Notwendigkeit der Belehrung des Verbrauchers über sein Vertragslösungsrecht ergibt sich in Konsequenz seiner informationellen Unterlegenheit gegenüber dem Anbieter. Dem Verbraucher soll eine nachträgliche Bedenkzeit eingeräumt werden, innerhalb derer er den persönlichen Nutzen des Vertrages überdenken und eine informierte Entscheidung treffen kann. Dies setzt jedoch notwendigerweise voraus, dass der Verbraucher seine Rechte kennt[29]. Die Information des Verbrauchers über das Bestehen des Vertragslösungsrechts ist daher notwendige Voraussetzung einer informierten Entscheidung.

Die Bedeutung, die der Kenntnis des Verbrauchers von seinem Vertragslösungsrecht zugemessen wird, verdeutlicht der Umstand, dass der Anbieter als Vertragspartei den Verbraucher mit diesen Informationen versorgen muss, er also gewissermaßen zum Handeln gegen seine eigenen Interessen verpflichtet wird[30].

---

28 Diesem Konzept folgt auch das deutsche Recht, vgl. hierzu nur *Fischer/Machunsky*, § 1 Rn. 315.

29 Vgl. Erwägungsgrund 6 der HaustürR.

30 *Krejci*, FS Ostheim, S. 180, sieht deshalb auch „den Bock zum Gärtner gemacht“.

II. Inhaltliche Anforderungen

Aus der Bedeutung der Belehrung für die effektive Nutzung der Verbraucherrechte ergibt sich die Frage nach ihrem notwendigen Inhalt.

1. Richtlinienkonzept

Nach Art. 4 HaustürR ist der Verbraucher über die Frist zur Ausübung des Vertragslösungsrechts aufzuklären; ihm sind Name und Anschrift desjenigen mitzuteilen, dem gegenüber er von seinem Recht Gebrauch machen kann (Satz 1). Darüber hinaus muss die Belehrung Angaben enthalten, die eine Identifizierung des Vertrages ermöglichen (Satz 2). Gemäß Art. 4 Sp. 1 TimesharingR bedarf der Timesharingvertrag mindestens der im Anhang genannten Angaben. In Verbindung mit lit. l des Anhangs der Richtlinie muss der Vertrag deshalb Informationen zum Vertragslösungsrecht enthalten. Der Verbraucher muss über die Person informiert werden, der gegenüber er sein Vertragslösungsrecht ausüben kann. Darüber hinaus müssen ihm die Bedingungen und Rechtsfolgen der Ausübung bekannt sein. Auch im Rahmen von Vertragsabschlüssen über Finanzdienstleistungen und sonstige Geschäfte im Fernabsatz muss der Verbraucher über das Bestehen seines Vertragslösungsrechts informiert werden (Art. 4 Abs. 1 lit. f FernR, Art. 3 Abs. 1 lit. h FinanzR). Zusätzlich ist er über die Rechtsfolgen der Ausübung dieses Rechts aufzuklären (Art. 3 Abs. 1 lit. j FinanzR).

2. Vereinheitlichungskonzept

In inhaltlicher Hinsicht ist vorab darauf hinzuweisen, dass eine zu hohe Intensität der zu gewährenden Informationen auch einen gegenteiligen Effekt erzielen kann. Ein zu großer Umfang an Information ist geeignet, den Verbraucher zu überfordern und den Blick für die wesentlichen Bestimmungen zu verstellen[31].

Nach Art. L. 121-23 No. 7 Code de la consommation muss die Belehrung den vollständigen Wortlaut der Vorschriften der Art. L. 121-23 bis 26 Code de la consommation wiedergeben[32].

---

31 *Heiss*, Formvorschriften, S. 96; *Mäsch*, EuZW 1995, S. 11; *Kappus*, EWS 1996, S. 275; *Westermann*, S. 88.

32 Art. L. 121-23 Nr. 7 Code de la consommation lautet: „...doit comporter: 7° Faculté de renonciation...ainsi que les conditions d'exercice de cette faculté et, de facon apparente, le texte intégral des articles L. 121-23, L. 121-24, L. 121-25 et L. 121-26". Art. 9 Abs. 1 Nr. 6 des spanischen Timesharinggesetzes ordnet ebenfalls die vollständige Übernahme

Der Verbraucher sieht sich also einer Fülle (gesetzlicher) Regelungen ausgesetzt. Dadurch besteht die Gefahr, dass er die für ihn wesentlichen Passagen überliest oder nicht versteht.

Die Belehrung hat deshalb in erster Linie sicherzustellen, dass der Verbraucher in die Lage versetzt wird, die ihm eingeräumte Bedenkzeit effektiv zu nutzen. Er muss daher zunächst wissen, dass er trotz des Vertragsabschlusses für einen bestimmten Zeitraum die Möglichkeit hat, seine eingegangene Verpflichtung zu überdenken. Unabdingbarer Bestandteil der Belehrung muss also die Information über das *Bestehen des Vertragslösungsrechts* sein.

Um ihm dabei die Berechnung der Bedenkzeit zu ermöglichen, bedarf es genauer Angaben über den *Fristbeginn* und die *Fristdauer*[33].

Darüber hinaus muss der Verbraucher natürlich wissen, an wen er sich zu wenden hat, wenn er sein Vertragslösungsrecht ausüben möchte, wer also der *Adressat* seiner Erklärung ist.

Ein weiteres wichtiges Kriterium für die Entscheidung des Verbrauchers, das Vertragslösungsrecht auszuüben, ist die sichere Kenntnis der hiermit verbundenen Rechtsfolgen[34]. Die *Rückabwicklungsmodalitäten* müssen daher ebenfalls Bestandteil der Belehrung sein.

Weiter gehende Bestimmungen darf die Belehrung nicht enthalten, da andernfalls eine „Überfrachtung" zu befürchten ist, durch die die Konzentration des Verbrauchers auf die für ihn wesentlichen Angaben gefährdet wird.

III. Formelle Anforderungen

Auch der Umfang der formellen Anforderungen der Belehrung trägt wesentlich zur Kenntniserlangung des Verbrauchers bei.

1. Richtlinienkonzept

Im Rahmen der Haustürgeschäfte muss der Anbieter den Verbraucher schriftlich belehren (Art. 4 Satz 1). Die Belehrung ist zu datieren und dem Verbraucher zum Zeitpunkt des Vertragsabschlusses bzw. der Abgabe des Angebots durch den Verbraucher auszuhändigen (Art. 4 Satz 2). Die Informationen von lit. l des Anhangs der Timesharingrichtlinie müssen sich auch bereits in dem Prospekt befinden, der dem Verbraucher nach Art. 3 auszuhändigen ist. Hinzu kommen

---

des Wortlauts gesetzlicher Normen an („Inserción literal del texto de los artículos 10, 11 y 12, haciendo constar su carácter de normas legales aplicables al contrato").

33 Hierzu im Einzelnen unter D.

34 Vgl. nur Erwägungsgrund 14 Satz 2 der FernR. Zu den Rechtsfolgen im Einzelnen unten § 10.

weitere Pflichtangaben des Vertrages. Gemäß lit. m ist der Vertrag zu datieren. Nach Art. 4 Sp. 2 mus die Belehrung als Teil des Vertrages nach Wahl des Verbrauchers entweder in der Sprache des Staates seines Wohnsitzes oder seiner Staatsangehörigkeit abgefasst sein und dem Verbraucher zusätzlich in beglaubigter Übersetzung der Sprache des Staates, in dem die Immobilie belegen ist, vorliegen. Nach Art. 4 Abs. 2 FernR muss die Belehrung „klar und verständlich" erfolgen und der verwendeten Fernkommunikationstechnik angepasst sein. Gemäß Art. 5 Abs. 1 Satz 2 Sp. 1 FernR ist der Verbraucher rechtzeitig während der Erfüllung des Vertrages noch einmal schriftlich über die Bedingungen und die Einzelheiten der Ausübung des Vertragslösungsrechts und die Ausschlussgründe nach Art. 6 Abs. 3 FernR zu informieren.

Auch der Anbieter einer Finanzdienstleistung im Fernabsatz muss den Verbraucher vor Vertragsabschluss in einer der benutzten Fernkommunikationstechnik angepassten Weise „klar und verständlich" über sein Vertragslösungsrecht informieren (Art. 3 Abs. 2, 3a Abs. 1 FinanzR). Diese Belehrung hat entweder schriftlich oder auf einem anderen dauerhaften Datenträger zu erfolgen, den die Parteien einvernehmlich festlegen (Art. 3a Abs. 1, Abs. 3 FinanzR).

2. Vereinheitlichungskonzept

a) Verkörperte Belehrung

Das Konzept der Richtlinien macht deutlich, dass eine lediglich mündliche Information des Verbrauchers über das Vertragslösungsrechts den Anforderungen an eine ordnungsgemäße Belehrung nicht gerecht wird.

aa) Schriftform

Alle Richtlinienbestimmungen über die Information des Verbrauchers fordern deshalb eine *schriftliche* Belehrung. Dies entspricht dem oben dargestellten Transparenzgebot der Verbrauchervertragsrichtlinien. Der Verbraucher muss in der Lage sein, die ihm zustehenden Rechte verstehen zu können. Dazu ist es erforderlich, dass er die gewährten Informationen auch verarbeiten kann. Eine nur mündliche Übermittlung birgt - selbst wenn sie richtig erfolgt - die Gefahr, dass wichtige Informationen verloren gehen, und muss daher unzulässig sein.

bb) Sonstiger Datenträger

In Reaktion auf die Entwicklung neuer Absatztechnologien haben die Fernabsatzrichtlinie und der Richtlinienvorschlag über Finanzdienstleistungen im Fernabsatz auch solche Verträge zum Gegenstand, die unter Zuhilfenahme moderner Fernkommunikationstechniken geschlossen werden. Nach Art. 3 Abs. 2 FinanzR hat sich der Anbieter bei der Belehrung deshalb „eines der benutzten Fernkommunikationstechnik angepassten Mittels" zu bedienen. Dies gilt mit Einschränkungen für die Fernabsatzrichtlinie, da hier Art. 4 Abs. 2 zunächst „auf jedwede der verwendeten Fernkommunikationstechnik angepaßte Weise" abstellt, die so übermittelten Informationen aber in jedem Fall schriftlich bestätigt werden müssen (Art. 5 Abs. 1 Satz 2 Sp. 1), obwohl nach Art. 5 Abs. 1 Satz 1 FernR die Erteilung der sonstigen Vertragsbedingungen auch auf einem dauerhaften Datenträger (CD-ROM, Diskette etc.) zulässt. Gemäß § 5d Abs. 1 Satz 2 KSchG steht der schriftlichen Bestätigung eine solche auf einem für den Verbraucher verfügbaren dauerhaften Datenträger gleich. Nach § 361a Abs 3 Satz 1 BGB stehen dem Verbraucher die Informationen dann auf einem dauerhaften Datenträger zur Verfügung, wenn sie ihm in einer Urkunde oder in einer *anderen lesbaren Form* zugehen, die dem Verbraucher für eine den Erfordernissen des Rechtsgeschäfts entsprechende Zeit die inhaltlich unveränderte Wiedergabe der Informationen erlaubt. Dadurch wird sichergestellt, dass der Anbieter diese Informationen nicht mehr nachträglich verändern kann[35].

Eine Beschränkung der Belehrungsmöglichkeit auf rein schriftliche Informationen würde hinter der technischen Entwicklung zurückbleiben und sie behindern[36]. Insoweit müssen auch andere Kommunikationsmittel zulässig sein. Dabei muss aber sichergestellt werden, dass dem Verbraucher die Verarbeitung der Informationen in gleicher Weise möglich ist, wie es bei einer schriftlichen Belehrung gewährleistet wäre. Der Verbraucher darf von der Form der Informationsübermittlung nicht überrascht werden. Die Belehrung in einer *anderen lesbaren Form* setzt deshalb voraus, dass der Anbieter davon ausgehen darf, dass der Verbraucher sowohl in technischer als auch intellektueller Hinsicht in der Lage ist, die ihm gewährten Informationen zu verarbeiten[37]. Das kann regelmäßig jedoch nur dann erwartet werden, wenn der Vertrag auch in dieser Form geschlossen wurde.

---

35 BT-Drucks. 14/2658, S. 41.
36 BT-Drucks. 14/2658, S. 40.
37 Vgl. Begrdg. zu § 5 d KSchG-E.

Die Anforderungen der Finanzrichtlinie können deshalb dahin gehend verallgemeinert werden, dass die Belehrung verkörpert erfolgen und der *verwendeten Kommunikationstechnik* entsprechen muss.

cc) Verfügbarkeit für den Verbraucher

Eine weiter gehende Frage ist die nach der Verfügbarkeit der Informationen für den Verbraucher. Der Verbraucher muss in der Lage sein, die ihm gewährten Informationen zu verarbeiten. Hierfür würde es nicht genügen, wenn er nur kurzzeitig die Möglichkeit bekommt, von seinen Rechten Kenntnis zu nehmen. Insbesondere im Hinblick auf den Ablauf der Frist ist es notwendig, dass er die einzelnen Bestimmungen über sein Vertragslösungsrecht auch noch einmal *nach*lesen kann. Darüber hinaus muss auch sichergestellt werden, dass der Anbieter den Inhalt der Belehrung nicht nachträglich zu Lasten des Verbrauchers ändern kann. Haustür- und Timesharingrichtlinie bestimmen deshalb, dass die Belehrung dem Verbraucher auszuhändigen ist. Diese Anforderung kann auch ohne weiteres erfüllt werden, wenn die Belehrung in schriftlicher Form erteilt wurde, da hierfür die Übergabe der entsprechenden Urkunde genügt. Die französischen Regelungen verlangen deshalb die Aushändigung eines gesonderten Belehrungsformulars an den Verbraucher[38]. Wurde die Belehrung in einer anderen lesbaren Form erteilt, mus jedoch ebenso sichergestellt werden, dass dem Verbraucher die wesentlichen Informationen während der gesamten Dauer der Ausübungsfrist in unveränderter Form zur Verfügung stehen. Art. 5 Abs. 1 Satz 1 FernR fordert deshalb neben der Dauerhaftigkeit des Datenträgers, dass dem Verbraucher dieser Datenträger zur Verfügung steht. § 361a Abs. 3 Satz 1 BGB verlangt, dass der Datenträger dem Verbraucher „für eine den Erfordernissen des Rechtsgeschäfts entsprechende Zeit die inhaltlich unveränderte Wiedergabe der Informationen erlaubt". Als „entsprechende Zeit" muss nach dem eingangs Gesagten dabei mindestens die Dauer der Ausübungsfrist angesehen werden.

Eine allgemeine Belehrung, die dem Verbraucher nicht individuell übermittelt, sondern nur zum Abruf, bspw. im WWW, bereitgehalten wird, erfüllt diese Anforderungen nicht. Dem Verbraucher stehen die Informationen zwar zur Verfügung und er hat auch Zugang zu ihnen.

---

38 Vgl. Art. L. 121-24 Abs. 1 Code de la consommation: „Le contrat...doit comprendre un formulaire détachable destiné à faciliter l'exercice de la faculté de renonciation..." und Art. L. 121-63 Abs. 1 Code de la consommation: „...deux exemplaires, dont l'un, qui lui est reservé, comporte un coupon détachable destiné à faciliter l'exercice de la faculté de rétractation...". Kritisch zur Ausarbeitung behördlicher Formulare *Westermann*, S. 88, der hierin insbesondere die Gefahr des „Hineinregierens gegen den Parteiwillen" sieht.

Er kann jedoch nicht sicher sein, dass diese Informationen nicht im Nachhinein zu seinen Ungunsten verändert werden[39].

dd) Ergebnis

Eine lediglich mündliche Belehrung ist unzulässig. Der Anbieter muss den Verbraucher schriftlich oder in einer anderen lesbaren Form, die der des Vertragsschlusses entspricht, über seine Rechte informieren. Dabei muss sichergestellt werden, dass der Anbieter diese Informationen nicht nachträglich verändern kann. Deshalb ist dem Verbraucher entweder eine Belehrungsurkunde auszuhändigen oder der Zugang zu einem dauerhaften Datenträger zu gewähren, der eine inhaltlich unveränderte Wiedergabe der Informationen gewährleistet.

b) Verständlichkeit

aa) Sprache

Verbraucherschützende Gemeinschaftsvorschriften sollen dem Verbraucher vor allem grenzüberschreitende Transaktionen erleichtern. Die Vereinheitlichung der dabei geltenden Regeln kann jedoch die bestehenden Sprachbarrieren nicht beseitigen[40]. Der Nutzen umfassender Informationen über die Rechte des Verbrauchers würde erheblich verringert, wenn der Verbraucher schon sprachlich gar nicht in der Lage wäre, die ihm erteilte Belehrung zu verstehen. Der Gemeinschaftsgesetzgeber hat dieses Problem durchaus erkannt. Die Timesharingrichtlinie enthält deshalb ausdrückliche Vorgaben über die Sprachregelung. Nach dem Vorentwurf sollte der Verbraucher bestätigen, dass er die verwendete Sprache versteht[41]. Wegen der hierbei bestehenden Manipulationsgefahr wurde diese Variante allerdings abgelehnt[42]. Nach Art. 4 Sp. 2 TimesharingR obliegt die Entscheidung über die zu verwendende Sprache nun dem Verbraucher. Im Rahmen der Fernabsatzrichtlinie hat der Gemeinschaftsgesetzgeber hingegen die Sprachregelung an die Mitgliedstaaten verwiesen[43]. Der italienische Gesetzgeber überlässt dabei dem Verbraucher die Wahl darüber, ob er die entsprechenden Informationen in italienischer Sprache erhalten will (Art.

---

39 BT-Drucks. 14/2658, S. 40.

40 Siehe hierzu bereits oben § 5 B II 3 a).

41 ABlEG Nr. C 222 vom 29. 8. 1992, S. 7, Art. 5 Abs. 1 Satz 2.

42 Vgl. Stellungnahme des WSA, ABlEG Nr. C 108 vom 19. 4. 1993, S. 5, Punkt X.; Gemeinsamer Standpunkt, ABlEG Nr. C 137 vom 19. 5. 1994, S. 49, Punkt 4. 1. vi).

43 Erwägungsgrund 8 FernR.

3 Abs. 4 FernabsatzG)[44]. Die in Deutschland und Österreich vorliegenden Umsetzungsentwürfe regeln die Sprachproblematik nicht ausdrücklich. Vielmehr schreibt § 2 Abs. 2 FernAbsG vor, dass der Verbraucher „in einer dem eingesetzten Fernkommunikationsmittel angepaßten Weise klar und verständlich informiert werden muß". § 5 c Abs. 2 KSchG verwendet dieselben Formulierungen. Zur Begründung wird dabei ausgeführt, dass der Anbieter diesen Anforderungen dann genüge getan habe, wenn er davon ausgehen könne, dass die Informationen für den in Frage kommenden Kundenkreis verständlich seien, so dass eine Information in deutscher Sprache nicht zwingend notwendig sei[45]. Der Anbieter würde jedoch schon aus kommerziellen Gründen nur in einer für den Verbraucher verständlichen Sprache kommunizieren[46].

Auch hier muss die Belehrung wieder im Zusammenhang mit dem Prozess des Vertragsschlusses betrachtet werden. Der Verbraucher muss die Informationen auf eine ihm verständliche Weise erhalten. Im Zweifel ist ihm nur seine Muttersprache verständlich, so dass die Belehrung in dieser Sprache erfolgen muss[47]. Anhaltspunkte dafür, dass er auch eine andere Sprache versteht, können sich jedoch aus der Vertragsanbahnung selbst ergeben. Reagiert der Verbraucher auf ein fremdsprachiges Angebot, so ist zu vermuten, dass er diese Sprache beherrscht[48]. Dasselbe muss gelten, wenn der Verbraucher ein fremdsprachiges Formular unterschreibt. Insoweit trifft ihn eine Pflicht zu selbstverantwortlichem Handeln. Schließt er aus freien Stücken einen fremdsprachigen Vertrag, darf er sich im Nachhinein nicht mehr auf mangelnde Sprachkenntnisse berufen. In einem solchen Fall kann die Belehrung dann auch in dieser Sprache erteilt werden.

bb) Lesbarkeit

Nicht in jedem Fall garantiert die Verwendung einer vom Verbraucher beherrschten Sprache auch die Verständlichkeit der Informationen. Wortreiche und kompliziert formulierte Informationen können den Verbraucher ebenso überfordern wie versteckte oder oberflächliche Hinweise. Um dem Verbraucher die wesentlichen Informationen deutlich zu machen, muss die Belehrung für ihn zu erkennen sein. Teilweise wird angeordnet, dass sie nicht im übrigen Text

44 „Nel caso di utilizzazione di tecniche che consentono una comunicazione individuale, le informazioni di cui al comma 1 sono fornite, ove il consumatore lo richieda, in lingua italiana."

45 BT-Drucks. 15/2658, S. 38.

46 Begrdg. zu § 5c KSchG-E.

47 Vgl. *Rott*, ZfRV 1999, S. 405.

48 Ähnlich auch die Begrdg. zu § 5c KSchG-E.

untergehen darf[49]. Andere Regelungen fordern eine „deutlich gestaltete Belehrung“[50]. Nach Art. 5 Abs. 2 Satz 1 des italienischen Haustürgesetzes ist die Belehrung sogar vom übrigen Vertragstext zu trennen[51].

Auch ein deutlich hervorgehobener Belehrungstext vermag nicht vollständig die Information des Verbrauchers zu sichern, wenn seine Formulierung unverständlich ist. Fernabsatz- und Finanzrichtlinie fordern daher eine „klare und verständliche“ (Art. 4 Abs. 2 FernR; Art. 3 Abs. 2, 3a Abs. 1 FinanzR). Nach s 4 (1) des englischen Haustürgesetzes müssen die Informationen *easy legible* sein.

Entscheidendes Bewertungskriterium müssen dabei die Fähigkeiten eines durchschnittlichen Verbrauchers gemäß des zugrunde liegenden Verbraucherleitbildes sein.

c) Unterschrift des Verbrauchers

Der erste Entwurf zur Timesharingrichtlinie sah in seinem Art. 7 Nr. 2 vor, dass sich die Belehrung unmittelbar vor den Unterschriften der Vertragsparteien in der Vertragsurkunde befinden muss[52]. Auch nach Art. 3 Nr. 2 des spanischen Haus-türgesetzes ist die Belehrung unmittelbar über der Unterschriftenzeile zu erteilen[53]. Gemäß § 361a Abs. 1 Satz 3 BGB ist die Belehrung vom Verbraucher sogar gesondert zu unterschreiben[54]. Damit kann weitgehend sichergestellt werden, dass der Verbraucher die Belehrung auch tatsächlich entgegengenommen hat.

Problematisch wird diese Anforderung dann, wenn die Belehrung in einer anderen lesbaren Form erteilt wurde[55]. Auf Gemeinschaftsebene existiert seit kurzer Zeit eine Richtlinie, die

---

49 Vgl. s 4 (3) englisches Haustürgesetz: „The information...if incorporated in the contract or other document shall be afforded no less prominence than that given to any other information in the document“.

50 Vgl. § 361a Abs. 1 Satz 3 BGB; Art. 3 Nr. 2 spanisches Haustürgesetz („en caracteres destacados“).

51 „...l'informazione, di cui al comma 1 deve essere riportata nella suddetta nota d'ordine separatamente dalle altre clausole contrattuali e con caratteri tipografici uguali o superiori a quelli degli altri elementi indicati nel documento.“

52 ABlEG Nr. C 222 vom 29. 8. 1992, S. 8.

53 „El documento contractual deberá contener, en caracteres destacados e inmediatamente encima del lugar reservado para la firma del consumidor, una referencia clara y precisa al derecho de éste a revocar al consentimiento otorgado y a los requisitos y consecuencias de su ejercicio.“

54 Hiervon macht § 3 Abs. 1 Satz 2 FernAbsG eine Ausnahme.

55 Vgl. zum Problem digitaler Signaturen *Hoeren/Oberscheidt*, VuR 1999, S. 374 ff.

elektronische Signaturen zum Gegenstand hat[56]. In Art. 5 Abs. 1 lit. a wird dabei die elektronische Signatur der handschriftlichen Unterschrift unter bestimmten Voraussetzungen gleich gestellt.

IV. Zeitpunkt der Belehrung

Stellt die ordnungsgemäße Belehrung des Verbrauchers über sein Vertragslösungsrecht eine wesentliche Voraussetzung für die Wirksamkeit dieses Instruments dar, gewinnt die Frage an Bedeutung, zu welchem Zeitpunkt diese Belehrung zu erteilen ist.

1. Richtlinienkonzept

Nach Art. 4 Abs. 1 Satz 2 HaustürR muss der Anbieter dem Verbraucher die Belehrung zum Zeitpunkt des Vertragsschlusses bzw. der Abgabe des Angebots durch den Verbraucher aushändigen. Art. 4 Sp. 1 der Timesharingrichtlinie sieht vor, dass der Vertrag selbst die Belehrung enthalten muss. Nach Art. 4 Abs. 1 FernR muss der Verbraucher über die Informationen rechtzeitig vor Abschluss des Vertrages verfügen. Diese Informationen hat der Anbieter spätestens zum Zeitpunkt der Lieferung zu bestätigen, es sei denn, die Ware ist zur Lieferung an Dritte bestimmt (während der Erfüllung des Vertrages, Art. 5 Abs. 1). Art. 3 Abs. 1 lit. h FinanzR verlangt die Erteilung der Belehrung vor Vertragsabschluss.

2. Vereinheitlichungskonzept

Die einzelnen Richtlinienbestimmungen regeln den Zeitpunkt der Erteilung der Belehrung im Detail unterschiedlich. Gemeinsam ist ihnen jedoch, dass der Verbraucher spätestens zum Zeitpunkt des Vertragsschlusses Kenntnis von seinem Vertragslösungsrecht haben muss. In diesem Zeitpunkt entstehen grundsätzlich die vertraglichen Verpflichtungen. Der Grundsatz des pacta sunt servanda findet hier seinen Ursprung. Gibt der Verbraucher also seine Vertragserklärung ab, wird er regelmäßig davon ausgehen, nunmehr zur Erbringung einer Leistung verpflichtet zu sein. Kennt er dabei die ihm zustehende Bedenkzeit nicht, wird er dieser „Verpflichtung" nachkommen. Erlangt er jedoch nachträglich Kenntnis vom Bestehen des Vertragslösungsrechts, ist das Risiko der Wiedererlangung der bereits erbrachten Leistungen durchaus geeignet, ihn von der Ausübung

56 Richtlinie 1999/93/EG des Europäischen Parlaments und des Rates vom 13. Dezember 1999 über gemeinschaftliche Rahmenbedingungen für elektronische Signaturen, ABlEG Nr. L 13 vom 19. 1. 2000, S. 12.

dieses Rechts abzuhalten. Von daher setzt eine optimale Nutzung der nachträglichen Bedenkzeit voraus, dass der Verbraucher zum Zeitpunkt des Vertragsschlusses weiß, dass er die eingegangene „Verpflichtung" nochmals überprüfen und gegebenenfalls revidieren kann. Die Information über das Bestehen des Vertragslösungsrechts muss dem Verbraucher somit spätestens zum Zeitpunkt des Vertragsschlusses gewährt werden.

V. Ergebnis

Der Anbieter hat den Verbraucher spätestens mit Abschluss des Vertrages über sein Vertragslösungsrecht zu belehren. Diese Belehrung hat grundsätzlich schriftlich zu erfolgen. Eine andere lesbare Form darf nur dann gewählt werden, wenn der Anbieter davon ausgehen darf, dass der Verbraucher in der Lage ist, die so erhaltenen Informationen zu verarbeiten. In jedem Fall muss sichergestellt werden, dass der Verbraucher über die Informationen während der Bedenkzeit verfügt und diese nicht nachträglich verändert werden können. Die Belehrung darf grundsätzlich nur in der Sprache des Verbrauchers erfolgen, es sei denn, das Verhalten des Verbrauchers in der Phase der Vertragsanbahnung lässt den Schluss zu, dass er auch eine andere Sprache beherrscht. Dieser Belehrung muss der Verbraucher die Modalitäten zur Ausübung dieses Rechts und die damit verbundenen Folgen entnehmen können. Deshalb muss sie Angaben über die Ausübungsfrist und ihren Beginn und über die Person enthalten, der gegenüber das Vertragslösungsrecht auszuüben ist. Dabei muss die Belehrung klar und verständlich formuliert sein. Sie darf nicht im übrigen Vertragstext untergehen.

C. Die Ausübungsfrist

Die informationelle Unterlegenheit des Verbrauchers zum Zeitpunkt des Vertragsschlusses soll durch die Einräumung einer nachträglichen Bedenkzeit ausgeglichen werden. Diese Bedenkzeit stellt dabei gleichzeitig die Frist dar, die dem Verbraucher zur Ausübung seines Vertragslösungsrechts zur Verfügung steht.

I. Notwendigkeit einer Befristung

Die mitgliedstaatlichen Rechtsordnungen unterscheiden generell zwischen Ausschlussfristen für Rechte und der Verjährung von Ansprüchen. Die Verjährung schützt den Schuldner in seiner Dispositionsfreiheit, indem sie den Zeitraum, innerhalb dessen er sich einem Anspruch seines Gläubigers ausgesetzt sieht, eingrenzt[57]. Die Ausschlussfristen dienen der Schaffung klarer Rechtsverhältnisse innerhalb kürzerer Zeit und damit ebenfalls dem Schutz desjenigen, zu dessen Lasten das jeweilige Recht ausgeübt werden kann[58]. Zweck beider Instrumente ist somit die Gewährleistung von Rechtssicherheit und Rechtsfrieden. Während jedoch bei der Verjährung nach deutschem Recht der Anspruch bestehen bleibt, lässt der Ablauf der Ausschlussfrist das betroffene Recht untergehen[59].

Durch die Gewährung einer nachträglichen Bedenkzeit soll dem Verbraucher auch nach Abgabe seiner vertragsbezogenen Willenserklärungen die Verarbeitung der entscheidungserheblichen Informationen ermöglicht werden, um ihm so zu einer informierten Entscheidung zu verhelfen. Auf der anderen Seite hat der Anbieter ein Interesse an der schnellstmöglichen Bestandskraft des Geschäfts, da ihm nur so die eventuell erforderliche weitere Disposition über den Vertragsgegenstand möglich ist. Insoweit müssen also das Interesse des Verbrauchers an der Informationsverarbeitung und das Bedürfnis des Anbieters nach Rechtssicherheit in Übereinstimmung gebracht werden[60]. Die Einräumung einer unbefristeten nachträglichen Bedenkzeit wäre deshalb grundsätzlich unverhältnismäßig. Die Frist für die Ausübung des Vertragslösungsrechts stellt also insoweit die Grenze der dem Verbraucher eingeräumten Bedenkzeit dar.

II. Fristbeginn

Ausgangspunkt der Betrachtung der Ausschlussfrist für die Ausübung des Vertragslösungsrechts ist der Zeitpunkt, in dem diese Frist in Gang gesetzt wird.

1. Alternativen

Die gemeinschaftsrechtlichen und mitgliedstaatlichen Vorschriften gehen dabei von verschiedenen Ansätzen aus, die letztlich einen sehr langen Zeitraum umfassen können.

---

57 Vgl. *Peters/Zimmermann*, S. 189.

58 AaO, S. 295.

59 *Staudinger/Peters*, Vor § 194 ff., Rn. 11.

60 Vgl. zum grundsätzlichen Interessenkonflikt bei Befristung und Verjährung *Bydlinski*, System und Prinzipien, S. 167 f.

a) Willenserklärung des Verbrauchers

Nach Art. L. 121-25 und Art. L. 121-64 Abs. 2 Code de la consommation kann die Bedenkzeit des Verbrauchers bereits mit der Absendung seiner Annahmeerklärung bzw. dem Zugang derselben beginnen[61].

b) Erteilung der vertragsrelevanten Informationen

Nach Art. 5 Abs. 1 Satz 1 HaustürR beginnt die Frist zur Ausübung des Vertragslösungsrechts mit dem Zeitpunkt, zu dem die entsprechende Belehrung erteilt wurde. Art. 4 Abs. 1 lit. b FinanzR stellt für den Beginn der Ausübungsfrist auf den Tag der Entgegennahme der Vertragsbedingungen durch den Verbraucher ab, wenn der Vertrag auf ausdrückliches Ersuchen des Verbrauchers geschlossen wurde, bevor ihm sämtliche Informationen vorlagen. Gemäß Art. 6 Satz 3 Sp. 2 iVm Satz 6 FernR wird der Beginn der Ausübungsfrist dann an die Informationserteilung geknüpft, wenn diese innerhalb von drei Monaten nach Vertragsschluss erfolgt. Dieses Konzept verfolgt auch Art. 5 Nr. 1 Sp. 2 Satz 2 TimesharingR für den Fall der erst nachträglichen Informationsgewährung. Auch nach § 361a Abs. 1 Satz 3 BGB beginnt die „Widerrufsfrist" mit dem Zeitpunkt, zu dem dem Verbraucher die Belehrung zur Verfügung gestellt wurde.

c) Vertragsschluss

Nach Art. 5 Nr. 1 Sp. 1 TimesharingR beginnt die Ausübungsfrist mit der Unterzeichnung des Vertrages (bzw. eines verbindlichen Vorvertrages) durch beide Parteien. Auch Art. 6 Abs. 1 Satz 3 Sp. 2 FernR knüpft an diesen Zeitpunkt an, wenn der Fernabsatzvertrag die Erbringung einer Dienstleistung zum Gegenstand hat und der Verbraucher seinen Informationspflichten nachgekommen ist. Auf den Zeitpunkt des Vertragsschlusses stellt auch Art. 4 Abs. 1 lit. a FinanzR ab, wenn dem Verbraucher die erforderlichen Informationen und Vertragsbedingungen vorlagen. Ebenfalls mit Vertragsschluss beginnt die Ausübungsfrist nach s 4 (5) des englischen Haustürgesetzes[62], Art. 5 Abs. 1 Satz 1 des italienischen Timesharinggesetzes[63] und

61 Art. L. 121-25 Code de la consommation: „Dans les sept jours,...à compter de la commande ou de l'engagement d'achat..." Art. L. 121- 64 Abs. 2 Code de la consommation: „...le consommateur peut se rétracter dans un délai de dix jours à compter de l'envoi au professionnel de l'offre acceptée..."

62 „If within the period of 7 days following the making of the contract the consumer serves a notice in writing...the notice of cancellation shall operate to cancel the contract."

alternativ auch nach dem oben bereits erwähnten Art. L. 121-25 Code de la consommation. In § 3 Abs. 1 Satz 2 KSchG, § 5 Abs. 2 Satz 2, Abs. 4 TzWrG und § 6 Abs. 1 Satz 2 TNG wird auf die Aushändigung der Vertragsurkunde abgestellt

d) Lieferung der Ware

Hat ein Fernabsatzvertrag die Lieferung von Waren zum Gegenstand, dann beginnt die Ausübungsfrist mit ihrem Eingang beim Verbraucher, wenn zu diesem Zeitpunkt die vertragsrelevanten Informationen des Art. 5 FernR bereits erteilt wurden (Art. 6 Abs. 1 Satz 3 Sp. 1). Dem folgen die Umsetzungsvorhaben der § 3 Abs. 2 FernAbsG, § 5 e Abs. 2 Satz 2 KSchG und des Art. 5 Abs. 1 lit. a des italienischen Fernabsatzgesetzes[64]. Dieses Konzept lag auch bereits Art. 5 Abs. 1 Satz 1 des spanischen Haustürgesetzes zugrunde[65]. Art. 6 Abs. 1 lit. b Satz 1 des italienischen Haustürgesetzes knüpft den Beginn der Frist für den Fall an die Lieferung der Ware, dass dem Verbraucher im Vorfeld des Vertragsschlusses kein Muster des Vertragsgegenstandes vorlag[66].

2. Vereinheitlichungskonzept

a) Anforderungen

Mit dem Beginn der Frist zur Ausübung des Vertragslösungsrechts setzt der Ablauf der dem Verbraucher eingeräumten nachträglichen Bedenkzeit ein. Mit dieser Bedenkzeit wird auf eine informationelle Unterlegenheit des Verbrauchers während der Vertragsverhandlungen reagiert. Die Einräumung einer nachträglichen Bedenkzeit macht jedoch nur dann Sinn, wenn dabei diese informationelle Unterlegenheit beseitigt wird, der Verbraucher also tatsächlich in die Lage versetzt wird, auf der Grundlage aller vertragsrelevanten Informationen eine selbstbestimmte Entscheidung über den persönlichen

---

63 „Entro dieci giorni dalla conclusione del contratto l'acquirente puo' recedere dallo stesso senza indicare le ragioni del recesso."

64 Art. 5 Abs. 1 lit. a des italienischen Fernabsatzgesetzes lautet: „Il consumatore ha diritto di recedere da qualunque contratto a distanza,...entro il termine di dieci giorni lavorativi decorrente: a) per i beni, dal giorno del loro ricevimento da parte del consumatore ove siano stati soddisfatti gli obblighi di cui all'articolo 4 o dal giorno in cui questi ultimi siano stati soddisfatti, qualora ciò avvenga dopo la onclusione del contratto purché non oltre il termine di tre mesi dalla conclusione stessa..."

65 „El consumidor podrá revocar su declaración de voluntad sin necesidad de alegar causa alguna, hasta pasados siete días contados desde la recepción."

66 Vgl. oben § 7 D II 1 a) aa) (1).

Nutzen des Vertrages zu treffen. Der Lauf einer nachträglichen Bedenkzeit darf dann konsequenterweise auch erst in Gang gesetzt werden, wenn eine vollständige Information des Verbrauchers (typischerweise) gewährleistet ist[67]. Für den Beginn der Frist zur Ausübung des Vertragslösungsrechts als Ausgangspunkt des Ablaufs der Bedenkzeit folgt hieraus, dass dieser Zeitpunkt von der ordnungsgemäßen Information des Verbrauchers abhängig sein muss.

b) Anknüpfung

Die umfassende Information des Verbrauchers setzt sich aus verschiedenen Elementen zusammen.

aa) Abschluss des Vertrages

Die intensive Beschäftigung des Verbrauchers mit den ihm gewährten Informationen erscheint nur dann sinnvoll, wenn sichergestellt wird, dass der Anbieter diese nicht mehr verändern kann. Der Verbraucher muss also wissen, dass die Entscheidung über Inhalt und Tragweite nunmehr allein bei ihm liegt. Dazu ist es notwendig, dass der Anbieter an seine Vertragserklärung gebunden wird. Hat der Verbraucher selbst seine Vertragserklärung noch nicht abgegeben, kann die Einräumung einer nachträglichen Bedenkzeit durch eine vorvertragliche „warm-up-period“ ersetzt werden[68]. Liegt die auf den Vertragsschluss gerichtete Willenserklärung des Verbrauchers jedoch bereits vor, muss ihm die Überlegungsfrist nachträglich gewährt werden. Ihr Beginn kann dann aber erst mit Abschluss des Vertrages ausgelöst werden.

bb) Vertragsbezogene Informationen

Soll der Verbraucher dabei die Möglichkeit haben, den persönlichen Nutzen des Vertrages zu bedenken, so setzt dies voraus, dass er dessen Inhalt kennt. Er muss sowohl abschätzen können, welche Rechte für ihn entstehen, als auch wissen, inwieweit er verpflichtet wird. Hierzu müssen ihm alle vertragsbezogenen Informationen gewährt werden[69]. Diese Informationen bilden also die Grundlage des Entscheidungsprozesses beim Verbraucher. Die nachträgliche Bedenkzeit darf folglich auch erst dann beginnen, wenn dem Verbraucher diese Informationen zur Verfügung stehen. Wie oben gezeigt[70], ist dabei der

67 So auch *Riesenhuber*, WM 1999, S. 1446.
68 Hierzu ausführlich § 7 D.
69 Vgl. nur den Anhang zur Timesharingrichtlinie.
70 § 7 D II 1 a).

Kontakt des Verbrauchers mit der Ware wesentlicher Teil der vollständigen Information über den Vertrag. Ist also die Lieferung einer Ware Gegenstand des Vertrages, muss dieser Kontakt sichergestellt werde. In diesem Fall kommt zur Erteilung der übrigen Informationen der Eingang der Ware beim Verbraucher.

cc) Belehrung des Verbrauchers

Die tatsächliche Nutzung der nachträglichen Bedenkzeit durch den Verbraucher wird jedoch nicht allein durch die Vollständigkeit der vertragsbezogenen Informationen gewährleistet. Die effektive Nutzung eines Rechts setzt vielmehr voraus, dass der Begünstigte auch Kenntnis hiervon hat[71]. Wie gezeigt[72], ist der Anbieter deshalb verpflichtet, den Verbraucher über die ihm zustehende nachträgliche Bedenkzeit und die Modalitäten und Folgen der Ausübung des Vertragslösungsrechts zu belehren. Kommt er dieser Verpflichtung nicht nach, steigt die Wahrscheinlichkeit, dass sich der Verbraucher ohne Kenntnis seiner Möglichkeiten an die abgegebene Erklärung gebunden fühlt und infolgedessen die nach seiner Vorstellung geschuldete Leistung erbringt. Erlangt er auch nachträglich keine Kenntnis über seine Rechte, besteht die Gefahr der Perpetuierung des „unfreien“ Vertrages. Aber selbst wenn er während der Bedenkzeit noch Kenntnis von seinem Vertragslösungsrecht erhalten sollte, ist das Risiko der Rückerlangung dieser Leistung geeignet, ihn von der - wenn überhaupt noch möglichen - Ausübung dieses Rechts abzuhalten. Die Frist für die Ausübung des Vertragslösungsrechts kann also nicht eher beginnen, als der Verbraucher über die Einräumung dieses Rechts informiert wurde.

dd) Ergebnis

Der Zeitpunkt des Beginns der Frist für die Ausübung des Vertragslösungsrechts ist an das kumulative Vorliegen verschiedener Voraussetzungen geknüpft. Dem Verbraucher wird die effektive Nutzung der nachträglichen Bedenkzeit erst durch die vollständige Information über den intendierten Vertrag und die Kenntnis der Möglichkeit einer Lösung von diesem ermöglicht[73]. Deshalb kann die Vertragslösungsfrist erst dann beginnen, wenn der Vertrag geschlossen und der Verbraucher über die Einräumung eines Vertrags-

71 *Bydlinski*, System und Prinzipien, S. 169, sieht hierin eines der Grundprinzipien des Privatrechts.

72 B I.

73 Nach *Riesenhuber*, WM 1999, S. 1446, kann die Ausübungsfrist deshalb auch erst zu dem Zeitpunkt beginnen, von dem an der „Defekt der Entscheidungssituation des Verbrauchers“ behoben ist.

lösungsrechts belehrt wurde. Darüber hinaus muss er über sämtliche vertragsbezogene Informationen verfügen. Dazu gehört für den Fall, dass Vertragsgegenstand die Lieferung einer Ware ist, deren Eingang beim Verbraucher.

c) Fehlerhafte oder fehlende Informationen

Ist der Beginn der Ausübungsfrist also an den Zeitpunkt der vollständigen Information des Verbrauchers geknüpft, so müsste dies konsequenterweise auch bedeuten, dass diese Frist überhaupt nicht in Gang gesetzt wird, wenn wesentliche Informationen nur unvollständig oder gar nicht erteilt werden[74]. In den gemeinschaftsrechtlichen und mitgliedstaatlichen Regelungen wird jedoch vor allem die Konstellation fehlender oder fehlerhafter Belehrung durchaus unterschiedlich behandelt.

aa) Regelungsalternativen

(1) Fristenregelungen

(a) Unbefristetes Lösungsrecht

§ 6 Abs. 2 TNG ordnet für den Fall, dass die Vertragsurkunde bestimmte Angaben nach § 3 nicht enthält, an, dass die „Rücktrittsfrist erst nach Ausfolgung einer Ergänzungsurkunde,...spätestens jedoch drei Monate nach Ausfolgung der *zumindest die Hinweise auf das Rücktrittsrecht ... enthaltenden* Vertragsurkunde" beginnt. Im Umkehrschluss muss hieraus folgen, dass bei fehlender Belehrung die Frist zur Ausübung des Vertragslösungsrechts überhaupt nicht in Gang gesetzt wird[75]. Insoweit entspricht diese Lösung der soeben aufgestellten These.

Ähnliches gilt auch für das Vertragslösungsrecht nach Art. 4 Abs. 1 lit. b FinanzR, dessen Frist ebenfalls erst mit der Entgegennahme der Vertragsbedingungen durch den Verbraucher beginnt. § 361a Abs. 1 BGB knüpft den Fristbeginn grundsätzlich an die Erteilung der Belehrung, regelt die Folgen einer fehlerhaften oder fehlenden Belehrung selbst jedoch nicht. Hierdurch entsteht zunächst der Eindruck, dass in diesem Fall die Ausübungsfrist ebenfalls

74 Für den Fall der Nichtbeachtung von *Primär*pflichten hat der EuGH festgelegt, dass hieran anknüpfende Sanktionen „jedenfalls wirksam, verhältnismäßig und abschreckend sein müssen.", EuGH vom 21. 9. 1989, Rs. 68/88, Slg. 1989, S. 2965, Nr. 24 *Kommission/Griechenland*; EuGH vom 10. 7. 1990, Rs. C-326/88, Slg. 1990, S. I-2911, Nr. 17 *Hansen*.

75 Vgl. *Haybäck*, wbl 1997, S. 227.

nicht in Gang gesetzt wird. Dem ist jedoch nicht so. Vielmehr normieren die einzelnen Verbrauchergesetze die Folgen einer unterlassenen Belehrung eigenständig[76].

(b) Verzögerung des Fristbeginns

Wie das österreichische Beispiel zeigt, kommt jedoch ebenso die bloße Verschiebung des Fristbeginns in Betracht. Auch nach § 5 Abs. 2 Satz 2 TzWrG beginnt die Frist zur Ausübung des „Widerrufsrechts" erst drei Monate nach Aushändigung der Vertragsurkunde. Insoweit verknüpft der deutsche Gesetzgeber die Regelungen von Art. 5 Nr. 1 Sp. 2 und 3 der Timesharingrichtlinie.

(c) Fristverlängerung

Nach Art. 5 Nr. 1 Sp. 2 TimesharingR verlängert sich die Frist für die Ausübung des Vertragslösungsrechts auf drei Monate. Wird innerhalb dieses Zeitraums die Belehrung nicht nachgeholt, hat der Verbraucher noch einmal zehn Tage Zeit, sich vom Vertrag zu lösen (Sp. 3). Die Fernabsatzrichtlinie verfolgt ein ähnliches Konzept, verlängert die Frist also zunächst auf drei Monate und gewährt dann noch einmal die Regelfrist, wenn die Belehrung nicht nachgeholt wird (Art. 6 Abs. 1 Sätze 4, 5)[77]. Nach § 2 HWiG erlischt das „Widerrufsrecht" erst einen Monat nach beiderseits vollständiger Erbringung der Leistung. Eine identische Regelung trifft § 3 Abs. 1 Satz 4 KSchG. Nach § 3 Abs. 1 Satz 3 FernAbsG erlischt das „Widerrufsrecht" spätestens vier Monate nach Lieferung bzw. Vertragsschluss. Auch der österreichische Umsetzungsentwurf zur Fernabsatzrichtlinie verlängert die „Rücktrittsfrist" auf drei Monate (§ 5 e Abs. 3 KSchG). Der italienische Gesetzgeber gibt dem Verbraucher ebenfalls eine längere Ausübungsfrist. Nach Art. 6 Abs. 2 des italienischen Haustürgesetzes verlängert sich die Frist auf sechzig Tage[78]. Für Timesharing- und Fernabsatzverträge wurden die Richtlinienvorgaben übernommen[79]. Auch der

---

76 Vgl. hierzu die nachstehenden Ausführungen.

77 Haustür- und Finanzrichtlinie überlassen die Regelung der Folgen den Mitgliedstaaten.

78 „Qualora l'operatore commerciale abbia omesso di fornire al consumatore l'informazione sul diritto di recesso, ai sensi dell'art. 5, oppure abbia fornito una informazione incom-pleta o errata che non abbia consentito il corretto esercizio di tale diritto, il termine indi-cato nel comma 1 è di sessanta giorni dalla data di stipulazione del contratto...".

79 Art. 5 Abs. 2 des Timesharingesetzes lautet: „Se il contratto non contiene uno degli elementi di cui all'articolo 2 codicil 1... i)...l'acquirente puo' recedere dallo stesso entro tre mesi dalla conclusione." Art. 5 Abs. 2 des Fernabsatzgesetzes lautet: „Nel caso in cui il fornitore non abbia soddisfatto gli obblighi di cui all'articolo 4, il termine per l'esercizio del diritto di recesso è di tri mesi..."

englische und der spanische Gesetzgeber halten sich in Bezug auf Timesharingverträge an die Richtlinienregelung[80].

(2) Nichtigkeit des Vertrages

Nach den Art. L. 121-23 und L. 121-76 iVm L. 121-63 Abs. 1 Code de la consommation wird die fehlende oder fehlerhafte Belehrung mit der Nichtigkeit des Vertrages sanktioniert[81]. Nach herrschender Ansicht handelt es sich hierbei um eine relative Nichtigkeit, also eine vom Verbraucher selbst geltend zu machende Unwirksamkeit[82]. Hierfür hat der Verbraucher nach Art. 1304 Code civil fünf Jahre Zeit. Eine ähnliche Regelung hat der spanische Gesetzgeber in Art. 4 Satz 1 des Haustürgesetzes getroffen. Auch hier kann der Vertrag (bzw. das Angebot) für nichtig erklärt werden[83]. Das spanische Recht räumt dabei eine vierjährige Frist ein (Art. 1301 Abs. 1 Codigo civil). S 4 (1) des englischen Haustürgesetzes verweigert dem Anbieter die „Durchsetzung des Vertrages"[84].

---

80 Infolge von Punkt 9 der Timeshare Regulations 1997 wird s 5 A in den Timeshare Act 1992 eingefügt, der folgenden Wortlaut hat: „If a timeshare agreement...does not include, as terms set out in it, the information referred in paragraph...(l)...of Schedule 1 to this Act, the agreement may not be enforced against the offeree before the end of the period of three months and ten days beginning with the day on which the agreement was entered into..." Art. 10 Abs. 2 Satz 1 des spanischen Timesharinggesetzes lautet: „Si el contrato no contiene alguna de las menciones o documentos a los que se refiere el artículo 9,... el adquirente podrá resolverlo en el plazo de tres meses a contar desde la fecha del contrato..."

81 Art. L. 121-23 Code de la consommation: „Les opérations visées à l'article L. 121-21 doivent faire l'objet d'un contrat dont un exemplaire doit...comporter, *à peine de nullité*, les mentions suivantes: 7° Faculté de renonciation..."; Art. L. 121-76 Satz 2 Code de la consommation: „Le non-respect des dispositions prévues aux article(s)...L. 121-63 est sanctionné par la nullité du contrat."

82 *Calais-Auloy/Steinmetz*, Rn. 103; *Calais-Auloy*, Rec. Dalloz 1973, S. 266 („sans doute"); *Bihl*, Rn. 75; *Saint-Alary*, Rec. Dalloz 1999, chronique S. 153; aA *Tangl*, ZfRV 1998, S. 63, die hierbei wohl ein Allgemeininteresse der Bevölkerung tangiert sieht.

83 Art. 4 Satz 1 des spanischen Haustürgesetzes lautet: „El contrato celebrado o la oferta realizada con infracciòn de los requisitos establecidos por el artículo anterior podrá ser anu-lado a instancia del consumidor."

84 „No contract...*shall be enforceable* against the consumer unless the trader has delivered to the consumer notice in writing...indicating the right of the consumer to cancel the contract...containing both the information set out in Part I of the Schedule...and a Cancellation Form..."

(3) Kostentragungsregel

Gemäß Art. 5 Nr. 4 TimesharingR verliert der Anbieter im Fall der fehlenden oder fehlerhaften Belehrung den ihm von Art. 5 Nr. 3 TimR grundsätzlich gewährten Erstattungsanspruch bei Vertragslösung durch den Verbraucher. Auch Art. 5 Abs. 2 FinanzR ordnet an, dass der Anbieter den anteiligen Preis für bereits erbrachte Dienstleistungen, den ihm Art. 5 Abs. 1 grundsätzlich gewährt, nicht verlangen kann, wenn nicht nachweisbar ist, dass er den Verbraucher über diesen Preis unterrichtet hat.

(4) Haftungsbeschränkungen

Nach § 361a Abs. 2 Satz 5 BGB haftet der Verbraucher im Falle unterlassener oder nicht ordnungsgemäßer Belehrung nur für Vorsatz und grobe Fahrlässigkeit[85]. Eine identische Regelung trifft Art. 7 Abs. 2 des spanischen Haustürgesetzes[86].

bb) Vereinheitlichungskonzept

Die Darstellung der gesetzgeberischen Reaktionen auf die Nichtbeachtung von Informationspflichten zeigt, dass allein § 6 Abs. 2 TNG der aufgestellten These folgt, dass das Fehlen wichtiger Bestandteile der Informationen zum Nichtbeginn der Ausübungsfrist führen muss. Von daher ist zu untersuchen, ob diese These gewisser Einschränkungen bedarf.

(1) Prinzip der Vertragsfreiheit

Den vom Gemeinschaftsgesetzgeber typisiert erfassten Vertragsschlusssituationen liegt die Gefahr ungleicher Verhandlungsstärke zugrunde. Hieraus resultierende Verträge beruhen nicht auf einer selbstbestimmten Entscheidung des Verbrauchers, sondern sind „unfrei". Der Grundsatz der Vertragsfreiheit als Kontrollinstrument zur Ausprägung einer materiellen Vertragsgerechtigkeit

---

85 Die bislang einschlägige Regelung des § 3 Abs. 2 HWiG sah als Haftungsmaßstab die „Sorgfalt in eigenen Angelegenheiten" (diligentia quam in suis) vor.

86 „Cuando el empresario hubiere incumplido los deberes previstos en el artículo 3, la imposibilidad solo será imputable al consumdior cuando éste hubiera omitido la diligencia que le es exigible en sus propios asuntos."

erfordert jedoch, dass „unfreien" Verträgen grundsätzlich die Anerkennung zu versagen ist[87].

(a) Fristbezogene Ansätze

Die fristbezogenen Ansätze gewähren für den Fall der fehlenden oder fehlerhaften Belehrung eine längere Bedenkzeit. Nach Ablauf dieser längeren Frist ist der Verbraucher jedoch genauso an seine Erklärung gebunden, wie dies bei ordnungsgemäßer Belehrung nach Ablauf der Regelfrist der Fall wäre. Insoweit entspricht diese Alternative dem grundsätzlichen Regelungskonzept des Verbrauchervertragsrechts, wonach der Verbraucher auf Grundlage der Informationen eine informierte Entscheidung treffen kann. Der Unterschied liegt jedoch in dem Umstand, dass diese Information des Verbrauchers nun nicht mehr gewährleistet ist. Es wurde bereits nachgewiesen, dass Grundvoraussetzung der optimalen Nutzung der nachträglichen Bedenkzeit die entsprechende Kenntnis des Verbrauchers ist[88]. Der Verbraucher, der über die Möglichkeit einer nachträglichen Lösung vom Vertrag nicht aufgeklärt wird, kann davon im Zweifel auch keinen Gebrauch machen.

Alle sanktionierenden Regelungen lassen jedoch offen, mit welchen Mitteln innerhalb der verlängerten Frist die Voraussetzungen für eine informierte Entscheidung des Verbrauchers geschaffen werden sollen. Die grundsätzliche Normierung von Informationspflichten für den Anbieter macht deutlich, dass nur so die ausreichende Belehrung des Verbrauchers über seine Rechte gewährleistet werden kann. Kommt der Anbieter dieser Verpflichtung nicht nach, läuft die Bedenkzeit trotzdem ab, ohne dass der Verbraucher hiervon jemals Kenntnis erlangt haben muss. Nach Ablauf dieser Frist wird der Vertragsschluss „bestandskräftig" und damit auch der typischerweise bestehende Machtunterschied zwischen Anbieter und Verbraucher perpetuiert. Ein selbstbestimmtes Handeln des Verbrauchers kann so nicht mehr beeinflusst werden[89]. Vielmehr entscheidet allein der Zufall darüber, ob der Verbraucher sich die Instrumente zur Herstellung von Vertragsfreiheit zunutze macht oder nicht, denn die Grundlage einer solchen gesetzgeberischen Entscheidung kann letztlich nur die Hoffnung sein, dass der Verbraucher auf einem anderen Wege an die entsprechenden Informationen gelangt. Ob dies tatsächlich der Fall ist,

---

87 An dieser Stelle muss noch einmal darauf hingewiesen werden, dass es hierbei nur um die Beseitigung typischer Gefahren durch typisierte Instrumente gehen kann. Macht der Verbraucher von seinen Rechten keinen Gebrauch, muss der Vertrag trotzdem anerkannt werden, auch wenn die typische Gefahr im Einzelfall nicht ausgeräumt wurde.

88 B I.

89 Vgl. *Drexl*, Wirtschaftliche Selbstbestimmung, S. 419.

bleibt jedoch seinem Schicksal überlassen. Hieraus könnte zudem für den Anbieter der Anreiz resultieren, die Belehrung zu unterlassen und auf das ergebnislose Verstreichen der verlängerten Frist zu vertrauen[90].

Die überwiegend bevorzugte Gewährung einer nur unwesentlich längeren Bedenkzeit als Sanktion einer fehlenden oder fehlerhaften Belehrung verstößt im Ergebnis also gegen das hier favorisierte Verbraucherschutzkonzept zur Herstellung von Vertragsfreiheit.

(b) Nichtigkeit des Vertrages

Konsequenterweise dürfte ein „unfreier" Vertrag auch dann keine Anerkennung finden, wenn dem Verbraucher zwar eine nachträgliche Bedenkzeit eingeräumt wurde, er hiervon aber keine Kenntnis hatte. Logische Folge einer fehlenden oder fehlerhaften Belehrung müsste demnach die Nichtigkeit des Vertrages sein. Wie die französischen und spanischen Regelungen jedoch zeigen, handelt es sich letztlich auch dabei nur um eine Fristverlängerung. Der Verbraucher muss die Nichtigkeit innerhalb von vier bzw. fünf Jahren geltend machen, danach ist er an den Vertrag gebunden. Auch hier bleibt es dem Zufall überlassen, ob er von dieser Möglichkeit tatsächlich erfährt. Insoweit kann auch diese Alternative nicht alle Einwände ausräumen, die gegen die Verlängerung der Bedenkzeit vorgebracht wurden.

(c) Kostentragungsregeln und Haftungsbeschränkungen

Die beschriebenen Vorschriften über den Ausschluss des Anspruchs auf bestimmte Kosten und die Beschränkung der Haftung des Verbrauchers für den Untergang des Vertragsgegenstandes sind als primäre Sanktionsregelungen nicht geeignet. Sie regeln lediglich die Rechtsfolgen der Rückabwicklung des Vertrages, wenn der Verbraucher von seinem Vertragslösungsrecht Gebrauch macht, stellen also allein auf die Konstellation nachträglicher Kenntniserlangung ab. Sie verhindern jedoch die Gefahr der Perpetuierung disparitätischer Verträge ebenso wenig, wie sie das Risiko der Rückerlangung bereits erbrachter Leistung verringern. Sie können deshalb allenfalls als flankierende (sekundäre) Regelungen für eine interessengerechte Rückabwicklung des Vertrages sorgen[91].

---

90 *Stürner/Bruns*, S. 86; *Mäsch*, EuZW 1995, S. 13. *Kappus*, Hildenbrand/Kappus/Mäsch, § 5 TzWrG, Rn. 15., spricht insoweit von einer „Planungssicherheit im Unrecht"

91 Hierzu ausführlich § 10 B.

(2) Entscheidung

Bei fehlender oder fehlerhafter Information des Verbrauchers über die ihm zur Verfügung stehenden Instrumente zur Herbeiführung einer selbstbestimmten Entscheidung kann nicht gewährleistet werden, dass der Verbraucher im Nachhinein eine entsprechende Kenntnis seiner Rechte erlangt. Die typischerweise bestehende Unterlegenheit des Verbrauchers kann somit nicht ausgeräumt werden, so dass letztlich die Abschlusssituation fortbesteht.

Die Kenntnis eines Rechts ist jedoch unabdingbare Voraussetzung jeder Rechtsausübung. Dabei ist jeder Begünstigte grundsätzlich selbst dafür verantwortlich, die ihm zustehenden Rechte zu überblicken. Auf der anderen Seite besteht ein Interesse des Vertragspartners und des Rechtsverkehrs an der Perpetuierung übereinstimmend getroffener Abmachungen. Insoweit gilt es also, einen Ausgleich zu finden zwischen Individualschutz und Rechtssicherheit[92]. Wie eingangs gezeigt, wird deshalb auf Ausschluss- und Verjährungsfristen zurückgegriffen, die dem Einzelnen eine gewisse Zeit gewähren, um Kenntnis von seinen Rechten zu erlangen, auf der anderen Seite aber auch Zeitpunkte festlegen, ab denen die Ausübung dieses Rechts unzulässig wird. Im Falle der fehlenden oder fehlerhaften Belehrung eines Verbrauchers kollidiert dessen Interesse an der Möglichkeit einer selbstbestimmten Vertragsentscheidung mit dem des Anbieters nach Rechtssicherheit. Lässt man die Frist für die Ausübung des Vertragslösungsrechts in dieser Konstellation überhaupt nicht beginnen, könnte der Verbraucher sozusagen „lebenslang" von diesem Recht Gebrauch machen, sobald er entsprechende Kenntnis erlangt. Dass er jemals Kenntnis von seinem Vertragslösungsrecht erhält, könnte jedoch auch dabei nicht gewährleistet werden. Gegenüber den dargestellten Konzepten der Richtlinien und Umsetzungsgesetze würde lediglich die Wahrscheinlichkeit nachträglicher Informationserlangung erhöht.

Keine Berücksichtigung fände hierbei der Aspekt der Rechtssicherheit. Der Anbieter müsste jederzeit mit der Lösung des Verbrauchers vom Vertrag rechnen. Im Bereich des Verbrauchervertragsrechts wird in Abweichung vom Grundsatz, dass eine Vertragspartei nicht verpflichtet ist, den Gegenüber über die ihm zustehenden Rechte aufzuklären, jedoch die ausdrückliche Pflicht des Anbieters normiert, den Verbraucher über das ihm eingeräumte Vertragslösungsrecht zu belehren. Die Reaktion auf die Nichtbelehrung ist folglich eine Reaktion auf eine Pflichtverletzung des Anbieters. Knüpft man den Beginn der Ausübungsfrist des Vertragslösungsrechts an die vollständige Information des Verbrauchers, liegt es also allein beim Anbieter, diesen Zeitpunkt herbeizu-

92 *Malinvaud*, scritti in onore di Sacco, S. 756.

führen[93]. In diesem Fall erscheint es jedoch dann auch gerechtfertigt, nur ihn die Folgen seines Unterlassens tragen zu lassen. Die überwiegend vorgenommene zeitliche Begrenzung einer Sanktionierung seiner Pflichtverletzung ist deshalb abzulehnen[94].

Die Frist zur Ausübung des Vertragslösungsrechts des Verbrauchers beginnt also unabhängig davon, wieviel Zeit seit dem Vertragsschluss vergangen ist, erst mit der vollständigen Informationserteilung durch den Anbieter.

Hiervon auszunehmen ist die fehlende Information des Verbrauchers über den Empfänger der Ausübungserklärung. Im Gegensatz zu den anderen Informationen wird dadurch nicht die Ausübung des Vertragslösungsrechts verhindert, da in diesem Fall jede Erklärung gegenüber einer Person anerkannt werden kann, die der Verbraucher als Empfänger ansehen durfte[95]. Im Übrigen können drohende Missverhältnisse zwischen der Bedeutung der unterlassenen Information und der unbefristeten Möglichkeit zur Lösung vom Vertrag schon im Vorfeld dadurch vermieden werden, dass die dem Verbraucher zu erteilenden vertragsbezogenen Informationen tatsächlich auch nur solche Angaben enthalten müssen, deren eine freie Entscheidung grundsätzlich bedarf.

(3) Verwirkung

Steht dem Verbraucher das Vertragslösungsrecht bei nicht ordnungsgemäßer Informationserteilung zeitlich unbegrenzt zu, stellt sich die Frage, ob er die Ausübung dieses Rechts verwirken kann. Die Verwirkung führt dazu, dass ein Recht nicht mehr ausgeübt werden darf, obwohl eine entsprechende Frist gar nicht besteht oder noch nicht abgelaufen ist. Insoweit ist der Gedanke der Verwirkung allen mitgliedstaatlichen Rechtsordnungen bekannt, wobei im Hinblick auf seine Herleitung verschiedene Ansätze verfolgt werden[96].

---

93 Vgl. *Staudenmayer*, S. 76.

94 So auch *Kalss/Lurger*, JBl 1998, S. 156; *Schwarzenegger*, JAP 1996/97, S. 53. Nach *Martinek*, NJW 1997, S. 1397, muss eine Vertragslösungsfrist jedoch auf die Phase des Vertragsschlusses bezogen bleiben und darf nicht zu einem „allgemeinen Reuerecht angesichts unerwarteter Erfahrungen im Vertragsvollzug" ausarten. Hierdurch wäre das Vertragslösungsrecht für den Fall der unterbliebenen Belehrung nach dem oben Festgestellten nur noch bedingt geeignet, eine selbstbestimmte Entscheidung des Verbrauchers herbeizuführen. Die Phase des Vertragsschlusses kann solange nicht verlassen werden, wie nicht typischerweise gewährleistet ist, dass die informationelle Unterlegenheit des Verbrauchers beseitigt werden kann. Soll das Vertragslösungsrecht also nicht zu einem rein formalen Recht degeneriert werden, kann eine Sanktion für die fehlende Belehrung des Verbrau-chers nicht zeitlich begrenzt sein.

95 Vgl. hierzu E. I.

96 Im deutschen Recht wird die Verwirkung auf den Gedanken des Rechtsmissbrauchs gestützt, im anglo-amerikanischen auf das estoppel-Prinzip und in den romanischen

Voraussetzung für die Verwirkung eines Rechts ist ein gewisser Zeitablauf, in dem der Berechtigte von diesem Recht keinen Gebrauch gemacht hat (sog. Zeitmoment)[97]. Hinzutreten müssen gewisse Umstände, aus denen der Verpflichtete schließen durfte, der Berechtigte werde von seinem Recht keinen Gebrauch machen (sog. Umstandsmoment)[98].

Im Bereich des Verbrauchervertragsrechts kommt eine Verwirkung des Vertragslösungsrechts nur in eng begrenzten Ausnahmefällen in Betracht[99]. Der bloße Zeitablauf kann nach dem oben Festgestellten nicht ausreichen[100]. Nur wenn zusätzliche Umstände ersichtlich sind, aus denen der Anbieter auf die Nichtausübung des Vertragslösungsrechts schließen durfte, kann das Recht zur Ausübung verwirkt sein. Mindestvoraussetzung hierfür ist jedoch die Kenntnis des Verbrauchers von seinem Recht[101].

cc) Beweislast

Knüpft man an die mangelnde oder mangelhafte Information weitreichende Folgen, gewinnt die Frage der Beweislast an Bedeutung. Es geht also darum zu klären, ob der Verbraucher die Nichterteilung der Informationen oder der Anbieter die ordnungsgemäße Erfüllung seiner Informationspflicht nachzuweisen hat. Gemäß des bereits erwähnten Art. 13 FinanzR trägt der Anbieter unter anderem die Beweislast für die Erfüllung der Verpflichtung zur Unterrichtung des Verbrauchers. § 361a Abs. 1 Satz 6 BGB überträgt die Beweislast für die Belehrung des Verbrauchers ausdrücklich dem Anbieter. Auch nach Art. 3 Abs. 5 des spanischen Haustürgesetzes ist der Unternehmer beweis-

---

Rechtsordnungen auf die Fiktion eines Verzichts. Vgl. hierzu den ausführlichen Überblick von *Kegel*, FS Pleyer, S. 518 ff.

97 *Staudinger/Schmidt*, § 242 BGB, Rn. 535.

98 *Schwenzer*, JA 1989, S. 507; *Kegel*, FS Pleyer, S. 533 ff.

99 BGH, VIII. Zivilsenat, Urteil vom 19. 2. 1986, BGHZ 97, S. 127, 134; das LG Hamburg spricht in einem Urteil vom 22. 10. 1998 sogar von „krassen Ausnahmefällen", VuR 1999, S. 47, 49.

100 Vgl. BGH, VIII. Zivilsenat, Urteil vom 19. 2. 1986, BGHZ 97, S. 127, 134; OLG Karlsruhe, Urteil vom 1. 2. 1985 NJW 1985, S. 2722; aA OLG Frankfurt/Main, Urteil vom 3. 5. 1984 NJW 1985, S. 2722: Danach sei die Berufung auf die fehlende Belehrung rechtsmissbräuchlich, wenn das Vertragsverhältnis über einen Zeitraum von sieben Monaten praktiziert wurde. Insoweit würde der Verbraucher, der sich an einen abgeschlossenen Vertrag gebunden fühlt, weil er vom Anbieter nicht über das Bestehen eines Vertragslösungsrechts informiert wurde, für seine Rechtstreue bestraft. Vgl. hierzu *Renner*, VuR 2000, S. 122; *Frings*, BB 1999, S. 2368.

101 Vgl. LG Hamburg vom 22. 10. 1998 VuR 1999, S. 47, 49 im Anschluß an *Fischer/Machunsky*, § 1 HWiG, Rn. 310.

pflichtig[102]. Hierbei wird deutlich, dass sowohl der europäische als auch die mitgliedstaatlichen Gesetzgeber davon ausgehen, dass der Anbieter die ordnungsgemäße Information des Verbrauchers nachzuweisen hat.

Dieses Konzept ist überzeugend und entspricht dem oben dargestellten Grundsatz der Beweislastverteilung. Übt der Verbraucher sein Vertragslösungsrecht aus, so obliegt es dem Unternehmer zu zeigen, dass die entsprechende Frist bereits abgelaufen war. Hierfür bedarf es des Nachweises über den Zeitpunkt des Fristbeginns und damit über die vollständige Erteilung der Informationen. Hinzu kommt der Umstand, dass das Vorliegen einer Tatsache in der Regel leichter nachweisbar sein wird als ihr Nichtvorliegen. Dies gilt um so mehr, als die Informationserteilung schriftlich zu erfolgen hat und vom Verbraucher zu unterschreiben ist. Der Nachweis über den Beginn der Ausübungsfrist ist folglich vom Anbieter zu erbringen.

III. Fristdauer

Mit der ordnungsgemäßen Erteilung sämtlicher Informationen beginnt der Lauf der Ausübungsfrist für das Vertragslösungsrecht.

1. Überblick

Wie an anderer Stelle bereits gezeigt, sehen die einzelnen Richtlinienregelungen unterschiedliche Ausübungsfristen vor[103]. Nach der Haustürrichtlinie beträgt diese Frist *sieben Tage* (Art. 5 Abs. 1 Satz 1). Die mitgliedstaatlichen Umsetzungsgesetze folgen dieser Vorgabe[104]. Die Timesharingrichtlinie normiert eine Regelfrist von *zehn Tagen* (Art. 5 Nr. 1 Sp. 1)[105]. Auch hier sind die Umsetzungsgesetze weitgehend konform. Lediglich § 6 Abs. 1 TNG räumt dem Verbraucher eine längere, nämlich eine *vierzehntägige* Frist ein. Von Fernabsatzverträgen kann sich der Verbraucher binnen einer Frist von *sieben*

102 „Corresponde al empresario probar el cumplimiento de las obligaciones a que este artículo se refiere."

103 Siehe oben § 7 A.

104 Allerdings spricht § 3 Abs. 1 Satz 2 KSchG von „einer Woche".

105 Der Kommissionsvorschlag ging ursprünglich von einer Regelfrist von vierzehn und für im Ausland belegene Immobilien achtundzwanzig Tagen aus; ABlEG Nr. C 222 vom 29. 8. 1992, S. 8, Art. 7 Nr. 1. Das Europäische Parlament schlug eine einheitliche Frist von einundzwanzig Tagen vor, ABlEG Nr. C 176 vom 28. 6. 1993, S. 101. Der geänderte Kommissionsvorschlag sah dann einheitlich achtundzwanzig Tage vor; ABlEG Nr. C 299 vom 5. 11. 1993, S. 15.

Werktagen lösen (Art. 6 Abs. 1 Satz 1)[106]. Die österreichische Umsetzungsregelung übernimmt diese Frist. Der italienische Gesetzgeber hat in Art. 5 Abs. 1 Satz 1 des Fernabsatzgesetzes eine Frist von *zehn Werktagen* (dieci giorni lavorativi) normiert. Art. 4 Abs. 1 FinanzR schließlich sieht Frist von „mindestens 14 und höchstens 30 Tagen" vor. Dagegen hat der deutsche Gesetzgeber in § 361a Abs. 1 Satz 2 BGB nunmehr eine einheitliche Frist von zwei Wochen normiert. Trotzdem wird deutlich, dass die Regelungen der Fristen gemeinschaftsweit sowohl unterschiedlich als auch unübersichtlich sind.

2. *Vereinheitlichungskonzept*

Im Zuge der Verabschiedung der Fernabsatzrichtlinie wurde von der Kommission eine Prüfung angemahnt, ob die Fristen der Verbrauchervertragsrichtlinien einer Vereinheitlichung zugeführt werden können[107].

a) Art der Bemessung

Erforderlich und durchführbar erscheint eine Vereinheitlichung zunächst im Hinblick auf die Art der Fristbemessung. Die unterschiedliche Verwendung der Begriffe „Tage" und „Werktage" wirft die Frage auf, ob von einer Frist auch Sonnabende sowie Sonn- und Feiertage erfasst sein sollen.

Mit der „Verordnung Nr. 1182/71 des Rates vom 3. Juni 1971 zur Festlegung der Regeln für die Fristen, Daten und Termine"[108] existiert eine diesbezügliche Gemeinschaftsmaßnahme. Nach Art. 3 Abs. 3 der VO werden von einer Frist Feiertage, Sonntage und Sonnabende dann nicht umfasst, wenn diese nach „Arbeitstagen" bemessen ist[109]. Berechnet sich der Lauf einer Frist also nach Werktagen (Arbeitstagen), so steht damit fest, dass Sonnabende und Sonn- und Feiertage nicht erfasst werden dürfen. Eine solche Regelung ist

---

106 Der Kommissionsvorschlag sah ursprünglich sieben Kalendertage vor; ABlEG Nr. C 156 vom 23. 6. 1992, S. 17, Art. 11 Abs. 1 Satz 1. Der erste Änderungsvorschlag verwendete dann den Begriff der Arbeitstage; ABlEG Nr. C 308 vom 15. 11. 1993, S. 27, Art. 11 Abs. 1 Satz 1. Der gemeinsame Standpunkt sprach jedoch erneut von sieben Tagen; ABlEG Nr. C 288 vom 30. 10. 1995, S. 4, Art. 6 Abs. 1 Satz 1. Nach Intervention des Parlaments wurden daraus letztlich doch sieben Werktage; ABlEG Nr. C 17 vom 22. 1. 1996, S. 54.

107 Erklärung des Rates und des Parlaments zu Artikel 6 Absatz 1 der Fernabsatzrichtlinie; ABlEG Nr. L 144 vom 4. 6. 1997, S. 28.

108 ABlEG Nr. L 124 vom 8. 6. 1971, S. 1.

109 Insoweit kann man ein gemeinschaftsrechtliches Verständnis darüber, ob der Sonnabend ein Werktag ist oder nicht, nicht bestreiten. So aber *Micklitz/Reich*, Fernabsatzrichtlinie, Rn. 55; *Reich*, EuZW 1997, S. 585.

jedoch auch möglich, wenn die Fristberechnung nach Tagen zählt. Allerdings bedarf es dann eines konkretisierenden Hinweises.

Insoweit erscheint die Verwendung des Begriffs der „Werktage" effizienter, wenn Sonnabende sowie Sonn- und Feiertage von der Fristberechnung nicht mit erfasst sein sollen. Der Ausschluss dieser Tage erscheint jedoch wenig sinnvoll. Die Ausübungsfrist stellt für den Verbraucher gleichzeitig eine Bedenkzeit dar. Er soll die Möglichkeit bekommen, den persönlichen Nutzen des Vertrages zu überdenken. Das ist ihm an Sonnabenden und Sonn- und Feiertagen mindestens genauso gut, wenn nicht sogar noch besser möglich als an Arbeitstagen[110]. Lediglich professionelle Beratung ist an diesen Tagen nicht zu erlangen. Dieser Umstand kann jedoch bei der Dauer der Frist hinreichend berücksichtigt werden. Zudem existiert keine europäische Feiertagsregelung, so dass es durch die national unterschiedlichen Ausgestaltungen auch zu Abweichungen im Hinblick auf die konkrete Frist kommen kann[111]. Deshalb sollte an der konventionellen Methode der Fristberechnung nach „Tagen" festgehalten werden.

b) Dauer

Auch die Dauer der Ausübungsfrist bedarf konkreter gesetzlicher Festlegungen[112].

aa) Anforderungen

Mit der Ausübungsfrist soll zum einen sichergestellt werden, dass der Verbraucher genügend Zeit bekommt, um die vertraglichen Informationen verarbeiten zu können. Als Ausschlussfrist ist sie jedoch gleichzeitig auch darauf gerichtet, dem zwischen dem Anbieter und dem Verbraucher bestehenden Rechtsverhältnis innerhalb einer angemessenen Zeit zum Bestand zu verhelfen. Die Dauer dieser Frist muss hierbei also einen angemessenen Ausgleich schaffen. Dabei ist zu berücksichtigen, dass diese Frist erst beginnt, wenn der Verbraucher über sämtliche relevante Informationen verfügt. Die Dauer der

---

110 Nach *Calais-Auloy/Steinmetz*, S. 96, Fn. 4, wurde im französischen Haustürgesetz vor allem deshalb eine Frist von sieben Tagen eingeführt, damit in jedem Fall ein Wochenende enthalten ist, da sich dieses zum Nachdenken am besten eignet; vgl. auch *Cas/Ferrier*, Rn. 463; *Malinvaud*, Scritti in onore di Sacco, S. 756.

111 In Deutschland würde eine Fristberechnung nach „Werktagen" noch zusätzlich durch die Unterscheidung zwischen bundesweiten und nur landesweiten Feiertagen erschwert, vgl. die Begrd. zu § 3 Abs. 1 FernAG-E.

112 Vgl. *Peters/Zimmermann*, S. 296.

Frist muss also nicht darauf angelegt sein, dass diese Informationen erst noch eingeholt werden müssen. Aus Sicht des Verbrauchers muss also nur ein angemessener Zeitraum gewählt werden, innerhalb dessen die Nachholung der selbstbestimmten Entscheidung über den persönlichen Nutzen des Vertrages typischerweise möglich ist[113].

bb) Vertragsbezogene Frist

Hängt die Dauer der Frist also davon ab, welche Zeit der Verbraucher typischerweise für die Beurteilung des Vertragsnutzens benötigt, wird sogleich deutlich, dass dies natürlich nicht zuletzt auch durch vertragstypbezogenen Faktoren beeinflusst wird. Insoweit ist die Beurteilung eines Haustürgeschäfts über Waren des täglichen Bedarfs weit weniger schwierig als die Verarbeitung der Informationen des Timesharingvertrages oder der Finanzdienstleistungen. Eine einheitliche Frist müsste demnach einen Kompromiss zwischen den einzelnen Anforderungen treffen. Dadurch würde die Frist für Haustürgeschäfte typischerweise zu lang, die für andere Verträge hingegen zu kurz geraten. Insoweit spricht also mehr dafür, die konkrete Dauer der Frist vom zugrunde liegenden Vertragstyp abhängig zu machen. Situativ bedingtes Eingreifen des Gesetzgebers bedürfte danach einer geringeren Frist als die Verträge, die wegen ihrer Komplexität verbraucherschützende Maßnahmen nach sich ziehen.

(1) Haustürgeschäfte

Die in erster Linie auf einer Überrumpelung beruhende informationelle Unterlegenheit des Verbrauchers lässt sich ziemlich schnell ausgleichen, sobald das Überraschungsmoment der „Haustürsituation" nicht mehr besteht[114]. Trotzdem sollte dem Verbraucher die Ruhe eines Wochenendes für seine Überlegungen gewährt werden[115]. An der Frist von sieben Tagen kann deshalb festgehalten werden[116].

(2) Distanzgeschäfte

Die Frist von sieben „Werktagen" für Verträge im Fernabsatz sollte in Konsequenz des oben Gesagten in eine nach Tagen bemessen Frist umgewandelt werden. Obwohl eine „Umrechnung" grundsätzlich zu neun „Tagen" führen würde, scheint eine unterschiedliche Behandlung mit Haustürgeschäften nicht gerechtfertigt. Auch bei Verträgen im Fernabsatz lässt sich eine

---

113 So auch *Drexl*, Wirtschaftliche Selbstbestimmung, S. 419.

114 *Kalls/Lurger*, Jbl 1998, S. 166.

115 Vgl. die Bemerkung in Fn. 109.

116 A. A. *Westermann*, S. 101, der diese Frist für wirklich gründliche Vergleiche und Überlegungen für zu kurz hält.

informierte Entscheidung innerhalb kurzer Zeit herbeiführen. Deshalb ist dem Verbraucher auch hier eine Frist von sieben Tagen einzuräumen.

(3) Timesharingverträge

Die für Timesharingverträge geltende Frist von zehn (bzw. vierzehn) Tagen erscheint insbesondere dann zu kurz, wenn der Verbraucher in seinem Urlaub (und in der Urlaubseuphorie) zum Vertragsschluss verleitet wird[117]. Der Wirtschafts- und Sozialausschuss schlug deshalb ein einheitliche Frist von achtundzwanzig Tagen vor, damit sich der Erwerber in seinem Heimatstaat juristisch beraten lassen kann[118].

(4) Finanzdienstleistungen

Auch für Finanzdienstleistungen im Fernabsatz gibt der Umfang der Informationen und die Komplexität der Geschäfte die Dauer der Bedenkzeit vor. Wegen der Gefahr erheblicher wirtschaftlich nachteiliger Folgen für den Verbraucher sollte hierbei eine großzügige Frist gewährt werden, die zwischen dem im Richtlinienvorschlag veranschlagten Zeitraum von vierzehn bis dreißig Tagen liegt.

(5) Vereinheitlichung nach § 361a BGB

Der deutsche Gesetzgeber hat sich mit der Frage der Rechtfertigung unterschiedlicher Fristen nicht auseinander gesetzt, sondern beschränkt sich vielmehr auf die Feststellung, dass die damit vorgenommene Erhöhung der Frist gegenüber § 1 Abs. 1 HWiG (eine Woche), § 5 Abs. 1 TzWrG (10 Tage) und § 7 Abs. 1 VerbrKrG (eine Woche) „zur Vereinheitlichung der Frist un-vermeidlich“ sei und mit der zu erwartenden Verpflichtung zur Umsetzung der Finanzrichtlinie ohnehin notwendig würde[119].

IV. Fristende

Gemäß Art. 3 Abs. 2 lit. b der oben erwähnten „Verordnung zur Regelung für die Fristen, Daten und Termine“ endet eine nach Tagen bemessene Frist mit dem Ablauf der letzten Stunde des letzten Tages der Frist. Die Timesharingrichtlinie verlängert das Ende der Frist, wenn der zehnte Tag auf einen Sonn- oder Feiertag fällt (Art. 5 Nr. 1 Sp. 1 Satz 2). In diesem Fall kann das Vertragslösungsrecht auch noch am darauf folgenden Arbeitstag ausgeübt werden. Insoweit entspricht diese Regelung dem französischen und

117 *Kappus*, EWS 1996, S. 275; *Tonner*, Time-sharing, Rn. 289; *Hildenbrand/Kappus/Mäsch/Kappus*, § 5 TzWrG, Rn. 5; *Mäsch*, DNotZ 1997, S. 197.

118 ABlEG Nr. C 108 vom 19. 4. 1993, S. 5, Punkt 3. 30..

119 BT-Drucks. 14/2658, S. 47.

italienischen Grundsatz für die Berechnung des Endes einer Frist[120]. In anderen Vorschriften wird dieses Konzept auch auf den Sonnabend erstreckt. Gemäß Art. 3 Abs. 4 Satz 1 der oben erwähnten „Verordnung zur Regelung für die Fristen, Daten und Termine" kann eine nicht nach Stunden bemessene Frist nicht an einem Sonnabend oder Sonn-oder Feiertag enden. Vielmehr wird in diesem Fall die Frist auf den folgenden Arbeitstag verlängert. Dieser Grundsatz entspricht dem deutschen Konzept des § 193 BGB. Auch Art. L. 121-25 Abs. 1 Satz 2 und Art. L. 121-65 Code de la consommation treffen eine entsprechende Regelung[121]. Die Ausklammerung der Sonn- und Feiertage gilt dem Schutz der Sonntagsruhe[122]. Im Zuge der Durchsetzung der Fünf-Tage-Woche ist dieser Schutz auf Sonnabende zu erstrecken[123]. Die Frist zur Ausübung des Vertragslösungsrechts kann somit nur an einem Arbeitstag enden.

V. Ergebnis

Der Verbraucher muss sein Vertragslösungsrecht innerhalb einer bestimmten, vom konkreten Vertragstyp abhängigen und nach Tagen zu berechnenden Frist ausüben. Diese Frist beginnt nicht vor der Abgabe der den Anbieter bindenden Vertragserklärung und erst mit der vollständigen Erteilung der vertragsbezogenen und vertragslösungsrechtsbezogenen Informationen. Kommt der Anbieter seinen Informationspflichten nicht ordnungsgemäß nach, wird der Fristenlauf nicht in Gang gesetzt. Der Verbraucher kann die Ausübung des Vertragslösungsrechts in diesem Fall nur verwirken. Die Ausübungsfrist endet mit Ablauf des letzten Tages. Fällt dieser auf einen Sonnabend, Sonn- oder Feiertag, verlängert sich die Frist bis zum nächsten Arbeitstag.

D. Ausübung

Kommt der Verbraucher innerhalb der ihm eingeräumten nachträglichen Bedenkzeit zu der Erkenntnis, dass ihm der intendierte Vertrag keinen Nutzen

120 Vgl. für das französische Recht: *Ferid/Sonnenberger*, Band 1 F 753; für Italien Art. 2963 Abs. 3 Codice civile: „Se il termine scade in giorno festivo, è prorogato di diritto al giorno seguente non festivo."

121 Art. L. 121-25 Abs. 1 Satz 2 Code de la consommation: „Si ce délai expire normalement un samedi, un dimanche ou un jour férié ou chômé, il est prorogé jusqu'au premier jour ouvrable suivant.". Art. L. 121-65 Code de la consommation: „Les délais prévus par les articles L. 121-63 et L. 121-64 qui expireraient un samedi, un dimanche ou un jour férié ou chômé sont prorogés jusqu'au premier jour ouvrable suivant."

122 *MüKo/von Feldmann*, § 193, Rn. 1.

123 Vgl. *Staudinger/Werner*, § 193, Rn. 2.

bringt, kann er durch die Ausübung des Vertragslösungsrechts verhindern, daß er an seine vertragliche Erklärung (dauerhaft) gebunden wird. Nachzugehen ist der Frage, welche Anforderungen an die Ausübung des Vertragslösungsrechts durch den Verbraucher zu stellen sind.

I. Erklärung

1. Inhaltliche Anforderungen

Nach Art. 5 Abs. 1 der Haustürrichtlinie muss der Verbraucher die Ausübung des Vertragslösungsrechts *„anzeigen (sending notice; adressant une notification).“* Art. 5 Nr. 2 Satz 1 TimesharingR verlangt eine *„Mitteilung (notify; notifie)“* des Verbrauchers darüber, dass er die ihm eingeräumten Rechte wahrnehmen möchte. Die Fernabsatzrichtlinie enthält über die Art und Weise der Ausübung keine Angaben. Nach Art. 4 Abs. 3 FinanzR muss der Verbraucher den Anbieter von der Gebrauchmachung des Vertragslösungsrechts *„benachrichtigen (notyfing; notifiant)“*. S 4 (5) des englischen Haustürgesetzes gibt vor, dass der Erklärung („notice of cancellation“) die Absicht zu entnehmen sein muss, dass sich der Verbraucher vom Vertrag lösen will („...indicates the intention of the consumer to cancel the contract...“). Nach § 3 Abs. 4 Satz 1 KSchG und § 6 Abs. 3 Satz 2 TNG muss die „Rücktrittserklärung“ erkennen lassen, dass der Verbraucher das Zustandekommen oder die Aufrechterhaltung des Vertrages ablehnt.

Aus dieser Erklärung muss der Anbieter folglich zum einen entnehmen können, dass der Verbraucher sein Vertragslösungsrecht ausübt, und zum anderen, auf welchen Vertrag es bezogen ist[124]. Dabei ist diesen Anforderungen Genüge getan, wenn sich der Inhalt aus den Umständen ermitteln lässt, so dass es einer ausdrücklichen Bezeichnung der Erklärung als „Vertragslösung“ nicht bedarf[125].

2. Erklärungsempfänger

a) Regelungskonzept

Weder die Richtlinien noch die mitgliedstaatlichen Gesetze enthalten indes einheitliche Regelungen darüber, an wen diese Erklärung zu adressieren ist. Art. 4

124 Vgl. *Rummel/Krejci*, § 3 KSchG, Rn. 55.

125 Dies entspricht der ständigen Rechtsprechung des Bundesgerichtshofs zu den deutschen „Widerrufsrechten“. Vgl. insoweit die Nachweise bei *MüKo/Ulmer*, § 7, Rn. 45.

Abs. 3 FinanzR verlangt eine Erklärung gegenüber dem Anbieter. Dieselbe Anforderung stellt Art. 5 Abs. 4 Satz 1 des italienischen Fernabsatzgesetzes auf[126]. Auch Art. L. 121-64 Abs. 2 des französischen Timesharinggesetzes scheint diesem Konzept zu folgen[127]. Nach Art. 5 Nr. 2 Satz 1 TimesharingR ist Adressat der Ausübungserklärung die Person, deren Name und Anschrift zu diesem Zweck im Vertrag angegeben sind. Aus § 361a Abs. 1 Satz 3 BGB und § 6 Abs. 3 Satz 4 TNG lässt sich ebenfalls entnehmen, dass die Erklärung grundsätzlich an die Person zu richten ist, die in der Belehrung als Erklärungsempfänger angegeben wurde. Fehlt eine solche Angabe, kann die Erklärung auch an „den vom Veräußerer Beauftragten, der an den Vertragsverhandlungen mitgewirkt hat," gerichtet werden. Auch nach Art. 5 Abs. 5 Satz 1des italienischen Timesharinggesetzes richtet sich die Bestimmung des Empfängers nach den Angaben in der Belehrung. Nur wenn diese fehlen, kann die Erklärung gegenüber dem Anbieter erfolgen[128]. Nach s 4 (5) des englischen Haustürgesetzes kann die Erklärung gegenüber dem Anbieter *oder* jeder anderen Person gegenüber abgegeben werden, die in der Belehrung als Empfänger bezeichnet ist[129]. Eine ähnliche Regelung treffen Art. 6 Abs. 1 des italienischen Haustürgesetzes[130] und Art. 10 Abs. 3 Satz 1 des spanischen Timesharinggesetzes[131].

b) Vereinheitlichungskonzept

Wie oben gezeigt[132], ist die Angabe des Adressaten der Vertragslösungserklärung wesentlicher Bestandteil der Belehrung des Verbrauchers. Anhand dieser Belehrung soll der Verbraucher erkennen können, wem gegenüber er seine Erklärung abzugeben hat. Von daher ist richtiger Empfänger der Erklärung zunächst derjenige, der in der Belehrung angegeben wurde.

---

126 „...una comunicazione...all'indirizzo geografico della sede del fornitore..."

127 Diese Vorschrift verweist hinsichtlich der Ausübung des Vertragslösungsrechts auf Abs. 1 („Dans les mêmes formes...). Dort heißt es „L'acceptation de l'offre résulte de sa signa-ture par le consommateur, précédée de la mention manuscrite de la date et du lieu, suivie *de son envoi au professionnel...*"

128 Art. 5 Abs. 5 Satz 1 italienisches Timesharinggesetz lautet: „Il diritto di recesso si esercita dandone comunicazione alla persona indicata nel contratto e, in mancanza, al venditore."

129 „...the consumer serves a 'notice of cancellation' on the trader or any other person specified in a notice reffered to in paragraph (1) above as a person to whom notice of cancellation may be given..."

130 „...all'operatore commerciale o al soggetto indicato nel precedente art. 5, ove sia diverso...".

131 „El desistimiento o resolución del contrato deberá notificarse al propietario o promotor en el domicilio que a estos efectos figure necesariamente en el contrato."

132 B II 2.

Weiterhin erscheint es angebracht, auch eine Erklärung gegenüber dem Anbieter selbst als Vertragspartner des Verbrauchers zuzulassen. Fehlt die Belehrung über den Erklärungsempfänger, so muss nach dem oben Gesagten jede Erklärung gegenüber einer Person genügen, die der Verbraucher als Empfänger ansehen durfte[133].

3. Zugang der Erklärung

Nach der oben dargestellten mailbox-rule des englischen Rechts würde bereits die Abgabe der Erklärung zu ihrer Wirksamkeit führen[134]. Auf ihren tatsächlichen Zugang beim Empfänger bzw. dessen Kenntnisnahme käme es hingegen nicht an. Die mailbox-rule verfolgt jedoch den Zweck, dem Erklärenden ziemlich schnell die Möglichkeit des Widerrufs der Erklärung abzuschneiden[135]. Im Hinblick auf die Erklärung der Lösung vom Vertrag wäre ein entsprechender Widerruf für den Anbieter jedoch günstig, so dass er eines diesbezüglichen Schutzes nicht bedarf.

Nach Art. 5 Abs. 1 Satz 2 HaustürR und Art. 5 Nr. 2 Satz 2 TimesharingR genügt zwar grundsätzlich die Absendung der Erklärung zur Wahrung der Ausübungsfrist (siehe unten). Dem kann jedoch nicht eine Entscheidung zugunsten der mailbox-Theorie entnommen werden[136].

Vielmehr ist zu beachten, dass die Funktion der Erklärung der Lösung vom Vertrag nur darin liegen kann, den Anbieter von der Ausübung des Rechts in Kenntnis zu setzen. Dies gelingt jedoch nur dann, wenn ihm die Erklärung auch zugeht. Nur durch den Zugang einer Erklärung kann überhaupt gewährleistet werden, dass der Erklärungsempfänger Kenntnis von der Erklärung erhält und sich auf deren Folgen einstellen kann[137].

Auch die Erklärung über die Ausübung des Vertragslösungsrechts bedarf demnach - wie jede einseitig empfangsbedürftige Erklärung[138]- für ihre Wirksamkeit des Zugangs beim Anbieter[139]. Wie an anderer Stelle bereits dargestellt, gehen die Ansichten über den Zeitpunkt des Zugangs einer

133 Vgl. *Fischer/Machunsky*, § 1 HWiG, Rn. 295; siehe hierzu oben C II 2 b) bb) (2).

134 Siehe oben § 7 C I.

135 Vgl. *Beatson*, S. 53.

136 So aber wohl *Riesenhuber*, WM 1999, S. 1448.

137 *Larenz/Wolf*, § 26 Rn. 8.

138 Vgl. insoweit nur Art. 1334 Codice civile: „Gli atti unilaterali (1324) producono effetto dal momento in cui pervengono a conoscenza della persona alla quale sono destinati (1335).“

139 *Krejci*, § 3 KSchG, Rn. 35; *Soergel/Wolf*, § 1 HWiG, Rn. 29.

Erklärung in den Mitgliedstaaten auseinander[140]. Eine grundlegende Auseinandersetzung mit diesen verschiedenen Zugangstheorien kann an dieser Stelle nicht erfolgen. Zu beachten ist jedoch folgender Aspekt: Nach dem oben Gesagten[141] ist der Verbraucher für den Zugang der Erklärung beim Empfänger beweispflichtig, da es sich zum einen um eine für ihn günstige Tatsache handelt und zum anderen der Beweis des Vorliegens einer Tatsache leichter zu erbringen ist, als deren Nichtvorliegen nachgewiesen werden könnte[142]. Stellt man nun auf die tatsächliche Kenntnisnahme des Empfängers ab, kann dieser Beweis kaum geführt werden. Die Nachvollziehbarkeit des „Weges" einer Erklärung endet vielmehr dort, wo sie der Empfänger entgegennimmt. Ob er sie letztlich tatsächlich zur Kenntnis nimmt, ist für den Außenstehenden nicht erkennbar und liegt somit im Risikobereich des Empfängers. Von daher endet die Beweismöglichkeit in dem Zeitpunkt, zu dem die Erklärung in den Herrschaftsbereich des Empfängers gelangt[143]. In diesem Moment muss sie konsequenterweise dann auch als zugegangen angesehen werden[144].

4. Formbedürftigkeit

a) Regelungskonzepte

Art. 4 Abs. 3 FinanzR gibt vor, dass die Erklärung auf Papier oder einem anderen dauerhaften Datenträger zu erfolgen hat. Nach Art. 5 Nr. 2 Satz 1 TimesharingR muss die Ausübung des Vertragslösungsrechts entsprechend den nationalen Vorschriften nachweisbar sein. Die Haustürrichtlinie trifft - ebenso wie die Fernabsatzrichtlinie - keine ausdrückliche Aussage über die Form der Erklärung, legt aber fest, dass die Frist zur Ausübung des Vertragslösungsrechts als gewahrt gilt, „wenn die Anzeige vor Fristablauf abgesandt wird". Hieraus könnte man schlussfolgern, dass diese „Anzeige" insoweit der Schriftform bedarf, da nur dann auch ein „Absenden" möglich ist. Der EuGH hat nunmehr jedoch klargestellt, dass die Ausübungserklärung keiner Form bedarf und durch

140 Siehe oben § 7 C I.

141 A V.

142 Die Beweispflicht des Verbrauchers wird ausdrücklich in Art. 5 Abs. 3 des spanischen Haustürgesetzes statuiert: „Corresponde al consumidor probar que ha ejercitado su derecho de revocación, conforme a lo dispuesto en el presente artículo."

143 Vgl. die Regelung in Art. 1335 Cocice civile, wo sich in dem Moment, in dem die Erklärung in den Herrschaftsbereich des Empfängers gelangt, die Beweislast umkehrt: „...ogni ...dichiarazione diretta a una determinata persona si reputano conosciute nel momento in cui giungono all'indirizzo del destinario, se questi non prova di essere stato, senza sua colpa, nell'impossibilità di averne notizia."

144 So auch *Zweigert/Kötz*, 3. Auflage, S. 357.

die Bestimmung des Art. 5 Abs. 1 Satz 2 HaustürR lediglich die Fristberechnung für den Fall einer schriftlichen Erklärung geregelt wird[145].

Die meisten mitgliedstaatlichen Gesetzgeber haben die Erklärung jedoch einer bestimmten Form unterworfen[146]. § 361a Abs. 1 Satz 2 BGB verlangt dabei Schriftform, die Verwendung „anderer Datenträger" iSv § 361a Abs. 3 Satz 1 BGB oder die Rücksendung der Ware. Nach den §§ 3 Abs. 4 Satz 1 KSchG und 6 Abs. 3 TNG bedarf die Erklärung ebenso der Schriftform wie nach s 4 (5) des englischen Haustürgesetzes („notice in writing")[147]. Noch strengere Formvorschriften haben der französische und der italienische Gesetzgeber normiert. Nach Art. L. 121-25 und Art. L. 121-64 Code de la consommation muss die Erklärung über die Ausübung des Vertragslösungsrechts grundsätzlich per *Einschreiben mit Rückschein („lettre recommandée avec accusé de réception bzw. demande d'avis de réception")* übermittelt werden. Ein ähnliches Konzept verfolgen Art. 6 Abs. 3 Satz 1 italienisches Haustürgesetz[148], Art. 5 Abs. 5 Satz 2 italienisches Timesharinggesetz[149] und Art. 5 Abs. 4 Satz 1 italienisches Fernabsatzgesetz[150].

---

145 EuGH vom 22. 4. 1999, Rs. C-423/97, Slg. 1999, S. 2216, Nr. 51 *Travel Vac SL/ Manuel José Antelm Sanchis.*

146 Formlose Erklärungen sehen vor: § 5 e Abs. 1 KSchG; Art. 5 Abs. 2 Satz 1 spanisches Haustürgesetz („La revocación no está sujeta a forma.").

147 Wie oben gezeigt, muss dem Verbraucher ein „Cancellation form" zur Verfügung stehen, das dieser jedoch nicht verwenden muss („notice of cancellation... whether or not confor-ming to the cancellation form..."). Auch im französischen Recht erhält der Verbraucher ein solches Formular („formulaire détachable"), das er jedoch ebenfalls nicht benutzen muss, *Cas/Ferrier*, Rn. 464.

148 „La comunicazione...deve essere inviata mediante lettera raccomanda con avviso di ricevimento...". Zwar gestattet Satz 2 auch eine andere verkörperte Form, ordnet hierbei jedoch an, dass innerhalb der folgenden 48 Stunden ein Einschreiben mit Rückantwort nachzusenden ist. Beachte jedoch die Einschränkung in Satz 3: „L'avviso di ricevimento non è comunque, condizione essenziale per provare l'esercizio del diritto di recesso."

149 „La comunicazione deve essere sottoscrita dall'acquirente e deve essere inviata mediante lettera raccomandata con avviso di ricevimento entro il termine previsto. Essa' puo' esse-re inviata, entro lo stesso termine, anche mediante telegramma, telex e facsimile, a condi-zione che sia confermata con lettera raccomandata con avviso di ricevimento entro le 48 ore successive."

150 „Il diritto di recesso si esercita con l'invio, entro il termine previsto, di una comunicazione scritta all'indirizzo geografico della sede del fornitore mediante lettera raccomandata con avviso di ricevimento."

b) Vereinheitlichungskonzept

aa) Zulässigkeit eines Formzwangs

In den mitgliedstaatlichen Privatrechtsordnungen gilt der Grundsatz der Formfreiheit[151]. Werden in Ausnahme hierzu Formzwänge statuiert, dienen diese vor allem zwei Zielen[152]: Zum einen bietet die Einhaltung einer bestimmten Form Schutz vor Übereilung, da sie den Inhalt der Erklärung dem Betroffenen noch einmal vor Augen führt (sog. Seriösitätsfunktion), um ihn so vor einer Überschätzung seiner eigenen Leistungsfähigkeit zu bewahren[153]. Auf der anderen Seite kommt dem Formerfordernis eine Beweisfunktion zu. Das Vertragslösungsrecht begünstigt einseitig den Verbraucher. Ein entsprechender Schutz vor seiner übereilten Ausübung ist deshalb nicht erforderlich. Fordert man die Einhaltung einer bestimmten Form für die Ausübung des Vertragslösungsrechts, kann dies also nur mit deren Beweisfunktion begründet werden.

Allerdings erschwert die Statuierung von Formvorschriften die Ausübung des Vertragslösungsrechts[154]. Neben der Tatsache, dass Verbraucherschutz den Verbraucher nicht von sämtlichen Anforderungen des Rechtsverkehrs befreien darf, scheint jedoch bereits diese eindimensionale Betrachtung der Verbraucherschutzkonzeption verfehlt. Wie eben gezeigt, muss der Verbraucher die ordnungsgemäße, insbesondere fristgerechte Ausübung des Vertragslösungsrechts beweisen. Der Nachweis einer mündlichen Erklärung ist dabei aber nur dann möglich, wenn sie vom Verbraucher vor einem Zeugen abgegeben wurde. Andernfalls brauchte der Verbraucher die Ausübung bloß zu behaupten. Andererseits könnte sich ein Anbieter mit der bloßen Behauptung verteidigen, der Verbraucher hätte von der Möglichkeit der Ausübung des Vertragslösungsrechts keinen Gebrauch gemacht. Gelingt dem Verbraucher also der Nachweis der rechtzeitigen Erklärung nicht, wäre er gegen seinen Willen an den „unfreien“ Vertrag gebunden. Ordnet man jedoch für seine Erklärung einen Formzwang an, können diese Beweisprobleme vermieden werden. Insoweit dient also auch ein Formzwang dem Schutz des Verbrauchers[155].

---

151 *Zweigert/Kötz*, 3. Auflage, S. 359.

152 Siehe hierzu die Darstellung bei *Zweigert/Kötz*, 3. Auflage, S. 358 ff..

153 *Westermann*, S. 88.

154 *Kappus*, Hildenbrand/Kappus/Mäsch/Kappus, § 5 TzWrG, Rn. 17, sieht es deshalb als „sinnwidrig“ an, ein Verbraucherschutzinstrument an eine bestimmte Form zu knüpfen.

155 In der Begründung zu § 3 Abs. 1 FernAG-E führt der deutsche Gesetzgeber aus: „In der Praxis wird der Verbraucher jedoch weiterhin zweckmäßigerweise in einer Weise widerrufen, die ihm später einen Beweis des rechtzeitigen Widerrufs erlaubt.“ Offen bleibt allerdings, worauf er diese Hoffnung stützt.

Darüber hinaus ist darauf zu verweisen, dass der Verbraucher über die Anforderungen, die an die ordnungsgemäße Ausübung des Vertragslösungsrechts zu stellen sind, zu belehren ist. Ihm ist also das Erfordernis der Einhaltung einer bestimmten Form typischerweise bekannt. Deshalb bleibt festzuhalten, dass die Statuierung von Formvorschriften für die Ausübung des Vertragslösungsrechts nicht gegen den Gedanken des Verbraucherschutzes verstößt.

Insoweit vermag die oben zitierte Entscheidung des Gerichtshofs zwar im Hinblick auf die Auslegung von Art. 5 Abs. 1 HaustürR zu überzeugen. In der Sache sollte das Richtlinienkonzept jedoch den von Art. 4 Abs. 3 FinanzR eingeschlagenen Weg weiterverfolgen. Dass auf europäischer Ebene auch zuvor bereits keine grundsätzlichen Bedenken gegen die Statuierung einer Formvorschrift bestanden, zeigen Vorentwürfe und Stellungnahmen zur Haustür- und Timesharingrichtlinie. Der Vorschlag zur Haustürrichtlinie sah vor, dass dem Verbraucher ein gesondertes Formular auszuhändigen ist, durch das ihm die Ausübung seines Vertragslösungsrechts erleichtert werden soll[156]. Ein Musterformular war der Richtlinie angehängt. Der Änderungsvorschlag des Parlaments zur Timesharingrichtlinie verlangte eine schriftliche Erklärung[157].

bb) Form

Ist ein Formerfordernis also mit Hinweis auf die Beweislast des Verbrauchers zu rechtfertigen, muss die vorgeschriebene Form auch tatsächlich geeignet sein, den Nachweis über die Ausübung des Vertragslösungsrechts zu erleichtern. Entscheidend sind dabei der Beweis der Rechtzeitigkeit der Ausübung des Vertragslösungsrechts und der Nachweis des Zugangs beim Verbraucher.

(1) Nachweis der fristgemäßen Ausübung

Zur Fristwahrung genügt die rechtzeitige Absendung der Erklärung. Insoweit bedarf es also lediglich eines verkörperten Beweises über das Datum der Absendung. Hierbei genügt jede schriftliche bzw. in Anlehnung an das oben Gesagte jede lesbare Form der Erklärung[158].

Der Änderungsvorschlag des europäischen Parlaments zur Timesharingrichtlinie verlangte die „urkundlich nachweisbare" Absendung der Erklärung[159].

---

156 ABlEG Nr. C 22 vom 29. 1. 1977, S. 8, Art. 7; so auch die Stellungnahme des WSA, ABlEG Nr. C 180 vom 28. 7. 1977, S. 42, Punkt 2. 10. 1.

157 ABlEG Nr. C 176 vom 28. 6. 1993, S. 101.

158 Vgl. *Stabentheiner*, JBl. 1997, S. 72.

159 ABlEG Nr. C 176 vom 28. 6. 1993, S. 101.

(2) Nachweis des Zugangs der Erklärung

Wie oben gezeigt[160], entfaltet die Ausübungserklärung erst dann Wirkung, wenn sie in den Herrschaftsbereich des Adressaten gelangt. Dass dies tatsächlich der Fall ist, hat der Verbraucher zu beweisen. Nach dem eben Gesagten ermöglicht die Absendung der Erklärung in jeder beliebigen lesbaren Form lediglich den Nachweis der rechtzeitigen Abgabe der Ausübungserklärung. Feststellungen über den Zugang beim Empfänger können grundsätzlich nicht getroffen werden. Die einzig wirksame Form hierfür ist die Bestätigung des Empfangs durch den Empfänger[161]. Hierfür stehen dem Verbraucher verschiedene Möglichkeiten zur Verfügung, neben dem Einschreiben mit Rückantwort[162] insbesondere Fax und e-mail.

c) Nichtbeachtung der Form

Entspricht die Erklärung des Verbrauchers über die Ausübung des Vertragslösungsrechts nicht der vorgeschriebenen Form, müsste ihr konsequenterweise die Wirkung versagt werden. Wird die ordnungsgemäße Ausübung des Vertragslösungsrechts vom Anbieter nicht bestritten, wäre es jedoch unbillig, aus einer Regelung, die allein der Beweissicherung dient, eine für den Verbraucher negative Folge herzuleiten. Insoweit kommt es also eigentlich nur darauf an, dem Verbraucher die für ihn bestehende Beweislast vor Augen zu führen und ihm Wege aufzuzeigen, die für ihn die Nachweisbarkeit der entscheidenden Tatsachen erleichtern. Ob er sich dann tatsächlich beweisgünstiger Mittel bedient oder hiervon - etwa aus Kostengründen - absieht, muss ihm selbst überlassen bleiben. Von daher wäre es verfehlt, einen Formzwang zu statuieren. Geschaffen werden sollte vielmehr eine „Sollvorschrift", die dem Verbraucher die Einhaltung einer bestimmten Form nahe legt[163].

II. Ergebnis

Der Verbraucher übt sein Vertragslösungsrecht durch eine Erklärung gegenüber dem Anbieter oder der Person, die in der Belehrung als Empfänger angegeben wurde, bzw. für den Fall fehlender Belehrung gegenüber jeder anderen Person, die er für den Empfänger halten durfte, aus. Zur Wirksamkeit dieser Erklärung

---

160 § 7 C I 1.

161 Vgl. *Fischer/Machunsky*, § 1 HWiG, Rn. 297.

162 Die Übermittlung der Erklärung durch eingeschriebenen Brief schlug das Parlament für die Haustürrichtlinie und der Kommissionsentwurf für Timesharingverträge vor.

163 Vgl. *von Bieberstein*, S. 172.

bedarf es ihres Zugangs beim Empfänger, der dann gegeben ist, wenn sie in dessen Machtbereich gelangt und er die Möglichkeit zur Kenntnisnahme hat. Die entsprechende Beweislast trägt dabei der Verbraucher. Aus diesem Grund ist es angebracht, ihn auf die Einhaltung einer bestimmten Form hinzuweisen, die ihm diesen Nachweis erleichtert. In Betracht kommen dabei vor allem die Übermittlungsmethoden, bei denen der Empfang der Erklärung bestätigt wird.

§ 9 Die dogmatische Einordnung des Vertragslösungsrechts

Im Mittelpunkt der dogmatischen Einordnung des Vertragslösungsrechts steht die Frage nach den Auswirkungen des Bestehens und der Ausübung dieses Rechts auf den Vertragsmechanismus. Dabei kommen grundsätzlich zwei Möglichkeiten in Betracht: Zum einen kann das Vertragslösungsrecht allein an die Vertragserklärung des Verbrauchers geknüpft werden, so dass ein wirksamer Vertrag erst mit der Nichtausübung dieses Rechts entstehen würde. Auf der anderen Seite kann es auch auf den Vertrag selbst bezogen werden. Dann bedarf es noch zusätzlich der Klärung, inwieweit dieser Vertrag auch schon während des Laufes der Bedenkzeit Wirkung entfaltet. Die Ausgestaltung des Rechtsverhältnisses zwischen den Vertragsparteien während des Laufes der Bedenkzeit ist also insbesondere im Hinblick auf das Bestehen vertraglicher Rechte und Pflichten von Bedeutung.

Wie an anderer Stelle bereits gezeigt, war die Schaffung dogmatisch stringenter Rechtsfiguren bislang nicht Gegenstand der europäischen Maßnahmen im Bereich des Verbrauchervertragsrechts[1]. Es ging vielmehr allein darum, den Mitgliedstaaten Vorgaben im Hinblick auf die Einräumung bestimmter Rechte zu machen. Die Umsetzung musste wegen des Charakters der Richtlinie folglich allein ergebnisorientiert erfolgen, Wege und Mittel waren weitgehend den mitgliedstaatlichen Gesetzgebern überlassen.

Die Vereinheitlichung der Tatbestandsmerkmale des Vertragslösungsrechts allein ist jedoch noch nicht geeignet, die Einheitlichkeit der Anwendung zu gewährleisten. Gerade in Bezug auf die Rechte und Pflichten des Verbrauchers würden unterschiedliche Ausgestaltungen auch zu unterschiedlichem Schutz und damit zu Binnenmarktbehinderungen führen[2]. Aus diesem Grund muss ein einheitliches Vertragslösungsrecht auch Aussagen über seine dogmatische Einordnung und seine Wirkungen treffen.

Wegen der bisherigen Zurückhaltung des Gemeinschaftsgesetzgebers auf diesem Gebiet scheint es angebracht, zunächst die mitgliedstaatlichen Lösungen darzustellen und sie erst im Anschluss auf ihre Eignung zur Erreichung der Richtlinienziele zu untersuchen.

---

1 Siehe hierzu ausführlich oben § 5 A III 1 b).

2 Vgl. auch *Joustra*, S. 141, die darauf hinweist, dass die Frage nach der Rechtsnatur des Vertragslösungsrechts in einigen Rechtsordnungen Auswirkung auf die Eigentumslage haben kann.

A. Mitgliedstaatliche Regelungen

War die dogmatische Ausgestaltung also den mitgliedstaatlichen Gesetzgebern überlassen, konnten diese folglich selbst entscheiden, welchen Einfluss sie dem Vertragslösungsrecht auf den Vertragsmechanismus zubilligten. Die gewählten Lösungen sind vor allem in Deutschland, mit verringerter Intensität aber auch in Frankreich Gegenstand anhaltender Auseinandersetzungen in Rechtsprechung und Schrifttum. Die dabei vertretenen Ansichten sollen im Folgenden als Grundlage für die später zu treffende Entscheidung über die „richtige" Einordnung dargestellt werden. Aus diesem Grund kommt es an dieser Stelle auch noch nicht auf ihre Praktikabilität im Hinblick auf einen effektiven Verbraucherschutz an. Die kritische Betrachtung soll sich zunächst allein an der Vereinbarkeit der Ansichten mit dem jeweiligen nationalen Vertragsrecht orientieren, da nur so eine einheitliche Lösung gefunden werden kann, die mit den Grundsätzen der mitgliedstaatlichen Vertragsrechte vereinbar ist.

I. Deutschland

Verschafft man sich zunächst einen Überblick über das bisher bevorzugte Modell zur Umsetzung der Richtlinienvorgaben, so ist festzustellen, dass der deutsche Gesetzgeber eine weitgehend gleich lautende Formulierung für die Normierung des „Widerrufsrechts" gewählt hat[3]. *Danach wird die auf den Abschluss des Verbrauchervertrages gerichtete Willenserklärung erst wirksam, wenn der Verbraucher sie nicht innerhalb der Frist widerruft*[4].

---

3 Vgl. hierzu auch die Darstellung bei *Pudor*, S. 15 ff; *Certa*, S. 66 ff.

4 Im Einzelnen hatten die Vorschriften folgenden Wortlaut:
§ 1 Abs. 1 HWiG: „Eine auf den Abschluß eines Vertrages über eine entgeltliche Leistung gerichtete Willenserklärung...wird erst wirksam, wenn der Kunde sie nicht binnen einer Frist von einer Woche schriftlich widerruft."
§ 5 Abs. 1 TzWrG: „Die auf den Abschluß des Vertrages gerichtete Willenserklärung des Erwerbers wird erst wirksam, wenn er sie nicht binnen einer Frist von zehn Tagen schriftlich widerruft."
In § 7 Abs. 1 VerbrKrG hat der deutsche Gesetzgeber von der Möglichkeit Gebrauch gemacht, weiter gehende Schutzvorschriften einzuführen und ebenfalls ein „Widerrufsrecht" normiert, das den zuvor genannten entspricht: „Die auf den Abschluß eines Kreditvertrages gerichtete Willenserklärung des Verbrauchers wird erst wirksam, wenn der Verbraucher sie nicht binnen einer Frist von einer Woche schriftlich widerruft." So auch der 1. Entwurf zu § 3 Abs. 1 Satz 1 FernAG-E: „Die auf den Abschluß eines Fernabsatzvertrages gerichtete Willenserklärung des Verbrauchers wird erst wirksam, wenn er sie nicht binnen einer Frist von 7 Werktagen widerruft." Ihren Ursprung hat diese Formulierung im Abzahlungsgesetz, dem Vorgänger des Verbraucherkreditgesetzes, dessen 1974 eingefügter § 1 b Abs. 1 bestimmte: „Die auf

Im Zuge der Einführung des § 361a BGB verfolgt der deutsche Gesetzgeber nunmehr aber ein anderes Konzept: „Wird einem Verbraucher durch Gesetz ein Widerrufsrecht eingeräumt, so ist er an seine auf den Abschluss eines Vertrages mit einem Unternehmer gerichtete *Willenserklärung nicht gebunden, wenn er sie fristgerecht widerrufen hat* (Abs. 1 Satz 1).

Im Folgenden soll zunächst auf die bisherige Rechtslage eingegangen werden. Im Anschluss ist zu untersuchen, inwieweit sich diese nunmehr geändert hat.

1. Bisherige Rechtslage

a) Rechtsverhältnis bis zum Ablauf der „Widerrufsfrist"

Die Einheitlichkeit der bestehenden Regelungen sollte darauf schließen lassen, dass die Wirkungen des „Widerrufs" eindeutig bestimmbar waren. Tatsächlich wurden jedoch verschiedene Ansätze vertreten, die das Rechtsverhältnis zwischen den Vertragspartnern bis zum Ablauf der Widerrufsfrist höchst unterschiedlich erklärten.

aa) Schwebend unwirksamer Vertrag

Überwiegend wurde davon ausgegangen, dass zwar ein Vertrag zwischen Anbieter und Verbraucher zustande gekommen war, dieser jedoch bis zum Ablauf der Widerrufsfrist keine Wirkung entfaltete[5]. Übte der Verbraucher das

---

den Vertragsschluß gerichtete Willenserklärung des Käufers wird erst wirksam, wenn der Käufer sie nicht dem Verkäufer gegenüber binnen einer Frist von einer Woche schriftlich widerruft."

5 Aus der Rechtsprechung: BGH, VIII. Zivilsenat, Urteil vom 18. 10. 1989, BGH, VIII. Zivilsenat, Urteil vom 30. 9. 1992, BGHZ 119, 283, 298; BGH, VIII. Zivilsenat, Urteil vom 21. 10. 1992, NJW 1993, 128, 129; BGHZ 109, 97, 103; BGH, VIII. Zivilsenat, Urteil vom 10. 5. 1995, BGHZ 129, 371, 374; BGH, II. Zivilsenat, Urteil vom 16. 10. 1995; BGHZ 113, 222, 225; BGH, VIII. Zivilsenat, Urteil vom 12. 6. 1996, NJW 1996, 2367, 2368; OLG Hamm, Urteil vom 5. 6. 1992, NJW 1993, 140, 140. Aus der Literatur: *Bülow*, NJW 1991, S. 131; ders. NJW 1993, S. 2838; ders. § 7 VerbrKrG, Rn. 14; *Teske*, NJW 1991, S. 2796; *Karollus*, JuS 1993, S. 654; *Lorenz*, NJW 1995, S. 2260; *Boemke*, AcP 197 (1997), S. 175; *Schlechtriem*, Schuldrecht, Rn. 450; *Hübner*, BGB, Rn. 977; *Fikentscher*, Rn. 856; *Erman/Klingsporn/Rebmann*, § 7 VerbrKrG, Rn. 4; *MüKo/Ulmer*, § 7 VerbrKrG, Rn. 11, 12; § 1 HWiG, Rn. 6; *Soergel/Häuser*, § 7 VerbrKrG, Rn. 4; *Soergel/Wolf*, § 1 HWiG, Rn. 28, 31; *Fischer/Machunsky*, § 1 HWiG, Rn. 282; *Staudinger/Kessal-Wulf*, § 7 VerbrKrG, Rn. 4; *Staudinger/Werner*, § 1 HWiG, Rn. 48. Zur Kritik an dieser Konstruktion siehe unten C III 1 b).

Widerrufsrecht ordnungsgemäß aus, blieb der Vertrag unwirksam, andernfalls wurde er wirksam. Da die endgültige Wirkung des Vertrages somit während der Widerrufsfrist noch offen war, wurde zur Umschreibung dieses Zustandes der Begriff der „schwebenden Unwirksamkeit" verwendet[6]. Zur Begründung dieser Ansicht wurden andere für vergleichbar gehaltene Konstellationen herangezogen.

(1) Parallele zum Schwebezustand vor Eintritt einer aufschiebenden Bedingung

Im Anschluss an die Ansicht des Gesetzgebers hielt man teilweise den Zustand während des Laufs der Widerrufsfrist vergleichbar mit dem, der vor dem Eintritt einer aufschiebenden Bedingung besteht[7].

Gemäß § 158 Abs. 1 BGB tritt die von einer Bedingung abhängig gemachte Wirkung eines Rechtsgeschäfts erst mit dem Eintritt dieser Bedingung ein (sog. aufschiebende Bedingung). §§ 160 und 161 BGB bezeichnen den Zeitraum bis zum Eintritt der Bedingung als „Schwebezeit". Insoweit schien der Vergleich treffend.

Zu beachten ist jedoch, dass der Vertrag für die Zeit zwischen seinem Abschluss und dem Eintritt der Bedingung durchaus Wirkung entfaltet. Dies wird bereits anhand des § 160 BGB deutlich, der dem Berechtigten einen Schadensersatzanspruch etwa für die verschuldete Beeinträchtigung eines Rechts vor Bedingungseintritt einräumt. Durch § 161 BGB wird der Berechtigte vor Verfügungen während der Schwebezeit geschützt. Insoweit bestehen also bereits vertragliche Beziehungen zwischen den Parteien[8]. Der aufschiebend bedingte Vertrag ist also keineswegs schwebend unwirksam, sondern bei Beibehaltung der Terminologie des „Schwebezustandes" schwebend wirksam[9]. Insoweit war der gezogene Vergleich höchst widersprüchlich.

Hieran änderte sich auch dann nichts, wenn man die Betrachtung auf die Konstellation eines „Kaufes auf Probe" verengte[10]. Nach § 495 Abs. 1 Satz 2 BGB ist der Kauf in diesem Fall

---

6 Vgl. *Gernhuber*, WM 1998, S. 1799.

7 BT-Drucks. 10/2876, S. 11; BT-Drucks. 11/5462, S. 22; *Löwe*, NJW 1974, S. 2259; *Teske*, NJW 1991, S. 2794; *Palandt/Putzo*, § 1 HWiG, Rn. 4; *Staudinger/Werner*, § 1 HWiG, Rn. 48.

8 *Staudinger/Bork*, § 158, Rn. 18; *MüKo/Westermann*, § 158, Rn. 38; *Soergel/Wolf*, § 158, Rn. 9 („vertragliches Schuldverhältnis eigener Art").

9 *Boemke*, AcP 197 (1997), S. 176 mwN.

10 So aber *Erman/Klingsporn/Rebmann*, § 7 VerbrKrG, Rn. 7, § 1 HWiG, Rn. 2; *Knütel*, AcP 185 (1985), S. 315; *Jung*, ZRP 1991, S. 141.

unter der aufschiebenden Bedingung der Billigung des gekauften Gegenstandes durch den Käufer geschlossen. Auch hier entfaltet der Kaufvertrag also bereits Wirkung[11].

(2) Parallele zum Schwebezustand vor Erteilung einer Genehmigung

Andere zogen eine Parallele zum Schwebezustand vor Erteilung der Genehmigung im Fall einer Vertretung ohne Vertretungsmacht[12].

Nach § 177 Abs. 1 BGB hängt die Wirksamkeit eines Vertrages für und gegen einen Vertretenen im Fall des Handelns ohne Vertretungsmacht von dessen Genehmigung ab. Bis zu deren Erteilung bzw. zum Unterlassen der Genehmigung ist das Vertretergeschäft schwebend unwirksam[13]. In diesem Punkt bestand also eine Gemeinsamkeit zum Verbrauchervertrag.

Der Vergleich mit § 177 BGB schien indes eher willkürlich gewählt zu sein. Das deutsche Schuldrecht kennt durchaus eine beachtliche Anzahl weiterer Konstellationen, in denen zunächst eine schwebende Unwirksamkeit des Rechtsgeschäfts eintritt, insbesondere solche, in denen die Wirksamkeit von der Genehmigung Dritter abhängt[14]. Dabei tritt die endgültige Wirksamkeit des Vertrages jedoch mit der Erklärung dieser Genehmigung ein, während die Wirksamkeit des Verbrauchervertrages nach dieser Konstruktion gerade an die Nichtausübung des Widerrufsrechts geknüpft gewesen wäre. Zudem erweckte das den Genehmigungskonstellationen zugrunde liegende Dreipersonenverhältnis Zweifel an der Vergleichbarkeit, da es sich hier um ein Zweipersonenverhältnis handelte. Unklar blieb auch, wodurch sich aus der genannten Vielzahl von Regelungen gerade der Fall des § 177 Abs. 1 BGB zur Erklärung der Wirkung des Widerrufsrechts anbot[15].

bb) Wirksamer Vertrag

Mit Hinweis auf die vertraglichen Ansprüche des Verbrauchers wurde teilweise die volle Wirksamkeit des Vertrages angenommen, beginnend mit dem

---

11 Zur Minderansicht vgl. *Staudinger/Mader*, § 495, Rn. 2.

12 BGH, VIII. Zivilsenat, Urteil vom 30. 9. 1992, BGHZ 119, 283, 289; BGH, VIII. Zivilsenat, Urteil vom 27. 4. 1994, NJW 1994, 1800, 1801; BGH, VIII. Zivilsenat, Urteil vom 12. 6. 1996, NJW 1996, 2367, 2368; *Fischer/Machunsky*, § 1 HWiG, Rn. 283; *Boemke*, AcP 197 (1997), S. 175; *Teske*, ZIP 1986, S. 631; *Holschbach*, NJW 1975, S. 1110; *MüKo/Ulmer*, § 7 VerbrKrG, Rn. 11; *Palandt/Putzo*, § 7 VerbrKrG, Rn. 3.

13 *MüKo/Thiele*, § 177, Rn. 16.

14 Vgl. z. B. die Zustimmung des gesetzlichen Vertreters bei Geschäften beschränkt Geschäftsfähiger (§ 107 ff. BGB) oder die Zustimmung des Berechtigten zur Verfügung eines Nichtberechtigten (§ 185 BGB).

15 *Gernhuber*, WM 1998, S. 1799.

Zeitpunkt seines Abschlusses, da nur so dem Verbraucherschutz hinreichend Rechnung getragen werde [16].

Um diesen Aspekt noch zu verstärken, wurde teilweise sogar gefordert, die Wirksamkeit des Vertrages auf die Rechtsposition des Verbrauchers zu beschränken (relativ schwebende Unwirksamkeit)[17].

Dies erschien vom verbraucherrechtlichen Ansatz her durchaus attraktiv, war jedoch mit der vom Gesetzgeber gewählten Konzeption unvereinbar, da der Wortlaut der Regelungen insoweit klarstellte, dass die Willenserklärung des Verbrauchers erst nach Ablauf der Widerrufsfrist wirksam *wurde*[18]. Ein Vertrag konnte somit noch nicht bestehen.

Nach *Jauernig* stimmte jedoch nur diese Konstruktion mit den Richtlinienvorgaben überein, so dass die deutschen Umsetzungsvorschriften dahin gehend richtlinienkonform ausgelegt werden sollten, dass auch während der Überlegungsfrist ein wirksamer Vertrag bestehe[19]. Unabhängig von den noch zu untersuchenden dogmatischen Anforderungen der Richtlinien konnte dieser Ansicht indes nicht gefolgt werden[20]. Die Annahme der vollen Wirksamkeit des Vertrages schon vor Ablauf der Widerrufsfrist widersprach dem Wortsinn der Vorschriften. Eine richtlinienkonforme Auslegung hätte deshalb nur gegen diesen Wortsinn erfolgen können. Es wurde jedoch bereits gezeigt, dass diese Vorgehensweise aus Gründen der Rechtssicherheit unzulässig ist[21].

b) Rechtsnatur

Eng verbunden mit der Wirkungsweise des Widerrufsrechts war die Frage nach dessen Rechtsnatur und Ausübung.

---

16 *Hadding*, FS Brandner, S. 207 ff.; *Westermann*, S. 99. Im Hinblick auf die Widerrufsmöglichkeit des Verbrauchers wurde teilweise von schwebender Wirksamkeit gesprochen, *Jauernig/Jauernig*, Vor § 145 BGB, Rn. 21; *Kiefer*, NJW 1989, S. 3125; *Krämer*, ZIP 1997, S. 94; *Pfeiffer/Dauck*, NJW 1997, S. 33, die dem Verbraucher jedoch trotzdem keinen durchsetzbaren Erfüllungsanspruch zugestehen wollten, sondern die Belehrung als Umstand ansahen, aus dem sich ergeben sollte, dass die Leistung erst nach Ablauf der Widerrufsfrist fällig geworden sei (vgl. hierzu aber unten C I 1).

17 *Larenz/Wolf*, § 39 Rn. 38; § 44 Rn. 55; *Pudor*, S. 151.

18 Siehe oben Fn. 3.

19 *Jauernig/Jauernig*, Vor § 145, Rn. 21.

20 Zu den Richtlinienvorgaben siehe sogleich unter B. *Jauernig*, aaO, scheint jedoch die Wirkungsweise einer Richtlinie zu verkennen, wenn er den inhaltlichen Vorgaben auch restriktive Umsetzungsgebote entnimmt.

21 Siehe oben § 2 C II 2.

aa) Gestaltungsrecht

Die überwiegende Ansicht verstand das Widerrufsrecht als ein *Gestaltungsrecht*, durch dessen Ausübung der schwebend unwirksame Vertrag rückwirkend vernichtet wurde[22]. Die Gestaltungswirkung liegt folglich in der Umwandlung eines zunächst schwebend unwirksamen Rechtsgeschäfts in ein endgültig unwirksames. Teilweise wurde hierbei noch zwischen der Ausübung des Widerrufsrechts und seiner Nichtausübung differenziert. Während die Ausübung die Wirkung eines Gestaltungsrechts zugekommen sei, habe sich das Widerrufsrecht für den Fall seiner Nichtausübung als aufschiebende Rechtsbedingung dargestellt[23].

bb) Rechtshindernde Einwendung

Gegen die fast allgemeingültige Einordnung des Widerrufsrechts als Gestaltungsrecht wandte sich der II. Zivilsenat des BGH in einem Urteil vom 16. Oktober 1995[24].

Die Klägerin hatte in einer Privatwohnung eine Vertragserklärung in Bezug auf eine Gesellschaftsbeteiligung abgegeben, ohne dass ihr eine entsprechende Widerrufsbelehrung ausgehändigt wurde. Erst nachdem sie rechtskräftig zur Zahlung ihrer Einlage verurteilt worden war, machte sie von ihrem Widerrufsrecht Gebrauch und war nun der Ansicht, dass die Zwangsvollstreckung aus diesem Urteil unzulässig sei.

---

22 BGH, VIII. Zivilsenat, Urteil vom 10. 5. 1995, BGHZ 129, 371, 378 mwN zur Rechtsprechung des BGH; OLG Stuttgart, Urteil vom 26. 1. 1993, NJW 1994, 1225, 1225; *Löwe*, NJW 1974, S. 2259; *Gilles*, NJW 1986, S. 1138; *Schwenzer*, JA 1989, S. 505; *Teske*, NJW 1991, S. 2794; *Fuchs*, AcP 196 (1996), S. 321; *Gottwald/Honold*, JZ 1996, S. 578; *Boemke*, AcP 197 (1997), S. 178; *Krämer*, ZIP 1997, S. 93; *Larenz/Wolf*, § 15 Rn. 86; *MüKo/Ulmer*, § 7 VerbrKrG, Rn. 11; § 2 HWiG, Rn. 2; *Soergel/Wolf*, § 1 HWiG, Rn. 28; *v. Westphalen/Emmerich/Kessler*, § 7, Rn. 4; *Fischer/Machunsky*, § 1 HWiG, Rn. 281; *Staudinger/Kessal-Wulf*, § 7 VerbrKrG, Rn. 3; *Palandt/Putzo*, § 1 HWiG, Rn. 12; § 5 TzWrG, Rn. 1.

23 *Lorenz*, NJW 1995, S. 2260; *Bülow*, § 7 VerbrKrG, Rn. 15; *Staudinger/Kessal-Wulf*, § 7 VerbrKrG, Rn. 4; *MüKo/Ulmer*, § 7 VerbrKrG, Rn. 11. Unter einer Rechtsbedingung ist nach *Pickert*, S. 25 eine bei Geschäftsabschluss noch nicht vorliegende Wirksamkeitsvoraussetzung zu verstehen, deren Bedeutung sich darin erschöpft, für den Wirkungseintritt einen Zustand herzustellen, der für die Wirksamkeit des Rechtsgeschäfts erforderlich ist, wobei sich der Grund, der die Wirksamkeit des Rechtsgeschäfts verhindert, unmittelbar aus einer Rechtsnorm ergibt.

24 BGHZ 131, S. 82 ff.

Zu klären war die Frage, ob der titulierte Anspruch des Anbieters durch den nachträglichen Widerruf beseitigt und so die Zwangsvollstreckung verhindert werden kann.

Gemäß § 767 Abs. 1 ZPO kann der Schuldner mit Einwendungen, die den durch das Urteil festgestellten Anspruch selbst betreffen, die Vollstreckung dieses Urteils abwehren (sog. Vollstreckungsabwehr- oder -gegenklage). Nach § 767 Abs. 2 ZPO gilt dies jedoch nur für solche Einwendungen, die erst nach dem Schluss der letzten mündlichen Verhandlung entstanden sind und deshalb nicht bereits im Vorverfahren geltend gemacht werden konnten (sog. neue Tatsachen).

Betrachtet man das Widerrufsrecht als Gestaltungsrecht, würde seine Ausübung die zum Zeitpunkt des Urteils bestehende Rechtslage ändern und wäre folglich eine neue Tatsache, auf die sich der Verbraucher im Wege der Vollstreckungsklage berufen könnte[25].

Der 2. Zivilsenat entschied jedoch, dass es sich bei dem Widerrufsrecht nicht um ein Gestaltungsrecht, sondern um eine *rechtshindernde Einwendung* handele[26]. Der Widerruf bewirke keine Änderung der bestehenden Rechtslage, sondern verhindere lediglich *eine andernfalls ipso iure eintretende Änderung*[27]. Danach hätte sich nach der Ausübung des Widerrufsrechts die Rechtslage nicht geändert, so dass der Widerruf keine neue Tatsache darstellen würde. Die Vollstreckungsgegenklage des Verbrauchers wurde folglich abgewiesen[28].

Die Ansicht des BGH vernachlässigte indes den Verbraucherschutzaspekt. Gibt man dem Verbraucher das Recht einer nachträglichen Bedenkzeit, so muss er während dieser Zeit die freie Entscheidung haben, ob und wann er das Widerrufsrecht ausüben will. Verlängert sich

---

25 Vgl. *Wichard*, JuS 1998, S. 113. Der BGH beschränkt dabei diesen Ansatz auf *vertragliche* Gestaltungsrechte, während der Vollstreckungsschuldner dann präkludiert sein soll, wenn er ein ihm zustehendes gesetzliches Gestaltungsrecht schon vor dem gemäß § 767 Abs. 2 ZPO entscheidenden Zeitpunkt hätte ausüben können; vgl. die Nachweise bei *Wichard*, aaO.

26 BGH, II. Zivilsenat, Urteil vom 16. 10. 1995, BGHZ 113, 82, 85.

27 Ebenda. *Gernhuber*, WM 1998, S. 1801, wendet hiergegen ein, dass die Rechtslage vor Ausübung des Widerrufsrechts keineswegs identisch ist mit der, die nach der Ausübung besteht, sondern sich vielmehr eine Erklärung, die der Entwicklung zur vollendeten Willenserklärung noch zugänglich war, mit dem Widerruf zum „rechtlichen nullum" wandelt; vgl. auch *Gaul*, FS Knobbe-Keuk, S. 157. Hinzu kommt der Umstand, dass nach allgemeiner Ansicht die Ausübung eines Gestaltungsrechts durch die Nichtigkeit des Vertrages nicht ausgeschlossen wird, vgl. nur *Boemke*, AcP 197 (1997), S. 178 mwN.

28 BGHZ 113, 82, 85. Zuvor bereits in diesem Sinne OLG Düsseldorf, Urteil vom 28. 2. 1989, WM 1989, 1805, 1808; OLG Hamm, Urteil vom 5. 6. 1992, NJW 1993, S. 140; zust. *Lorenz*, NW 1995, S. 2261; *MüKo/Ulmer*, § 7 VerbrKrG, Rn. 32.

diese Widerrufsfrist aufgrund der fehlenden oder fehlerhaften Belehrung, käme es einer Belohnung für den Anbieter gleich, wenn dieser trotzdem auf Erfüllung des Vertrages klagen und den Verbraucher somit zur Entscheidung über die Ausübung des Widerrufsrechts zwingen dürfte[29]. Diese Entscheidung könnte schon deshalb nicht selbstbestimmt sein, weil dem Verbraucher die vertragsrelevanten Informationen ja gerade nicht vorliegen. Die Ansicht des BGH vermochte daher zumindest für den Fall der fehlenden oder fehlerhaften Belehrung nicht zu überzeugen. Zudem stellte sie wohl kaum eine „geeignete Maßnahme zum Schutz des Verbrauchers für den Fall, dass die Belehrung nicht erfolgt", dar[30].

cc) Weiter gehende Ansichten

Ollmann betrachtete das Widerrufsrecht des Verbrauchers in Anlehnung an den Wortlaut der Vorschriften als „Widerruf" im Sinne von § 130 Abs. 1 Satz 2 BGB, wonach eine empfangsbedürftige Willenserklärung dann nicht wirksam wird, wenn dem anderen vor oder gleichzeitig mit deren Zugang ein Widerruf zugeht[31].

---

29 So OLG Karlsruhe, Urteil vom 21. 2. 1990, NJW 1990, 2474, 2474; OLG Stuttgart, Urteil vom 26. 1. 1993, NJW 1994, 1225, 1226; *Gaul*, FS Knobbe-Keuk, S. 164; *Bülow*, § 7 VerbrKrG, Rn. 41; *Erman/Klingsporn/Rebmann*, § 7 VerbrKrG, Rn. 48. Auch die Begründung zum Haustürwiderrufsgesetz geht davon aus, dass dem Verbraucher die volle Ausnutzung der Widerrufsfrist für seine nachträglichen Überlegungen gewährt werden muss, BT-Drucks. 10/2876, S. 12. *Boemke*, AcP 197 (1997), S. 185, weist jedoch darauf hin, dass die Klägerin im Erstprozess die schwebende Unwirksamkeit des Vertrages und damit auch das Nichtbestehen des Anspruchs hätte beweisen müssen. Gelingt ihr dieser Nachweis nicht, dann ist sie nur mit dem Einwand präkludiert, der Vertrag sei schwebend unwirksam gewesen, kann dann aber auch nicht mehr das darauf basierende Widerrufsrecht ausüben.

30 Dies hätte jedoch gemäß Art. 4 Satz 4 HaustürR der Maßstab für die Entscheidung sein müssen. Richtigerweise hätte der BGH diese Rechtsfrage also dem EuGH im Wege des Vorabentscheidungsverfahrens vorlegen müssen, so auch *Wichard*, JuS 1998, S. 117. Diesen europäischen Aspekt übersieht auch *Lorenz*, NJW 1995, S. 2262. Dass es dem BGH auch gar nicht um eine verbraucherfreundliche Lösung ging, wird deutlich, wenn er feststellt (S. 88): „Damit steht die Klägerin zwar schlechter, als wenn sie freiwillig auf den nicht wirksam gewordenen Vertrag geleistet hätte; denn die Rückgewähr dieser Leistung hätte sie im Falle fristgerechten Widerrufs nach § 3 Abs. 1 Satz 1 HWiG verlangen können. Das ist jedoch kein Widerspruch, sondern eine Konsequenz der materiellen Rechtskraft."

31 *Ollmann*, WM 1992, S. 2006. So auch *Boemke*, AcP 197 (1997), S. 171, der von einem „Verhinderungswiderruf" spricht, da eine bereits abgegebene, aber noch nicht wirksame Willenserklärung widerrufen werden soll. Indes dürfte ein Vergleich mit § 130 Abs. 1 Satz 2 BGB schon deshalb wenig hilfreich sein, als es dort um einen Widerruf zwischen Abgabe und Zugang der Erklärung geht, während die Willenserklärung des Verbrauchers den Anbieter bereits erreicht hat (andernfalls wären spezielle Widerrufsregelungen überflüssig).

Die Vertreter der dargestellten Ansicht, dass der Vertrag bis zum Ablauf der Widerrufsfrist wirksam ist, verstanden das Widerrufsrecht konsequenterweise als Recht, das die Wirksamkeit des Vertrages beendet. Dabei kommt sowohl eine Einordnung als Gestaltungsrecht[32] als auch als auflösende Bedingung[33] in Betracht.

2. Aktuelle Rechtslage

Die vom Gesetzgeber in § 361 a Abs. 1 Satz 1 BGB nunmehr gewählte Ausgestaltung hat ihr Vorbild vor allem in § 4 Fernunterrichtsschutzgesetz (FernUSG)[34].

Danach ist der „Teilnehmer an die auf den Vertragsschluss gerichtete Willenserklärung *nicht gebunden*, wenn er sie ...innerhalb von zwei Wochen...widerruft"[35]. Innerhalb dieser Frist soll der Vertrag schwebend wirksam sein[36]. Dies entspricht dem Verständnis der Wirkung von § 4 Abs. 1 FernUSG[37]. Hinsichtlich der Rechtsnatur des Widerrufsrechts gehen auch hier die Ansichten auseinander. Überwiegend wird das Widerrufsrecht als *auflösende Potestativbedingung* verstanden[38]. Nach *Gernhuber*[39] hingegen ist der „künftige ungewisse Umstand, von dem der Fortbestand der Geltung abhängig ist, kein Umstand, dessen Relevanz auf den Willen der Parteien zurückzuführen ist. Es ist das Gesetz, das ihn zur Entscheidung beruft, so dass eine *auflösende Rechtsbedingung* festzustellen ist, auf die die §§ 158 ff. BGB nicht anzuwenden sind." Nach *Boemke* handelt es sich um einen „*Vernichtungswiderruf*" besonderer Art, der die Willenserklärung des Verbrauchers beseitigt und somit ein voll wirksames Rechtsgeschäft nachträglich vernichtet[40]. *Fuchs* versteht das Widerrufsrecht des § 4 Abs. 1 FernUSG „funktional als befristetes gesetzliches *Rücktrittsrecht*"[41].

---

32 *Hadding*, FS Brandner, S. 211 („besonderes gesetzliches Rücktrittsrecht"), für den diese Einordnung am ehesten dem Verständnis der Beteiligten entspricht; *Jauernig*, Vor § 145, Rn. 21 („Recht auf Abstandnahme"); vgl. auch *Gaul*, FS Knobbe-Keuk, S. 157, der von einem einseitigen actus contrarius spricht, der auf die Aufhebung von Rechtswirkungen einer vorausgegangenen Willenserklärung gerichtet ist.

33 *Kiefer*, NJW 1989, S. 3125.

34 BTDrucks. 14/2658, S. 47 („Übernahme der Konstruktion des Fernunterrichtsschutzgesetzes").

35 Vgl. auch die gleich lautenden Regelungen in § 11 Abs. 1 AuslInvG und § 23 Abs. 1 KAGG.

36 BT-Drucks. 14/2658, S. 47.

37 BT-Drucks. 7 /4245, S. 15; *Dörner*, BB 1977, S. 1743; *Gernhuber*, WM 1998, S. 1804; *Schwenzer*, JA 1989, S. 505.

38 BT-Drucks. 7/4245, S. 26; *Faber/Schade*, § 4 FernUSG, Rn. 3; *Bülow*, Art. 4 FernUSG, Rn. 4; ders., ZIP 1999, S. 1295.

39 *Gernhuber*, WM 1998, S. 1804.

40 *Boemke*, AcP 197 (1997), S. 168.

41 *Fuchs*, AcP 196 (1996), S. 324.

Der Gesetzgeber sieht in § 361a BGB die Einführung der Konstruktion der schwebenden Wirksamkeit für alle Verbraucherschutzgesetze als eigenständige dogmatische Kategorie im deutschen Zivilrecht[42]. In der Literatur wird das neue „Widerrufsrecht" hingegen ganz überwiegend als besonderes Rücktrittsrecht verstanden[43].

II. Frankreich

Auch in Frankreich ist die Charakterisierung des Vertragslösungsrechts nicht unstrittig. Im Gegensatz zum deutschen Recht weisen bereits die einzelnen Regelungen deutliche Unterschiede im Hinblick auf die Formulierung des Rechts zur Vertragslösung auf. Daraus resultieren divergierende Ansichten über die Einordnung des jeweiligen Vertragslösungsrechts, insbesondere aber über das Recht des Verbrauchers, sich von Haustürgeschäften zu lösen.

1. Haustürgeschäfte

Für die Lösung von Haustürgeschäften ist Art. L. 121-25 Abs. 1 Satz 1 Code de la Consommation einschlägig. Dort heißt es: „Dans les sept jours...à compter de la commande ou de l'engagement d'achat, le client a la *faculté d'y renoncer...*".

a) Unwirksamkeit des Vertrages

Auch hierbei wird die Ansicht vertreten, dass der Vertrag bis zum Ablauf der Überlegungsfrist - *délai de réflexion* - noch keine Wirkung entfaltet.

aa) Promesse unilatérale de vente

Teilweise wird die Willenserklärung des Anbieters als einseitiges, bindendes Versprechen angesehen, den Vertragsgegenstand unter bestimmten Voraussetzungen zu veräußern (*promesse unilatérale de vente*)[44]. Der Verbraucher akzeptiert dieses Angebot, schließt den Vertrag jedoch noch nicht. Insoweit käme die Bedenkzeit einer Annahmefrist gleich. Sowohl bezüglich des Vertragslösungsrechts als auch im Hinblick auf die promesse unilatérale de

---

42 BT-Drucks. 14/2658, S. 47; *Schmidt-Räntsch*, VuR 2000, S. 431.

43 *Fuchs*, ZIP 2000, S. 1282; *Bülow*, WM 2000, S. 2362; *Bülow/Artz*, NJW 2000, S. 2052; *Ring*, § 361a, Rn. 52. *Härting*, § 361a, Rn. 13, sieht im Widerrufsrecht „ein merkwürdiges Zwitterwesen, das sich nicht recht entscheiden kann, ob es einem Rücktritts- oder einem Anfechtungsrecht gleicht.

44 Vgl. *Christianos*, Rec. Dalloz 1993, chronique S. 29.

vente beeinflusst eine Erklärung des Verbrauchers bzw. potentiellen Käufers die Rechtslage. Dabei wird jedoch ersichtlich, dass sich beide Rechtsinstrumente widersprechen. Unterlässt nämlich der Empfänger einer promesse unilatérale de vente eine Erklärung vor Ablauf der Annahmefrist, ist der Vertrag nicht geschlossen. Unterlässt hingegen der Verbraucher die Ausübungserklärung, entfaltet der Vertrag spätestens mit Ablauf der Frist Wirkung. Im umgekehrten Fall führt auch nur die Erklärung des Empfängers zum Zustandekommen des Vertrages, während die Ausübungserklärung des Verbrauchers die Wirksamkeit des Vertrages endgültig verhindert[45]. Die Gleichsetzung erscheint folglich verfehlt.

bb) Formation successive du contrat

Eine andere Ansicht versucht, die Wirkung des Vertragslösungsrechts mit dem Modell eines aufschiebenden Vertragsschlusses zu erklären[46]. Danach soll die Vertragserklärung des Verbrauchers nur eine Etappe auf dem Weg zum endgültigen Vertragsschluss darstellen, der seinerseits erst mit dem Ablauf der délai de réflexion vollendet sein kann, so dass nur die Nichtausübung des Vertragslösungsrechts den Vertrag entstehen lässt.

Zur Erklärung führt *Calais-Auloy* aus: „Le client...a besoin de mûrir son consentement: le contrat ne peut se conclure instantanément; il se forme de facon successive et n'est pas parfait que sept jours après le premier contact. La faculté de renonciation ne porte donc pas atteinte à la force obligatoire des contrats: elle se place à un moment où le contrat n'est pas encore formé.“[47]. Und an anderer Stelle: „...la signature obtenue par le démarcheur n'est pas la marque d'une volonté definitive, elle constitue seulement une étape dans le processus de formation de contrat. Ce dernier ne sera parfait que sept jours après la signature, car le consommateur aura pu lire le contrat a tête reposée, réfléchir et demander le conseil“.[48]. Insoweit dürfte diese Ansicht vom noch nicht wirksam geschlossenen Vertrag der Konstruktion des deutschen Gesetzgebers entsprechen.

Dieser Ansatz ist indes mit dem Wortlaut der Regelungen unvereinbar: Nach Art. L. 121-23 Code de la Consommation müssen die Vertragserklärungen *au moment de la conclusion de ce contrat* erteilt werden. Art. L. 121-26 Abs. 1 Code de la Consommation schreibt vor, dass vor Ablauf der Ausübungsfrist

45 Vgl. insoweit *Cas/Ferrier*, Rn. 469; *Ferrier*, Rec. Dalloz 1980, chronique S. 185.

46 *Calais-Auloy*, Rec. Dalloz 1973, chronique S. 266; *Calais-Auloy/Steinmetz*, Rn. 102; so wohl auch *Ghestin*, S. 147; *Bihl*, Rn. 77.

47 *Calais-Auloy*, Rec. Dalloz 1973, chronique S. 266.

48 *Calais-Auloy/Steinmetz*, Rn. 102.

keinerlei Leistung vom Verbraucher verlangt werden darf. Dies verstünde sich jedoch von selbst, wenn der Vertrag noch keine Wirkung entfalten würde[49].

b) Wirksamkeit des Vertrages

Die Gegenansicht geht davon aus, dass der Vertrag mit Abgabe der übereinstimmenden Willenserklärungen auch Wirkung entfaltet. Hierfür werden verschiedene Begründungen angeführt.

aa) Condition suspensive ou résolutoire

Teilweise wird die Ausübung bzw. Nichtausübung des Vertragslösungsrechts als Bedingung angesehen. In Betracht kommt dabei zum einen die Qualifikation der Nichtausübung als aufschiebende Bedingung (*condition suspensive*) und zum anderen der Ausübung als auflösende Bedingung (*condition résolutoire*)[50]. Auf diesem Wege sei die gesetzgeberische Intention am ehesten zu erfassen[51]. Hiergegen wird jedoch vor allem vorgebracht, dass eine solche Bedingung als Potestativbedingung, also allein vom Willen einer Partei (hier des Verbrauchers) abhängige Bedingung, für das französische Recht von Art. 1174 Code civil für unzulässig erklärt wird[52].

Malinvaud sieht den Gesetzgeber jedoch dahin gehend frei, Ausnahmen hiervon zuzulassen, wobei er allerdings darauf zu achten habe, dass dies nur dort geschieht, wo es zwingend erforderlich ist[53].

bb) Faculté de dédit

Gavalda vergleicht die Möglichkeit zur Vertragslösung mit dem einzigen kodifizierten einseitigen Recht zur Vertragslösung, der faculté de dédit in Art.

---

49 *Cas/Ferrier*, Rn. 461, 470; *Malinvaud*, Scritti in onore di Sacco, S. 760, der diese Konstruktion an anderer Stelle (S. 762) als „apparence trompeuse" bezeichnet.

50 *Cas/Ferrier*, Rn. 474; *Malinvaud*, Scritti in onore di Sacco, S. 761; *Pizzio*, RTD civ. 1976, S. 86.

51 *Malinvaud*, Scritti in onore di Sacco, S. 761.

52 Art. 1174 Code civil lautet: „Toute obligation est nulle lorsqu'elle a été contractée sous une condition potestative de la part de celui qui s'oblige.". *Ferid/Sonnenberger*; Band 1, F 727 mwN, fassen die in den Einzelheiten umstrittene Problematik dahin gehend zusammen, dass eine Potestativbedingung dann unzulässig ist, „wenn ihr Eintritt allein der willkürlichen und nicht nachprüfbaren Entscheidung des Schuldners anheimgestellt wird.".

53 *Malinvaud*, Scritti in onore di Sacco, S. 762.

1590 Code civil[54]. Dabei regelt diese Vorschrift jedoch in erster Linie das „Schicksal“ des gezahlten „Draufgeldes“ *(arrhe)*, das für einen Verbrauchervertrag sehr untypisch ist.

cc) Faculté de réméré

Ferrier vergleicht das Vertragslösungsrecht mit dem vertraglichen Rückkaufsrecht des Art. 1659 Code civil, bei dem ebenfalls eine Ausübungsfrist besteht (fünf Jahre, Art. 1660 Abs. 1 Code civil), nach deren Ablauf der Vertrag „unantastbar“ wird[55]. Diese Konstruktion erweist jedoch im Hinblick auf den tatsächlichen Willen der Parteien wenig als tragfähig. Es ist zu bezweifeln, dass diese davon ausgehen, dass nach Ausübung des Vertragslösungsrechts ein „Rückkauf“ stattfindet. Hinzu kommt der Umstand, dass Haustürgeschäfte zwar überwiegend, aber keineswegs ausschließlich Kaufverträge zum Gegenstand haben[56].

dd) Trennung zwischen perfection und efficacité

Christianos schlägt eine Trennung zwischen der Wirksamkeit des Vertrages (*perfection*) und seiner Durchsetzbarkeit (*efficacité*) vor[57]. Perfection tritt mit Abschluss des Vertrages (*formation*) und dem Vorliegen der übrigen Wirksamkeitsvoraussetzungen des Art. 1108 Code civil ein[58]. Efficacité bedeutet, dass der Gläubiger Erfüllung des Vertrages verlangen kann. Hierfür ist das Vorliegen weiterer, nicht zwingend rechtlicher Voraussetzungen erforderlich. Nur die Nichtausübung des Vertragslösungsrechts würde daher die Durchsetzbarkeit begründen. Macht der Verbraucher jedoch von seinem Vertragslösungsrecht Gebrauch, ist der Vertrag zwar nicht unwirksam, aber ungültig („*...il devient seulement par la suite caduc.*“)[59].

---

54 *Gavalda*, Rec. Dalloz 1978, chronique S. 196, Fn. 42.

55 *Ferrier*, S. 24; ders. Rec. Dalloz 1980, chronique S. 186. Art. 1659 Code civil lautet: „La faculté de rachat ou de réméré est un pacte par lequel le vendeur se réserve de reprendre la chose vendue, moyennant la restitution du prix principal et le remboursement dont il est parlé à l'article 1673.“

56 *Christianos*, Rec. Dalloz 1993, chronique S. 29.

57 *Christianos*, Rec. Dalloz 1993, chronique S. 30.

58 Geschäftsfähigkeit (capacité de contracter), Vertragsgegenstand (objet certain qui forme la matière de l'engagement) und Vertragsgrund (cause licite dans l'obligation).

59 *Christianos*, Rec. Dalloz 1993, chronique S. 30.

Christianos bringt als Vergleich das Testament, das zwar mit seiner Errichtung wirksam, jedoch erst mit dem Tod des Erblassers, also einer weiteren, nicht-rechtlichen Voraussetzung durchsetzbar ist. Es erscheint indes zweifelhaft, ob die Nichtausübung des Vertragslösungs-*Rechts* ohne weiteres als nicht-rechtliche Voraussetzung der Durchsetzbarkeit des Vertrages qualifiziert werden kann.

2. Timesharingverträge

Art. L. 121-64 Abs. 2 Code de la Consommation ermöglicht die Lösung von Timesharingverträgen: „...le consommateur peut *se rétracter*...de l'offre acceptée...". Der Wortlaut spricht insoweit für eine Einordnung als Widerruf der Willenserklärung. Teilweise wird das Vertragslösungsrecht jedoch auch hier als Rücktrittsrecht verstanden[60].

3. Fernabsatzverträge

Die Fernabsatzrichtlinie wurde zwar bislang vom französischen Gesetzgeber noch nicht transformiert[61], mit Art. L. 121-16 Abs. 1 Code de la Consommation existiert jedoch bereits ein Vertragslösungsrecht für (Kauf-) Verträge im Fernabsatz (ventes à distance): „Pour toutes les opérations de vente à distance, l'acheteur d'un produit dispose d'un delai de sept jours francs...pour faire retour de ce produit au vendeur pour échange ou *remboursement*...". Die Einräumung eines Rück*gabe*rechts scheint den Vertragsmechanismus nicht zu berühren[62]. *Pizzio* indes sieht den Vertrag durch die Rückgabe auflösend bedingt geschlossen[63].

4. Verbraucherkreditverträge

Der französische Gesetzgeber hat ebenso wie sein deutsches Pendant auch für Verbraucherkreditverträge ein Vertragslösungsrecht normiert (bzw. beibehalten). Die entsprechende Regelung des Art. L. 311-15 Satz 2 Code de la Consommation lautet: „Toutefois, l'emprunteur peut, dans un délai de sept jours à compter de son acceptation de l'offre, revenir sur son engagement." Satz 3 bezeichnet die Lösung vom Kreditvertrag als *„faculté de rétractation"*. Im Zusammenhang mit Satz 1, der bestimmt, dass „...le contrat devient *parfait dès l'acceptation* de l'offre préalable par l'emprunteur.", erscheint dieses Vertragslösungsrecht als Erlöschensgrund nach Vertragsschluss[64]. Auch dem wird entgegengehalten, daß der Vertrag erst mit Ablauf der Ausübungsfrist zustande komme, da erst dann die Willenserklärung des Verbrauchers Bestand habe[65]. Zur Begründung wird Art. L. 311-17 Code de la Consommation herangezogen, der bestimmt: „Tant que l'operation n'est pas *définitivement conclue*...", also

60 *Saint-Alary*, Rec. Dalloz 1999, chronique S. 152.

61 Zum Umsetzungsbedarf vgl. *Trochu*, Rec. Dalloz 1999, chronique S. 179 ff.

62 So auch *Calais-Auloy/Steinmetz*, Rn. 91.

63 *Pizzio*, Code de la Consommation, Art. L. 121-16, Rn. 3.

64 *Gavalda*, Rec. Dalloz 1978, chronique S. 196, Fn. 42; *Pizzio*, Code de la Consommation, Art. L. 311-11 ff., Rn. 15.

65 *Calais-Auloy/Steinmetz*, Rn. 324.

von einer „Zwischenphase" auszugehen scheint. Die Cour de Cassation hingegen sieht den Abschluss des Kreditvertrages durch die Nichtausübung des Vertragslösungsrechts bedingt[66].

III. Weitere mitgliedstaatliche Regelungen

Vergleichsweise eindeutig erscheint die Rechtslage in anderen Mitgliedstaaten.

1. England

Das Regelungskonzept des englischen Gesetzgebers ist insoweit eindeutig, als er den Verbrauchervertrag für geschlossen ansieht, so dass das Vertragslösungsrecht einen wirksamen Vertrag vernichtet. So bestimmt s 4 (1) des Haustürgesetzes *(The Consumer Protection (Cancellation of Contracts Concluded away from Business Premises) Regulations 1987)*, dass „No contract...shall be *enforceable...*", bevor nicht dem Verbraucher alle vorgeschriebenen Informationen erteilt wurden. Im Umkehrschluss folgt daraus, dass der Vertrag dann durchsetzbar ist, wenn diese Informationen vorliegen. Die Wirkung der Ausübung des Vertragslösungsrechts durch den Verbraucher beschreiben s 4 (5) des Haustürgesetzes („...the notice of cancellation shall operate *to cancel* the contract) und s 4 (6) („...a contract cancelled...shall be treated *as if it had never been entered into by the consumer*")[67]. S 5 des Timeshare Act 1992 verfolgt ein differenziertes Konzept: Wurde die Vertragserklärung des Verbrauchers noch nicht angenommen, stellt die Vertragslösung einen „Widerruf" (*„withdrawal"*, s 5 (5), andernfalls einen Rücktritt (*„cancellation"*, s 5 (4) dar[68].

2. Spanien

Die spanischen Regelungen bedienen sich keiner einheitlichen Begrifflichkeit. Während Art. 5 Abs. 1 Satz 1 des Haustürgesetzes von einem Widerrufsrecht

---

66 Cass. Civ. 1re vom 22. Juli 1987, J. C. P. 1987, IV, S. 357. *Martin*, RTD com 1977, S. 633, sieht den Vertrag unter der *auflösenden* Bedingung der Ausübung des Vertragslösungsrechts geschlossen.

67 Vgl. nunmehr auch s 10 (2) Distance Selling Regulations 2000: „...the effect of a notice of cancellation is that the contract shall be treated as if it had not been made."

68 S 5 (4), (5) Timeshare Act 1992 lautet: „ (4) The offeree's giving, within the time allowed under this section, notice of cancellation of the agreement to the offeror at a time when the agreement has been entered into shall have the effect of cancelling the agreement. (5) The offeree's giving notice of cancellation of the agreement to the offeror before the agreement has been entered into shall have the effect of withdrawing any offer to enter into the agreement."

(*„derecho de revocación"*) spricht[69], gewährt Art. 10 Abs. 1 Satz 1 des Timesharinggesetzes dem Verbraucher ein Rücktrittsrecht (*„desistimiento"*)[70]. Hinsichtlich der Wirkung dieser Rechte werden auch in Spanien verschiedene Ansichten vertreten[71]. So soll nach einer Ansicht auch hier die Wirksamkeit des Vertrages erst mit Ablauf der Ausübungsfrist eintreten[72]. Andere halten den Vertrag für sofort wirksam und sehen im Vertragslösungsrecht eine aufschiebende Bedingung[73] bzw. ein Rücktrittsrecht[74].

3. Italien

Gemäß Art. 4 des italienischen Haustürgesetzes wird dem Verbraucher ein *diritto di recesso* eingeräumt. Betrachtet man die Folgen der Ausübung dieses Rechts, wie sie Art. 8 Abs. 1 statuiert, dann ist festzustellen, dass hiervon sowohl der Vertrag selbst als auch das Vertragsangebot des Verbrauchers erfasst sein können[75]. Auch Art. 5 Abs. 1 Satz 1 des Timesharinggesetzes gibt dem Verbraucher ein Rücktrittsrecht, knüpft hierbei allerdings nur an den Vertrag an[76]. Dasselbe Konzept verfolgt Art. 5 Abs. 1 des Fernabsatzgesetzes[77].

4. Österreich

Auch die österreichischen Regelungen über Haustürgeschäfte lassen sowohl den Rücktritt vom Vertrag als auch vom Vertragsantrag zu (§ 3 Abs. 1 Satz 1 KSchG)[78]. In letzterem Falle muss demnach richtigerweise von einem Widerrufsrecht gesprochen werden[79]. Diesem Konzept folgt auch § 5 e Abs. 1 Satz 1

---

69 „El consumidor podrá *revocar* su declaración de voluntad sin necesidad de alegar causa alguna, hasta pasados siete días contados desde la recepción."

70 „El adquirente de derechos de aprovechamiento por turno tiene un plazo de diez días, contados desde la firma del contrato, para *desistir* del mismo a su libre arbitrio."

71 Vgl. hierzu den Überblick bei *Schlenker*, ZEuP 5 (1997), S. 1118 ff.

72 *Baltar*, RDM 1993, S. 598.

73 *Santos Briz*, RDP 1993, S. 652.

74 *Blanco Ledesma*, RIW 1992, S. 974.

75 „Con la ricenzione da parte dell'operatore commerciale della comunicazione di cui al pre-cedente art. 6, le parti sono sciolte dalle rispettive obbligazione derivanti dal *contratto o dalla proposta contrattuale...*".

76 „Entro dieci giorni dalla conclusione del contratto l'acquirente puo' *recedere* dallo stesso senza indicare le ragioni del recesso."

77 „Il consumatore ha diritto di *recedere* da qualunque contratto a distanza..."

78 Nach § 3 Abs. 1 Satz 2 KSchG kann der „Rücktritt" *bis zum Zustandekommen des Vertrages* oder danach binnen einer Woche erklärt werden.

79 Vgl. *Rummel/Krejci*, § 3 KSchG, Rn. 38.

KSchG für Fernabsatzverträge, während Art. 6 Abs. 1 TNG nur von einem „Rücktritt" spricht. Bis zum Ablauf der Rücktrittsfrist wird der Vertrag vereinzelt als „schwebend wirksam" bezeichnet, weil er durch die Ausübung des Rücktrittsrechts wieder aufgehoben werden kann[80].

Dieser Umstand ist jedoch kein spezifisches Merkmal des verbraucherschützenden Vertragslösungsrechts, sondern gilt letztlich für alle vertraglichen oder gesetzlichen Rücktrittsrechte, so dass eine eigenständige Kategorisierung im Sinne einer schwebenden Wirksamkeit verfehlt wäre.

IV. Zusammenfassung

Die Darstellung der in den Mitgliedstaaten praktizierten und vorgeschlagenen Lösungen lässt zwei grundsätzliche Konzepte erkennen: Zum einen wird dem Vertrag die Wirksamkeit bis zum Ablauf der Ausübungsfrist versagt. Das Vertragslösungsrecht knüpft insoweit an die Willenserklärung des Verbrauchers an. Dieser Lösung hatten sich bislang vor allem der deutsche Gesetzgeber und die überwiegende Ansicht im Schrifttum verschrieben. Auf der anderen Seite wird vertreten, dass auch der Verbrauchervertrag bereits durch das Vorliegen zweier übereinstimmender Willenserklärungen zustande kommt. Die Ausübung des Vertragslösungsrechts berührt den Vertragsmechanismus selbst also nicht, sondern vernichtet vielmehr einen bereits geschlossenen und wirksamen Vertrag. Diese Auffassung liegt den englischen und österreichischen Konstruktionen zugrunde und wird auch in den anderen dargestellten Rechtsordnungen bevorzugt. Die Bestimmung der Rechtsnatur des Vertragslösungsrechts hängt deshalb von der jeweiligen Einordnung seiner Wirkung auf den Vertragsmechanismus ab.

B. Richtlinienvorgaben

Gehen die Ansichten über die Auswirkungen des Vertragslösungsrechts auf den Verbrauchervertrag also auseinander, bedarf es einer Untersuchung der Frage, welche der Auffassungen am ehesten in der Lage ist, einen effektiven Verbraucherschutz zu gewährleisten. Hierfür soll zunächst ermittelt werden, inwieweit bereits die Verbrauchervertragsrichtlinien eine diesbezügliche Aussage enthalten. Dabei ist noch einmal darauf hinzuweisen, dass die Richtlinien selbst nur Vorgaben für die Ausgestaltung des Vertragslösungsrechts normieren. Von daher muss die Analyse also auf die Beantwortung der Frage gerichtet sein, ob

---

80 *Kalss/Lurger*, JBl. 1998, S. 225 mwN; *Rummel/Krejci*, § 4 KSchG, Rn. 2.

die dargestellten Ansichten in der Lage sind, sämtliche Richtlinienvorgaben zu erfüllen.

Dass in diesem Zusammenhang der uneinheitliche Wortlaut der Richtlinien keine Anhaltspunkte liefern kann, wurde bereits an anderer Stelle gezeigt[81]. Zur Verdeutlichung soll hier lediglich noch einmal Art. 7 HaustürR in seiner deutschen Fassung angeführt werden: „Übt der Verbraucher sein *Rücktrittsrecht* aus, so regeln sich die Rechtsfolgen des *Widerrufs* nach einzelstaatlichem Recht...“[82]. Im Folgenden kann deshalb auf eine Wortlautanalyse der Richtlinien im Hinblick auf die konkreten Bezeichnungen des Vertragslösungsrechts verzichtet werden.

I. Haustürgeschäfte

Nach Art. 1 werden von der Haustürrichtlinie sowohl Verträge als auch vertragliche Angebote (Abs. 4) erfasst. Von daher scheint der Gemeinschaftsgesetzgeber davon auszugehen, dass mit Abgabe der übereinstimmenden Willenserklärungen auch bereits ein Vertrag besteht. Dieser Eindruck wird auch dadurch unterstützt, dass Art. 5 Abs. 1 Satz 1 von der *„eingegangenen Verpflichtung (son engagement)*[83]*“* spricht und die Ausübung des Vertragslösungsrechts den Verbraucher aus den aus dem *„Vertrag erwachsenden Verpflichtungen (any obligations under the cancelled contract; toute obligation découlant du contrat résilié)“* entlässt (Art. 5 Abs. 2). Auch der Umstand, dass empfangene Waren zurückzugeben und Zahlungen für Waren und Dienstleistungen rückzuerstatten sind (Art. 7), macht deutlich, dass der Haustürrichtlinie ein Konzept zugrunde liegt, nach dem auch vor Ablauf der Ausübungsfrist bereits die gegenseitigen Ansprüche entstanden und möglicherweise erfüllt sind.

Versteht man diese Aussagen nun aber im Sinne des Art. 249 Abs. 3 EGV als Zielvorgaben für die mitgliedstaatlichen Gesetzgeber, so ergibt sich für die nationalen Gesetzgeber hieraus lediglich die Verpflichtung, dafür zu sorgen, dass der Verbraucher nach der wirksamen Ausübung des Vertragslösungsrechts nicht mehr gebunden sein darf. Ob er während der Ausübungsfrist gebunden war oder nicht, bleibt den mitgliedstaatlichen Gesetzgebern überlassen. Von daher ist weder die schwebende Unwirksamkeit des Vertrages während der

---

81 Siehe oben § 7 B I.

82 Die englische und die französische Fassung zeigen sich in diesem Punkt einheitlicher: „If the consumer exercises his right of renunciation, the legal effects of such renunciation shall be governed by national laws...“ bzw. „Si le consommateur exerce son droit de renonciation, les effets juridiques de la renonciation sont réglés conformément à la législation nationale...“

83 Die englische Fassung spricht hier nur von *„the effects of his undertaking“*.

Ausübungsfrist, noch dessen volle Wirksamkeit mit den Richtlinienvorgaben unvereinbar[84].

II. Timesharingverträge

Nach Art. 6 TimesharingR muss von den mitgliedstaatlichen Gesetzgebern sichergestellt werden, dass vom Verbraucher während der zehntägigen Ausübungsfrist keinerlei Anzahlungen geleistet werden dürfen. Diese Vorschrift scheint deutlich zu machen, dass der Gemeinschaftsgesetzgeber vom grundsätzlichen Bestehen der Zahlungsverpflichtung des Verbrauchers auch schon während der Ausübungsfrist ausgeht. Auf der anderen Seite ist es jedoch ebenso möglich, hierin nur den Hinweis zu sehen, dass selbst für den Fall, dass dem Vertrag die sofortige Wirksamkeit zugestanden wird, der Verbraucher zu keinerlei Zahlungen verpflichtet sein darf. Restriktive dogmatische Vorgaben enthält Art. 6 folglich nicht[85]. Gemäß Art. 5 Nr. 1 Sp. 1 beginnt die Ausübungsfrist für das (Timesharing-) Vertragslösungsrecht mit der Unterzeichnung des Vertrages (oder eines verbindlichen Vorvertrages) durch beide Parteien. Hieran wird zwar deutlich, dass ein Vertrag bereits geschlossen sein muss. Ob dieser jedoch auch schon Wirkung entfaltet, bleibt erneut offen. Auch die Timesharingrichtlinie trifft über die dogmatischen Anforderungen an das Vertragslösungsrecht keine Aussage.

Dem ersten Richtlinienentwurf schienen insoweit genauere Vorstellungen über die Auswirkung des Vertragslösungsrechts auf den Vertragsmechanismus zugrunde zu liegen. Nach dessen Art. 7 Nr. 1 musste der Anbieter den Verbraucher darüber belehren, dass der Vertrag „*rechtswirksam* wird, sofern der Verbraucher...nicht vom Vertrag zurücktritt“[86].

III. Fernabsatzgeschäfte

Die Fernabsatzrichtlinie reagiert auf den Umstand, dass der Verbraucher in der Praxis keine Möglichkeit hat, vor Abschluss des Vertrages den Vertragsgegenstand zu sehen. Aus diesem Grund wird ihm ein Vertragslösungsrecht eingeräumt, das ihm erlaubt, den Vertragsgegenstand nachträglich zu begutachten. Die Ausübungsfrist beginnt für den Fall der Lieferung einer Ware deshalb erst

84 Vgl. *Boemke*, AcP 197 (1997), S. 175; ihm folgend *Heinrichs*, FS Medicus, S. 186 f.

85 Der deutsche Gesetzgeber hat die Vorgaben des Art. 6 in § 7 TzWrG sogar gesondert umgesetzt, obwohl er den Vertrag bis zum Ablauf der „Widerrufsfrist“ als (schwebend) unwirksam konstruiert hat. Aus der Gesetzesbegründung geht dabei jedoch nicht hervor, ob er sich bewusst für diese „doppelte“ Regelung entschieden hat, vgl. BT-Drucks. 13/4185, S. 13..

86 ABlEG Nr. C 222 vom 29. 8. 1992, S. 8.

mit ihrem Eingang beim Verbraucher (Art. 6 Abs. 1 Satz 3). Dies setzt jedoch zwingend voraus, dass der Verbraucher vom Anbieter auch die Lieferung des Vertragsgegenstandes verlangen kann. Ein entsprechender Anspruch kann sich jedoch nur aus einem wirksamen Vertrag ergeben. Insoweit ist eine nationale Umsetzungsmaßnahme auch nur dann richtlinienkonform, wenn sie die Wirksamkeit des Vertrages gewährleistet[87]. Ein Blick auf die Regelung des Art. 7 verdeutlicht diesen Befund. Nach Abs. 1 ist der Anbieter grundsätzlich verpflichtet, die Bestellung innerhalb von 30 Tagen auszuführen. Ein entsprechender Erfüllungsanspruch des Verbrauchers setzt wiederum einen wirksamen Vertrag voraus. Lässt man nun diese Wirksamkeit erst mit Ablauf der Ausübungsfrist eintreten, würde für den Teil der Erfüllungsfrist, der zwischen Bestellung und Ausübungsfristablauf liegt, die schlüssige Begründung eines Erfüllungsanspruchs schwer fallen[88].

Auch im Hinblick auf Verträge über die Erbringung von Dienstleistungen scheint die Fernabsatzrichtlinie davon auszugehen, dass die vertraglichen Ansprüche mit dem Abschluss des Vertrages entstehen. Gemäß Art. 6 Abs. 3 Sp. 1 kann der Verbraucher das Vertragslösungsrecht nicht ausüben, wenn der Anbieter mit Zustimmung des Verbrauchers vor Ablauf der Ausübungsfrist mit der Ausführung der Dienstleistung begonnen hat[89].

Insoweit bleibt also festzuhalten, dass die Konzeption des Vertragslösungsrechts der Fernabsatzrichtlinie zumindest für den Fall der Lieferung einer Ware die Wirksamkeit des Vertrages während des Ablaufs der Ausübungsfrist verlangt.

IV. Finanzdienstleistungen im Fernabsatz

Im Rahmen des Entwurfs einer Richtlinie über Finanzdienstleistungen im Fernabsatz bieten sich Anhaltspunkte für dogmatische Aussagen vor allem in Art. 5. Dort wird deutlich, dass der Gemeinschaftsgesetzgeber von einem wirksamen Vertragsverhältnis auch schon vor Ablauf der Bedenkzeit ausgeht, auf dessen Grundlage bereits Leistungen erbracht werden. Aus diesem Grund muss der

---

87 So auch *Bradgate*, WebJCLI 4 (1997), 5; *Heinrichs*, FS Medicus, S. 190; *Bülow*, ZIP 1999, S. 1294; ders. DZWir 1998, S. 89; *Waldenberger*, K&R 1999, S. 349; *Reich*, EuZW 1997, S. 584; *Jauernig/Jauernig*, Vor § 145 BGB, Rn. 21.

88 Vgl. hierzu *Artz*, VuR 1999, S. 394; ders., VuR 1999, S. 249; *Waldenberger*, K&R 1999, S. 349.

89 Dieser Regelung würde es widersprechen, wenn der Anbieter innerhalb der Regelfrist verpflichtet wäre, mit der Ausführung der Dienstleistung zu beginnen und sich andernfalls auch hier die Frist verlängern würde. So aber *Micklitz*, ZEuP 7 (1999), S. 886 („Waren und Dienstleistungen sind gleich zu behandeln.“).

Verbraucher solche tatsächlich bereits erbrachten Leistungen grundsätzlich vergüten. Eine Bindung der mitgliedstaatlichen Gesetzgeber an dieses Konzept, wie zuvor bei der Fernabsatzrichtlinie gezeigt, kann hieraus allerdings nicht resultieren. Für den Fall der Unwirksamkeit des Vertrages während der Bedenkzeit besteht für die Parteien kein Anlass, bereits Leistungen auszutauschen, so dass die Vergütungsproblematik regelmäßig nicht entstehen würde. Von daher ist eine richtlinienkonforme Umsetzung auch über diesen Weg möglich.

V. Zusammenfassung

Die Verbrauchervertragsrichtlinien überlassen die inhaltliche Ausgestaltung der Wirkungen des Vertragslösungsrechts weitgehend den nationalen Gesetzgebern. Lediglich die Fernabsatzrichtlinie gibt vor, dass schon vor Ablauf der Ausübungsfrist ein wirksamer Vertrag bestehen muss, wenn der Fernabsatzvertrag die Lieferung von Waren zum Gegenstand hat. Im Übrigen kann für eine richtlinienkonforme Umsetzung sowohl auf das Konzept der (schwebenden) Unwirksamkeit des Vertrages während der Bedenkzeit als auch auf das des Bestehens eines sofort wirksamen Vertrages zurückgegriffen werden.

C. Vereinheitlichungskonzept

Im Folgenden muss nun untersucht werden, welchem der dogmatischen Konzepte für das einheitliche Vertragslösungsrecht der Vorzug zu geben ist.

I. Einordnungskriterien

Zunächst müssen Kriterien gefunden werden, anhand derer diese Entscheidung zu fällen ist.

1. Erfüllungsansprüche

a) Verbraucher

Wie zuvor gezeigt, setzt die Fernabsatzrichtlinie einen Erfüllungsanspruch des Verbrauchers voraus, der es ihm möglich macht, „das Erzeugnis zu sehen". Die anderen Richtlinien stellen diese Anforderung an eine konforme Umsetzung nicht. Es wurde jedoch bereits nachgewiesen, dass der Kontakt des Verbrauchers zum Vertragsgegenstand zumindest dann eine wesentliche Grundlage für eine informierte Entscheidung darstellt, wenn der Vertrag die

Lieferung einer Ware zum Inhalt hat[90]. Insoweit wurde der Ansatz der Fernabsatzrichtlinie auf alle Verträge über bewegliche Sachen ausgedehnt. Auch dort beginnt die Ausübungsfrist nur dann, wenn der Verbraucher die Ware erhalten hat[91]. Von daher ist dann ebenso ein Erfüllungsanspruch des Verbrauchers erforderlich. Verträge über Dienstleistungen (und Timesharingverträge) erfordern den Kontakt des Verbrauchers mit dem Vertragsgegenstand nicht, so dass hier ein Erfüllungsanspruch nicht zwingend gegeben sein muss.

b) Anbieter

Die von den Richtlinien erfassten Verbraucherverträge sind als Austauschverträge insbesondere durch die Gegenseitigkeit der Leistungsverpflichtungen gekennzeichnet. Dem Recht des Verbrauchers, vom Anbieter die Leistung gemäß des Vertrages zu verlangen, steht gleichzeitig die Pflicht gegenüber, der eigenen Vertragsverpflichtung nachzukommen. Lässt man folglich den Erfüllungsanspruch des Verbrauchers mit Abschluss des Vertrages - und damit vor Ablauf der Ausübungsfrist des Vertragslösungsrechts - entstehen, müsste er demzufolge auch sofort dem Leistungsbegehren des Anbieters nachkommen. Die Timesharingrichtlinie macht mit ihrem Anzahlungsverbot aus Art. 6 am deutlichsten, dass dies vom Gemeinschaftsgesetzgeber nicht erwünscht ist. Der 12. Erwägungsgrund der Richtlinie führt als Begründung hierfür an, dass „Forderungen des Verkäufers vor Ablauf der Frist...den Schutz des Erwerbers...mindern." Zwar müsste der Anbieter für den Fall der wirksamen Ausübung des Vertragslösungsrechts bereits erbrachte Leistungen des Verbrauchers rückgewähren. Das hierin liegende Risiko der eventuellen Notwendigkeit einer prozessualen Erzwingung der Rückabwicklung ist aber durchaus geeignet, den Verbraucher von der Ausübung des Vertragslösungsrechts abzuhalten[92]. Um die Entscheidungsfreiheit des Verbrauchers weitgehend unbeeinflusst von späteren Rückabwicklungskonsequenzen zu gewährleisten, muss also eine Leistungserbringung des Verbrauchers für den Lauf der Bedenkzeit möglichst verhindert werden. Deshalb darf der Anbieter keinesfalls die Erfüllung der vertraglichen Verpflichtungen in diesem Zeitraum verlangen.

---

90 Siehe oben § 7 D II 1 a).

91 Siehe oben § 8 C II 2 b) bb).

92 Vgl. nur *MüKo/Ulmer*, § 3 HWiG, Rn. 1. Aus diesem Grund enthält auch das französische Haustürgesetz in Art. L. 121-26 Code de la Consommation ein solches Anzahlungsverbot („Avant l'expiration du délai de réflexion...nul ne peut exiger ou obtentir du client..."); vgl. hierzu *Calais-Auloy*, Rec. Dalloz 1973, S. 266.

2. Gewährleistungsansprüche

Gewährt man dem Verbraucher das Recht, unverzüglich die Lieferung der Ware zu verlangen, stellt sich die Frage, inwieweit es erforderlich ist, dass er eine Mangelhaftigkeit des gelieferten Gegenstandes auch schon während der Bedenkzeit rügen darf. Nach *Gernhuber* ist die Einräumung von Gewährleistungsrechten mit dem Fortbestand des Rechts zur Vertragslösung unvereinbar, da sich ein Käufer mit der Ausübung von Gewährleistungsrechten zu dem Kauf bekenne und sich deshalb widersprüchlich verhalte, wenn er sich im Nachhinein trotzdem vom Vertrag löse[93]. Diese Auffassung verkennt jedoch den Sinn des Vertragslösungsrechts[94]. Dem Verbraucher soll die Möglichkeit gegeben werden, zu einer informierten Entscheidung zu finden. Hierfür müssen ihm die wichtigen vertragsrelevanten Informationen vorliegen, zu denen auch die Ware selbst gehört. Der Kontakt des Verbrauchers mit der Ware soll gewährleisten, dass er in der Lage ist, den persönlichen Nutzen dieser Sache zu ermitteln. Ist diese Ware jedoch mangelhaft, so wird es ihm kaum möglich sein, die tatsächliche Beschaffenheit zu erkennen. Nimmt man das Erfordernis des Kontakts ernst, muss der Verbraucher also berechtigt sein, die Lieferung einer anderen Sache zu verlangen, die den vertraglich vereinbarten Vorstellungen entspricht. Versagt man ihm jedoch dieses Recht, steht der Verbraucher für den Fall der Lieferung einer mangelhaften Sache nicht besser als bei rein schriftlicher Information. Eine umfassend informierte Entscheidung kann dadurch jedoch nicht gewährleistet werden. Konsequenterweise müssen dem Verbraucher deshalb auch schon während der Ausübungsfrist Gewährleistungsansprüche zustehen.

3. Konsequenzen

Dem Verbraucher müssen für den Fall, dass der Vertrag die Lieferung einer Ware zum Gegenstand hat, bereits während der Bedenkzeit sowohl Erfüllungs- als auch Gewährleistungsansprüche zustehen. Dagegen muss dem Anbieter ein Erfüllungsbegehren vor Ablauf der Ausübungsfrist des Vertragslösungsrechts versagt bleiben.

93 *Gernhuber*, WM 1998, S. 1800; vgl. hierzu bereits oben § 7 D II 1 a) aa) (2).

94 Ursache hierfür dürfte in erster Linie sein, dass Gernhuber der überwiegend gemeinschaftsrechtlichen Verankerung der deutschen Widerrufsrechte kaum Bedeutung beimisst.

II. Lösungsmöglichkeit vor Abschluss des Vertrages

Wie oben gezeigt, entsteht das Vertragslösungsrecht mit der Abgabe der auf den Vertragsschluss gerichteten Willenserklärung des Verbrauchers. Kommt der Verbraucher schon vor der Annahme dieser Erklärung durch den Anbieter zu dem Schluss, dass ihm der Vertrag keinen persönlichen Nutzen bringt, so sollte er auch bereits zu diesem Zeitpunkt die Möglichkeit haben, dies dem Anbieter zu verstehen zu geben und so die Annahmefähigkeit der Erklärung zu verhindern. Der Anbieter wird dadurch schon frühzeitig in die Lage versetzt, anderweitige Dispositionen zu treffen.

III. Lösungsmöglichkeit nach Abschluss des Vertrages

Löst sich der Verbraucher nicht von seinem Vertragsangebot oder gibt er eine Annahmeerklärung ab, stellt sich die Frage, inwieweit die Einräumung einer Bedenkzeit Einfluss auf den Vertragsmechanismus hat.

1. Auswirkungen auf das Zustandekommen des Vertrages

Wie das Beispiel der (bisherigen) deutschen Umsetzungsgesetzgebung zeigt, ist es durchaus denkbar, die Folgen des Bestehens einer Bedenkzeit unmittelbar an die Vertragserklärung des Verbrauchers zu knüpfen und somit bereits den *Abschluss des Vertrages* von der Nichtausübung des Vertragslösungsrechts abhängig zu machen. Insoweit fehlt es für den Lauf der Bedenkzeit noch an einem Vertrag zwischen Anbieter und Verbraucher.

a) Verträge über die Lieferung einer Ware

Bei Verträgen über die Lieferung einer Ware können ohne eine vertragliche Grundlage weder Erfüllungsansprüche noch Gewährleistungsrechte entstehen. Für eine solche Konstellation ist diese Konstruktion deshalb nicht geeignet, eine den Anforderungen des Verbraucherschutzes entsprechende Lösung herbeizuführen.

b) Verträge über die Erbringung von Dienstleistungen

Verbraucherverträge, die die Erbringung einer Dienstleistung zum Gegenstand haben, erfordern keine Primär- und Sekundäransprüche vor Ablauf der Bedenkzeit, da hierbei nicht die Lieferung einer Ware im Mittelpunkt steht, deren persönlichen Nutzen der Verbraucher überprüfen können muss. Insoweit erscheint es möglich, den Abschluss des Vertrages erst im Ende der Überlegungszeit zu sehen. Von daher wäre die Nichtausübung des Vertragslösungsrechts Wirksamkeitsvoraussetzung der Willenserklärung des Verbrauchers.

Auch die auf den Abschluss eines Vertrages gerichteten Willenserklärungen folgen jedoch den allgemeinen Wirksamkeitsregeln[95]. Danach ist eine Willenserklärung bereits dann wirksam, wenn der Erklärende mit Handlungsbewusstsein eine Erklärung abgibt, die auf das Vorliegen eines Rechtsbindungswillens schließen lässt und dem Empfänger zugeht[96].

Der deutsche Gesetzgeber knüpfte die Ausübung des Vertragslösungsrechts bislang an die Willenserklärung des Verbrauchers. Indem er diese widerrief, wurde der Vertrag unwirksam. Zweifelhaft erscheint, ob diese Konstruktion der Funktion der Willenserklärung im Vertragsmechanismus gerecht wurde.

Aus der Perspektive des Vertragsschlusses stellt eine Willenserklärung insoweit nur einen Baustein für die Entstehung eines Vertrages dar. Ist die Willenserklärung wirksam und trifft sie auf eine andere wirksame Willenserklärung, mit der sie übereinstimmt, ist ein Vertrag geschlossen. Dieser Befund wird durch einen Blick auf die Funktion des § 130 Abs. 1 Satz 2 BGB verdeutlicht, denn hier wird klargestellt, dass für den Erklärenden mit dem Zugang seiner Erklärung beim Empfänger keine Möglichkeit mehr besteht, auf die Erklärung selbst Einfluss zu nehmen. Nachträgliche Änderungen der Willensrichtung können deshalb nur noch auf den Vertrag gerichtet sein.

Etwas anderes könnte sich jedoch aus den §§ 119 ff. BGB ergeben. Danach ist für den Fall eines Irrtums oder einer arglistigen Täuschung die Anfechtung der *Willenserklärung* zulässig. Gestützt auf diesen Wortlaut, geht die h. M. dann auch davon aus, dass die Anfechtung auf die Willenserklärung selbst bezogen sei[97].

Die Gegenauffassung knüpft die Wirkung der Anfechtung unter Berufung auf § 142 Abs. 1 BGB an das *Rechtsgeschäft*[98]. Dies erscheint auch sinnvoll, denn zunächst entspricht es dem Willen des Erklärenden, den Abschluss eines Vertrages herbeizuführen. Ändert er nachträglich diesen Willen, z. B. weil er sich geirrt hat, getäuscht wurde oder weil er eben zu der Erkenntnis gelangt ist, dass der Vertragsschluss für ihn keinen Nutzen hat, dann kommt es ihm allein

95 *Larenz/Wolf*, § 29, Rn. 50.

96 BGH, IX. Zivilsenat, Urteil vom 7. 6. 1984, BGHZ 91, 324, 330; BGH, IX. Zivilsenat, Urteil vom 2. 11. 1989, BGHZ 109, 171, 177.

97 *Staudinger/Roth*, § 142, Rn. 15 mwN.

98 *Leenen*, Jura 1991, S. 398; *Palandt/Heinrichs*, § 142, Rn. 1.

darauf an, die Wirkungen des Vertrages als Folge seiner fehlerhaften oder anderweitig bereuten Willenserklärung zu beseitigen.

Es bleibt somit festzuhalten, dass mit Übereinstimmung zweier Willenserklärungen ein Vertrag als geschlossen anzusehen ist. Sämtliche nachträgliche Rechtsausübungen können also nur noch auf den Vertrag, nicht mehr jedoch auf die jeweilige Willenserklärung bezogen sein. In diesem Sinne ist es also widersinnig, die Ausübung des Vertragslösungsrechts als nachträgliche Willensänderung des Verbrauchers an dessen Willenserklärung zu knüpfen, denn auch hier soll allein der Vertrag beeinflusst werden[99]. Wie oben jedoch nachgewiesen, muss auch das Verbrauchervertragsrecht den allgemeinen Vertragsregeln unterliegen. Das Bestehen des Vertragslösungsrechts kann also keinen Einfluss auf das Zustandekommen des Verbrauchervertrages haben. Auch der Verbrauchervertrag entsteht deshalb mit dem Zugang der Annahmeerklärung.

c) Ergebnis

Der Verbrauchervertrag kommt in jedem Fall mit Zugang der Annahmeerklärung zustande. Die Einräumung eines Vertragslösungsrechts vermag hieran nichts zu ändern.

2. Einfluss auf die Wirksamkeit des Vertrages

Die Ausübung des Vertragslösungsrechts kann nur Einfluss auf einen bereits bestehenden Vertrag haben. Ein Vertrag entfaltet jedoch erst dann Wirkung, wenn bestimmte Voraussetzungen, wie z. B. die Geschäftsfähigkeit der Parteien oder die Einhaltung spezieller Formgebote, vorliegen. Der äußere Abschluss allein kann die Wirksamkeit des Vertrages also nicht herbeiführen.

Von daher ist zu untersuchen, ob auch der Ablauf der Bedenkzeit eine Wirksamkeitsvoraussetzung des Verbrauchervertrages darstellen muss oder ob das Bestehen der Möglichkeit zur Vertragslösung die Wirksamkeit des Vertrages nicht berührt.

a) Verträge über die Lieferung von Waren

Für Verträge über die Lieferung von Waren wurde festgestellt, dass der Verbraucher eines Anspruchs auf die Lieferung bedarf und ihm

---

99 Vgl. *Gernhuber*, WM 1998, S. 1799.

Gewährleistungsrechte zukommen müssen. Auf der anderen Seite darf er keinen Ansprüchen des Anbieters ausgesetzt sein.

aa) (Schwebende) Unwirksamkeit

Soll die Wirksamkeit des Vertrages erst mit dem Ablauf der Bedenkzeit eintreten, so hätte dies zwar zur Folge, dass dem Anbieter kein Anspruch zustehen würde, dem der Verbraucher ausgesetzt wäre. Dasselbe würde jedoch auch für die vertraglichen Ansprüche des Verbrauchers gelten[100]. In Konsequenz der dargestellten Anforderungen müssten folglich Regelungen geschaffen werden, die trotz Unwirksamkeit des Vertrages sowohl einen Erfüllungsanspruch des Verbrauchers als auch Gewährleistungsrechte normieren.

bb) Wirksamkeit des Vertrages

Auch die Wirksamkeit des Vertrages vermag keine umfassend befriedigende Lösung zu gewährleisten.

(1) Einseitige Wirksamkeit

Die im deutschen Recht von *Wolf* vorgeschlagene lediglich einseitige Wirksamkeit des Vertrages zugunsten des Verbrauchers würde zwar dessen Ansprüche, nicht jedoch seine Verpflichtungen entstehen lassen[101]. Insoweit wäre den Anforderungen Genüge getan. Wie jedoch bereits gezeigt, handelt es sich bei den Verbraucherverträgen um synallagmatische Verträge, bei denen sich die vertraglichen Rechte und Pflichten gegenseitig bedingen. Diesem Grundverständnis würde es allerdings zuwiderlaufen, wenn dieses Synallagma einseitig durchbrochen würde[102]. Da das Verbrauchervertragsrecht einen Teil des allgemeinen Vertragsrechts darstellt, muss es auch denselben Prinzipien folgen. Von daher lässt sich die lediglich einseitige Wirksamkeit des Vertrages mit dem allgemeinen Vertragsrecht nicht vereinbaren.

---

100 Vgl. BGH, VIII. Zivilsenat, Urteil vom 30. 9. 1992, BGHZ 119, 283, 298: „Aus einem schwebend unwirksamen Vertrag kann weder Erfüllung noch Schadensersatz wegen Nichterfüllung verlangt werden." Vgl. aber auch die Begrdg. zu § 361a BGB, BT-Drucks. 14/2658, S. 42.

101 Vgl. hierzu oben A I 1 b).

102 So auch *Heinrichs*, FS Medicus, S. 188.

(2) Vollständige Wirksamkeit

Der Vertrag kann also nur vollständig wirksam sein. Dies hätte dann aber die aus Verbrauchersicht negative Folge, dass auch der Erfüllungsanspruch des Anbieters mit Abschluss des Vertrages entsteht. Insoweit bedürfte auch dieses Konzept einer einschränkenden Regelung im Hinblick auf den Ausschluss dieses Anspruchs.

cc) Entscheidung

Beide in Frage kommenden Lösungsansätze erfordern die Schaffung von Regelungen, um die Schwächen des jeweiligen Ansatzes auszugleichen. Deshalb ist die Entscheidung für einen dieser Ansätze letztlich anhand der Sinnhaftigkeit dieser einschränkenden Regelungen zu treffen.

(1) Gesetzliche Ansprüche

Zum einen könnten Regelungen geschaffen werden, die dem Verbraucher trotz Unwirksamkeit des Vertrages Primär- und Sekundäransprüche einräumen. Das hätte zur Folge, dass aus einem Vertragsschluss zunächst gesetzliche Ansprüche resultieren, die sich nach Ablauf der Bedenkzeit in vertragliche Ansprüche wandeln, ohne dass es zu einer weiteren Willensbetätigung kommt. Auf der anderen Seite wäre der Verbraucher in der Lage, diese gesetzlichen Ansprüche durch einseitige Willenserklärung zu vernichten. Insoweit erscheint diese Alternative nur schwer vereinbar mit dem Vertragsmechanismus und den mitgliedstaatlichen Schuldrechten.

(2) Fälligkeitsregelung

Knüpft man die Wirksamkeit des Vertrages direkt an den Vertragsschluss, bedarf es allein einer Regelung, die sicherstellt, dass der Verbraucher wärend des Laufs der Bedenkzeit keinen Ansprüchen des Anbieters ausgesetzt ist. In Betracht kommt hier vor allem eine Fälligkeitsregelung, die die Durchsetzbarkeit des Erfüllungsanspruchs des Anbieters an den Ablauf der Frist zur Ausübung des Vertragslösungsrechts knüpft[103]. Der Verbraucher könnte umgehend Erfüllung verlangen, müsste selbst aber erst dann leisten, wenn er sich zum Festhalten am Vertrag entschlossen hat. Auf diesem Weg wäre es ihm möglich,

---

103 In diesem Sinne auch *Heinrichs*, FS Medicus, S. 192.

eine informierte Entscheidung zu treffen, ohne dem Risiko der Rückerlangung der eigenen Leistung ausgesetzt zu sein.

Entsteht der Erfüllungsanspruch des Verbrauchers also deshalb, um ihm den Kontakt mit der Ware zu ermöglichen, dann muss er ein Lieferungsbegehren auch klageweise geltend machen können. Dabei ergibt sich jedoch das Problem, dass das common law einen solchen Erfüllungsanspruch nur in Ausnahmefällen gewährt und ansonsten eine Klage wegen *breach of contract* nur die Verurteilung zur Erbringung einer Geldleistung nach sich zieht[104]. Damit wäre dem Verbraucher indes nicht geholfen, denn es kommt ihm ja gerade darauf an, anhand der konkreten Beschaffenheit der Sache den persönlichen Nutzen des Vertrages zu überdenken. Insoweit müsste eine gemeinschaftsrechtskonforme Anwendung des Verbrauchervertragsrechts durch die englischen Gerichte dem Verbraucher einen Erfüllungsanspruch in natura zubilligen.

dd) Ergebnis

Die Einräumung eines Vertragslösungsrechts hat auf die Wirksamkeit eines Verbrauchervertrages über die Lieferung von Waren keinen Einfluss. Der Verbraucher kann die Lieferung des Vertragsgegenstandes verlangen und gegebenenfalls Gewährleistungsrechte geltend machen. Seine Gegenleistung wird jedoch erst mit Ablauf der Bedenkzeit fällig. Vor diesem Zeitpunkt ist der Anbieter an der Durchsetzung seines Anspruchs gehindert.

b) Verträge über die Erbringung von Dienstleistungen

Zu untersuchen ist, ob Verträge, die die Erbringung einer Dienstleistung zum Gegenstand haben, anderen Regeln folgen müssen. Bedarf es in diesen Konstellationen keiner Ansprüche des Verbrauchers, so besteht auch kein zwingendes Bedürfnis, die Wirksamkeit des Vertrages bereits an den Vertragsschluss zu knüpfen. Auf der anderen Seite ist es ebenso wenig geboten, die Wirksamkeit hinauszuzögern. Von daher sollte hier zunächst das Konzept herangezogen werden, das den Grundprinzipien des Vertragsrechts entspricht.

aa) Grundsatz

Grundsätzlich tritt die Wirksamkeit eines Vertrages mit dessen Abschluss und dem Vorliegen weiterer Wirksamkeitsvoraussetzungen ein. Des Ablaufes eines gewissen Zeitraums bedarf es nicht. Es gibt jedoch Konstellationen, in denen zum Zeitpunkt des Vertragsschlusses noch nicht feststeht, ob der Vertrag auch endgültig Bestand haben wird. Behält sich eine Partei beispielsweise das Recht

---

104 Vgl. *Beatson*, S. 117.

zum Rücktritt vom Vertrag für einen gewissen Zeitraum vor, so hängt die endgültige Wirksamkeit des Vertrages vom Ablauf dieser Frist und davon ab, dass der Rücktrittsberechtigte von diesem Recht keinen Gebrauch macht. Trotzdem ist der Vertrag auch in dieser Zeit wirksam (vgl. §§ 346 ff. BGB).

Das verbraucherschützende Vertragslösungsrecht ist mit dieser Konstellation des vertraglichen Rücktrittsrechts dahin gehend vergleichbar, dass auch hier ein Zeitraum besteht, während dessen das Schicksal des Vertrages noch ungewiss ist[105]. Aus systematischer Sicht erscheint es daher sinnvoll, auch das Vertragslösungsrecht dem üblichen Konzept des Entstehens vertraglicher Verpflichtungen zu unterwerfen. Hierfür spricht zudem die Einheitlichkeit der Regelungen. Ließe man Verträge über die Erbringung von Dienstleistungen anderen dogmatischen Regeln folgen, als es bei Verträgen über die Lieferung von Waren der Fall wäre, würden sich Abgrenzungsprobleme ergeben, die die Vorhersehbarkeit der Rechtsfolge beeinträchtigen könnten. Aus diesen Gründen entfaltet auch der Vertrag, der die Erbringung einer Dienstleistung zum Gegenstand hat, mit seinem Abschluss Wirkung.

bb) Einschränkung

Dabei stellt sich jedoch das bereits beschriebene Problem, dass die Ausführung der Dienstleistung während der Bedenkzeit zu einem Zustand führt, der nicht ohne weiteres aufgehoben, sondern nur rückabgewickelt werden kann[106]. Von daher muss verhindert werden, dass die Erbringung der Dienstleistung vor Ablauf der Überlegungsfrist erfolgt, da nur so eine freie Entscheidung des Verbrauchers gewährleistet werden kann.

(1) Fälligkeitsregelung

Auch hierbei können Regelungen geschaffen werden, die die Fälligkeit der Leistungen an den Ablauf der Bedenkzeit knüpfen. Im Unterschied zu Warenlieferungsverträgen muss wegen der eingangs dargelegten Gründe dabei aber auch die Fälligkeit des Forderungsrechts des Verbrauchers erfasst werden. Von daher besteht ein zwar wirksamer, aber bis zum Ablauf der Ausübungsfrist nicht durchsetzbarer Vertrag.

---

105 Insoweit kann man der Formulierung der „schwebenden Wirksamkeit“ durchaus etwas abgewinnen.

106 Siehe oben § 7 D II 1 a) bb).

Beginnt der Anbieter trotz dieser Fälligkeitsregelung schon vor Ablauf der Bedenkzeit mit der Ausführung der Dienstleistung, dann kann er dies nur auf die eigene Gefahr der Vertragslösung durch den Verbraucher tun.

(2) Verzicht des Verbrauchers

Denkbar ist jedoch, dass der Verbraucher einer vorzeitigen Ausführung zustimmt oder diese ausdrücklich verlangt. Gemäß Art. 6 Abs. 3 Sp. 1 FernR soll die Möglichkeit der Ausübung des Vertragslösungsrechts in diesem Fall ausgeschlossen sein. Die Zustimmung zur Ausführung würde also bei konsequenter Betrachtung einen Verzicht des Verbrauchers auf sein Vertragslösungsrecht darstellen. Dies scheint jedoch zunächst der Regelung des Art. 12 Abs. 1 FernR zu widersprechen, die den Verzicht des Verbrauchers auf seine Rechte ausdrücklich untersagt. Dieses Beispiel legt indes den Schluss nahe, dass lediglich ein Verzicht zu einem Zeitpunkt verhindert werden soll, in dem der Verbraucher noch keinerlei Möglichkeit zur Informationsverarbeitung hatte[107]. Dieser Befund wird noch erhärtet durch die bereits erwähnte Regelung des Art. 8 TimesharingR, die insoweit nur von „Vertragsbestimmungen" spricht, in denen ein Verzicht unzulässig ist.

Die mitgliedstaatlichen Regelungen sind insoweit nicht einheitlich. Teilweise lässt ihr Wortlaut auf die generelle Unmöglichkeit eines Verzichts schließen. So sind die italienischen Regelungen der Art. 10 Haustürgesetz und 11 Fernabsatzgesetz und Art. 9 Satz 1 des spanischen Haustürgesetzes an den Richtlinienwortlaut angelehnt[108]. Überwiegend wird jedoch das der Timesharingrichtlinie zugrunde liegende Konzept der Unzulässigkeit abweichender Vertragsbestimmungen verfolgt[109]. Ein nachträglicher Verzicht des Verbrauchers wäre vom Wortlaut somit nicht erfasst.

Ein solcher Verzicht ist auch mit dem Schutzkonzept des Verbrauchervertragsrechts vereinbar. Die dem Vertragsschluss folgende Bedenkzeit gibt dem Verbraucher die Möglichkeit, den persönlichen Nutzen des Vertrages zu bemessen.

---

107 Die Unzulässigkeit des vertraglichen Verzichts wurde an anderer Stelle nachgewiesen, siehe dazu oben § 8 A III.

108 Art. 10 Abs. 1: „Il diritto di cui all'art. 4 è irrinunciabile."; Art. 11 Abs. 1 Satz 1: „I diritti attribuiti al consumatore dal presente decreto legislativo sono irrinunciabili". Art. 9 Satz 1: „Los derechos conferidos al consumidor por la presente Ley son irrenunciables."

109 Vgl. nur §§ 5 Abs. 1 HWiG, 9 Abs. 1 TzWrG und 5 Abs. 1 FernAG-E; § 2 Abs. 2 KSchG; s 10 (1) englisches Haustürgesetz („A term contained in a contract to which these Regulations apply is void if...it is inconsistent with a provision for the protection of the consumer contained in these Regulations."); Art. L. 121-25 Abs. 2 Code de la Consommation („Toute clause du contrat par laquelle le client abandonne son droit de renoncer à sa commande ou à son engagement d'achat est nulle et non avenue.").

Dies kann abhängig vom Vertrag und von den intellektuellen Fähigkeiten des Verbrauchers den gesamten Zeitraum in Anspruch nehmen oder aber auch in kürzerer Zeit erfolgen[110]. In letzterem Fall hätte der Verbraucher also schon vor Ablauf der Bedenkzeit zu einer selbstbestimmten Entscheidung gefunden, so dass er seine Vertragsfreiheit bereits ausüben konnte. Verwehrt man ihm nun aber das Recht, diese Entscheidung durch den Verzicht auf sein Vertragslösungsrecht zu perpetuieren und vom Anbieter vorzeitig die Erbringung der Dienstleistung zu fordern, würde dies einen unverhältnismäßigen Eingriff in die Vertragsfreiheit darstellen. Aus diesem Grund muss der Verzicht des Verbrauchers auf die Ausübung seines Vertragslösungsrechts nach Abschluss des Vertrages dann möglich sein, wenn er die Bedenkzeit dahingehend genutzt hat, zu einer freien Entscheidung zu finden[111]. Dies setzt jedoch zwingend voraus, dass er von der Möglichkeit der Lösung vom Vertrag überhaupt Kenntnis hatte, da ein Verzicht schon rein begrifflich nur dann möglich sein kann, wenn sich der Verzichtende dessen auch bewusst ist[112]. Um ihm dabei die Folgen seiner Erklärung noch einmal vor Augen zu führen, muss die Verzichtserklärung schriftlich erfolgen[113].

Liegen diese Voraussetzungen vor, so bewirkt die Verzichtserklärung das Erlöschen des Vertragslösungsrechts und verhindert damit die endgültige Bestandskraft des Vertrages.

Der hierbei bestehenden „Manipulationsgefahr" könnte durch eine an Art. 4 Abs. 2 des ersten Entwurfs des Richtlinienvorschlags über Finanzdienstleistungen im Fernabsatz angelehnte Regelung begegnet werden, wonach der Anbieter den Verbraucher nicht auf *unlautere Weise* (zur Vertragsunterzeichnung) verleiten darf[114].

Der Verbraucher kann also auch bereits während des Laufs der Bedenkzeit die Ausführung der Dienstleistung verlangen, verliert dann jedoch die Möglichkeit, den Vertrag aufzulösen.

---

110 Für *Bülow*, ZIP 1998, S. 948, ist auch die konkrete Ausübungsfrist ein Instrument des Verbraucherschutzes, so dass die durch den Verzicht eintretende Verkürzung nicht zulässig sein könne. Das darin liegende Element der Entmündigung müsse als verbraucherschutzimmanent hingenommen werden. Wie jedoch gezeigt, kann den Richtlinienvorgaben eine solche Pflicht zur vollen Ausschöpfung der Bedenkzeit nicht entnommen werden. Darüber hinaus würde diese Ansicht dazu führen, dass eine vor Ablauf der Ausübungsfrist erklärte Vertragslösung als unwirksam behandelt werden müsste.

111 *Staudenmayer*, S. 74.

112 *Krämer*, ZIP 1997, S. 98; *Hildenbrand/Kappus/Mäsch/Mäsch*, § 9 TzWrG, Rn. 8.

113 *Fuchs*, AcP 196 (1996), S. 360; *Krämer*, ZIP 1997, S. 98.

114 ABlEG Nr. C 385 vom 11. 12. 1998, S. 14.

3. Ergebnis

Der Verbrauchervertrag wird mit seinem Abschluss und dem Vorliegen der allgemeinen Voraussetzungen wirksam. Das Recht, die Erfüllung der hieraus resultierenden Ansprüche zu fordern, kann jedoch bis zum Ablauf der Bedenkzeit nur eingeschränkt ausgeübt werden. Hat der Vertrag die Erbringung einer Dienstleistung zum Gegenstand, werden die jeweiligen Ansprüche erst mit dem Ende der Überlegungsfrist fällig. Der Verbraucher kann jedoch durch eine schriftliche Erklärung auf die Ausübung seines Vertragslösungsrechts verzichten und damit diese Bedenkzeit abkürzen. Die Ansprüche des Anbieters aus einem Vertrag über die Lieferung von Waren werden ebenfalls erst mit Ablauf der Bedenkzeit fällig. Dagegen kann der Verbraucher die Erfüllung seiner Ansprüche sofort verlangen.

IV. Rechtsnatur des Vertragslösungsrechts

Die sich anschließende Frage nach der Rechtsnatur des Vertragslösungsrechts ist anhand der Wirkungen seiner Ausübung auf den Vertragsmechanismus zu beantworten.

1. Widerruf des Angebots

Wie oben gezeigt, kann sich der Verbraucher bereits von seinem Vertragsangebot lösen, wenn es noch nicht wirksam angenommen wurde[115]. Diese „Vernichtung" der eigenen Erklärung ist eine einseitig empfangsbedürftige Willenserklärung, die nicht auf einen Vertrag, sondern allein auf die Willenserklärung gerichtet ist. In diesem Fall entspricht die Ausübung des Vertragslösungsrechts also dem *Widerruf* einer Willenserklärung[116]. Dass der Widerruf einer Willenserklärung nach den hier berücksichtigten mitgliedstaatlichen Rechtsordnungen möglich ist, wurde an anderer Stelle bereits gezeigt[117]. Diese Lösung ist insoweit also kompatibel.

---

115 Vgl. oben C II.

116 *Hadding*, FS Brandner, S. 207, definiert den Widerruf ganz allgemein als „Erklärung, durch die ein vorausgegangener rechtserheblicher Akt rückgängig gemacht werden soll". *Fuchs*, AcP 196 (1996), S. 319 versteht hierunter die „einseitige Aufhebung von Willenserklärungen durch nachträgliche Gegenerklärung.

117 Siehe oben § 7 C I 1.

2. Rücktritt vom Vertrag

Mit Zugang der Annahmeerklärung kommt ein Vertrag zustande, dessen unmittelbare Wirksamkeit nicht von der Einräumung einer nachträglichen Bedenkzeit beeinflusst wird. Kommt der Verbraucher jedoch innerhalb dieser Bedenkzeit zu der Erkenntnis, dass ihm der Vertrag keinen Nutzen bringt, so kann er sich durch eine einseitige empfangsbedürftige Erklärung von diesem wirksamen Vertrag lösen. Ihm kommt also die Befugnis zu, den Vertrag allein durch seine Erklärung aufzuheben. Eine solche Möglichkeit wird allgemein auf Rechtsgeschäfte bezogen als *Gestaltungsrecht* bezeichnet[118]. Wird dabei ein wirksamer Vertrag aufgelöst, ohne dass dies durch Willensmängel des Erklärenden begründet ist, spricht man von einem *Rücktrittsrecht*[119]. Das Vertragslösungsrecht hat daher für den Fall der Ausübung nach Abschluss des Vertrages die Funktion eines Rücktritts vom Vertrag. Nur so lässt sich das verbraucherschützende Vertragslösungsrecht in das System des Vertragsrechts einordnen, ohne dessen grundlegende Wertungen zu umgehen[120]. Diese Einordnung entspricht auch den überwiegend verfolgten Lösungskonzepten der mitgliedstaatlichen Gesetzgeber[121].

Die ebenfalls denkbare Konstruktion eines zunächst durch die Ausübung des Vertragslösungsrechts auflösend (bzw. die Nichtausübung aufschiebend) bedingten Vertragsschlusses würde zu Abstimmungsschwierigkeiten mit den Privatrechtsordnungen führen, in denen der Eintritt einer solchen Bedingung nicht allein vom Willen einer Partei abhängen darf (Potestativbedingung)[122].

3. Ergebnis

Für die Ausübung des verbraucherschützenden Vertragslösungsrechts kommen zwei Zeitpunkte in Betracht: Zum einen kann sich der Verbraucher von seinem Vertragsangebot lösen, bevor es vom Anbieter wirksam angenommen wurde -

---

118 *Becker*, AcP 188 (1988), S. 25; *Larenz/Wolf*, § 13, Rn. 29; grundlegend *Seckel*, FS Koch, S. 210, der das Gestaltungsrecht als „subjektiv (konkretes) Privatrecht" definiert, „dessen Inhalt die Macht zur Gestaltung konkreter Rechtsbeziehung durch einseitiges Rechtsgeschäft" ist.

119 vgl. *Staudinger/Kaiser*, Vorbem. §§ 346 ff. BGB, Rn. 1.

120 Vgl. *Hadding*, FS Brandner, S. 211.

121 Siehe oben A IV.

122 Vgl. neben der in Fn. 49 dargestellten französischen Regelung des Art. 1174 Code civil beispielsweise die italienische Vorschrift in Art. 1355 Codice civile, die jedoch nur aufschiebende Potestativbedingungen erfasst: „È nulla l'alienazione di un diritto o l'assunzione di un obligo subordinate a una *condizione sospensiva* che la faccia dipendere dalla mera volontà dell'alienante o, rispelliramente, da quella del debitore."

also vor Abschluss des Vertrages -, zum anderen hat er die Möglichkeit, von seinem Vertragslösungsrecht erst nach Abschluss des Vertrages Gebrauch zu machen. Kann das Vertragslösungsrecht also in zwei Situationen ausgeübt werden, die dogmatisch zu unterscheiden sind, muss der Versuch einer einheitlichen Konstruktion scheitern. Insoweit konnten alle bisherigen Erklärungsversuche nur einen Teil der Problematik erfassen. Die dogmatische Wirkung des Vertragslösungsrechts ist deshalb zu differenzieren: Macht der Verbraucher vor Abschluss des Vertrages von seinem Vertragslösungsrecht Gebrauch, so ist es als Widerruf einer Willenserklärung[123] einzuordnen. Übt er es hingegen nach Vertragsschluss aus, entspricht es einem Rücktritt vom Vertrag[124].

D. Zusammenfassung

Das verbraucherschützende Vertragslösungsrecht gibt dem Verbraucher zunächst so lange die Möglichkeit, sich von seiner Vertragserklärung zu lösen, bis es zum Abschluss des Vertrages kommt. Insoweit handelt es sich um ein Widerrufsrecht. Mit dem Zugang der Annahmeerklärung kommt der Verbrauchervertrag unabhängig von seinem Gegenstand zustande. Weder hierauf noch auf die Wirksamkeit des Vertrages hat das Bestehen des Vertragslösungsrechts Einfluss. Der Vertrag entfaltet seine Wirkungen also auch schon während der Bedenkzeit, so dass dem Verbraucher sowohl Primär- als auch Sekundäransprüche zukommen, die für den Fall eines Vertrages über die Erbringung von Dienstleistungen jedoch erst nach Ablauf der Ausübungsfrist fällig werden, sofern der Verbraucher nicht schriftlich den Verzicht auf die Ausübung des Vertragslösungsrechts erklärt. Seine Leistungsverpflichtungen werden in diesem Fall nach Ausführung der Dienstleistung, ansonsten erst mit Ablauf der Überlegungsfrist fällig. Der Verbraucher kann jedoch von diesem wirksamen Vertrag zurücktreten.

123 Withdrawal, rétractation, revocazione, revocación.

124 Rescision, résiliation, recesso, rescisión.

§ 10 Die Rechtsfolgen der Ausübung des Vertragslösungsrechts

Mit dem Widerruf des Vertragsangebots bzw. dem Rücktritt vom Vertrag macht der Verbraucher deutlich, dass dieser Vertrag für ihn keinen Nutzen bringe und deshalb nicht mehr gelten soll. Für den Fall des Widerrufs kommt ein Vertrag also gar nicht zustande, so dass sich keine Abwicklungsprobleme ergeben. Übt der Verbraucher sein Vertragslösungsrecht erst nach Ablauf der Bedenkzeit als Rücktritt vom Vertrag aus, so gestaltet er mit dieser Erklärung die zwischen ihm und dem Anbieter bestehende Rechtslage um. Der Vertrag kann für die Zukunft keinerlei Wirkung mehr entfalten. Nachzugehen ist jedoch der Frage, wie das bestehende Vertragsverhältnis abzuwickeln ist.

Einer konkreten Einordnung dieses Abwicklungsverhältnisses als Rückabwicklungsverhältnis oder Bereicherungsausgleich bedarf es nicht, da spezielle Regelungen über die Folgen eines Rücktritts vom Vertrag in den mitgliedstaatlichen Privatrechtsordnungen eher Ausnahmecharakter haben[1]. Zudem machen diesbezügliche Äußerungen deutlich, dass in jedem Fall den Besonderheiten des Verbrauchervertragsrechts Rechnung getragen werden muss[2]. Insoweit kommt es also allein darauf an, die konkreten Folgen der Vertragslösung und die Funktion der Abwicklung im System des Verbrauchervertragsrechts zu bestimmen.

A. Grundsatz der Rückabwicklung

Die Abwicklung eines Vertrages kehrt das synallagmatische Leistungsverhältnis zwischen den Kontrahenten um. Es muss also der Zustand hergestellt werden, der ohne den Vertragsabschluss bestünde (status quo ante)[3]. Die Ausgestaltung dieses Abwicklungsverhältnisses muss dabei genauso wie die Ausgestaltung des Vertragsverhältnisses grundsätzlich auf einen gerechten Interessenausgleich zwischen den Parteien gerichtet sein. Dabei muss jedoch eine verbraucherschutzspezifische Besonderheit berücksichtigt werden. Die Rückabwicklung ist die vorhersehbare Folge der Ausübung des Vertragslösungsrechts. Der Verbraucher weiß also vor Abgabe seiner Vertragslösungserklärung,

---

1 Das deutsche Recht normiert in den §§ 346 ff. BGB spezielle Regeln über den Rücktritt vom Vertrag.

2 Vgl. Rummel/*Krejci*, § 4 KSchG, Rn. 1 und *Gernhuber*, WM 1998, S. 1802: „*besonders ausgestalteter* Bereicherungsanspruch“; dagegen *Bülow*, § 7 VerbrKrG, Rn. 14, *MüKo/ Ulmer*, § 7 VerbrKrG, Rn. 11, *Hadding*, FS Brandner, S. 211 und *Gottwald/Honold*, JZ 1996, S. 579: „*besonders ausgestaltetes* Rückabwicklungsverhältnis“.

3 Vgl. s 4 (6) englisches Haustürgesetz: „...a contract cancelled...shall be treated as if it had never been entered into by the consumer.“

welche Konsequenzen sich hieraus für ihn ergeben[4]. Hierbei wird deutlich, dass die Ausgestaltung der Abwicklung des aufgelösten Vertragsverhältnisses Einfluss auf die Verbraucherentscheidung haben kann. Der Umfang der eigenen Verpflichtungen im Rückabwicklungsverhältnis und die damit verbundenen Kosten sind deshalb wesentliche Faktoren für die Effektivität des Vertragslösungsrechts[5]. Die mit der Ausübung des Vertragslösungsrechts verbundenen wirtschaftlichen Folgen dürfen den Verbraucher nicht in einer Weise belasten, die seine Möglichkeit zur freien Entscheidung über die Wahrnehmung dieses Rechts beeinträchtigt und das Festhalten am Vertrag im Ergebnis als das „kleinere Übel" erscheinen lässt[6]. Hieraus muss aber nicht zwingend folgen, dass die Lösung vom Vertrag für den Verbraucher mit keinerlei Kosten verbunden sein darf. Entscheidend ist vielmehr das Verhältnis zwischen dem Wert der vertraglich zu erbringenden Leistung und den Kosten der Rückabwicklung. Deshalb muss das Abwicklungsverhältnis Praktikabilität und Effizienz des Vertragslösungsrechts gewährleisten und trotzdem die Interessen des Anbieters weitgehend berücksichtigen[7].

B. Abwicklungsverhältnis

Die Ausgestaltung des Abwicklungsverhältnisses muss grundsätzlich unter Berücksichtigung der vertragsspezifischen Besonderheiten im Hinblick auf den Vertragsgegenstand erfolgen.

I. Beurkundungskosten

Unabhängig vom Inhalt des Vertrages kann sich jedoch zunächst das Problem der Übernahme von Kosten aus einer bereits erfolgten notariellen Beurkundung des Vertrages stellen[8].

4 Die Folgen der Ausübung des Vertragslösungsrechts sind obligatorischer Bestandteil der Belehrung, siehe oben § 8 B II 2.

5 Vgl. *Kalss/Lurger*, JBl. 1998, S. 224; *MüKo/Ulmer*, § 3 HWiG, Rn. 1.

6 Vgl. BT-Drucks. 10/2876, S. 13 zu § 3 HWiG a. F..

7 Aus dem Charakter des Vertragslösungsrechts als Instrument zum einseitigen Schutz des Verbrauchers folgt auch in Bezug auf die Rückabwicklung eine grundsätzliche Benachteiligung des Anbieters, vgl. *Fischer/Machunsky*, § 3 HWiG, Rn. 9.

8 Wie oben gezeigt, stellt die notarielle Beurkundung des Verbrauchervertrages keinen adäquaten Ersatz für die Einräumung eines Vertragslösungsrechts dar, so dass es trotz dieser Beurkundung zur Auflösung des Vertrages kommen kann; vgl. § 7 E.

1. Regelungsvorgaben

Art. 5 Nr. 3 Satz 1 TimesharingR sieht vor, dass der Verbraucher „zur Erstattung der Kosten verpflichtet (ist), die nach den einzelstaatlichen Rechtsvorschriften aufgrund des Vertragsabschlusses und des Rücktritts vom Vertrag anfallen und die durch Rechtshandlungen entstanden sind, die unbedingt vor Ablauf des in Nummer 1 erster Gedankenstrich genannten Zeitraums vorgenommen werden müssen." Dies gilt jedoch nur dann, wenn diese Kosten im Vertrag ausdrücklich (Art. 5 Nr. 3 Satz 2) genannt sind und dem Verbraucher auch sonst alle notwendigen Informationen zur Verfügung standen (Art. 5 Nr. 4). § 5 Abs. 5 Satz 2 TzWrG nennt in Umsetzung dieser Vorschrift ausdrücklich die Kosten der notariellen Beurkundung, die dann zu ersetzen sind, wenn der Vertrag der Beurkundung *bedurfte* und diese Kosten im Vertrag genannt wurden. Die Erstattungspflicht besteht jedoch nur bei ordnungsgemäßer Belehrung. Eine ähnliche Vorschrift enthält § 6 Abs. 4 TNG, der von einer *erforderlichen* Beurkundung spricht.

2. Vereinheitlichungskonzept

Ansatzpunkt der Beantwortung der Frage der Kostentragung muss der Umstand sein, dass die Parteien wissen, dass es zu einer Auflösung des Vertrages kommen kann. Initiiert einer der Vertragspartner, regelmäßig der Anbieter, trotzdem eine notarielle Beurkundung, so tut er dies auf das eigene Risiko, im Falle der Ausübung des Vertragslösungsrechts diese Kosten nicht ersetzt zu bekommen. Ist die notarielle Beurkundung des Vertrages vor Ablauf der Bedenkzeit gesetzlich vorgeschrieben (also „erforderlich" iSv § 6 Abs. 4 TNG)[9], kann dieser Grundsatz nicht gelten, da hier die Beurkundungskosten unabhängig vom Willen der Parteien entstehen. Übertrüge man dabei die Kosten dem Anbieter, so könnte er unter Umständen verpflichtet sein, permanent Beurkundungskosten zu tragen, ohne dass es letztlich tatsächlich zum Abschluss eines „bestandskräftigen" Vertrages käme. Der Anbieter würde diese Kosten dann auf den Preis des Vertragsgegenstandes umlegen und damit im Ergebnis doch auf den Verbraucher abwälzen. Zudem kommt die notarielle Beurkundung aufgrund ihrer Warnfunktion dem Verbraucher auch insoweit zugute, als er über die rechtliche Tragweite des Vertrages aufgeklärt wird. Von daher scheint es angemessen, ihn in diesem Fall auch die Kosten dieser notariellen Beurkundung tragen zu lassen, zumal diese keine übermäßige Belastung darstellen, die ihn an der Ausübung des Vertragslösungsrechts

9 *Palandt/Putzo*, § 5 TzWrG, Rn. 13.

hindern könnte. Dies kann indes nur dann gelten, wenn er diesen Faktor zur Grundlage der Entscheidung über die Auflösung des Vertrages machen konnte, also hierüber belehrt wurde.

3. Ergebnis

Grundsätzlich muss die Vertragspartei die Beurkundungskosten tragen, die die Beurkundung veranlasst hat. Ist die notarielle Beurkundung des Vertrages gesetzlich vorgeschrieben, muss der Verbraucher für die entstehenden Kosten aufkommen, sofern er hierüber informiert wurde.

II. Verträge über die Lieferung von Waren

Verbraucherverträge, die die Lieferung einer Ware zum Gegenstand haben, sind dadurch gekennzeichnet, dass der Anbieter diese Ware sofort liefern musste, ohne vom Verbraucher die Gegenleistung empfangen zu haben.

1. Rückgewähr der empfangenen Leistungen

Zunächst ist zu untersuchen, welche Folgen die Auflösung des Vertrages für die bereits erbrachten Leistungen hat.

a) Rückgabepflicht des Verbrauchers

Gemäß Art. 6 Abs. 1 Satz 2 FernR und Art. 7 HaustürR hat der Verbraucher die empfangene Ware zurückzusenden bzw -zugeben. Fraglich ist, ob er dies auf eigene Kosten tun muss.

aa) Regelungsalternativen

Die Fernabsatzrichtlinie weist die dabei entstehenden Kosten dem Verbraucher zu (Art. 6 Abs. 1 Satz 2 und Abs. 2 Satz 2)[10], während die Haustürrichtlinie eine entsprechende Entscheidung den mitgliedstaatlichen Gesetzgebern überlässt (Art. 7). Auch nach Art. 8 Abs. 2 Satz 2 italienisches Haustürgesetz muss der Verbraucher die Kosten der Rücksendung tragen[11]. Dagegen ordnet Art. 6 Abs. 2 des spanischen Haustürgesetzes an, dass die Ausübung des Vertragslösungsrechts für den Verbraucher keine Kosten verursachen darf und deshalb

---

10 Vgl. die Übernahme dieser Regelung in § 5 g Abs. 2 KSchG und Art. 5 Abs. 6 italienisches Fernabsatzgesetz.

11 „Le spese di spedizione sono a carico del consumatore."

Erfüllungsort der Ort ist, an dem der Verbraucher die Leistung empfangen hat[12]. § 361a Abs. 2 Satz 3 BGB verpflichtet den Verbraucher zur Rücksendung der Ware auf Kosten und Gefahr des Unternehmers, sieht aber vor, dass dem Verbraucher die Kosten der Rücksendung der Ware vertraglich auferlegt werden können, wenn sie einen Betrag von 40 Euro nicht überschreiten.

Als Leistungsort für die Erfüllung der Rückgabeverpflichtung kommt zunächst also der Wohnsitz des Verbrauchers in Betracht[13]. In diesem Fall muss dem Anbieter die Ware nur bereitgestellt werden. Eine eventuelle Versendung ginge auf dessen Kosten, so dass für den Verbraucher folglich keine Kosten entstehen würden. Eine Rückgabe der Sache kann aber auch an dem Ort erfolgen, an dem der Verbraucher sie empfangen hat[14]. Eine solche Lösung wäre aber in all den Fällen nicht praktikabel, in denen die Leistungserbringung an (dritten) Orten erfolgt ist, die nur schwer wieder aufgesucht werden können[15]. Schließlich kommt als Leistungsort der Geschäftssitz des Anbieters in Betracht[16]. Die Kosten für eine entsprechende Beförderung müsste der Verbraucher tragen.

bb) Vereinheitlichungskonzept

Wie eingangs gezeigt, ist es auch im Sinne der freien Verbraucherentscheidung nicht geboten, dem Anbieter sämtliche Kosten der Rückabwicklung aufzuerlegen. Nur wenn diese Kosten eine Höhe erreichen, die dem Wert der vertraglich geschuldeten Leistung des Verbrauchers nahe kommt oder gar entspricht, wird dieser typischerweise in seiner Entscheidungsfreiheit beeinträchtigt. Auf die Kosten der Rücksendung der Ware wird dies regelmäßig jedoch nicht zutreffen. Zu berücksichtigen ist außerdem der Umstand, dass der Anbieter zur Lieferung der Ware verpflichtet ist. Er kann deshalb keine eigene Entscheidung darüber treffen, ob er das Risiko einer eventuell von ihm zu zahlenden Rücksendung durch den Verbraucher eingehen will. Zudem kommt diese Besitzeinräumung während des Laufs der Bedenkzeit allein dem Verbraucher zugute. Sie verhindert, dass er sich falsche Vorstellungen von der Ware macht und so an

12 „El ejercicio del derecho de revocación no implicará gasto alguno para el consumidor. A tal efecto se considerará lugar de cumplimiento el lugar donde el consumidor haya recibido la prestación." Diese Regelung ist indes insoweit widersprüchlich, als für den Verbraucher nur dann keine Kosten entstehen würden, wenn er die Leistung an seinem Wohnsitz empfangen hätte, was jedoch keineswegs immer der Fall sein muss.

13 *MüKo/Ulmer*, § 3 HWiG, Rn. 18; *Staudinger/Werner*, § 3 HWiG, Rn. 14; *Fischer/ Machunsky*, § 3 HWiG, Rn. 24; *Hadding*, FS Brandner, S. 218.

14 *Soergel/Wolf*, § 3 HWiG, Rn. 3.

15 Vgl. die Beispiele bei *Hadding*, FS Brandner, S. 217 und *Döhmel*, S. 206.

16 Vgl. oben Art. 8 Abs. 2 Satz 2 italienisches Haustürgesetz.

einen Vertrag gebunden wird, der ihm letztlich keinen persönlichen Nutzen bringt. Von daher erscheint es interessengerecht, dem Verbraucher die Kosten der Rücksendung der Ware aufzuerlegen. Leistungsort für die Rückgabe der empfangenen Ware ist folglich der Geschäftssitz des Anbieters.

b) Rückgewährpflicht des Anbieters

Die Pflicht des Verbrauchers zur Erbringung der vertraglich geschuldeten Leistung wird nach dem oben Gesagten erst mit Ablauf der Bedenkzeit fällig, so dass sie dem Anbieter grundsätzlich noch nicht zugeflossen sein kann. Ist der Verbraucher trotzdem seiner vermeintlichen Pflicht zur Erbringung der vereinbarten Gegenleistung bereits nachgekommen, muss diese Leistung vom Anbieter zurückgewährt werden (Art. 7 HaustürR, Art. 6 Abs. 2 Satz 1 FernR)[17]. In Anlehnung an § 4 Abs. 1 Nr. 1 KSchG[18] und Art. 6 Abs. 1 spanisches Haustürgesetz iVm Art. 1303, 1308 Codigo Civil muss dem Verbraucher dabei ein Anspruch auf Verzinsung des gezahlten Geldbetrages zustehen, da dem Anbieter die Möglichkeit zur Nutzung des Geldwertes gerade noch nicht zugewiesen war[19].

2. Ausgleichsansprüche des Anbieters

Neben der Frage der Kostentragung für die Rücksendung des Vertragsgegenstandes ergibt sich aus der Überlassungspflicht des Anbieters eine Vielzahl weiterer Probleme im Hinblick auf Integrität und Wert der Ware.

a) Anspruch des Anbieters auf Zahlung eines „Überlassungsentgelts"

Zunächst stellt sich die Frage, ob der Anbieter für die Überlassung des Vertragsgegenstandes eine angemessene Vergütung in Form eines Nutzungsentgelts oder einer Wertersatzzahlung verlangen kann.

---

17 Hierfür sieht Art. 6 Abs. 2 Satz 3 FernR eine 30-tägige Frist vor.

18 Der insoweit wortgleiche § 5 g Abs. 1 Nr. 2 KSchG enthält hingegen keine Verzinsungspflicht für den Anbieter.

19 Der deutsche Gesetzgeber lehnt einen Zinsanspruch des Verbrauchers ab, begründet seine Ansicht allerdings nur mit den „zu erwartenden geringen Zinsbeträgen", die „zu einer unnötigen Komplizierung führen würden.", BT-Drucks. 10/2876, S. 14.

aa) Regelungsansätze

Indem Art. 6 Abs. 1 Satz 2 FernR bestimmt, dass der Verbraucher als einzige Kosten der Ausübung des Vertragslösungsrechts nur die der Rücksendung tragen muss, macht der Gemeinschaftsgesetzgeber insbesondere deutlich, dass der Verbraucher keinen Ersatz für die Nutzung der Sache oder eine damit verbundene Wertminderung zu leisten hat[20]. In diesem Sinne stellt bereits Art. 6 Abs. 2 Satz 3 spanisches Haustürgesetz klar, dass der vertrags- oder naturgemäße Gebrauch der Sache nicht zu einem Wertersatzanspruch des Anbieters führen darf[21]. Dagegen muss der Verbraucher dem Anbieter gemäß § 4 Abs. 1 Nr. 2 KSchG und § 5 g Abs. 1 Nr. 2 KSchG eine Entschädigung für die mit der Benutzung der Sache verbundene Wertminderung zahlen[22]. Auch § 361a Abs. 2 Satz 6 BGB sieht im Anschluss an die Regelung des § 3 Abs. 3 1. HS HWiG vor, dass der Verbraucher den Wert der Überlassung des Gebrauchs oder die Nutzung einer Sache zu vergüten hat[23].

§ 357 Abs. 3 des Entwurfes eines Schuldrechtsmodernisierungsgesetzes sieht darüber hinaus auch eine Wertersatzpflicht des Verbrauchers für die durch bestimmungsgemäße Ingebrauchnahme der Sache eintretende Wertminderung vor, wenn der Verbraucher hierüber belehrt und gleichzeitig über Möglichkeiten der Vermeidung informiert wird.

bb) Vereinheitlichungskonzept

Die Besitzüberlassung dient nicht primär der Einräumung einer Nutzungsmöglichkeit. Sie ist vielmehr nur Voraussetzung für den Prozess einer freien Entscheidungsfindung beim Verbraucher. Erst mit dem Eingang der Ware beim Verbraucher beginnt dessen Bedenkzeit, so dass er während der gesamten Überlegungsfrist in der Lage ist, den persönlichen Nutzen des Vertrages dadurch zu ermitteln, dass er die Sache selbst ausprobiert. Nur so wird er in die Lage versetzt, sich überhaupt klar darüber zu werden, ob ihm die dauerhafte Nutzung der Sache einen Vorteil im Vergleich zum Wert der dafür geschuldeten Gegenleistung bringt. Es ist daher nicht angemessen, ihn einem Nutzungsersatzanspruch des Anbieters auszusetzen[24].

---

20 So auch *Micklitz*, ZEuP 7 (1999), S. 887.

21 „En particular, el consumidor no tendrá que reembolsar cantidad alguna por la disminución del valor de la cosa que sea consecuencia de su uso conforme a lo pactado o a la naturaleza de la cosa."

22 Dabei soll das bloße Ausprobieren jedoch noch kein „Benützen" iSd Vorschriften darstellen, vgl. *Rummel/Krejci*, § 4 KSchG, Rn. 18; Feil, § 4 KSchG, Rn. 4.

23 Dies gilt gemäß § 5 Abs. 5 Satz 1 TzWrG jedoch nicht für Timesharingverträge.

24 Vgl. *Heinrichs*, FS Medicus, S. 194.

Die Pflicht zur Zahlung eines Entgelts für die Nutzung der Sache ist zudem geeignet, den Verbraucher von der Ausübung seines Vertragslösungsrechts abzuhalten[25]. Hinzu kommt, dass die Initiative zum Abschluss eines Verbrauchervertrages regelmäßig vom Anbieter ausgehen wird. Dieser ist also in der Lage, die Risiken eines solchen Vertragsschlusses zu überschauen und mit dem persönlichen Nutzen abzuwägen. Entscheidet er sich quasi „sehenden Auges" für die Anbahnung eines Vertrages mittels einer der von speziellen Schutzvorschriften erfassten Vertriebsmethoden, so ist es angemessen, ihn dieses Risiko auch tatsächlich tragen zu lassen.

(Nur) insoweit trifft der Vergleich mit einem Kauf auf Probe (vgl. zB §§ 494 ff BGB, §§ 1080 ff. ABGB und Art. 1521 Codice Civile) zu. Auch dort hat der Käufer das Recht, den Vertragsgegenstand zu untersuchen. Dabei muss er weder ein Nutzungsentgelt zahlen noch für eine bei bestimmungsgemäßem Gebrauch eintretende Wertminderung einstehen[26]. Lässt sich also der Verkäufer auf den Abschluss eines solchen Vertrages ein, weil er sich hiervon einen persönlichen Nutzen verspricht, so tut er das in Kenntnis des damit verbundenen Risikos.

Der Anbieter kann vom Verbraucher bei bestimmungsgemäßem Gebrauch des Vertragsgegenstandes also weder die Zahlung eines Nutzungsentgelts noch den Ersatz einer eingetretenen Wertminderung verlangen.

b) Wertersatz oder Nutzungsentgelt bei „übermäßiger" Benutzung, Beschädigung oder anderweitiger Unmöglichkeit der Herausgabe

Mit der Verpflichtung des Anbieters, die Ware dem Verbraucher bereits für den Lauf der Bedenkzeit zu überlassen, ist die Gefahr verbunden, dass dieser sie nicht nur ausprobiert, sondern tatsächlich nutzt, oder es zu einer Integritätsverletzung kommt.

aa) „Übermäßige" Nutzung

Die Überlassung des Vertragsgegenstandes an den Verbraucher dient der Vorbereitung einer freien Entscheidung über den persönlichen Nutzen des Verbrauchervertrages. Nicht bezweckt, aber auch nicht zu vermeiden ist die eigentumsgleiche, d.h. über das zur „Erprobung" notwendige Maß gehende Nutzung der Sache. Insoweit bleibt zu klären, ob der Verbraucher in diesem Fall ein Nutzungsentgelt zu zahlen bzw. Wertersatz zu leisten hat.

---

25 Vgl. *Hager*, S. 448.

26 *Staudinger/Mader*, § 495 BGB, Rn. 17; *Rummel/Aicher*, § 1080 ABGB, Rn. 17.

Wann die konkrete Nutzung nicht mehr der Informationsgewinnung dient, hängt von der Beschaffenheit und den Eigenschaften des Vertragsgegenstandes ab. Insoweit ist hier eine Einzelfallbetrachtung also nicht zu vermeiden. Abgestellt werden muss dabei aber auf den „Verbraucherhorizont", also die Fähigkeiten, die von einem durchschnittlichen Verbraucher entsprechend dem zugrunde liegenden Leitbild erwartet werden dürfen. Die Beweislast liegt dabei beim Anbieter.

(1) Nutzung in Kenntnis des Vertragslösungsrechts

Bis zum Ablauf der Bedenkzeit kann der Verbraucher die Sache nur mit dem Wissen nutzen, sie eventuell zurückgeben zu müssen[27]. Behandelt er die Sache trotzdem wie seine eigene, kann er nicht erwarten, dies auf Kosten des Anbieters tun zu dürfen. Das wäre auch deshalb nicht interessengerecht, weil die Entscheidung darüber, ob eine Rückgabe erfolgt, allein vom Verbraucher abhängt. Könnte dieser also die Sache uneingeschränkt nutzen, ohne hierfür nach erklärtem Rücktritt Ersatz leisten zu müssen, fänden die wirtschaftlichen Interessen des Anbieters keinerlei Berücksichtigung. Zudem wäre der Verbraucher ohne weiteres in der Lage, die Vorteile des Verbraucherschutzes dahingehend auszunutzen, dass er sich quasi den Vertragsgegenstand vom Anbieter „leiht".

(2) Nutzung bei fehlender Kenntnis

Hierbei wird aber deutlich, dass ein Wertersatzanspruch des Anbieters seine Rechtfertigung nur in der Kenntnis des Verbrauchers von der potentiellen Rückgabeverpflichtung finden kann. Diese Kenntnis erlangt er jedoch in erster Linie durch die Belehrung über sein Vertragslösungsrechts. Wird diese nicht ordnungsgemäß erteilt (und erlangt er auch nicht anderweitig Kenntnis von der Möglichkeit der Auflösung des Vertrages), muss der Verbraucher davon ausgehen, an den Vertrag gebunden zu sein. In diesem Fall liegen für ihn keinerlei Anhaltspunkte vor, aus denen er auf ein lediglich eingeschränktes Recht zur Nutzung der Sache schließen könnte. Von daher darf er dann auch nicht zum Wertersatz verpflichtet sein.

27 Insoweit ist der Ansatz bei *Staudinger/Werner*, § 3 HWiG, Rn. 55 missverständlich, dass die Parteien bis zur Ausübung des Widerrufsrechts vom Bestand des Vertrages ausgehen dürfen. Die Situation während der Bedenkzeit scheint vielmehr vergleichbar der bei Einräumung eines vertraglichen Rücktrittsrechts. Auch dort wissen die Parteien, dass bis zum Ablauf der Rücktrittsfrist der endgültige Bestand des Vertrages noch ungewiss ist, vgl. *Staudinger/Kaiser*, § 351, Rn. 15.

(3) Fazit

Im Ergebnis bleibt also festzuhalten, dass für den Fall der übermäßigen Nutzung der Sache durch den Verbraucher der Anbieter einen Anspruch auf Nutzungsvergütung hat, wenn der Verbraucher ordnungsgemäß über sein Vertragslösungsrecht belehrt wurde oder anderweitig Kenntnis hiervon erlangt hat[28].

bb) Unmöglichkeit der Herausgabe

Ist die Sache untergegangen oder die Herausgabe anderweitig unmöglich, muss die Rückgabeverpflichtung des Verbrauchers nach dem Grundsatz *impossibilium nulla est obligatio* erlöschen. Es stellt sich jedoch die Frage, inwieweit er zum Ersatz des hieraus entstehenden Schadens bzw. zum Wertersatz verpflichtet ist[29]. Nach § 361a Abs. 2 Satz 4 BGB muss der Verbraucher dann Wertersatz für die Unmöglichkeit der Herausgabe leisten, wenn er diese zu vertreten hat. Dabei wird der Maßstab seines Verschuldens gemildert, wenn er keinerlei Kenntnis von seinem Vertragslösungsrecht hatte. In diesem Fall haftet er nur für Vorsatz und grobe Fahrlässigkeit (§ 361a Abs. 2 Satz 5 BGB). Diesem Regelungskonzept folgen auch der österreichische und der spanische Gesetzgeber in § 4 Abs. 2 KSchG bzw. Art. 7 Abs. 1 Satz 2, Absatz 2 Haustürgesetz[30].

Dem liegt wiederum die oben gezeigte Interessenlage zugrunde. Der Anbieter überlässt dem Verbraucher die Sache, ohne eine Möglichkeit zu haben, die Verletzung ihrer Integrität zu verhindern[31]. Der Verbraucher weiß,

---

28 Vgl. zur Problematik der Berechnung eines solchen Wertersatzanspruchs *Rummel/ Krejci*, § 4 KSchG, Rn. 18.

29 Dass der Ausschluss des Vertragslösungsrechts für den Fall der Unmöglichkeit der Herausgabe dem Verbraucherschutzkonzept widersprechen würde, wurde an anderer Stelle bereits gezeigt, siehe oben § 8 A IV.

30 Art. 7 Abs. 1 Satz 2 spanisches Haustürgesetz lautet: „En estos casos, cuando la imposibilidad de devolución le sea imputable, el consumidor quedará obligado a abonar el valor de mercado que hubiera tenido la cosa en el momento del ejercicio del derecho de revocación, salvo que dicho valor fuera superior al precio de adquisición, en cuyo caso procederá el abono de éste.“ Abs. 2: „Cuando el empresario hubiere incumplido los deberes previstos en el artículo 3, la imposibilidad solo será imputable al consumdidor cuando éste hubiera omitido la diligencia que le es exigible en sus propios asuntos.“

31 Da der Anbieter zur Überlassung der Ware verpflichtet ist, darf die Haftung des Verbrauchers auch nicht grundsätzlich auf Fälle der Verletzung der Sorgfalt, die er in eigenen Angelegenheiten anzuwenden pflegt, beschränkt sein. So aber *Calais-Auloy*, Rec. Dalloz 1973, S. 266, der die Überlassung zur Probe befürwortet und den Verbraucher in diesem

dass ihm die Nutzung der Sache zunächst nur zeitweise gestattet ist, so dass von ihm verlangt werden kann, in Kentnis seines Vertragslösungsrechts mit erhöhter Sorgfalt zu handeln. Nur wenn er keine Kenntnis von der Auflösbarkeit des Vertrages hat und die Sache demzufolge wie seine eigene behandelt, ist es angebracht, ihn nur für die Verletzung der eigenüblichen Sorgfalt einstehen zu lassen. Der Verbraucher haftet deshalb dem Anbieter für den Fall der Unmöglichkeit der Herausgabe auf Wertersatz, wenn er Kenntnis von seinem Vertragslösungsrecht hatte.

4. Verwendungsersatzanspruch des Verbrauchers

Schließlich stellt sich die Frage nach der Ersatzfähigkeit getätigter Verwendungen des Verbrauchers auf den Vertragsgegenstand. Gemäß § 361a Abs. 2 Satz 1 iVm § 347 Satz 2BGB, § 4 Abs. 1 Nr. 1 KSchG und Art. 6 Abs. 3 spanisches Haustürgesetz hat der Verbraucher einen Anspruch auf Verwendungsersatz[32]. Die deutsche Regelung begrenzt diesen Anspruch dabei auf *notwendige* Verwendungen, also solche Aufwendungen, die der Sache unmittelbar zugute kommen[33]. Dagegen erstrecken die österreichische und die spanische Regelung diesen Anspruch auch auf nützliche Verwendungen, mithin solche Aufwendungen, die der Ertragsvermehrung dienen[34].

Auch hier ist indes eine Differenzierung danach angebracht, ob der Verbraucher von der Auflösbarkeit des Vertrages Kenntnis hatte. War dies der Fall, so spricht wenig dafür, ihm auch die Aufwendungen zu ersetzen, die nicht unmittelbar dem Erhalt der Sache dienten. Waren diese Verwendungen also nicht notwendig, sondern nur sonst irgendwie nützlich, so führt der Verbraucher die Werterhöhung der Sache auf eigene Gefahr herbei. Nur dann, wenn er keine Kenntnis von seinem Vertragslösungsrecht hatte, tätigt er auch die nützlichen Verwendungen in der vermeintlichen Annahme, dass ihm der Nutzen der Sache dauerhaft zufließt. Insoweit muss ihm dann auch ein entsprechender Verwendungsersatzanspruch zustehen.

Fall zur ordnungsgemäßen Verwahrung verpflichtet sieht, wobei der Verwahrer gemäß Art. 1927 Code civil nur für die Verletzung der eigenüblichen Sorgfalt haften muss.

32 Art. 6 Abs. 3 spanisches Haustürgesetz: „El consumidor tendrá derecho al reembolso de los gastos necesarios y útiles que hubiera realizado en la cosa."

33 *Fischer/Machunsky*, § 3 HWiG, Rn. 47.

34 Vgl. nur *Rummel/Krejci*, § 4 KSchG, Rn. 12.

5. Zusammenfassung

Hat der Verbrauchervertrag die Lieferung einer Ware zum Gegenstand, sind die Vertragspartner verpflichtet, bereits erhaltene Leistungen zurückzuerstatten. Geldzahlungen des Verbrauchers sind zu verzinsen. Leistungsort für die Rückgewährung ist der Wohnsitz der jeweils anderen Partei. Für die eventuelle Unmöglichkeit der Herausgabe des Gegenstandes haftet der Verbraucher dann, wenn er diese zu vertreten hat; im Fall der Nichterteilung einer Belehrung jedoch nur, wenn er die Sorgfalt missachtet hat, die er in eigenen Angelegenheiten anzuwenden pflegt. Ersatz für die Überlassung des Vertragsgegenstandes an den Verbraucher während des Laufs der Überlegungsfrist kann der Anbieter nur verlangen, wenn der Umfang der Nutzung der Sache über das zur Erprobung des Gegenstandes hinausgehende Maß erfolgte und der Verbraucher Kenntnis von der Möglichkeit der Auflösung des Vertrages hatte. Der Verbraucher kann Ersatz seiner auf die Sache gemachten Verwendungen verlangen. Hatte er dabei Kenntnis von seinem Vertragslösungsrecht, beschränkt sich dieser Anspruch auf notwendige Verwendungen.

III. Verträge über die Erbringung von Dienstleistungen

Die Behandlung aufgelöster Verbraucherverträge über die Erbringung von Dienstleistungen gestaltet sich wegen der Aussetzung der Fälligkeit der Leistungen bis zum Ablauf der Bedenkzeit wesentlich unkomplizierter.

1. Grundsatz

Grundsätzlich fand zwischen den Parteien noch kein Leistungsaustausch statt, so dass keine Abwicklungsmodalitäten zu beachten sind. Wie jedoch gezeigt, kann es bereits vor Ablauf der Bedenkzeit zur Erbringung der Dienstleistung kommen. War der Verbraucher damit einverstanden, so hat er dadurch auf die Ausübung des Vertragslösungsrechts verzichtet[35].

2. Vorzeitige Leistungserbringung ohne Zustimmung

Hat der Anbieter jedoch ohne oder gegen den Willen des Verbrauchers mit der Ausführung begonnen, so steht dem Verbraucher die Möglichkeit der Vertragslösung auch weiterhin zu. Macht er hiervon Gebrauch, stellt sich die Frage nach der Ausgestaltung des Abwicklungsverhältnisses. Die Rückgewähr empfangener Leistungen ist bei Dienstleistungsverträgen regelmäßig nicht

---

35 Siehe oben § 9 C III 2 b) bb) (2).

möglich. Von daher muss geklärt werden, inwieweit den Verbraucher eine Vergütungspflicht für die erbrachte Dienstleistung trifft.

a) Beschränkung der Vergütungspflicht

Gibt man dem Anbieter auch dann den vertraglich vereinbarten Vergütungsanspruch, wenn er mit der Erbringung der Dienstleistung trotz Kenntnis ihrer noch ausstehenden Fälligkeit begonnen hat, würde er aus seinem Verhalten sogar noch einen Gewinn erzielen können. Dies erscheint jedoch wenig angemessen[36]. Deshalb wird eine Beschränkung der Wertersatzpflicht des Verbrauchers auf den objektiven Wert der Dienstleistung vorgeschlagen, so dass von der vertraglich vereinbarten Leistung der Gewinn des Anbieters abzuziehen wäre[37]. Andere verlangen, dass sich dieser objektive Wert der Dienstleistung auch im Vermögen des Verbrauchers widerspiegeln müsse, so dass eine Vergütungspflicht nur dann bestünde, wenn das Vermögen des Verbrauchers in der Höhe des objektiven Wertes der Dienstleistung bereichert ist[38]. Eine solche Vermögensvermehrung soll dann vorliegen, wenn der Verbraucher die erbrachten Dienste auch sonst in Anspruch genommen hätte und deshalb Aufwendungen in dieser Höhe erspart hat[39].

In diesem Sinne ordnet § 4 Abs. 2 KSchG an, dass der Verbraucher dem Unternehmer den Wert der Leistungen zu vergüten hat, *soweit sie ihm zum klaren und überwiegenden Vorteil gereichen.* Auch hierbei soll es auf die tatsächliche Wertsteigerung des Vermögens des Verbrauchers ankommen[40]. Dagegen erfasst der Wortlaut von § 361a Abs. 2 Satz 6 BGB in Anlehnung an § 3 Abs. 3 HWiG a. F. auch die Fälle, in denen sich der Wert der Sache mit der vereinbarten Vergütung deckt, so dass der Verbraucher in diesem Fall quasi zur Erfüllung des Vertrages verpflichtet wäre[41].

b) Stellungnahme

Der Anbieter hat die Dienstleistung erbracht, zu der er sich im Vertrag verpflichtet hatte. Dadurch hat er grundsätzlich einen Anspruch auf die vertraglich vereinbarte Gegenleistung des Verbrauchers. Mit der Lösung vom Vertrag hat der Verbraucher jedoch zum Ausdruck gebracht, dass er der Erbringung der Dienstleistung durch den Anbieter keinen persönlichen Nutzen beimisst. Wäre

---

36 Vgl. nur *Soergel/Wolf*, § 3 HWiG, Rn. 6.

37 *Heinrichs*, FS Medicus, S. 196; *Soergel/Wolf*, § 3 HWiG, Rn. 8.

38 *MüKo/Ulmer*, § 3 HWiG, Rn. 14; *Fischer/Machunsky*, § 3 HWiG, Rn. 45.

39 *Fischer/Machunsky*, § 3 HWiG, Rn. 45 mwN.

40 *Rummel/Krejci*, § 4 KSchG, Rn. 30 mwN.

41 So *Staudinger/Werner*, § 3 HWiG, Rn. 54.

er trotzdem verpflichtet, die ursprünglich vereinbarte Gegenleistung zu erbringen, würde ihm das Recht zur Vertragslösung keinen Vorteil bringen. Unabhängig von seiner tatsächlichen Ausübung wäre er de facto an die Folgen des Vertrages gebunden. Insoweit wären der Umgehung der Bedenkzeit durch den Anbieter also Tür und Tor geöffnet, wenn dieser hieraus noch Gewinn erzielen dürfte. Der Verbraucher ist also grundsätzlich nicht zur Erbringung der vertraglich vereinbarten Gegenleistung verpflichtet.

Auch die Verpflichtung, den objektiven Wert der Dienstleistung zu vergüten, widerspricht der Funktion des Vertragslösungsrechts. Der Verbraucher soll während der Bedenkzeit den persönlichen, also subjektiven Nutzen des Vertrages bemessen. Mit der Ausübung des Vertragslösungsrechts macht er deutlich, dass für ihn ein solcher im Vertrag mit dem Anbieter nicht liegt. Gelingt dem Anbieter jedoch der Nachweis, dass der Verbraucher die erbrachten Dienste auch sonst in Anspruch genommen hätte, so erscheint es unbillig, den Verbraucher von der Zahlung des Ersatzes dieser subjektiven Bereicherung, die in der Ersparnis eigener Aufwendungen liegt, zu befreien[42].

3. Ergebnis

Hat der Anbieter vor Ablauf der Bedenkzeit mit der Ausführung der Dienstleistung begonnen, so kann er die vertraglich vereinbarte Gegenleistung des Verbrauchers nur dann verlangen, wenn dieser durch seine Zustimmung auf die Ausübung des Vertragslösungsrechts verzichtet hat. Andernfalls kommt ihm nur dann ein Anspruch auf Ersatz des objektiven Wertes der Dienstleistung zu, wenn ihm der Nachweis gelingt, dass der Verbraucher durch die Erbringung der Dienstleistung eigene Aufwendungen erspart hat.

C. Zusammenfassung

Infolge der Ausübung des Rücktrittsrechts durch den Verbraucher sind die Parteien zur Rückgewähr der empfangenen Leistungen verpflichtet. Eine allgemeine Vergütungspflicht des Verbrauchers für die Überlassung einer Ware besteht nicht, es sei denn, er hat die Sache in Kenntnis der Lösungsmöglichkeit über das zur „Erprobung“ hinausgehende Maß genutzt. Ist der Verbraucher wegen des Untergangs der Ware zur Rückgewähr nicht imstande, hat er deren Wert zu vergüten, wenn er diesen Untergang zu vertreten hat, wobei eine Haftung für einfache Fahrlässigkeit nur dann in Betracht kommt, wenn der Verbraucher Kenntnis von der Möglichkeit der Lösung vom Vertrag hatte. War

42 So auch *Rummel/Krejci*, § 4 KSchG, Rn. 30.

der Vertrag auf die Erbringung einer Dienstleistung gerichtet und hat der Anbieter ohne oder gegen den Willen des Verbrauchers mit der Ausführung schon während der Bedenkzeit mit der Ausführung begonnen, muss der Verbraucher den objektiven Wert der Dienstleistung nur dann vergüten, wenn er durch die Ausführung eigene Aufwendungen erspart hat. Der Verbraucher kann Ersatz von ihm getätigter Verwendungen verlangen; für nützliche jedoch nur dann, wenn er keine Kenntnis von seinem Vertragslösungsrecht hatte. Die durch eine notarielle Beurkundung des Vertrages entstandenen Kosten hat grundsätzlich die Partei zu tragen, die sie veranlasst hat. War die Beurkundung gesetzlich vorgeschrieben, so muss der Verbraucher dafür aufkommen, sofern er Kenntnis hiervon hatte.

§ 11 Vorschlag für eine Verordnung über das verbraucherschützende Vertragslösungsrecht

Wie oben dargestellt, müssen die Rechtsfiguren eines europäischen Vertragsrechts auf legislatorischem Wege zur Geltung gebracht werden[1]. Es wurde gezeigt, dass dabei nur das Rechtsinstrument der Verordnung nach Art. 249 Abs. 2 EGV in Betracht kommt[2]. Im Folgenden sollen deshalb die entwickelten tatbestandlichen und dogmatischen Merkmale des verbraucherschützenden Vertragslösungsrechts in Form eines entsprechenden Verordnungsvorschlags zusammengefasst werden.

Vorschlag für eine Verordnung über das verbraucherschützende Vertragslösungsrecht

KAPITEL 1

Anwendungsbereich und Begriffsbestimmungen

Art. 1

Anwendungsbereich

(1) Gegenstand dieser Verordnung ist das Vertragslösungsrecht im Verbrauchervertrag.

(2) Diese Verordnung findet Anwendung, wenn durch eine verbraucherschützende Maßnahme der Gemeinschaft oder eines Mitgliedstaates ein solches Vertragslösungsrecht eingeführt werden soll.

(3) Ausnahmen von der Anwendbarkeit dieser Verordnung können nur durch die verbraucherschützenden Maßnahmen geregelt werden.

---

1 Siehe oben § 5 B II 2.
2 Siehe oben § 5 B II 2 a) bb).

Art. 2

Begriffsbestimmungen

(1) „Verbrauchervertrag" ist jeder Vertrag, der zwischen einem Verbraucher und einem Anbieter geschlossen wird und der dabei vom Anwendungsbereich einer verbraucherschützenden Maßnahme erfasst wird.

(2) „Verbraucherschützende Maßnahme" ist jeder Rechtsakt der Gemeinschaft oder eines Mitgliedstaates, der dem Schutz des Verbrauchers in einer konkreten von ihr umschriebenen Situation dient.

(3) „Verbraucher" ist jede Person, die von der verbraucherschützenden Maßnahme als solcher bezeichnet wird.

(4) „Anbieter" ist jede Person, die von der verbraucherschützenden Maßnahme als solcher bezeichnet wird.

KAPITEL 2

Allgemeine Vorschriften

Art. 3

Vertragslösungsrecht

(1) Wird einem Verbraucher durch eine verbraucherschützende Maßnahme ein Vertragslösungsrecht eingeräumt, so besitzt er das Recht, sein Vertragsangebot zu widerrufen oder vom Vertrag zurückzutreten.

(2) Der Widerruf kann bis zur Annahme des Angebots durch den Anbieter erklärt werden.

(3) Der Rücktritt kann innerhalb einer nach Kalendertagen zu berechnenden Frist erklärt werden, die in der jeweiligen verbraucherschützenden Maßnahme festzulegen ist.

Art. 4

Leistungspflichten der Parteien

Die aus dem Verbrauchervertrag resultierenden Verpflichtungen der Parteien werden erst mit Ablauf der Rücktrittsfrist fällig. Dies gilt nicht für die Leistungsverpflichtung des Anbieters aus einem Vertrag über die Lieferung einer Ware.

KAPITEL 3

Besondere Vorschriften

Art. 5

Information des Verbrauchers

(1) Der Anbieter hat dem Verbraucher spätestens bei Abschluss des Vertrages die folgenden Informationen deutlich und unmissverständlich schriftlich zu übermitteln:

a) Bestehen des Rücktrittsrechts,
b) Rücktrittsfrist,
c) Fristbeginn,
d) Art der Ausübung,
e) Erklärungsempfänger,
f) Rücktrittsfolgen.

(2) Die Belehrung kann in einer anderen lesbaren Form erteilt werden, wenn dies der im Verbrauchervertrag verwendeten Kommunikationstechnik entspricht und dem Verbraucher die Informationen während der Rücktrittsfrist in unveränderter Form zur Verfügung stehen.

(3) Die Belehrung ist vom Verbraucher gesondert zu unterzeichnen.

Art. 6

Fristbeginn

(1) Die Frist für die Ausübung des Rücktrittsrechts beginnt ab dem Zeitpunkt, zu dem dem Verbraucher die allgemeinen Informationen nach Art. 4 Abs. 1 a - d, f und die von der verbraucherschützenden Maßnahme festgelegten besonderen Informationen zur Verfügung stehen, jedoch nicht vor Abschluss des Vertrages.

(2) Hat der Verbrauchervertrag die Lieferung einer Ware zum Gegenstand, beginnt die Frist nicht vor deren Eingang beim Verbraucher.

Art. 7

Rücktrittserklärung

(1) Die Ausübung des Rücktrittsrechts erfolgt durch fristgemäße Erklärung gegenüber dem Anbieter oder der Person, die hierfür in der Belehrung nach Art. 4 Abs. 1 e) angegeben wurde. Fehlt diese Angabe, so kann der Verbraucher den Rücktritt gegenüber jeder Person erklären, die er als Empfänger ansehen durfte. Zur Wahrung der Frist genügt die rechtzeitige Absendung der Rücktrittserklärung.

(2) Die Erklärung wird wirksam, wenn sie in den Machtbereich des Empfängers gelangt und dieser die Möglichkeit zur Kenntnisnahme hatte. Die Beweislast trifft dabei den Verbraucher. Deshalb soll die Rücktrittserklärung in einer Form erfolgen, die diesen Nachweis ermöglicht.

Art. 8

Rechtsfolgen

(1) Im Falle des Rücktritts vom Verbrauchervertrag erlöschen die vertraglichen Verpflichtungen.

(2) Anbieter und Verbraucher sind verpflichtet, die bereits empfangenen Leistungen Zug-um-Zug zurückzugewähren. Die dabei entstehenden Kosten

trägt jede Partei selbst. Eine vom Verbraucher erbrachte Zahlung ist zu verzinsen.

(3) Hat der Verbrauchervertrag die Lieferung einer Ware zum Gegenstand, so muss der Verbraucher den Wert ihrer Überlassung nur dann vergüten, wenn er sie über das zur Information über den Vertragsgegenstand hinausgehende Maß genutzt hat. Eine Ersatzpflicht ist ausgeschlossen, wenn er dabei keine Kenntnis von seinem Rücktrittsrecht hatte.

(4) Ist dem Verbraucher die Rückgewähr der empfangenen Ware durch Verlust, Untergang oder Zerstörung unmöglich, so hat er ihren Wert zu ersetzen, wenn er diese Unmöglichkeit zu vertreten hat. Hatte er keine Kenntnis von seinem Rücktrittsrecht, so haftet er nur für die Sorgfalt, die er in eigenen Angelegenheiten anzuwenden pflegt.

(5) Hat der Verbrauchervertrag die Erbringung einer Dienstleistung zum Gegenstand, so muss der Verbraucher den Wert der erbrachten Dienstleistung nur dann vergüten, wenn er durch die Ausführung des Vertrages eigene Aufwendungen erspart hat.

(6) Der Verbraucher hat einen Anspruch auf Ersatz der von ihm getätigten notwendigen Verwendung. Hatte er keine Kenntnis von seinem Rücktrittsrecht, so kann er auch die nützlichen Verwendungen ersetzt verlangen.

(7) Die Kosten einer notariellen Beurkundung des Verbrauchervertrages trägt die Partei, die diese Beurkundung veranlasst hat. War die Beurkundung gesetzlich vorgeschrieben, so trägt die Kosten der Verbraucher.

Art. 9

Verzicht des Verbrauchers

(1) Der Verzicht des Verbrauchers auf das Rücktrittsrecht bedarf zu seiner Wirksamkeit der Schriftform. Er kann nicht vor dem Beginn der Rücktrittsfrist erklärt werden.

(2) Ein solcher Verzicht ist unwirksam, wenn der Verbraucher hierzu vom Anbieter auf unlautere Weise verleitet wurde oder er keine Kenntnis von seinem Rücktrittsrecht hatte.

Vierter Teil Zusammenfassung der wesentlichen Ergebnisse

1. Die Rechtsordnungen der Mitgliedstaaten der Europäischen Union unterliegen in immer größerem Maße dem Einfluss gemeinschaftsrechtlicher Rechtsetzungsakte, die in erster Linie die Beseitigung von Funktionsstörungen für den Binnenmarkt zum Ziel haben, wie sie aus den unterschiedlichen Rechtsregeln der nationalen Rechtsordnungen resultieren können. Dabei ist die Gemeinschaft nach dem Prinzip der begrenzten Einzelermächtigung an die Kompetenzverteilung des EG-Vertrages gebunden und muss darüber hinaus das Subsidiaritäts- und Verhältnismäßigkeitsprinzip des Art. 5 EGV beachten *(§ 1)*.

2. Hauptanwendungsgebiet für Angleichungs- und Vereinheitlichungsmaßnahmen im Bereich des Privatrechts sind die Vertragsrechte der Mitgliedstaaten. Die unterschiedliche Ausgestaltung der nationalen Regelungen in diesem Bereich führt zu Schranken für den Zugang zum Binnenmarkt. Dadurch kommt es zum einen zu Wettbewerbsverzerrungen zwischen den Unternehmen und zum anderen vor allem zu Behinderungen für die Kunden dieser Unternehmen *(§ 1)*. Aus diesem Grund steht im Mittelpunkt der Vertragsrechtsangleichung der Schutz des Verbrauchers. Gestützt auf Art. 95 EGV, sollen vor allem seine Wahl- und Entscheidungsfreiheit und die Integrität spezifischer Rechtsgüter gewährleistet werden *(§§ 3, 4)*.

3. Hauptinstrument der gemeinschaftsrechtlichen Rechtsetzung im Bereich des Verbrauchervertragsrechts ist bislang die Richtlinie nach Art. 249 Unterabs. 3 EGV. Sie ist nur hinsichtlich ihres Ergebnisses verbindlich und überlässt die Umsetzungsmodalitäten den mitgliedstaatlichen Gesetzgebern, die innerhalb der vorgegebenen Frist zur Umsetzung verpflichtet sind. Kommen sie dieser Verpflichtung gar nicht oder nur unzureichend nach, entfaltet die Richtlinie unmittelbare Wirkung gegenüber dem Staat (vertikale Direktwirkung), wenn sie selbst subjektive Rechte verleiht und inhaltlich bestimmt und unbedingt ist. Eine unmittelbare Wirkung zwischen dem Verbraucher und dem Anbieter (horizontale Direktwirkung) ist indes abzulehnen. Die nationalen Gerichte sind nach erfolglosem Ablauf der Umsetzungsfrist jedoch verpflichtet, das nationale Recht „im Lichte" der Richtlinie zu interpretieren (richtlinienkonforme Auslegung). Dies darf dabei aber nur insoweit zulässig sein, als das nationale Recht eine solche Auslegung erlaubt *(§ 2)*.

4. Eine Bestandsaufnahme des bisher erlassenen Richtlinienrechts zeigt jedoch, dass die bestehenden Binnenmarktstörungen kaum beseitigt wurden. Wider-

sprüche innerhalb einer Maßnahme und zwischen einzelnen Richtlinien, die denselben Gegenstand haben, führen letztlich dazu, dass an die Stelle ausgeräumter Beeinträchtigungen neue Störungen treten, die das Ziel der Rechtsangleichung negieren. Hauptursache hierfür ist vor allem die fehlende Richtliniensystematik. Ziel künftiger gemeinschaftsrechtlicher Maßnahmen sollte deshalb die Schaffung eines einheitlichen europäischen Vertragsrechts sein.

5. Im Mittelpunkt eines solchen einheitlichen Vertragsrechts muss auch weiterhin das Prinzip der Vertragsfreiheit stehen. Jedoch darf es dabei nicht länger auf eine lediglich formal-abstrakte Gleichbehandlung der Vertragspartner ankommen. Die Funktion der Vertragsfreiheit muss es vielmehr sein, Machtungleichgewichte zwischen den Parteien aufzudecken und den Gesetzgeber dadurch zu entsprechenden Reaktionen zu veranlassen, die der Beseitigung dieser Missverhältnisse dienen. Gleichzeitig gewährleistet eine so verstandene Vertragsfreiheit, dass die Intensität der jeweiligen gesetzgeberischen Maßnahme nicht das zur Beseitigung erforderliche Maß übersteigt *(§§ 5, 6)*.

6. Dem Ausgleich von Verhandlungsungleichgewichten zwischen den Vertragsparteien dient in erster Linie das Verbraucherrecht. Aus diesem Grund muss es auch ein elementarer Bestandteil des europäischen Vertragsrechts sein. Die Feststellung, wann eine Partei als „Verbraucher" handelt und somit den Schutz verbraucherrechtlicher Regelungen für sich in Anspruch nehmen darf, ist grundsätzlich nur an die konkrete Situation des Vertragsschlusses zu knüpfen. Darüber hinaus gehende eingrenzende Merkmale bedürfen der Rechtfertigung durch den Gesetzgeber, der sämtlichen verbraucherschützenden Maßnahmen ein realitätsbezogenes Verbraucherbild zugrunde zu legen hat *(§ 6)*.

7. Die Schaffung eines europäischen Vertragsrechts bedarf in erster Linie der Entwicklung einheitlicher Rechtsinstrumente, denen zu gemeinschaftsweiter Geltung zu verhelfen ist. Dabei muss auf die Verordnung nach Art. 249 Unterabs. 2 EGV zurückgegriffen werden, da nur sie die allgemeinverbindliche Anwendung der Rechtsinstrumente in allen Mitgliedstaaten gewährleistet *(§ 5)*.

8. Eine Rechtsfigur des europäischen Vertragsrechts stellt das verbraucherschützende Vertragslösungsrecht dar. Es gibt dem Verbraucher das Recht, von der eingegangenen Verpflichtung Abstand zu nehmen und damit den Eintritt der Folgen der eigenen Erklärung zu verhindern. Dadurch wird er in die Lage versetzt, die vertraglichen Verpflichtungen zu erkennen und zu überdenken und so eine selbstbestimmte, informierte Entscheidung treffen zu können. Die Gewährung eines solchen Vertragslösungsrechts verstößt grundsätzlich nicht

gegen den Grundsatz der Bindungswirkung von Verträgen, da dieses Prinzip als Teil der Vertragsfreiheit einen „freien" Vertrag voraussetzt. Ein Verstoß liegt somit erst dann vor, wenn der Verbraucher bereits bei Abschluss des Vertrages in der Lage war, eine informierte Entscheidung zu treffen. Diese Möglichkeit wird dem Verbraucher nicht allein durch die notarielle Beurkundung des Vertrages gegeben, da er dadurch allein über die rechtlichen, nicht jedoch die wirtschaftlichen Folgen seines Handelns aufgeklärt wird. Somit steht ihm das Vertragslösungsrecht auch bei notarieller Beurkundung des Vertrages zu . Eine gegen die Vertragsfreiheit verstoßende Informationskumulation liegt vielmehr erst dann vor, wenn er vor Abschluss des Vertrages über sämtliche vertragsrelevante Informationen verfügen konnte und genügend Zeit hatte, diese auch zu verarbeiten *(§ 7)*.

9. Das verbraucherschützende Vertragslösungsrecht entsteht mit der Abgabe der auf den Vertragsschluss gerichteten Willenserklärung des Verbrauchers. Der Anbieter muss den Verbraucher klar und verständlich über das Bestehen dieses Rechts, den Beginn und die Dauer der Ausübungsfrist, den Erklärungsempfänger sowie die Rückabwicklungsmodalitäten belehren. Diese Belehrung hat grundsätzlich schriftlich und in der Sprache des Verbrauchers zu erfolgen. Der Anbieter kann jedoch eine andere lesbare Form wählen, wenn gewährleistet wird, dass der Verbraucher während der gesamten Bedenkzeit über die Informationen verfügt, diese nicht nachträglich geändert werden können und der Anbieter davon ausgehen darf, dass der Verbraucher in der Lage ist, die ihm gewährten Informationen zu verarbeiten (*§ 8*).

10. Zur Ausübung des Vertragslösungsrechts bedarf es einer Erklärung des Verbrauchers gegenüber dem Anbieter oder der Person, die in der Belehrung als Empfänger angegeben wurde. Die Erklärung bedarf keiner Form. Da der Verbraucher jedoch ihren Zugang beweisen muss, ist es angebracht, ihn auf die Einhaltung einer bestimmten Form hinzuweisen, die ihm diesen Nachweis ermöglicht. Die Erklärung über die Ausübung des Vertragslösungsrechts muss innerhalb einer bestimmten, vom konkreten Vertragstyp abhängigen und nach Tagen zu berechnenden Frist abgegeben werden, die nicht vor der Abgabe der auf den Vertragsschluss gerichteten Willenserklärung des Verbrauchers und erst mit der vollständigen Erteilung der vertragsbezogenen und vertragslösungsrechtsbezogenen Informationen beginnen kann. Kommt der Anbieter seiner Informationspflicht nicht ordnungsgemäß nach, wird der Fristablauf nicht in Gang gesetzt *(§ 8)*.

11. Die dogmatische Wirkung des Vertragslösungsrechts ist vom Zeitpunkt seiner Ausübung abhängig. Löst sich der Verbraucher von einem Vertragsangebot vor Annahme durch den Unternehmer, entspricht das Vertragslösungsrecht dem Widerruf einer Willenserklärung. Wurde das Angebot des Verbrauchers bereits angenommen oder nimmt der Verbraucher ein Angebot des Unternehmers an, kommt ein *wirksamer* Verbrauchervertrag zustande, wenn die allgemeinen Wirksamkeitsvoraussetzungen (Geschäftsfähigkeit, Form etc.) vorliegen. Die Vertragslösung durch den Verbraucher beeinflusst dabei den Vertragsmechanismus nicht. Vielmehr kommt es nun zur Auflösung eines wirksamen Vertrages. Die Ausübung des verbraucherschützenden Vertragslösungsrechts nach Abschluss des Vertrages entspricht damit einem Rücktritt vom Vertrag *(§ 9)*.

12. Die Auflösung des Vertrages durch den Verbraucher verpflichtet die Parteien zur Rückgewähr bereits ausgetauschter Leistungen. Dabei trifft den Verbraucher keine Pflicht zur Vergütung erhaltener Waren, wenn er diese in einem Maße genutzt hat, das für eine informierte Entscheidung erforderlich war. Geht diese Ware unter, muss der Verbraucher jedoch deren Wert vergüten, wenn er den Untergang zu vertreten hat. Dabei kommt eine Haftung für einfache Fahrlässigkeit nur dann in Betracht, wenn der Verbraucher Kenntnis vom Bestehen des Vertragslösungsrechts hatte. Hat der Anbieter ohne den Willen des Verbrauchers mit der Ausführung einer Dienstleistung bereits während der Ausübungsfrist begonnen, trifft den Verbraucher nur dann eine Vergütungspflicht, wenn er hierdurch eigene Aufwendungen erspart hat. Von ihm selbst getätigte Verwendungen kann der Verbraucher ersetzt verlangen. Handelt es sich dabei um lediglich nützliche Verwendungen, besteht dieser Anspruch nur bei Unkenntnis des Verbrauchers vom Bestehen des Vertragslösungsrechts. Beurkundungskosten trägt die Partei, die die Beurkundung veranlasst hat, der Verbraucher jedoch immer dann, wenn die Beurkundung gesetzlich vorgeschrieben war und er hiervon Kenntnis hatte *(§ 10)*.

FSC
www.fsc.org
MIX
Papier | Fördert gute Waldnutzung
FSC® C083411

Zeitfracht Medien GmbH
Ferdinand-Jühlke-Straße 7
99095 Erfurt, Deutschland
produktsicherheit@kolibri360.de

Druck:
CPI Druckdienstleistungen GmbH
im Auftrag der
Zeitfracht Medien GmbH
Ein Unternehmen der Zeitfracht - Gruppe
Ferdinand-Jühlke-Str. 7
99095 Erfurt